Heinz-Hermann Dewenter,
Peter Jöckel,
Ulrike Kremer,
Manfred Krüger,
Hans-Jürgen Smula,
Helmut Schorlemmer

Politik *gestalten*

Ein Arbeitsbuch
für die Sekundarstufe 1

– Neubearbeitung –

Band 3

Schroedel

Politik gestalten
Ein Arbeitsbuch für die Sekundarstufe I
– Neubearbeitung –

Band 3
bearbeitet von
Heinz-Hermann Dewenter, Peter Jöckel,
Ulrike Kremer, Manfred Krüger,
Dr. Hans-Jürgen Smula,
Helmut Schorlemmer
unter Mitarbeit der Verlagsredaktion

Dieses Werk folgt der reformierten
Rechtschreibung und Zeichensetzung.
Ausnahmen bilden Texte, bei denen
künstlerische, philologische oder
lizenzrechtliche Gründe einer
Änderung entgegenstehen.

CHLORFREI

Gedruckt auf Papier,
das nicht mit Chlor
gebleicht wurde.
Bei der Produktion
entstehen keine
chlorkohlenwasserstoff-
haltigen Abwässer.

ISBN 3-507-10442-3

© 1997 Schroedel Verlag Hannover

Druck A 5 4 3 2 1 / Jahr 2001 00 99 98 97

Alle Drucke der Serie A sind im Unterricht parallel verwendbar. Die letzte Zahl bezeichnet das Jahr dieses Druckes.

Grafiken: Peter Langner
Illustrationen: Guido Wandrey
Satz: Satz-Zentrum West GmbH & Co., Dortmund
Druck: Kleins Druck- und Verlagsanstalt, 49525 Lengerich

Zur Gliederung der Themen

▬ Die in dieser Farbe gekennzeichneten Kapitel bilden den **Informationsteil** des jeweiligen Themas. Hier sind noch keine Aufgaben zu lösen, da dieser Teil der ersten inhaltlichen Orientierung innerhalb des Themas dient.

▬ Die so gekennzeichneten Kapitel bilden den **Erarbeitungsteil** des Themas. Hier sind die Materialien und Aufgaben zu finden, mit denen das Thema inhaltlich bearbeitet werden soll. Die Erarbeitungsteile sind in aller Regel in drei Unterkapitel untergliedert. In jedem wird das Gesamtthema unter einem neuen Blickwinkel aufgegriffen.

▬ Diese Farbe kennzeichnet den **Übungs- und Vertiefungsteil** des Themas. In diesem Kapitel sollen zum einen Inhalte und Methoden geübt werden, die im Erarbeitungsteil gelernt werden. Zum anderen finden sich hier aber auch Aspekte des Themas, die im Erarbeitungsteil noch nicht berücksichtigt wurden.

Inhaltsverzeichnis

Thema 1:
Freizeit: frei wovon und frei wozu?   5

Möglichkeiten und Probleme
der Freizeit   6

Freizeitnutzung und Freizeit-
gestaltung   9
   Individuelle Freizeitbedürfnisse
   und ihre Befriedigung   9
   Organisierte Freizeitangebote:
   Freizeit, im Verein am schönsten? . . .   12
   Die Organisation von Freizeit als
   gesellschaftspolitische Aufgabe   18

Urlaub – die längste Freizeit
des Jahres?   24

Thema 2:
Neue Technologien:
Fluch oder Segen?   29

Neue Technologien   30

Chancen und Risiken der
Gentechnologie   35
   Neue Möglichkeiten durch
   Gentechnologie   35
   Bio- und Gentechnologie –
   wie lenken?   39
   Ende des Hungers in der Welt?   45

Probleme des Datenschutzes   49
   Plastikgeld („electronic cash")   49
   Personalinformationsschutz und
   Datenschutz   51

Thema 3:
Demokratie:
Wahlen und was noch?   53

Politikverdrossenheit der Bürger?   54

Politische Mitwirkung der Bürger   58
   Repräsentation und Partizipation
   durch Parteien   58
   Repräsentation und Partizipation durch
   Verbände und Bürgerinitiativen   69

Entscheidung über Abgaswerte
in der EU   78

Thema 4:
Mensch und Unternehmen:
Gegner oder Partner?   81

Der Einzelne in der Marktwirtschaft . . .   82

Der rationale Wirtschaftsbürger   85
   Konsument und Produzent   85
   Arbeitgeber und Arbeitnehmer im
   Produktionsprozess   89
   Der Staat schafft arbeitsrechtliche
   Regelungen für Unternehmungen . . .   99

Ökonomie oder Ökologie?   104

Thema 5:
Soziale Marktwirtschaft:
Modell für den Wohlstand?   109

Der Weg zur sozialen Marktwirtschaft .   110

Funktionsweise der sozialen
Marktwirtschaft   114
   Leistungen und Gefährdungen des
   Marktes   114
   Der Wirtschaftskreislauf   118
   Arbeitslosigkeit als Problem der
   Wirtschaftspolitik   124

Banken, Inflation und alternative
Konzepte   129
   Das Geld und die Banken im
   Wirtschaftskreislauf   129
   Das Inflationsproblem   130

Geldmengensteuerung durch eine
Zentralbank 131
Weiterentwicklung zur öko-sozialen
Marktwirtschaft 133

Thema 6:
Einheit in der Vielfalt? –
Multikulturelle Gesellschaft 135

Wanderungsbewegungen von und
nach Deutschland 136

Wir und andere 142
Von der Schwierigkeit, anders zu sein 142
Ausländer raus? 145
Planspiel: Die Insel 153

Die Zuwanderung – ein ungelöstes
Problem 156

Thema 7:
Frieden schaffen – aber wie? 159

Krieg und Frieden – was ist das? 160

Wege zum Frieden 164
Von der Feindschaft zur Freundschaft 164
Mit militärischen Mitteln zum Frieden? 168
Die Vereinten Nationen als
Weltpolizei? 172
Die Rolle Deutschlands in der UN . . . 176

Was kann der Einzelne zum Frieden
beitragen? 178

Thema 8:
Erste Welt – Dritte Welt:
eine Welt für alle? 183

Wie viele Welten gibt es 184

Umwelt – Hunger – Verschuldung 186
Brasiliens Regenwald droht die
Vernichtung 186
Hunger in der Dritten Welt – warum? 193
Die Rolle der internationalen
Organisationen 199

Eine persönliche Möglichkeit
zu helfen! 204

Thema 9:
Die Rente durch...?
Leistungen des Sozialstaats 207

Die Rente – Teil des Sozialstaats 208

Unser Rentensystem und seine Folgen . 212
Die Rentenberatungsstelle informiert 212
Wie hoch ist die Rente? 217
Ist die gesetzliche Rentenversicherung
noch bezahlbar? 220

BAföG 226

Thema 10:
Unsere Zukunft:
Wie wollen wir sie gestalten? . . . 233

Jugend und ihre Zukunft 234

Mittel zum Umgang mit Zukünften 238
Zukunftswerkstätten 238
Trendanalysen und Prognosen 242
Die Bildung vor Szenarien 248

Zukunft = Wachstum und Fortschritt . . . 255
Zukunft als politisch besetzter Begriff 255
Wachstum als problematisierter
Begriff 256
Fortschritt – verschieden gesehen . . . 257

Glossar 259
Stichwortverzeichnis 263
Bildquellenverzeichnis 264

Möglichkeiten und Probleme der Freizeit

Zerlegt man das Wort Freizeit in seine Bestandteile, so erhält man „Frei-Zeit", eben „freie Zeit". Frei wozu oder frei wovon, könnte man fragen. Freizeit auf jeden Fall frei von Arbeit. Dieser Vorstellung würden sich wohl die meisten Menschen spontan anschließen. Die führenden Industrienationen werden heute schon längst als Freizeitgesellschaften betitelt, in denen die Freizeit oft mit Freiheit gleichgesetzt wird. Die „Freizeit" steht in starker Konkurrenz zur „Arbeitszeit", nicht nur auf die Stunden des Tages, der Woche, des Jahres bezogen, sondern auch mit Blick auf die Lebensplanung und die Selbstverwirklichung der Menschen kurz vor dem Wechsel ins neue Jahrtausend. Was also macht die Freizeit aus?

Das 20. Jahrhundert könnte als das „Jahrhundert der Freizeit" in die Geschichte der modernen Arbeit eingehen. Die Arbeitszeitverkürzung ist zu einem Jahrhundertwerk geworden – als Folge erhöhter Arbeitsproduktivität und als Mittel zum Abbau von Arbeitslosigkeit:

Im Jahre 1900 galt der *10-Stunden-Tag* noch als sozialer Fortschritt.

1918/19 wurde der *8-Stunden-Tag* gesetzlich eingeführt.

Ab 1955/56 erfolgte die schrittweise Einführung der *5-Tage-Woche*.

Ab 1965 begann die schrittweise Einführung der *40-Stunden-Woche* als Normalarbeitszeit

1975 war die 40-Stunden-Woche die Regel.

1985 betrug die durchschnittliche Wochenarbeitszeit *39,8 Stunden*.

1989 wurde die Arbeit im öffentlichen Dienst von 40 auf 39, in der Metallindustrie von 37,5 auf 37 Stunden verkürzt.

In den letzten vierzig Jahren sank die Wochenarbeitszeit von 50 auf 38,5 Stunden. Wird die 35-Stunden-Woche im Jahr 2000 Wirklichkeit sein? *Noch nie hatte eine Generation – objektiv gesehen – so viel Freizeit:* Die werktägliche Freizeit nahm in den letzten vierzig Jahren von 1,5 ... auf 4,1 Stunden ... zu, die Wochenendfreizeit verlängerte sich von 1,5 auf 2 Tage und die Urlaubsdauer hat sich von 9 auf 31 Tage mehr als verdreifacht ... Und dennoch: Diesem objektiv feststellbaren Freizeitgewinn steht subjektiv *kein* entsprechendes Freizeitbewusstsein gegenüber. Trotz deutlicher Arbeitszeitverkürzungen in den letzten zwanzig Jahren wächst das subjektive Gefühl, über weniger Freizeit zu verfügen. Denn mit dem Verlassen des Arbeitsplatzes hat die Freizeit noch nicht begonnen. Übergangsaktivitäten wie Nachhauseweg, Hausarbeiten, Kinderbetreuung sowie soziale und familiäre Verpflichtungen kosten zunächst einmal Zeit und gehen der Freizeit verloren. So vertreten 53 Prozent der Berufstätigen heute die Auffassung, sie hätten „zu wenig" Freizeit. Mit anderen Worten: *Die Freizeitrevolution ist im subjektiven Bewusstsein der meisten Berufstätigen nicht angekommen.*

(aus: Opaschowski, Horst W., Herausforderung Freizeit, Hamburg, B·A·T Freizeitforschungsinstitut, 1990, S. 14)

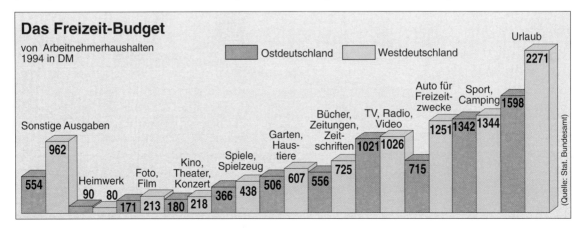

Das Freizeit-Budget von Arbeitnehmerhaushalten 1994 in DM — Ostdeutschland / Westdeutschland

(Quelle: Stat. Bundesamt)

Lust auf was Neues?

Musik-Theater Amari – das heißt Tanz, Theater, Rock & Pop und eine Menge anderer Möglichkeiten, kreativ zu sein.
Eine Truppe von ca. 40 Jugendlichen hat bis jetzt schon 4-mal gemeinsam ein Programm erarbeitet und auf die Bühne gebracht. Dabei geht es nicht um Perfektion und Können – Spaß und der Mut zum Ausprobieren stehen vielmehr im Vordergrund.
Aber es gibt noch mehr: Gemeinschaft erleben und miteinander reden soll neben dem Proben nicht zu kurz kommen.
Auf Freizeiten, Ausflügen und auch an den wöchentlichen Treffen wollen wir gemeinsam etwas erleben und erzählen, was uns wichtig ist.
Amari ist keine geschlossene Gruppe! Jeder, der Interesse hat, ist herzlich willkommen. Besondere Fähigkeiten als Voraussetzung gibt es nicht. Wenn auch du „Lust auf was Neues" bekommen hast und zwischen 14 und 20 Jahre alt bist, schau mal auf einer der wöchentlichen Proben rein oder melde dich bei einer der Kontaktadressen!
Amari probt: jeden Montag, von 18.00 h bis 21.45 h im Wittener Hauptbahnhof (linker Gebäudeflügel, Eingang über Treppe) Bergerstr. 35
Infos über Amari gibt's bei:

Britta und Stefan Lennardt	Martin Groll
Stockumer Str. 391	Synagogenstr. 6
44227 Dortmund	58452 Witten
0231/759150	02302/54167

Amari ist eine Ten-Sing-Gruppe des CVJM

Fernsehen? Kinder sagen radikal Nein

Sein Urteil übers Fernsehprogramm ist vernichtend, seine Ablehnung eindeutig und kompromisslos. So radikale Ansichten passen zu einem Achtjährigen, der in die dritte Klasse geht. Nico verkündet, er könne es ein Leben lang ohne die Glotze aushalten, denn „da kommt doch nur Mist". Der junge TV-Verächter gehört zu einer Annener Familie, die kein Fernsehgerät besitzt. Keine Weltanschauung muss dafür als Begründung herhalten, es gibt auch kein grundsätzliches Verdammen des Heimkinos und keinen Verzicht für alle Ewigkeit. Es ist eher eine vorübergehende Enthaltsamkeit, entstanden durch eine Kette von Verzögerungen. Also lebt Familie Nehm seit gut zwei Jahren ohne Fernsehgerät. Außergewöhnlich ist, dass sich ausgerechnet die Kinder gegen den bunten Bilderberg stemmen …

Die Kinder waren sich einig: Wenn „er" da ist, wird auch geguckt, dann haben Mama und Papa keine Zeit mehr, mit uns zu spielen und Geschichten vorzulesen. Außerdem wird dann auch das Angucken von Sendungen verboten – und das gibt nur Ärger. Nico und Jana wollen lieber – wie bisher – lesen, basteln, malen, sich selbst beschäftigen und die gemeinsamen Stunden mit den Eltern nicht aufgeben.

Jochem Nehm vermisst den Apparat schon lange nicht mehr. Er hat erfahren: Das Verlangen nimmt mit der Zeit immer mehr ab. Der Tageslauf richtet sich nicht mehr nach dem TV-Programm, niemand lebt auf eine ganz bestimmte Sendung zu einer festgelegten Uhrzeit hin.

Und wie füllt eine Familie „ohne" die gemeinsamen Abendstunden mit den Kindern? Ganz einfach: mit spielen, vorlesen, singen. Bei Nehms stapeln sich die Gesellschaftsspiele: Ob Monopoly oder Café international, ob Müller und Sohn oder Das Nilpferd in der Achterbahn – fast jeder Spielappetit kann gestillt werden. Das jüngste Familienmitglied, die elf Monate alte Lisa, krabbelt indessen über den Holzfußboden. Ein „Stillhalte-Abkommen" hat die Familie erst einmal für ein Jahr geschlossen.

Die Eltern möchten Ende nächsten Jahres noch einmal über eine mögliche TV-Anschaffung sprechen, Jana erst in 15 Jahren und Nico „nie mehr". Maria Nehm meint, dass auch die Kinder den normalen Umgang mit dem Fernsehgerät lernen sollten. Der Protest kommt von beiden: „Wozu denn? Wir haben doch Zeitung und Radio, und wir können uns selbst beschäftigen!"…

(aus: Westfälische Rundschau vom 24. 12. 1992, Autorin: Karin Küçük)

Niemals Zeit haben schafft Ansehen

Es ist schwierig, etwas über Langeweile herauszubekommen. Wahrscheinlich kennt sie jeder, aber niemand mag darüber reden, denn: Langeweile zu haben ist ein wenig anstößig, sie disqualifiziert diejenigen, die unter ihr leiden, als wenig dynamisch, fantasievoll, kreativ oder gefordert.

Es geht sogar noch einen Schritt weiter: Ein einigermaßen bedeutungsvoller oder bedeutungsvoll sein wollender Mensch wird niemals den Anschein erwecken, er verfüge über genügend Zeit – geschweige denn so viel, dass er sich langweilt. Er hat selbstverständlich niemals Zeit (genug), sondern immer viel zu wenig davon, um seinen vielfältigen Interessen und Anforderungen nachzukommen. Nur so lässt sich das Image als wertvoller, aktiver und erfolgreicher Mensch in der Leistungsgesellschaft aufrechterhalten. Man hat keine Zeit – und schon gar keine Langeweile, man hat Termine – wahnsinnig viele selbstverständlich. Deshalb muss man auch Zeit sparen, so viel wie möglich natürlich, z. B. indem man einen Technikpark für den Haushalt anschafft: Der Geschirrspüler spart langwierige Abwaschzeiten, die Mikrowelle und das TV-Dinner die Zeit am Herd und Backofen, der Videorekorder die Zeit im Stau und in Warteschlangen vor dem Kino und an Theaterkassen …

Apropos: Ein Familientherapeut erzählte neulich von einer Mutter mit ihrer Tochter, die in der Beratung darüber klagten, dass in der Familie seit einiger Zeit nicht mehr miteinander geredet würde. Auf Nachfragen stellte sich heraus, dass diese Phase mit der Anschaffung einer Geschirrspülmaschine begonnen hatte. Mit dem Einsatz dieses Geräts fiel die tägliche halbe Stunde Plauderei beim Abwasch weg – man hatte Zeit gespart. Aber es reicht offenbar nicht, Zeit zu sparen – man muss etwas mit ihr anfangen können. Gesparte Zeit ist nicht einfach da, man muss sie sich nehmen …

Es führt kein Weg zurück zur reinen Arbeitsgesellschaft. Sie hat sich längst zu einer Dienstleistungsgesellschaft gewandelt, in der Freizeit und Freizeitmarkt eine zentrale Rolle spielen: 1988 wurden in der Bundesrepublik 230 Milliarden DM für Freizeitzwecke ausgegeben, ungefähr vier Millionen Bundesbürger arbeiten im Freizeitsektor. Die Tendenz ist steigend.

(aus: Thema Jugend, Zeitschrift für Jugendschutz und Erziehung, Nr. 3, Juni 1991, S. 7)

Die Beschäftigung mit den Materialien auf dieser und den beiden vorausgegangenen Seiten wird gezeigt haben, dass die Bewertung dessen, was Freizeit ist und wie man sie verbringt oder verbringen sollte, so eindeutig und einfach nicht gelingt.

Klar ist, dass bei kontinuierlich abnehmender Arbeitszeit mehr Zeit für „arbeitsfreie" Tätigkeiten zur Verfügung steht. Wie aber wird die „arbeitsfreie" Zeit genutzt, wie soll sie genutzt werden? Haben alle gesellschaftlichen Gruppen gleichen Anteil an „mehr Freizeit"? Was „kostet" Freizeit? Welche Chancen, welche Gefahren birgt die Entwicklung hin zu einer Gesellschaft mit immer mehr freier Zeit?

Zunächst wird in dem auf der nächsten Seite beginnenden Erarbeitungsteil das persönliche Freizeitverhalten untersucht und ausgewertet. Die eigenständige Erforschung steht dabei im Mittelpunkt. Ihr sollt herausfinden, wie sich euer Tagesablauf vollzieht, wie ihr eure Freizeit nutzt und was eigentlich unter Freizeit zu verstehen ist.

In einem zweiten Schritt wird dann am Beispiel eines Sportvereins vorgestellt, welche Bedeutung sportliche Aktivitäten für Jugendliche in der Freizeit haben, inwieweit Sport im Verein als Freizeitbeschäftigung prägende Einflüsse ausübt und wie das „Innenleben" eines Vereins aussieht.

Im dritten Schritt der Erarbeitung stehen die gesamtgesellschaftlichen Auswirkungen der Freizeitsphäre im Mittelpunkt. Sie werden auf ihre wirtschaftliche, politische und soziologische Bedeutung hin untersucht. Dies geschieht schwerpunktmäßig mithilfe eines kleinen Planspiels, in dem ihr in die Rollen von Politikern und anderen Beteiligten einer Gemeinde schlüpft. Es geht um die Entscheidung, in welchem Sektor des Freizeitbereichs die Gemeinde investieren soll.

Der abschließende Übungs- und Vertiefungsteil befasst sich mit dem klassischen Freizeitsektor „Urlaub". Jugendliche und Eltern haben ja bei dem heutigen Angebot und den gegebenen Möglichkeiten oft eher die Qual als die Wahl, wenn entschieden werden soll, wie und wo der nächste Urlaub verbracht werden soll.

Freizeitnutzung und Freizeitgestaltung

Individuelle Freizeitbedürfnisse und ihre Befriedigung

Im Blickpunkt steht nun die Beschäftigung mit eurer Freizeit. Sie ist Gegenstand einer Untersuchung mit *drei Phasen: Vorbereitung, Durch-* *führung* und *Auswertung*. In der *ersten* Phase sollt ihr feststellen, wie ihr eure Zeit verbringt. Dazu müsst ihr „Buch führen":

1 Notiert für einen oder zwei beliebige Wochentage (Mo – Frei) und einen oder beide Tage des Wochenendes (Sa/So), wie ihr eure Zeit genutzt habt. Legt dabei folgendes Schema zugrunde und beantwortet die „4 W's": Was, wo, mit wem, wie lange?:

UHRZEIT	AKTIVITÄTEN
17 - 18 UHR	Üben für die Mathearbeit mit Andre zu Hause
18 - 18.20 UHR	Telefongespräch mit Hannah wegen Tenniskurs

In der *zweiten* Phase kommt es darauf an, dass ihr die Tabelle sorgfältig ausfüllt! Achtet möglichst genau auf eure Tätigkeiten, weist das Telefonat mit der Freundin/dem Freund ebenso aus wie die Fahrt mit dem Bus in die Stadt. Füllt die Tabelle zügig aus, vermeidet, dass ihr sie erst am nächsten Tag erstellt.

Wertet in der *dritten* Phase eure Aufzeichnungen aus. Bildet Kleingruppen und analysiert die Aufzeichnungen in folgenden Schritten:

1. Vergleicht die unterschiedlichen Tagesabläufe und überprüft, ob sich die Wochentage von denen des Wochenendes unterscheiden. Welche Unterschiede bestehen, wie lassen sie sich erklären?
2. Welche „Zeiten" lassen sich herausfinden? Lassen sie sich unter bestimmten Oberbegriffen zusammenfassen?
3. Welche Schwierigkeiten tauchen bei der Benennung (z. B.: Arbeitszeit – Freizeit) auf?
4. Welche Aktivitäten ordnet ihr der Freizeit zu und warum?
5. Versucht abschließend, eine gemeinsame Definition von Freizeit zu formulieren, und haltet sie schriftlich fest. Solltet ihr euch nicht einigen können, sind auch mehrere Definitionen zulässig!

Im Rahmen der Auswertung eurer Tagesabläufe und der Abklärung des Verständnisses von Freizeit ist sicherlich deutlich geworden, dass Freizeit keine einfach zu beschreibende Sache ist. Das, was man unter Freizeit versteht, ist von gesellschaftlichen Entwicklungen und individuellen Einstellungen abhängig. Auch Wissenschaftler haben sich mit dem Phänomen Zeit und Freizeit beschäftigt und versucht, eine Definition von Freizeit zu entwickeln.

Freizeitforscher haben sich intensiv mit der Zeit und der Freizeit befasst. Dabei sind unter anderem folgende Ergebnisse herausgekommen:

Unterscheidungen von Zeit:

1. Berufs-Arbeitszeit: Das ist die Zeit, in der man in seinem Beruf den Lebensunterhalt verdient. Bei Kindern und Jugendlichen ist es die Zeit, in der sie in der Schule sind oder für die Schule tätig sind.
2. Gebundene Zeit: Hier handelt es sich um die täglich benötigte Zeit für Schlafen, Essen und Körperpflege.
3. Sozialzeit: Hierunter verstehen die Forscher die Zeit, die der Einzelne nicht für sich, sondern für den „Nächsten", für die Gemeinschaft verwendet. Dabei spielen vorgeschriebene oder auch sich selbst gesetzte Regeln eine Rolle. Beispiele: Ableistung des Wehrdienstes bei der Bundeswehr, Teilnahme an einer Blutspendeaktion des Roten Kreuzes.
4. Freizeit: Das ist die Zeit, in welcher der Einzelne frei von äußeren und inneren Zwängen bestimmen kann, wie er sie verbringen will.

Unterscheidungen von Freizeit:

1. Die Freizeit während des Tages, bei Erwachsenen der Feierabend
2. Die Freizeit am Ende der Woche, das Wochenende
3. Die „große" Freizeit im Jahr, die Ferien oder der Urlaub
4. Die Freizeit am Lebensabend, der Ruhestand oder das Rentenalter

(aus: Demokratie und Wirtschaft, Hannover, Schroedel, 1990, S. 28 und 30)

1 Versucht anhand eurer Tagesabläufe die Tätigkeiten den oben beschriebenen Zeiten zuzuordnen. Seid ihr mit dieser Einteilung einverstanden?

2 Vergleicht die Kriterien, die die Wissenschaftler den einzelnen Zeiten zugrunde gelegt haben, mit den von euch in der dritten Phase der Untersuchung entwickelten Merkmalen!

Definition von Freizeit? (offene Frage)

Alle Befragten (N = 200)	in Prozent		in Prozent
Freiheitsaspekt	**64**	**Erholungsaspekt**	
Zeit in eigener Regie gestalten, sein eigener Herr sein	47	Ruhe, Entspannung, Erholung Regeneration.	31
Zeit, in der man überhaupt keine Verpflichtungen hat	17	ohne Stress/Zwang/Druck sein	
Arbeitsaspekt		**Anderes**	
Zeit, die nicht mit Arbeit/Beruf/ Haushalt gefüllt ist	47	Unterhaltung	9
		Zeit für sich ganz allein (ohne Familie)	7
		Zeit für/mit Familie	7

(aus Opaschowski, Horst W. und Neubauer, Ursula, Freizeitverhalten Hamburg, B·A·T Freizeitforschungsinstitut, 1986, 2. Auflage, S. 35)

1 Vergleicht die Ergebnisse der Befragung mit den von euch zugrunde gelegten Kriterien bei der Definition von Freizeit!

Freie Zeit – was ist das?

Zeit zur Wiederherstellung der Arbeitsbereitschaft, zur Reproduktion der Arbeitskraft. Wird Freizeit benannt als „Raum für menschliche Selbstverwirklichung" und „Bereich für Entspannung und Vergnügen, um die notwendige Voraussetzung für schöpferische Fähigkeiten zu schaffen", also als ein Verhaltensbereich, der keinem „sachlichen" Zweck dient, so muss gefragt werden, warum „Arbeit" damit (wenn auch indirekt) abgewertet wird und woran das liegt. Arbeit könnte ja auch Freude machen. Da Arbeit bei uns allgemein unter dem Begriff einer Berufstätigkeit, das heißt einer vertraglichen Abmachung fällt, ist die Arbeitszeit die Pflichtzeit, von der die Freizeit abgegrenzt werden muss. So fällt auch die Arbeitszeit, in der man seine Arbeit verrichtet, die einem Freude macht, nicht unter den Begriff Freizeit. Doch kann die Freizeit selbst zur gar nicht erholsamen Arbeit werden, zumal heute eine breit angelegte Freizeitindustrie eine Fülle von Freizeit-Artikeln (für genügend ausgleichende Bewegung und Abwechslung) anbietet: Damit zieht sie den Menschen nicht nur das Geld aus der Tasche, sondern verlangt ihnen auch große Anstrengungen ab, ihre Freizeit „sinnvoll zu verplanen" und „sinnvoll auszunützen".

Wo Arbeit nicht vertraglich abgegrenzt und entsprechend vergütet wird (wie zum Beispiel bei den „Familienfrauen"), ist auch der Begriff Freizeit nicht abgrenzbar, weil (um bei diesem Beispiel zu bleiben) die Familienfrau selbst in den Urlaub einen Teil ihres Arbeitsbereiches (die Kinder) mitnimmt. Aber auch die „bezahlten" Berufstätigen benutzen die zugebilligte Freizeit oft genug dazu, angesammelte Aufgaben abzuarbeiten, ganz abgesehen einmal von berufstätigen Müttern, die nach der Arbeitszeit ihren Haushalt machen müssen. So muss bezweifelt werden, ob die Freizeit wirklich zur Wiederherstellung von Arbeitsbereitschaft genutzt wird.

(aus Claessens, Dieter u. a., Jugendlexikon Gesellschaft, Reinbek, Rowohlt, 1976, S. 55f.)

1 Welche Probleme der Abgrenzung von Arbeitszeit und Freizeit werden genannt? Lassen sich diese Probleme auch auf eure Tagesabläufe übertragen?

„Sobald wir erkennen, dass ein Großteil unserer so genannten Freizeit im Grunde darauf verwandt wird, Güter und Dienstleistungen für den Eigenbedarf zu produzieren – das heißt also zu „prosumieren" – wird die alte Unterscheidung zwischen Arbeit und Freizeit hinfällig. Es geht dann nicht mehr um die Alternative Arbeitszeit oder Freizeit, sondern um bezahlte Arbeit im Sektor B oder unbezahlte, selbstbestimmte Arbeit im Sektor A. Nirgendwo dürfte der Aufstieg des Prosumenten jedoch so explosive Veränderungen zeitigen wie in der Wirtschaft …"
(Alvin Toffler: „Die Zukunftschance", München 1980)

„Als Arbeit wird in Zukunft jede Tätigkeit zu bezeichnen sein, die neue gesellschaftliche Werte schafft, die dem Menschen und der Gemeinschaft dient: Unbezahlte Haushaltsarbeit, Hobby-Arbeit, freiwillige gesellschaftliche Arbeit im Verein, in der Nachbarschaft und Gemeinde und im sozialen Bereich werden solche neuen Arbeitsformen sein. Die Entdeckung und Verwirklichung der „neuen Produktivität" in der Freizeit wird nicht ohne Einfluss auf das Produktionsverhalten in der Arbeit bleiben. Das freiwillige produktive Tätigsein in der Freizeit setzt Zeichen und Maßstäbe für die Notwendigkeit und Möglichkeit einer mehr freien Tätigkeit in der Arbeit. In dieser integrierten Sichtweise bedeutet Arbeit nicht automatisch Zwang und ist Freizeit nicht gleich mit Freiheit identisch."
(Horst W. Opaschowski: „Probleme im Umgang mit der Freizeit", Hamburg 1980)

1 Analysiert die beiden Zitate oben, indem ihr die neue Dimension des Freizeitbegriffs herausarbeitet!

2 Erläutert anhand von Beispielen, ob und inwieweit diese „neue" Definition von Freizeit auch schon für euch und eure freie Zeit zutrifft!

3 Versucht abschließend, unter Zuhilfenahme der erarbeiteten Erkenntnisse aus den Materialien auf dieser Seite eine verbesserte Freizeitdefinition zu entwickeln!

Organisierte Freizeitangebote: Freizeit, im Verein am schönsten?

Wann ist Freizeit sinnvoll genutzt, was passiert mit mir in meiner Freizeit? So lauteten die Fragestellungen. Davon ausgehend soll nun das Blickfeld erweitert werden. Jeder von euch hat sicher schon einmal Freizeit in Gruppen verbracht. Eine Freizeitaktivität in Gruppen, nämlich im Sportverein, soll nun im Folgenden näher untersucht werden.

Diejenigen von euch, die Mitglied in einem Sportverein sind, können im Verlauf dieses Kapitels ihre eigenen Erfahrungen mit einbringen und mit den jeweiligen Arbeitsergebnissen vergleichen.

Damit ihr einen möglichst gründlichen Einblick in die Aufgaben, Strukturen und Abläufe eines Sportvereins, seine Bedeutung für die Freizeit und auch seine sozialen Funktionen bekommt, wird jetzt im Rahmen einer kleinen Fallstudie eine Abteilung eines Sportvereins ganz intensiv vorgestellt: Die Judo-Abteilung der Sport-Union Witten-Annen, kurz SUA genannt. Dabei konzentriert sich die Beschäftigung auf die Jugendarbeit der Abteilung, in der inzwischen ca. 330 Kinder und Jugendliche zwischen 6 und 18 Jahren Mitglied sind. Der Mädchenanteil beträgt 30 %. Trainiert wird gemeinsam, bei offiziellen Wettkämpfen gibt es getrennte Mannschaften.

Was ist Judo – nur ein Kampfsport? Welchen Freizeitwert hat diese Sportart? Was steckt dahinter, wenn Sportler in weißer Kleidung mit bunten Gürteln Wettkämpfe austragen?

1 Betrachtet die Fotos oben und überlegt, worin der Reiz dieser Sportart bestehen könnte. Welche Besonderheiten fallen euch auf und wie beurteilt ihr diese?

Judo ist eine traditionsreiche Sportart und kommt aus Japan. Beschäftigt man sich näher mit ihr, stellt man fest, dass hinter der rein sportlichen Fassade eine Menge mehr steckt:

Die zwei Prinzipien des Judo

Zwei Grundsätze verhindern, dass der Kampf auf der Judo-Matte in einen simplen Kräftevergleich, bei dem einer der Gegner mehr oder weniger schwer verletzt auf der „Strecke" bleibt, ausartet. Jede Technik, jede Bewegung, hat dem Prinzip von der „größtmöglichen Wirkung" zu gehorchen. Dass dieses Prinzip, das sowohl auf die körperlichen als auch auf die geistigen Kräfte anzuwenden ist, im Judo jederzeit beachtet werden sollte, mag ein einfaches Beispiel erläutern: Steht man einem körperlich stärkeren Gegner gegenüber, so widersetzt man sich dem von ihm ausgeführten Druck nicht, sondern zieht ihn sogar noch in die Richtung, in die er stößt. Des erwarteten Widerstandes beraubt, wird der Gegner überrascht nach vorne stolpern und sein Gleichgewicht zumindest teilweise verlieren. In dieser Position kann man nun die eigene Kraft mit dem größtmöglichen Nutzeffekt einsetzen. Aus diesem simplen Beispiel wird schon deutlich, dass an diesem technischen Prinzip von der größtmöglichen Wirkung die Gesetze des Nachgebens, des Gleichgewichtbrechens und des rationellen Einsatzes – nur so viel Kraft verwenden, wie gerade gebraucht wird – beteiligt sind. Das zweite Prinzip hebt Judo über den Stand eines bloßen Zweikampfsportes hinaus und lässt es zum Erziehungssystem par excellence werden. Es ist das moralische Prinzip vom „gegenseitigen Helfen und Verstehen". Jede Judo-Übung wird mit einem Partner und nicht gegen einen Gegner durchgeführt; ohne Partner, ohne willige Freunde, für deren Fortschritt man sich genauso verantwortlich fühlt wie für den eigenen, ist Judo nicht möglich. Jedes Wissen, jeder erkannte Fehler beim Partner muss bereitwillig mitgeteilt werden.

(aus: Hofmann, Wolfgang, Judo, Budo-Bibliothek, Niedernhausen, Falken-Verlag, 1975, S. 11f.)

1 Arbeite die beiden Prinzipien des Judo mit eigenen Worten heraus! Lassen sich die zwei Prinzipien mit den Fotos in Verbindung bringen? Unter welchen Bedingungen kann Judo somit als Kampfsport beschrieben werden?

Zweck und Ziel der Judo-Ausbildung

Als JIGORO KANO* sein System schuf, hatte er hauptsächlich drei Ziele im Auge: Er wollte vor allen Dingen ein System schaffen, das auf interessante, zu längerem Studium anregende Weise den Körper trainiert, alle Muskeln ausbildet und die Organkraft stärkt, kurz, den Körper in Form bringt und erhält. Im Gegensatz zu teilweise nützlichen, aber langweiligen Gymnastiksystemen sollte sein Judo mehr als nur ein kurzzeitiges Fitnessprogramm sein, sondern vielmehr von Menschen jeden Alters und Geschlechts, einmal begonnen, bis in das hohe Alter hinein ausgeübt werden können.

Zweitens dachte er daran – man nannte ihn später „Vater des Amateursports in Japan" –, seinen Schülern die Möglichkeit zu geben, in einem von strengen Regeln kontrollierten Zweikampfsport, Wettkämpfe zu bestreiten. Seine Schüler sollten teilhaben an der großen Sportbewegung, deren Wert für die „glückliche Zufriedenheit des Menschen" er nicht oft genug zu preisen wusste.

Drittens sollte durch Judo neben einer Charakter- und Persönlichkeitsformung die Ausbildung der geistigen Fähigkeiten erreicht werden. Regelmäßiges Training fördert die Entwicklung der Einbildungskraft, des logischen Denkens und der Urteilskraft und trägt entscheidend zu einem ausgeglichenen Persönlichkeitsbild, der Wahrung des seelischen Gleichgewichts, bei: Diese Haltung lässt Ernsthaftigkeit, Vorsicht und gründliches Überlegen, die wiederum Voraussetzung für schnelles Handeln und rasche Entschlüsse sind, zur zweiten Natur werden.

*Universitätsprofessor. Gilt mit der Eröffnung der ersten Judo-Schule 1882 als Erfinder des Judo.

(aus: Hofmann, Wolfgang, a. a. O. S. 12)

1 Wie beurteilt ihr die drei hauptsächlichen Ziele des Judosports? Auf welche weiteren Sportarten lassen sie sich eurer Meinung nach übertragen?

Die Regeln und Rituale, zudem aus einem anderen Kulturkreis, symbolisieren den tieferen Sinn des Judosports. Aus der Beschäftigung mit Judo und durch Judo sollen Wirkungen auch über den sportlichen Bereich hinaus erzielt werden. Auch die Übungsstätte, genannt Dojo (= Platz zum Üben des Weges) unterliegt strengen Regelungen:

Eine Forderung, gegen die in Europa oft gesündigt wird, lautet: Das DOJO hat stets sauber und frei von allem unnötigen Schmuck und Zierat zu sein. Bilder, Trophäen und Beutestücke lenken nur vom Training ab und sollten außerhalb des DOJO ihren Platz finden.

Die vier Seiten des DOJO haben ihre besondere Bedeutung für das Verhalten der Übenden. Die Ehrenseite des DOJO, KAMIZA, meist gegenüber dem Eingang gelegen, ist dabei die einzige Seite, die als Schmuck einen Sinnspruch oder ein Bild des Gründers des DOJO oder Professor KANOS tragen darf. Generell sind KAMIZA und YOSEKI die Seiten für Offizielle, Ehrengäste und Lehrer, während die Schüler sich auf der SHIMOSEKI- und SHIMOZA-Seite aufhalten.

Die Seiten des Dojo und der Platz der Schüler und Lehrer beim Grüßen

(aus: Hofmann, Wolfgang, a. a. O., S. 21)

Die Judo-Etikette – Der Gruß (REI)

Jede Sportart hat ihren eigenen Gruß; die Fechter grüßen sich und das Kampfgericht mit der Klinge, Ringer schütteln sich die Hände und die Reiter lüften ihre Kopfbedeckung. Es ist nur natürlich, daß die JUDO-KA den eigentümlichen asiatischen Gruß, die Verbeugung, übernommen haben. Man verbeugt sich im Stand oder – formaler – im Kniesitz zueinander und drückt damit aus, dass man das Gegenüber als Partner respektieren, dass man die Regeln achten will und dass von jetzt ab alle Gedanken nur auf Judo konzentriert werden. Man verbeugt sich vor der KAMIZA-Seite, wenn man ein DOJO betritt, man verbeugt sich zum Partner und fordert ihn damit zum Training auf, man verbeugt sich nach dem Training und dankt sich damit gegenseitig. Im Wettkampf verbeugt man sich zum Mattenrichter und auf dessen Zeichen hin zueinander. Während bei diesen Gelegenheiten meistens der Gruß im Stand ausgeführt wird, wird bei formelleren Anlässen der Gruß im Kniesitz verlangt: Beim Anfang und Ende einer Unterrichtsstunde sitzen sich Schüler und Lehrer gegenüber und verbeugen sich auf den Ruf „REI" (grüßen) des Schülers mit dem höchsten Grad zueinander. Dieser Schüler mit dem höchsten Grad sitzt vom Lehrer aus gesehen links, seine Kameraden sitzen neben ihm in der Rangfolge der Gürtelfarben in einer Linie. Eine oft außer Acht gelassene Regel verlangt, dass bei jedem Gruß der JODOGI* in Ordnung gebracht, der Gürtel richtig gebunden sein muss.

*Judogi: Der Judoanzug. Die Gürtelfarben: weiß, weiß-gelb, gelb, gelb-orange, orange, orange-grün, grün, blau, braun, schwarz in mehreren Abstufungen (Dan-Grade)

(aus: Hofmann, Wolfgang, a. a. O., S. 21)

1 Die Materialien auf dieser und der vorausgegangenen Seite machen deutlich, wie wichtig im Judo so genannte Äußerlichkeiten und Höflichkeitsrituale sind. Überlegt, inwieweit sich dies auf das Training, den Wettkampf und die Sportler allgemein auswirken kann!

2 Würdet ihr diese Vorschriften im Freizeitbereich eher als hinderlichen Zwang oder als interessante Bereicherung ansehen? Begründet Eure Meinung!

Stellvertretend für die vielen Verantwortlichen der Judoabteilung der SUA nehmen im folgenden Interview der ehemalige Cheftrainer der SUA, Leo Held und Klaus Brüggemann, ein Jugendtrainer, Stellung zur Rolle des Judosports im Freizeitbereich. Dabei geht es vor allem um die Bedeutung des Judosports als Freizeitfaktor für die Jugendlichen.

F: *Wie sind Sie persönlich zum Judo gekommen, was ist das Besondere für Sie an der Sportart Judo?*

A: K. Brüggemann: Zunächst einmal nicht, weil man damit Geld verdienen kann. Zum Judo bin ich durch meinen Beruf gekommen. Ich bin Sozialarbeiter und hatte es nach meinem Studium mit sehr schwierigen, aggressionsgeladenen Jugendlichen zu tun, von denen viele schon vor dem Jugendrichter gestanden hatten. Es ergab sich für uns die Frage: Wie können wir diese Aggressionen steuern, ohne dass Mitmenschen zu schaden kommen? Wir dachten dabei zuerst an Sport, aber nicht sofort an Judo. Zunächst versuchten wir es in einem Karateverein, aber dieser Weg zum sichtbaren Erfolg dauerte dort zu lange. Als wir es dann mit der Gruppe in einem Judoverein versuchten, gab es schon nach der ersten Stunde Erfolgserlebnisse, es gelang schon ein Wurf mit Fallen und die Begeisterung war groß. Die einzelnen Mitglieder der Gruppe mussten jetzt mit anderen – Fremden – trainieren und als Betreuer der Gruppe konnte ich in meiner Vorbildfunktion auch nicht abseits stehen.

L. Held: Ich kann dazu etwas aus der Arbeit mit Suchtkranken bestätigen. Werfen und sich werfen lassen, das erfordert einerseits Verantwortung für den anderen zu übernehmen, er soll ja nicht verletzt werden und andererseits, Vertrauen zu entwickeln. Gerade diese beiden Eigenschaften aber fehlen Abhängigen. Über Judo kann hier viel erreicht werden. Ich selbst allerdings bin zum Judo gekommen, weil es in dem Dorf, aus dem ich stamme, nur einen Fußball- und einen Judoverein gab – so bin ich mehr zufällig zum Judo gelangt.

K. Brüggemann: Judo hat für mich neben dem Aspekt der Selbstverteidigung einen großen pädagogischen Stellenwert, weil man den anderen als Partner akzeptieren muss und gemeinsam zu akzeptierende Regeln gelten. Dies und die Vorbereitung auf die erste Gürtelprüfung haben bei den hartgesottenen Jugendlichen damals tatsächlich zu einem Umdenken geführt, ihr Selbstwertgefühl wurde gesteigert und sie brauchten sich nicht mehr so massiv durch Gewalt gegen andere zu bestätigen.

L. Held: Nehmen wir zum Beispiel den Beginn. Bei anderen Sportarten, sagen wir Fußball oder Basketball, da kommt man und geht man, es herrscht beim Training eine Art Gleitzeit. Beim Judo ist das anders. Man grüßt an, setzt sich, macht die Augen zu und sagt sich: Ich will jetzt alles vom Tage vorher vergessen, ich will mich nur auf das Kommende konzentrieren. Man gibt sich eine Art Versprechen, auf den anderen Rücksicht zu nehmen und an sich zu arbeiten. Im Zentrum steht der Respekt vor dem anderen und vor allem dem Älteren.

F.: *Sie haben neben der Selbstverteidigung dem Judosport auch wichtige pädagogische und soziale Funktionen zugeschrieben. Von außen wirkt das Training zumindest teilweise sehr reglementiert, engt dies nicht eher ein?*

A.: L. Held: Zunächst ist die Teilnahme ja freiwillig und zum andern sind diese Regeln, die natürlich gelten, ja auch etwas Besonderes. Dies wäre ein anderer Blickwinkel.

K. Brüggemann: Es ist doch auch blauäugig, zu sagen, wir lebten in einer Welt ohne Regeln. Es gibt doch keinen Bereich des Alltags ohne Regeln des Zusammenlebens. Normen sind notwendig und hier beim Judo ist der Jugendliche in den 2 Stunden, in denen er trainiert, für das Ganze mit verantwortlich, er kann nicht einfach nur die anderen machen lassen.

L. Held: Man weiß doch auch, dass die Kinder, die ohne Normen aufwachsen, später im Leben nicht zurechtkommen.

K. Brüggemann: Unsere Hauptzielgruppen sind dabei die Kinder unter 14 Jahren. Wer bis zum Alter von 15/16 Jahren Judo durchgehalten hat, der weiß, was er will, der weiß auch, worauf es ankommt.

L. Held: An dieser Stelle setzt auch die Talentdiskussion an. Heute gilt nicht mehr einfach der als Talent, der die besten körperlichen Dispositionen besitzt, sondern der Kopf entscheidet, die Einstellung. Gerade für 14- bis 18-Jährige ist es entscheidend, in diesem Alter eine begonnene Sache zu Ende zu führen, und die Kinder, die in diesem Sinne gefordert werden, werden auch im Leben ein Ziel beharrlich verfolgen, auch weitermachen, wenn mal eine Durststrecke bevorsteht.

K. Brüggemann: Das gelingt aber nur, wenn es dem Verein gelingt, die Freunde und auch Eltern mit einzubeziehen. Die Eltern müssen überzeugt werden, auf ihr Kind einzuwirken, bei der Stange zu bleiben.

(Das Interview führte Helmut Schorlemmer)

1 Bewertet die wesentlichen Aussagen der beiden oben interviewten Trainer zum Judosport aus eurer Sicht!

Judosport und auch allgemein Sport im Verein bedeutet eben mehr als nur Sport. Dies können bestimmt auch diejenigen von euch bestätigen, die in einem Sportverein aktiv sind. Neben den eben erwähnten erzieherischen bzw. persönlichkeitsbildenden und auch das soziale Verhalten prägenden Einflüssen gibt es in einem Sportverein auch den organisatorischen Bereich.

Vereinsarbeit ist eigentlich Gemeinschaftsarbeit. Jedes Mitglied ist betroffen von Entscheidungen der Gremien und der Arbeit der Verantwortlichen. Aber nur recht wenige sind bereit, diese Verantwortung zu übernehmen und Zeit und Mühe zu investieren.

Die beiden folgenden Materialien dokumentieren ausschnittsweise die Vereinsarbeit zweier Gremien im Jugendbereich:

Protokoll zur HJA-Sitzung vom 14.04.1993

Anwesend: Frank Demant, Andreas Braun, Wolfgang Conze, Winfried Knips, Arne Wiemer, Lars Wiemer, Martina Buschmann, Fritz Paschen, Petra Ihle-Paschen, Michael Arndt, Sascha Demant, Susanne Klesse-Arndt und Anneliese Meier

1) Begrüßung der Anwesenden durch den HJW Frank Demant.

2) Abenteuerrallye
   Die Begehung der Strecke findet am 25.04.93 um 14.00 Uhr statt. Wir treffen uns am Parkplatz Nachtigall. Anmeldeschluss für die Veranstaltung ist der 30.04.93. Bis zum jetzigen Zeitpunkt liegen uns 7 Anmeldungen vor. Martina Buschmann fällt aus beruflichen Gründen als Betreuerin aus. Frank Demant versucht den Spielesack des Landessportbundes zu organisieren, um die Kinder an der Ruine Hardenstein zu beschäftigen.

3) Elspe
   Die Fahrt findet wie geplant am 03.07.93 statt.
   Abfahrt: 9.00 Uhr Saalbau
   Ankunft: 18.30 Saalbau
   Kostenbeitrag: 25 DM pro Person
   Betreuer: Winfried Knips, Wolfgang Conze, Andreas Braun, Frank und Renate Demant, Petra Ihle-Paschen, Fritz Paschen, Susanne Klesse-Arndt und Lars Wiemer
   Anmeldeschluss: 14.06.93
   Für Essen ist selbst zu sorgen. Je nach Wetterlage ist regenfeste Kleidung zu empfehlen.

4) Sonstiges
   – Die Beschwerde der Schwimmabteilung über die Ablehnung des Zuschusses zur Weihnachtsfeier ist abgelehnt worden, da der Jugendwart ihrer Abteilung nicht an 50% der Sitzungen des HJA teilgenommen hat. Durch diese Regelung soll unter anderem die Mitarbeit im HJA angeregt werden.
   – Die Jahreshauptversammlung des Gesamtvereins findet am 14.05.93 um 19.00 Uhr statt.
   – Am 17.05.93 ab 18.00 Uhr wird der Herbert-Kunde-Pokal wieder ausgekegelt. Der HJA wird voraussichtlich mit zwei Mannschaften daran teilnehmen.
   – nächster Sitzungstermin: 07.05.93 um 19.00 Uhr

   Tagesordnung: 1) Begrüßung
                    2) Abenteuerrallye
                    3) Sonstiges

                                        Mit sportlichem Gruß

                                        Lars Krämer

---

1 Überlegt euch, warum der Hauptjugendausschuss eines Vereins Abenteuerrallyes und Ausflüge organisiert. Welche Probleme der Vereinsarbeit gehen aus dem Protokoll hervor?

An die Abteilungsjugendwarte

EINLADUNG zum 15. Vereinsjugendtag 1993

Am Freitag, dem 19.03.1993, um 18.00 Uhr findet im Sitzungsraum der Judohalle der SUA im Kälberweg der 15. Vereinsjugendtag der Sport-Union Annen statt.

Tagesordnung:

1.) Eröffnung und Begrüßung durch den Hauptjugendwart
2.) Wahl des Protokollführers
3.) Prüfung der Stimmberechtigten
4.) Genehmigung des Protokolls des 14. Vereinsjugendtages
5.) Bericht des Hauptjugendwartes
6.) Bericht des Geschäftsführers
7.) Bericht des Kassierers
8.) Bericht der Kassenprüfer
9.) Wahl des Versammlungsleiters
10.) Entlastung des Hauptjugendausschusses
11.) Wahl des Hauptjugendausschusses
    a) stellvertr. Hauptjugendwart(in)
    b) Kassierer(in)
    c) 2. Beisitzer(in)
    d) 2. jugendl. Beisitzer(in)
    e) 3 Kassenprüfer(innen)
12.) Haushaltsplan
13.) Anträge
14.) Veranstaltungen 1993
15.) Nächster Sitzungstermin des Hauptjugendausschusses

Stimmberechtigt sind die Delegierten und der gesamte Hauptjugendausschuss.
Anträge sind bis 14 Tage vorher an den Hauptjugendwart oder bei der Geschäftsstelle der SUA einzureichen.
Das Protokoll des 14. Vereinsjugendtages kann in der Geschäftsstelle der SUA eingesehen oder beim Hauptjugendwart Frank Demant angefordert werden.
Es wird darauf hingewiesen, dass jede Abteilung 2 Delegierte stellen kann. Je angefangene 100 jugendliche Mitglieder über 200 berechtigt zur Entsendung eines weiteren Delegierten.

Wir bitten um zahlreiches Erscheinen.

Mit sportlichem Gruß
der Hauptjugendausschuss
gez.: Frank Demant

1 Analysiert die Einladung, indem ihr herausarbeitet, welche Bedeutung den Wahlen auf dem Vereinsjugendtag zukommt!

Die Organisation von Freizeit als gesellschaftspolitische Aufgabe

Politische Entscheidungen in der Bundes-, Landes- und Kommunalpolitik betreffen die Freizeitmöglichkeiten in grundsätzlicher und besonders auch finanzieller Hinsicht. Und die zu fällenden politischen Entscheidungen sind dabei genauso schwierig und umstritten wie bei jeder anderen politischen Frage.

Ein kleines Planspiel soll diesen Aspekt, die politische Entscheidungssituation im Freizeitbereich, nun auf kommunaler Ebene anschaulich entfalten. Ihr habt dabei Gelegenheit, euch in die Situation verschiedener Interessengruppen der Stadt Freseberg hineinzuversetzen, in der es um eine weit reichende kommunalpolitische Entscheidung geht: Wie kann die Freizeitqualität und damit auch die Attraktivität von Freseberg verbessert werden? Der Rat der Stadt steht vor der entscheidenden Sitzung, in deren Verlauf mehrheitlich ein konkretes Projekt den Zuschlag erhalten wird. Vorher werden die Ratsfrauen und Ratsherren von Freseberg aber die wesentlichen Beteiligten zu einer Anhörung empfangen; dies geschieht einmal, um die verschiedenen Strömungen innerhalb der Bevölkerung mit in die Entscheidung einzubeziehen, zum andern aber auch, um auf möglichst breiter Informationsbasis die beste Entscheidung für die Stadt und ihre Bürger treffen zu können. Macht euch nun zunächst mit der Ausgangssituation vertraut:

Die Ausgangssituation

Freseberg ist eine Stadt mit ca. 80 000 Einwohnern am Rande eines industriellen Ballungsgebietes. In direkter Nähe zweier Großstädte ist sie stark durch mittelständische Industrie geprägt, der größte Gewerbesteuerzahler ist ein Möbelgroßhandelsunternehmen. Die stürmischen wirtschaftlichen Entwicklungen der letzten Jahre sind auch an Freseberg nicht spurlos vorbeigegangen. Viele Betriebe aus dem Bereich der Stahlindustrie, aber auch weiterverarbeitende Firmen mussten ihre Belegschaft stark abbauen oder sind gar geschlossen worden. Die Arbeitslosenquote von Freseberg liegt momentan bei 9,3 Prozent. Wie in vielen Gegenden der Bundesrepublik setzen auch in Freseberg die Politikerinnen und Politiker auf einen zukunftsorientierten Strukturwandel, um einerseits die Arbeitsplatzsituation zu verbessern, andererseits aber auch ihre Stadt als Einkaufs-, Wohn- und Erlebnisort attraktiver zu gestalten. Dabei wurden besondere Anstrengungen im bisher vernachlässigten Dienstleistungsbereich unternommen. Es gelang, den Regionalsitz einer großen Versicherung nach Freseberg zu holen, ferner siedelte sich der heimische Lokalfunk in einem Teil einer stillgelegten Fabrikanlage an.

Um zwei Fliegen mit einer Klappe zu schlagen, hatten die Mitglieder des Rates in dieser Situation die Idee, durch ein freizeitindustrielles Großprojekt gleichzeitig sowohl sichere Arbeitsplätze zu schaffen als auch den Freizeitwert der Stadt zu heben. Für dieses Vorhaben besitzt die Stadt ein entsprechendes Grundstück im Grüngürtel unweit des Stadtwaldes mit naher Autobahnanbindung. Dies veranlasste den Rat – an der Spitze den Bürgermeister – nach kurzer Beratung vorzuschlagen, dort ein großes Spaßbad mit Sauna, Solarium und Massagezentrum zu errichten. Zwar muss dann das bisher noch nicht zur Bebauung freigegebene Wiesengrundstück mit seinen kleinen Teichen durch Ratsbeschluss in Bauland umgewandelt werden, aber dies scheint aufgrund der Einigkeit der Ratsmitglieder mit Blick auf die Arbeitsplatzsituation kein größeres Problem zu sein. Auch genügt das veraltete Hallenbad nicht mehr den modernen Ansprüchen. Da zwei Kinos am Ort bestehen und in der benachbarten Großstadt ein Theater existiert, stieß die Idee eines Spaßbades bei den Stadtvätern auf die größte Sympathie. Auch fand sich recht schnell eine Investorengruppe für dieses Projekt. Als diese Pläne bekannt wurden, schlugen die Wellen hoch in Freseberg. Die örtlichen Umweltschützer formierten sofort ihren Widerstand, da die geplante Bebauung ein einmaliges Feuchtwiesengebiet vernichten würde. Auch die seit 3 Jahren für eine Kulturwerkstatt kämpfende Bürgerinitiative protestierte heftig und forderte, endlich das stiefmütterlich behandelte kulturelle Leben der Stadt mit einer großen Investition zu fördern. Gerade auch dies mache die Freizeitqualität einer Stadt aus. Neben den Vertretern der Kirchengemeinden griff dann auch überraschend die Geschäftsführung einer internationalen Filmverleihorganisation in das Geschehen ein. Sie offerierte ein frei finanziertes großes Kinozentrum, ein einmaliges Projekt dieser Art in der ganzen Region, wie es hieß. Eine rasche Entscheidung ist von Nöten, insbesondere, da für weitere auswärtige Investoren ein klares Zeichen gesetzt werden soll.

(Autorentext)

Ihr seid jetzt über die Ausgangslage des Spiels orientiert und solltet euch nun überlegen, welche Rollen ihr übernehmen wollt. Es stehen 6 unterschiedliche Rollen zur Verfügung. Dabei ist es sinnvoll, 5 Kleingruppen für die verschiedenen Interessengruppen zu bilden und für die Rolle des Bürgermeisters zwei Schülerinnen/ Schüler im Team vorzusehen. Diese Rolle kann aber auch nach Absprache von eurer Fachlehrerin/eurem Fachlehrer übernommen werden.

Die Rollenkarten findet Ihr im anschließenden Materialteil ebenso wie eine Arbeitskarte für alle Beteiligten. Sie ist ein kleiner „roter Faden" für die Vorbereitung und Durchführung des Planspiels.

Nach Klärung der Rollenverteilung ist es notwendig, dass ihr euch mit den übrigen Materialien des Materialteils vertraut macht. Sie dienen als kleine Orientierung und sachliche Grundlage für eure Aktionen.

Rollenkarte: Der Bürgermeister

Ihr vertretet in der Rolle des Bürgermeisters an der Spitze des Rates die Interessen der Stadt nach außen. Der Bürgermeister trägt letztlich die politische Verantwortung für alle Entscheidungen.

Besonders in der Verhandlungsphase müsst ihr versuchen, allen Interessengruppen gegenüber offen zu sein. Im Blick des Bürgermeisters liegt bei allen Vorgesprächen mit den unterschiedlichen Interessengruppen der Konflikt, dass er eine bestimmte Haltung (eine Präferenz für das Spaßbad liegt ja vor) hat, aber auch an seine Wiederwahl denken muss. Es ist die Aufgabe des Bürgermeisters, sowohl in der Anhörung vor dem Rat als auch in der anschließenden Ratssitzung

1. die Sitzungen einzuberufen, die Teilnehmer vorzustellen und/oder zu begrüßen sowie den Beteiligten das Wort zu erteilen
2. die Gesprächsleitung zu übernehmen
3. Zwischenergebnisse und Endergebnisse zu formulieren
und 4. Anträge zur Abstimmung zu stellen und abstimmen zu lassen.

In der abschließenden Ratssitzung hat der Bürgermeister wie jedes andere Ratsmitglied eine Stimme. In den Diskussionen sollte der Bürgermeister inhaltliche Beiträge zurückstellen und sich auf die Leitung des jeweiligen Gremiums beschränken.

Rollenkarte:
Geschäftsführung ICC (International Cinema Corporation)

Ihr bietet ein von potenten inländischen und ausländischen Filmverleihern finanziertes Kinocenter mit 16 verschiedenen Kinos an. Mit dem Bau könne nach Vorliegen der Baugenehmigung seitens der Stadt sofort begonnen werden. Im vorgelagerten Foyer des Zentrums sollen außerdem ein Schnellrestaurant und eine Eisdiele Platz haben. Ihr verweist auf ein gerade fertig gestelltes, erfolgreich angelaufenes Kinocenter in einem der neuen Bundesländer und wollt versuchen, die Planung des Spaßbades mit allen Mitteln zu verhindern, da ihr der Meinung seid, dass euer Projekt für Freseberg das Optimum darstellt. Die Filmbranche boomt, zusätzlich mit den gastronomischen Projekten werden hier dringend benötigte Arbeitsplätze – gerade auch für Frauen – geschaffen. Überlegt euch, wie ihr eure Ziele und Ansprüche im Planspiel am besten umsetzen könnt/wollt!

Rollenkarte: Interessengruppe Spaßbad

Als Projektleiter der Investorengruppe Spaßbad nehmt ihr die Interessen einer deutschen Versicherungsgesellschaft sowie einer Hausbank des Ortes wahr. Einige finanzstarke Selbständige von Freseberg wären ebenfalls bereit, sich an der Finanzierung zu beteiligen, dies ist aber noch nicht ganz sicher. Ihr wisst, dass die Stadtväter euer Vorhaben favorisieren, aber ihr habt mit der ICC eine starke Konkurrenz bekommen. Auch die Bügerinitiative ist nicht zu unterschätzen. Verweist auf die völlig unzureichende Badsituation der Stadt und arbeitet heraus, dass ja auch eine Gesundheitsinsel, sprich Massagezentrum, mitintegriert werden soll. Hier werden zukunftssichere Arbeitsplätze geschaffen. Ihr wollt auf jeden Fall während der Anhörung euren Sympathievorsprung ausbauen und eine eindeutige Mehrheit der Ratsherren und -frauen auf eure Seite ziehen. Überlegt euch, wie ihr eure Ziele und Ansprüche im Planspiel am besten umsetzen könnt/wollt!

Rollenkarte:
Vertreter der örtlichen Kirchengemeinden

Die am Ort befindlichen Kirchen haben sich zum Zwecke der gemeinsamen Interessensvertretung zusammengetan. Ihr Ziel ist es, die Jugendarbeit in der Gemeinde zu fördern und überhaupt im Sinne der christlichen Grundsätze das Familienleben in der Stadt zu beleben. Für alle Familienmitglieder sollen Freizeitmöglichkeiten in der Stadt angeboten werden. Ihr seid daran interessiert, die Jugendlichen vor Drogengefahren, Kriminalität und Verwahrlosung zu schützen. Die großen Investorenprojekte sind euch daher nicht ganz geheuer, auch wenn sie sicher ihre Berechtigung haben. Aber sie lagern wie Enklaven außerhalb der Stadt. Sind sie für Jugendliche erreichbar? Und wäre gerade für Jugendliche nicht die Kulturwerkstatt die richtige Alternative. Ihr seid noch unschlüssig. Nur eins ist klar, das Kinoprojekt lehnt ihr ab, bei der Gewaltwelle der letzten Kinofilme …
Entwickelt eine Position und überlegt euch, wie ihr eure Ziele und Ansprüche im Planspiel am besten umsetzen könnt/wollt!

Rollenkarte: Umweltgruppe „Rettet die Freseberger Feuchtwiesen"

Ihr lehnt die Pläne der beiden Großinvestitionen kategorisch ab, da der Schutz der Wiesen mit ihren seltenen Pflanzen und Wasservögeln absoluten Vorrang hat vor der Schaffung von – wie ihr meint – wenig qualifizierten und insgesamt eh zahlenmäßig zu geringen Arbeitsplätzen.
Das Projekt der Kulturwerkstatt liegt euch da schon eher, aber im Grunde genommen seid ihr der Auffassung, dass die Stadt eher ein Ökoinstitut der benachbarten Universität auf dem stillgelegten Fabrikgelände ansiedeln sollte, auf dem schon der Lokalfunk residiert und wo auch die Kulturwerkstatt ihren Platz finden soll. Bringt außerdem die euch zugetragene Information in das Spiel ein, dass die Finanzierung des Spaßbades noch nicht gesichert sei, da einige Investoren ihre Zusagen mit unerfüllbaren Bedingungen verknüpft hätten.
Überlegt euch, wie ihr eure Ziele und Ansprüche im Planspiel am besten umsetzen könnt/wollt.

Rollenkarte: Bürgerinitiative Kulturwerkstatt

Die Initiative ist vor dreieinhalb Jahren gegründet worden und veranstaltet zum Teil in kleinen Kneipen, zum Teil in der Schützenhalle Konzerte, Theateraufführungen, Kabarett u. ä. Schon seit der Gründung kämpft sie für die Errichtung eines alternativen Projekts: Auf dem Gelände der stillgelegten Fabrik soll in direkter Nähe zum Lokalfunk eine Kulturwerkstatt entstehen. Die Verkehrsanbindung ist zentral und gerade auch ein multifunktionales Kulturzentrum steigert eurer Meinung nach den Wert der Stadt erheblich. Die Finanzierung stellt allerdings ein Problem dar. Die Stadt hat bisher nur Zuschüsse versprochen und für den Um- und Ausbau keine konkreten Angaben gemacht. Bevor die Diskussion um das Spaßbad aufkam, hatten aber einige Ratsherren verlauten lassen, dass unter Umständen mithilfe des Landes ein solcher Bau in Etappen finanzierbar wäre.
Überlegt euch, wie ihr eure Ziele und Ansprüche im Planspiel am besten umsetzen könnt/wollt.

Arbeitskarte für alle Gruppen

1. Lest euch die Materialien und Rollenkarten durch, unterstreicht für eure Gruppe wichtige Passagen und klärt etwaige Verständnisfragen.
2. Erörtert eure Situation, legt eure Ziele und Interessen fest und überlegt, wie ihr diese durchsetzen könnt. Welche Ideen habt Ihr, welche guten Argumente fallen euch ein? Welche Gruppen bieten sich als Verhandlungspartner an? Knüpft Kontakte, indem ihr z. B. Briefe schreibt, mündliche Verhandlungen führt, Absprachen trefft. Auch der Bürgermeister steht zur Verfügung.
3. Versetzt euch in die Lage der anderen Gruppen. Wie werden sie vorgehen, argumentieren?
4. Beantwortet die mündlichen und schriftlichen Anfragen der anderen Gruppen, sondiert die Situation.
5. Bereitet euch auf die anschließende Anhörung vor. Bestimmt einen Sprecher, der eure Position in einer einleitenden Stellungnahme deutlich macht. Überlegt euch, dass den Stellungnahmen der einzelnen Gruppen eine Diskussion folgt und ihr auch für diese Phase noch „Munition" benötigt. Packt also nicht alles in die erste Stellungnahme.

6. Die Ratssitzung bedeutet für euch alle (bis auf den Bürgermeister), dass ihr nun in **neue** Rollen schlüpfen müsst. Versucht also, euch in die Situation von Ratsfrauen und Ratsherren zu versetzen, die eine wichtige Entscheidung für ihre Stadt treffen müssen. Welche Prioritäten sollen gelten? Welche Interessen sollen berücksichtigt werden? Welche Konsequenzen ergeben sich, wenn man für die eine, aber gegen die anderen Möglichkeiten votiert?

Der Freizeitwert einer Gemeinde oder Region

Freizeit-infrastruktur

- Kulturangebot
- Umland, Landschaft, Umwelt
- Gastronomie
- Innenstadt
- Verkehrsverbindungen
- Stadtgrün, Gewässer
- Stadtbild, „Denkmäler"
- Einkaufsmöglichkeiten
- Vereine
- Lernmöglichkeiten für Musisches, Sport und Hobbys
- Medienangebot, Informationsmöglichkeiten
- Sport
- Freizeitgerechte Wohnungen
- Freizeiteinrichtungen
- Tradition und Brauchtumspflege
- Gelegenheiten für Hobby, Unterhaltung, Geselligkeit
- Gärten, Freizeitwohnungen

Image

- Ruf der Kommune, ihres Umfeldes
- Flair, Stil, Gesamteindruck
- „Wohnlichkeit"
- Kultur des Zusammenlebens
- Sprache
- Identifikationsmöglichkeiten für den Einzelnen, für Gruppen, Institutionen und Unternehmen
- „Freizeitbewusstsein": Freizeitwissen, Kenntnis der Freizeitinfrastruktur und Freizeitangebote

Freizeitwert

(aus: Agricola, Sigurd, Die Bedeutung der Freizeit für Gesellschaft und Wirtschaft, in : Schule/Wirtschaft, Heft 30, Düsseldorf, 1992, S. 60)

Unterwegs zur Freizeitstadt 2000

Was das Freizeitleben in der Stadt heute schon so attraktiv macht
Von je 100 befragten Bundesbürgern finden attraktiv:

Grünanlagen, Stadtparks	84
Naherholungsgebiete	83
Wanderwege	79
Fußgängerzonen	78
Restaurants/Cafés	76
Fahrradwege	74
Tierparks/Zoos	73
Freibäder/Kombi-Bäder	72
Einkaufszentren, -passagen	71
Freizeitparks	69
Badeseen	68
Hallenbäder	67
Stadt-, Straßenfeste	66
Spielplätze	64
Mehrzweckhallen	63
Kirmes, Volksfeste	62
Öffentliche Sportanlagen	61
Kinos	60
Sportvereine	58
Jugendzentren, Kindertagesstätten	58
Flohmärkte	57
Sportveranstaltungen	57
Theater	54
Volkshochschulen	54
Kneipen	52
Büchereien	52
Altentagesstätten	51
Museen	50
Kirchen, Gemeindehäuser	49
Konzertsäle	47
Tanzschulen	45
Kommerzielle Sportzentren	43
Fitnessstudios	42
Diskotheken	41
Kunstgalerien	38
Oper	35
Videotheken	33
Jazz-, Ballettschulen	29
Sexshops	11
Spielhallen	10

Repräsentationsbefragung von 2000 Personen ab 14 Jahren
Quelle: B·A·T Freizeit-Forschungsinstitut 1990

Dem Freizeitwert einer Gemeinde oder Region sprechen Wirtschaftspolitiker und Wirtschaftsfachleute als „weichem Standortfaktor" eine besondere Bedeutung bei der Ansiedlung neuer Wirtschaftsunternehmen oder wissenschaftlicher Institute zu.

Ausgehend von kommunalen Wirtschaftsförderungsstellen werden inzwischen auch in kleineren Städten Konzepte zur „Stadtvermarktung" entwickelt, in die der Freizeitwert eingebunden wird.

Derzeit steht Imagebildung auf der Managementebene der Wirtschaft im Vordergrund der Absichten, weil dort die Ansiedlungs- und Entwicklungsentscheidungen getroffen werden.

(aus: Agricola, Sigurd, a. a. O., S. 59)

In Zukunft wird es nicht „den" neuen Verbraucher geben – eher eine neue Konsumentengeneration, die mehrheitlich ins Lager des Erlebniskonsums wechselt. Die neunziger Jahre könnten als Jahrzehnt des E-Menschen (des Erlebniskonsumenten) in die Konsumgeschichte eingehen: Sage mir, ob du genussvoll konsumierst – und ich sage dir, ob du ein E-Mensch bist. Was für den traditionellen V-Menschen (den „Versorgungskonsumenten") Arbeit und Geldverdienen waren und sind, das ist für den E-Menschen die Lust am Geldausgeben. Freizeit heißt Konsum: Nach Feierabend regiert die Lust am Geldausgeben. Statt Selberkochen Essengehen, statt Klavierstunde Besuch eines Musicals...

(aus: Opaschowski, Horst W., Freizeit 2001, Hamburg, B·A·T Freizeitforschungsinstitut, 1992, S. 21f.)

Mit der Entwicklung der freien Zeit als eines expansiven Lebensbereichs sind neue Möglichkeiten einer Intensivierung des Gemeinschaftslebens verbunden, aber auch neue persönliche und soziale Probleme im Zuge sich verändernder Freizeiteinstellungen und Freizeitgewohnheiten. Freizeitpolitik als politische Daseinsvorsorge für den Einzelnen und die Gesellschaft muss dahingehend wirken, dass die freie Zeit nicht nur individuelle Privatsphäre und beliebige Konsumzeit bleibt und damit tendenziell Kontaktarmut und Einsamkeit, Langeweile und Initiativmangel weiter fördert. Zum Auftrag der Freizeitpolitik gehört auch, auf die öffentliche, soziale und politische Dimension der Freizeit hinzuweisen, über Chancen für das Gemeinschaftsleben zu informieren...

(aus Opaschowski, Horst W., Arbeit, Freizeit, Lebenssinn, Opladen, Leske + Budrich, 1983, S. 144).

Nach der Erarbeitung der Materialien kann es nun losgehen. Das Spiel läuft in sechs Phasen ab: Nach der gerade abgeschlossenen Orientierungsphase folgt eine Phase der Meinungsbildung und Strategieplanung. Aufgrund des Studiums der Rollenkarten, der Materialien und der Arbeitskarte sollt ihr gemeinsam in eurer Gruppe Handlungsstrategien zum Problem und zur Durchsetzung eurer Interessen festlegen. Darauf folgt die dritte, die so genannte Verhandlungsphase. Euch steht es frei, mit den anderen Gruppen Kontakt aufzunehmen und Unterstützung für eure Positionen zu finden. Vielleicht ergeben sich neue Aspekte im Gespräch mit vermeintlichen „Gegnern". Auch Gespräche mit dem Bürgermeister können in dieser Phase von großer Bedeutung sein. In der vierten Phase erfolgt die Anhörung im Rat. Zunächst sollen die einzelnen Gruppen mit kurzen Statements ihre jeweilige Position deutlich machen. Danach schließt sich eine Diskussion der Beteiligten unter Leitung des Bürgermeisters an. Die fünfte Phase ist die Entscheidungsphase. Es findet für alle Schülerinnen und Schüler (bis auf den Bürgermeister) ein Rollentausch statt. Die ganze Klasse bildet unter Leitung des Bürgermeisters den Rat der Stadt Freseberg. Die Ratsmitglieder haben gerade die Anhörung mitverfolgt und sind nun zu einer politischen Aussprache aufgerufen. Danach werden die Anträge gestellt und es erfolgt die Abstimmung. Es entscheidet die einfache Mehrheit. Die letzte Phase ist die Auswertungsphase. Ihr könnt euch zum Spielverlauf und zu den eigenen Spielerfahrungen offen äußern, anschließend erfolgt unter der Leitung eurer Lehrerin/eures Lehrers eine systematische Auswertung, in der Schwächen, Stärken und etwaige Verbesserungsvorschläge herausgearbeitet werden sollen.

Urlaub – die längste Freizeit des Jahres

Ferien, Urlaub, Reisezeit. Drei Begriffe, die man in einem Atemzug nennt. Die professionellen „Urlaubsmacher", von kleinen Reisebüros über die großen Veranstalterketten bis hin zu den Ferienclubs, haben längst erforscht und in ihren Angeboten umgesetzt, wie der Urlaub auszusehen hat. Dabei sind die unterschiedlichsten Wünsche und Zielgruppen wie Preiskategorien berücksichtigt. Vom „schlüsselfertigen" Ferienpaket bis zu Individualreisen gibt es alles im Angebot. Insofern stellt sich die Frage, ob dieses riesige Angebotsspektrum die

Nachfrage der Verbraucher, der Urlauber, widerspiegelt – oder anders formuliert, welche Wünsche und Anforderungen, vielleicht auch Einschränkungen mit der Urlaubsrealisierung verbunden sind. Massentourismus – ein eigener „Industriezweig" mit immensen Wachstumsraten – beeinflusst mit seinen Auswirkungen einen beträchtlichen Teil der gesellschaftlich verfügbaren Zeitressourcen, setzt Maßstäbe der Wertorientierung und Normen für das Freizeitverhalten, berührt nicht unerheblich ökologische Belange.

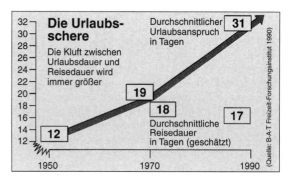

1 Wie lässt sich die in der Grafik oben rechts dargestellte seit 1970 auftretende Urlaubsschere erklären?

2 Welche Bedeutung haben die von euch gefundenen Erklärungen für die Reise- bzw. Urlaubsplanung und -gestaltung?

3 Versucht zu erklären, warum Urlaub als Entdeckung des 20. Jahrhunderts bezeichnet wird (Grafik oben links)!

4 Stellt daraufhin in einem Tafelbild zusammen, welche Erwartungen bzw. Vorstellungen ihr mit dem Wort Urlaub verbindet!

5 Überprüft die gefundenen Stichworte, indem ihr überlegt, inwieweit sich die in ihnen deutlich werdenden Erwartungen und Wünsche von eurem Alltag unterscheiden!

6 Versucht in einem kurzen Statement zu formulieren, wie aus eurer Sicht ein sinnvoller Urlaub aussehen sollte. Stellt dabei die Beurteilungskriterien besonders heraus!

Urlaubszeit ist also nicht ohne weiteres auch Reisezeit. Im Folgenden soll aber im Wesentlichen die Nutzung von Urlaubstagen in Form der Urlaubsreise thematisiert werden. Dass eine gelungene Urlaubsplanung und Durchführung nicht einfach ist und nicht selten auch

mit Konflikten beladen sein kann, werdet ihr sicherlich selbst auch schon erfahren haben. Andererseits ist Urlaub schön, die Reise ins Ausland oder einfach „woanders hin" ein unvergessliches Erlebnis. Urlaub, so soll er aussehen:

Was Jugendlichen im Bereich der Ferien „vom Markt" angeboten wird, sei an einem Auszug aus einem Ferienkatalog eines Reiseveranstalters verdeutlicht:

„Ganz cool. Ein bisschen crazy. Unheimlich aktiv. Total lazy. Neugierig auf die Welt. Verrückt auf Sport, den Spaß in der Clique, auf Nächte im Discosupersound … im Club 28 kommt alles, was jung ist, zusammen. Denn das ist Urlaub nur für junge Leute. Total unkompliziert: Mit Spiel, Spaß und internationalem Flair. Wenn ihr dem Clubzentrum-Wegweiser folgt, findet ihr immer ein besonderes Angebot und ein Riesenanimationsprogramm. Nehmt davon so viel ihr wollt. Denn Zwang gibt es nicht, aber Platz zum Zurückziehen genug. Für Neugierige, Abenteuerlustige und Unabhängige sind die Spezialprogramme ein Leckerbissen."

(aus: Merz, Wolfgang, Ferien, in: Thema Jugend, Nr. 2, April 1990, S. 2)

„Sonnengarantie zu jeder Jahreszeit" – Ansicht über einen gelungenen Urlaub

„Viel Sonne haben", ist bei den jugendlichen Reisenden die wichtigste Voraussetzung für einen gelungenen Urlaub. Jugendliche scheinen auf die Verwirklichung ihres Freiheitsbedürfnisses besonders großen Wert zu legen. Der Aspekt „keine Zeiteinteilung" (d. h. frei und unabhängig in der Urlaubsgestaltung) rangiert an zweiter Stelle. Spaß ist für Jugendliche fast zum Synonym für gelungenes Urlaubserleben geworden. Keine andere Bevölkerungsgruppe, so Opaschowski … betont den Unterhaltungscharakter und meldet einen derart großen Erlebnishunger an, zeigt so starke Kontakt- und Unterhaltungsbedürfnisse: Viel Spaß, spontan tun, was gefällt, Tapetenwechsel, zeitbegrenzter Auszug aus dem Alltagstrott sind die entsprechenden Stichworte. Jeder zweite der 14–16-Jährigen bevorzugt als Urlaubssituation: gemeinsam mit Freunden und Bekannten in einem richtig turbulenten Ort, wo viel los ist.

Die Urlaubszeit ist auch geprägt von Kontaktwünschen. 34% der Jugendlichen erhoffen sich vom Urlaub Flirts und neue Bekanntschaften … In der Jugendtourismus-Studie 1987 gehört für 12% der 14–28-Jährigen „sexuell etwas erleben" zum gelungenen Urlaub.

(aus: Isenberg, Wolfgang, Nehmt so viel ihr wollt, in: Thema Jugend, Nr. 2, April 1990, S. 4)

1 Analysiert die Materialien oben, indem ihr herausarbeitet, welche Urlaubserwartungen bzw. Vorstellungen deutlich werden. Vergleicht sie mit euren Wünschen für einen gelungenen Urlaub, indem ihr die Arbeitsergebnisse der beiden Grafiken auf S. 24 mit einbezieht!

2 Überlegt euch, welche Erwartungen an die Ferienzeit bzw. welche Urlaubsmöglichkeiten noch fehlen könnten!

3 Diskutiert darüber, ob man Urlaub eher von anderen (Stichwort: Animationsprogramme) organisieren lassen oder besser selber planen sollte. Geht auf Vor- und Nachteile beider Varianten ein!

Ob man nun den Urlaub auf eigene Faust durchführt oder mehr oder weniger die Hilfe von professionellen Veranstaltern in Anspruch nimmt, die Vielfalt der Reiseziele und Gestaltungsmöglichkeiten für den Urlaub ist unüberschaubar. Die Spannweite reicht vom Rucksack-Urlaub ohne jede „Buchung" über den Badepauschalurlaub bis hin zum Abenteuerurlaub mit Überlebenstraining oder eben dem Cluburlaub mit organisierter Animation.

1 Diese Vielfalt soll nun Gegenstand einer kleinen Erkundung sein. Damit sollen eure bisherigen Diskussionsergebnisse auf eine breitere Basis gestellt werden.
Dazu ist es sinnvoll, wenn ihr euch in Kleingruppen zusammenfindet, am besten zu dritt.
Eure Aufgabe: Ihr beschafft euch selbständig Informationen in einem Reisebüro eurer Wahl. Achtet dabei darauf, dass ihr die Gruppen auf die Reisebüros eurer Stadt/Gemeinde gleichmäßig verteilt.

Geht nun wie folgt vor:

1 Setzt euch in den Kleingruppen zusammen und listet die unterschiedlichen Möglichkeiten, Urlaub zu verbringen, systematisch in einer kleinen Übersicht auf. Überlegt euch nun Fragen zu den einzelnen Alternativen und auch zum Thema Reisen im Urlaub allgemein. Legt die Fragen so an, dass ihr möglichst genaue und sichere Informationen darüber bekommt, wie die Kunden des Reisebüros ihren Urlaub gestalten. Bezieht dabei Aspekte ein wie z. B.:
– Wie werden die Urlauber in den Werbematerialien angesprochen?
– Welche Werte (Glücksgefühle durch Urlaub) und Normen („Werfen Sie alle Alltagszwänge ab") werden vermittelt?

2 Tragt die Übersicht und eure Fragen im Plenum vor und erstellt einen einheitlichen Übersichtskatalog sowie 10 zielgerichtete, identische Fragen. Nur wer einheitlich bei einer Befragung vorgeht, bekommt Ergebnisse, die gemeinsam auswertbar sind und Schlussfolgerungen zulassen. Denn von der Art der Fragen hängen die Antworten ab. Unterschiedliche Fragen – unterschiedliche Antworten!

3 Geht nun in die Reisebüros und holt die Informationen ein. Arbeitet die Informationen in den Kleingruppen auf und stellt aus ihnen einen kleine Vortrag für das Plenum zusammen.

4 Tragt nun die Ergebnisse eurer Erkundung im Plenum vor. Versucht aus der Gesamtheit der Vorträge zu ermitteln, ob sich das Reiseverhalten der Bevölkerung in typische „Reisemuster" einteilen lässt. Wie lässt sich dieses „Reisemuster" erklären?

In irgendeiner Form organisierter Urlaub ist sehr beliebt, das dürfte auch ein Ergebnis eurer Erkundung gewesen sein. Nicht selten hat ein derartiger „Urlaub von der Stange" ein schlechtes Image. Dass aber organisierter Urlaub nicht nur dem so genannten passiven Konsumverhalten dienen, sondern auch interessante Gesichter haben kann, zeigt der folgende Text:

Umweltkurs auf Sylt
Zum dritten Mal werden in diesem Jahr die Natur- und Umweltseminare auf Sylt angeboten. Unter der Leitung von Experten werden die Teilnehmer in den fünftägigen Kursen zu jeweils 325 Mark die vielfältigen Sylter Naturräume wie Strand, Wattenmeer, Nordsee, Dünen, Heide und Salzwiese kennen lernen.

Golf in Florida
Unter dem Titel „Florida, Golf Unlimited 1993" können Interessierte vom 18. bis zum 30. April sowie vom 17. bis 29. Oktober nach Florida fliegen, wo eine Golf- und Besichtigungs-Tour auf dem Programm steht.

Ferien am Computer
„Sport–Spiel–Spaß" – unter diesem Motto stehen Computerferien für Kinder und Jugendliche in Freiburg. Im Preis von 830 Mark für eine Woche im Computercamp ist vom PC-Kurs, der Unterkunft bis hin zum Eintritt ins Schwimmbad alles eingeschlossen.

Weinproben
Das Médoc gehört zu den besten Weinanbaugebieten Frankreichs. Auf dreitägigen Wander-Touren kann der Weinliebhaber sein Schlaraffenland per pedes erkunden. In dem Preis von rund 1100 Mark sind drei Tage Vollpension, Übernachtung in Schlosshotels und Gepäcktransport enthalten.

Geologie-Pfad
In der Urlaubsregion Hillesheim (Vulkaneifel) findet vom 14. bis zum 16. Mai ein geologisches Wochenende statt. Entlang des 125 Kilometer langen „Geo-Pfades", in dem vier geologisch bedeutende Zeitalter aufgeschlossen sind, werden unter wissenschaftlicher Leitung Wanderungen, Busexkursionen, Vorträge und Besichtigungen veranstaltet.

Kunst in Russland
Freizeit-Aquarellisten können im Mai und Juni in St. Petersburg russischen Malern begegnen, unter fachlicher Anleitung malen und Vorlesungen über russische Kunstgeschichte besuchen. Der einwöchige Kurs wird von russischen Hochschuldozenten begleitet. Der Preis beträgt 2950 Mark.

Tennis in der Eifel
Ein Tenniswochenende im Münstereifeler Sportzentrum „Goldenes Tal" kostet mit zwei Übernachtungen mit Halbpension und fünf Trainingsstunden ab 323 Mark.

(aus: Die Welt, vom 8. 4. 1993)

1 Überlegt, an welche Zielgruppen sich diese Informationen wenden könnten, und erläutert, worin die Attraktivität dieser Angebote liegt!

2 Versucht herauszufinden, ob und wie derartige Urlaubsangebote auch in eigener Regie organisierbar sind!

Urlaub kann – oder – könnte auch ganz anders aussehen. Ein verrückter Vorschlag: Urlaub mal zu Hause??

Die Kommunal- und Regionalpolitik wird also umdenken müssen; sie muss sich in Zukunft auch als eine Politik für mehr Freizeit- und Ferienqualität verstehen. Es ist unbestreitbar: Der Urlaub zu Hause kann erholsamer als die Reise in die Ferne sein. Dies gilt vor allem für den psychosozialen Gehalt der Erholung. Der amerikanische Motivforscher Ernest Dichter sagte einmal, Seelenbaden sei wichtiger als Sonnenbaden. Dieses Seelenbad kann man auch zu Hause nehmen, ohne sich sehr weit von der Wohnung entfernen zu müssen. An die Stelle der Abenteuerreise tritt das Zusammensein mit der Familie oder gemeinsame Unternehmungen mit Freunden.

- *Daheimurlauber sind mehr vor Enttäuschungen geschützt*
  Sie machen sich keine großartigen Illusionen, sie malen sich keine Prospektwelt und Ferienparadiese aus. Sie leben einfach pragmatischer in den Tag hinein. Scheint die Sonne, geht es nach draußen. Regnet es, richten sie sich häuslich in den eigenen vier Wänden ein.
- *Daheimurlauber können ihre Ferien risikoloser verbringen*
  Sie stehen weniger unter Erfolgszwang. Sie haben keine Reise gebucht, ihr Urlaub muss sich nicht auszahlen. Sie müssen nicht dauernd etwas in Anspruch nehmen, weil sie ja dafür bezahlt haben.
- *Daheimurlauber können sich freier fühlen*
  Sie können ihre freien Stunden selbst planen, ohne von Reiseleitern oder den Erwartungen der Miturlauber verplant zu werden. Können ihren Tag flexibel gestalten, ohne an starre Programm-, Essens- oder Abfahrtszeiten gebunden zu sein. Sie sind freier in ihrer Urlaubsgestaltung.
- *Daheimurlauber gleiten langsam in Ferienstimmung*
  Sie werden nicht einfach per Jet oder Bahn schlagartig in den Urlaub geworfen. Stress bis zur letzten Startminute, Hektik unterwegs, Überanstrengung bei der Ankunft, das erste Ferientief am dritten Urlaubstag – für Daheimurlauber kein Problem, sie haben ganz einfach mehr Zeit, sich umzustellen. Sie können sich körperlich langsam konditionieren, seelisch auf veränderte Tagesrhythmen einstellen und sozial wählerisch sein – sich selbst genügen, die Familienbeziehungen intensivieren oder neue Kontakte aufnehmen. Kontaktstress kommt kaum auf.
- *Daheimurlauber müssen nicht immer alles gemeinsam tun*
  Ihr Bewegungsspielraum ist größer. Sie sind nicht auf engstem Raum im Zelt, im Wohnanhänger oder Hotelzimmer zur Gemeinsamkeit vergattert. Jeder kann sich in seine Alltagsnische zurückziehen, wenn er das Bedürfnis hat, Familienquerelen brauchen nicht vor den unbarmherzigen Augen der Miturlauber verdrängt oder im Alkohol ertränkt zu werden. Die Daheimurlauber sind dem Alltag näher – räumlich, psychisch und sozial.
- *Daheimurlauber haben mehr Rückzugsmöglichkeiten*
  Nicht alle müssen zur gleichen Zeit auch das Gleiche tun. Die Kinder können ins Freibad, die Eltern in Ruhe bummeln gehen. Oder die Mutter zieht mal mit der Freundin alleine los, während der Vater derweil den Haushalt versorgt – und umgekehrt.

Über den Urlaubserfolg zu Hause entscheidet die gelungene Rollenverteilung und nicht das gute Wetter. Ist das traditionelle Rollenverständnis zwischen den Familienmitgliedern festgefahren, kann vom Urlaub keine Rede sein. In diesem Fall arbeiten Hausfrauen und Mütter mehr statt weniger; die Alltagsarbeit wächst sich zum Urlaubsstress aus. Männer müssen daher Haushaltsarbeit und Kindererziehung mit den Frauen teilen...

(aus: Opaschowski, Horst W., Arbeit, Freizeit, Lebenssinn, Opladen, Leske + Budrich, 1983, S. 130 f.)

1 Arbeitet heraus, welche Bedürfnisse bei einem Urlaub zu Hause angesprochen werden und welche nicht. Geht dabei auch auf die geschilderten Voraussetzungen ein!

2 Überlegt, welche der genannten Argumente durch Vorteile eines Reiseurlaubs entkräftet werden könnten!

3 Erörtert, ob mit einer Urlaubsreise der so genannte „Alltag" automatisch verschwindet. Gibt es Verhaltensweisen oder Voraussetzungen, die sowohl für einen Urlaub zu Hause als auch für eine Urlaubsreise erfüllt sein müssen, damit Enttäuschungen ausbleiben?

Die riesigen Urlauberströme im In- und Ausland sind heute längst unter dem Begriff Massentourismus bekannt. Wie wirkt sich dieses Phänomen aus? Aus Platzgründen können nicht alle Aspekte untersucht, sondern nur ein wesentlicher ausgewählt und angesprochen werden. Immer häufiger kollidieren Urlaubs- mit Umweltinteressen: Massentourismus belastet die Umwelt bzw. trägt zu ihrer Zerstörung bei. Verwüstete Berghänge, betonierte Strände und die rücksichtslose Inbesitznahme der – oft noch unberührten – Natur nicht nur durch die Veranstalter, sondern auch durch die Touristen haben die Diskussion um den so genannten Ökotourismus in Gang gebracht. Das heißt, dass nicht nur die großen Touristenzentren und ihre Auswirkungen auf die jeweilige Region die Umwelt belasten, auch Abenteuerurlauber und Camper werden zunehmend zum Problem für eine intakte Umwelt in den beliebtesten, aber auch in exotischen Urlaubsländern.

Der Text unten beschäftigt sich mit Bestrebungen, Urlaubs- und Umweltinteressen in Einklang zu bringen.

Ökotourismus in Piemont

Ein Weitwanderweg durch die Piemontesischen Alpen soll helfen, sozialverträglichen Tourismus zu etablieren. Das Projekt zeitigt bereits Erfolge.

Vorzeigbare und funktionierende Projekte, die die ökologische Komponente des Tourismus mit den Bedürfnissen der Bevölkerung verbinden, sind rar. Als eines der wenigen gilt der Weitwanderweg GTA, die Grande Traversata delle Alpi, im italienischen Piemont.

Vor gut zehn Jahren wurde die GTA ins Leben gerufen mit dem Ziel, die massive Abwanderung der Bergbevölkerung aus den Piemontesischen Alpen aufzuhalten und das ehemals stabile Ökosystem der Landschaft vor weiterem Verfall zu bewahren. Das Projekt des Weitwanderweges setzt auf einen Tourismus, der den Verhältnissen dieser Region angepasst ist und den Einheimischen eine Zukunftsperspektive bietet.

Der Weg durchquert in 55 Tagesetappen den gesamten italienischen Westalpenbogen von der Schweizer Grenze im Norden bis zu den Ligurischen Alpen im Süden. Der Verlauf der Route wurde in enger Zusammenarbeit mit den Gemeinden festgelegt, durch die der Weg führt. Die GTA umgeht alle erschlossenen Alpenregionen und führt fast ständig durch Täler mit starkem Bevölkerungsrückgang.

Dabei nutzt der Fernweg ausschließlich die vorhandene bergbäuerliche Infrastruktur der traditionellen Maultier- und Almwege. Neue Wegabschnitte wurden nicht angelegt. Für die Nacht stehen in den Bergdörfern einfache, aber preiswerte Unterkünfte in ehemaligen Schulen, Höfen und Gasthäusern zur Verfügung.

Die Bemühungen der GTA haben inzwischen Wirkung gezeigt. In der Region sind zahlreiche Kooperativen entstanden, welche die Landwirtschaft durch einen angepassten Tourismus aktivieren und fördern wollen. Nach dem Konzept der GTA wurden weitere Rundwege angelegt, die das Gebiet erschließen und einen bescheidenen Reisestrom in die Talschaften lenken.

Ferner haben sich die italienischen und französischen Gemeinden rund um das Monviso-Massiv zusammengeschlossen und die Region I paesi del Monviso gegründet. Mit rund 4000 Quadratkilometer Fläche stellt dieses grenzüberschreitende Gebiet die größte Region im gesamten Alpenraum dar, die eine technische Erschließung zur Förderung des Massentourismus ablehnt und ganz auf einen sanften Tourismus setzt. Zwar konnte die Abwanderung nicht völlig gestoppt werden, aber der Tourismus verlangsamt zumindest die Landflucht…

(aus: DIE ZEIT, vom 23. 4. 1993, Autor: Reinhard Kuntzke)

1 Arbeitet die wesentlichen Kernpunkte des GTA-Projektes heraus. Berücksichtigt dabei auch wirtschaftliche Aspekte!

2 Erörtert daraufhin, unter welchen Bedingungen sich ein ökologisch und sozialverträglicher Tourismus umsetzen lässt. Welche Interessen müssen berücksichtigt werden, welche stehen einem solchen Konzept entgegen!

3 Diskutiert abschließend, unter welchen Bedingungen sich ein sanfter Tourismus flächendeckender als bisher durchsetzen ließe!

Thema 2:
Neue Technologien: Fluch oder Segen?

Neue Technologien

In diesem Kapitel geht es um neue Technologien. Die technische Entwicklung vollzieht sich anscheinend nicht gleichmäßig, sondern sie bringt in Sprüngen neue zusammenhängende Erfindungen hervor, die sich um eine Schlüsseltechnologie gruppieren. Häufig waren neue technische Erfindungen bei ihrer Einführung sehr umstritten, um dann doch nach einiger Zeit zum festen Bestandteil des Lebens in der Industriegesellschaft zu werden. Häufig aber auch wurden die wirklichen, vor allem die sozialen und die die Umwelt betreffenden Auswirkungen neuer Technologien erst lange nach ihrer Einführung erkannt und waren dann kaum noch zu bewältigen.

Mit dem Auto wurden völlig neue Produktionsmethoden in der Industrie entwickelt, besonders die Fließbandtechnologie. Die Entwicklung des Autos hat die Gesellschaft in den Industriestaaten vollständig umgewälzt. Schließlich wird der Planet Erde noch lange an den Folgen der mit dem Auto zusammenhängenden Technologie zu tragen haben.

Eine andere, etwas jüngere Technologie, die die Verhältnisse revolutioniert hat, ist die Anwendung der Atomkraft (siehe unten). Eine weitere, heute sicherlich sehr wichtige neue Technologie, sind die mit der elektronischen Datenverarbeitung zusammenhängenden Neuerungen (siehe S. 32).

Im Mittelpunkt des folgenden Kapitels aber sollen die neue Biotechnologie und die Gentechnik stehen. Nach Auffassung von Experten wird sie in der Zukunft am meisten die Verhältnisse in Wirtschaft und Gesellschaft verändern. An diesem Beispiel sollen ab Seite 33 die Chancen und Risiken neuer Technologien erarbeitet werden.

Nukleartechnologie

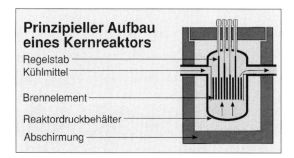

Prinzipieller Aufbau eines Kernreaktors

Regelstab
Kühlmittel
Brennelement
Reaktordruckbehälter
Abschirmung

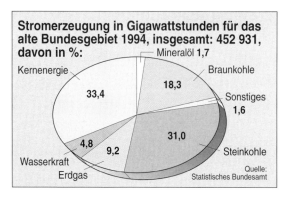

Stromerzeugung in Gigawattstunden für das alte Bundesgebiet 1994, insgesamt: 452 931, davon in %:

Mineralöl 1,7
Kernenergie 33,4
Braunkohle 18,3
Sonstiges 1,6
Wasserkraft 4,8
Erdgas 9,2
Steinkohle 31,0

Quelle: Statistisches Bundesamt

Atomkraftwerk von außen

Am 26. April 1986 explodierte der Reaktor 4 des ukrainischen Kernkraftwerks in Tschernobyl und zerstörte dabei seine tausend Tonnen schwere Betondecke, verseuchte große Teile der Umgebung und ganz Europas mit strahlenden Partikeln. Wie kam es dazu?

Am 25. April war im Kernkraftwerk ein Sicherheitsexperiment geplant: Während die Techniker den Reaktor zur Überholung abschalteten, sollten sie einen totalen Stromausfall von außen simulieren.

Um 13 Uhr begann man, den Reaktor „herunterzufahren", um ihn auf 25% seiner Leistung zu bringen. Eine Stunde später koppelte man das Notkühlsystem ab, was im Testplan vorgesehen war. Etwas später aber musste der Reaktor wieder hochgefahren werden, da eine unvorhergesehene Steigerung des Strombedarfs eingetreten war, sodass auf den Tschernobyl-Reaktor Nr. 4 nicht verzichtet werden konnte.

Danach setzen die Techniker das Sicherheitsexperiment fort. Gegen 0.30 Uhr erreichte das Kraftwerk 1% seiner Leistung, weil der Operateur die automatische Steuerung ausgeschaltet und per Hand reguliert hatte. Eine Leistung unter 20% ist aber bei den Kraftwerken vom Typ Tschernobyl äußerst gefährlich, da die Reaktionen nicht mehr kontrollierbar sind. Die Besatzung fuhr deshalb schnell den Reaktor wieder auf etwa 10% hoch. Um zusätzlich zu kühlen, schaltete man gegen die Vorschrift alle Kühlpumpen ein. Die Reaktorautomatik reagierte darauf mit der Herausnahme fast aller Brennstäbe, die dazu dienen, die Kernreaktion unter Kontrolle zu halten. Die Reaktorleistung schnellte innerhalb von 4 Sekunden von 200 auf 300 000 Megawatt hoch.

Als das Notkühlsystem abgeschaltet war, konnte der Reaktor nicht mehr ausreichend gekühlt werden. Als die Mannschaft dies bemerkte, versuchte sie, weitere Brennstäbe in den Reaktorkern zurückzuschieben. Doch die Temperatur war schon zu hoch. Die Rohre, durch die die Brennstäbe liefen, waren verbogen. Um 1.24 Uhr explodierte der Reaktorkern.

Bei den ukrainischen „Reaktorfahrern" handelte es sich um ein gut eingespieltes Team hoch angesehener Fachleute, welches gerade eben einen Preis gewonnen hatte für das hohe Ausmaß, in dem ihr Reaktor „am Netz" war. Wohl gerade die hohe Selbstsicherheit dieses Teams war mitverantwortlich für den Unfall. Man betrieb den Reaktor nicht mehr „analytisch", sondern gewissermaßen „intuitiv". Man glaubte zu wissen, womit man zu rechnen hatte, und man glaubte sich vermutlich hoch erhaben über die „lächerlichen" Sicherheitsvorschriften, die für „Babys" beim Umgang mit Reaktoren gemacht waren, nicht aber für ein Team von gestandenen Fachleuten.

(zusammengestellt nach: Dörner, Dietrich, Die Logik des Misslingens, rororo, 1992, und GEO Wissen, 1/1992).

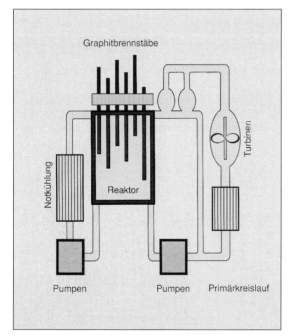

Funktionsweise des Tschernobyl-Reaktors

Der Reaktor von Tschernobyl nach der Katastrophe

Die Kommunikationsgesellschaft hat einen hohen Demokratie- und Freiheitsanspruch. Je informierter die Menschen in einer Gesellschaft sind, umso freier und demokratischer sind sie auch in ihren Entscheidungen. Die zukünftige Kommunikationstechnologie erhöht nicht nur das Tempo des Informationsflusses, den Umfang der zur Verfügung stehenden Informationen, sondern vervielfältigt auch den Zugriff der Menschen zur Information. Die Menschen werden also informierter und damit urteilsfähiger... Bildungsinformationen werden durch diese Technologien zukünftig jederzeit und an jedem Ort abrufbereit sein... Mithilfe des Heimcomputers und des Bildschirmtextes lassen sich schon heute Service und Beratung in allen Dienstleistungsbereichen von zu Hause aus abfordern. So kann ein Konto-Inhaber seine Überweisung „online", also direkt in den Bankcomputer eingeben, er kann Kreditangebote und Bankauszüge ordern... Viele Routineaufgaben, die oft zeitraubend sind, können zu jeder Tages- und Nachtzeit erledigt werden. Die Zeit, die dabei eingespart wird, kommt letztlich der interpersonalen Kommunikation von Mensch zu Mensch zugute.

(Auszug aus einer Rede des ehemaligen Bundespostministers Schwarz-Schilling von 1983)

Mit der Einführung neuer und der Modernisierung alter Techniken der Telekommunikation werden Veränderungen vorgenommen, die sowohl für die Ausgestaltung von Rundfunk und Fernsehen als auch für Arbeitsplätze und Arbeitsbedingungen speziell im Dienstleistungsbereich von tief greifender Bedeutung sind. Zur Steuerung der damit für Arbeitnehmer, Verbraucher und Öffentlichkeit verbundenen Risiken fordert der HBV-Gewerkschaftstag:
I. Regierungen, Parlamente und Bundespost werden aufgefordert, den weiteren Ausbau von Netzen und Diensten zurückzustellen, bis ihre sozialen Folgewirkungen abgeschätzt ... sind.
II. Der Gewerkschaftstag fordert den Hauptvorstand auf, folgende Aktivitäten zu entwickeln:
1. Breite Aufklärung über Risiken und Chancen der Telekommunikation als zentrale Voraussetzung, die gewerkschaftlichen Forderungen offensiv gegenüber Parlamenten, Regierungen, Ministerien und politischen Parteien zu vertreten. Dabei ist besonders auf die ungelöste Problematik hinsichtlich
– Anzahl und Qualität der Arbeitsplätze sowie Gestaltung des Arbeitsverhältnisses;
– der Rechte und finanziellen Belastung der Verbraucher;
– des Datenschutzes;
– Veränderungen im Rundfunk- und Fernsehsystem hinzuweisen.

(Forderungen der Gewerkschaft Handel, Banken und Versicherungen 1984)

Über das integrierte breitbandige Vermittlungsnetz und die entsprechenden Endgeräte sollen vielfältige kommerzielle Informations- und Kommunikationsdienste angeboten werden, die die klassischen Medien und Kommunikationsformen ergänzen und ersetzen könnten.
Von der Technik her würde auch eine Rationalisierung des Alltags und eine Kommerzialisierung von Informationen (d. h. auch Wissen) und Kommunikation (d. h. auch soziale Beziehungen). Gleichzeitig würde in den BIGFON-Zentralen die permanente elektronische Kommunikationszählung stattfinden können. BIGFON für BIG BROTHER?

(aus: Kubicek, Herbert und Rolf, Arno, Mikropolis, Hamburg, VSA-Verlag, 1986, S. 28)

ARBEIT

FREIZEIT

ERHOLUNG

Jede Zelle, ob pflanzlich oder tierisch (und damit auch menschlich), enthält einen scheinbar verwurstelten Faden. Auch andere Organismen, die keine Zellen besitzen, enthalten diesen Faden. Es ist die DNA (DNS: Desoxyribonukleinsäure, englisch DNA). In dieser DNA sind die Erbinformationen des jeweiligen Lebewesens enthalten. Alle DNA-Stränge aller Lebewesen auf der Erde setzen sich aus den gleichen Hauptbausteinen zusammen, den Basen Adenin (A), Guanin (G), Cytosin (C) und Thymin (T). Die Basen sind jeweils zu Paaren in einem Doppelstrang angeordnet: A steht immer T, G immer C gegenüber. Jeweils drei Paare hintereinander bilden eine bestimmte Information.

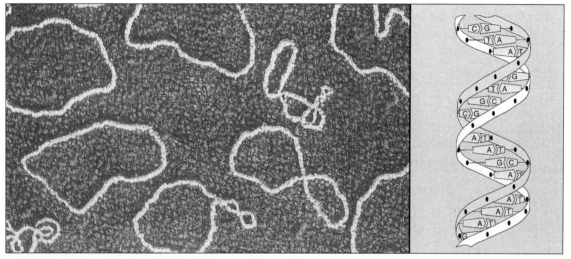

links: mikroskopische Aufnahme der DNA; rechts: grafische Darstellung eines DNA-Ausschnitts

In jeder einzelnen der vielen Millionen menschlichen Zellen ist der DNA-Faden vorhanden. Die vielen einzelnen Basenpaare stellen eine Informationsmenge dar, die die für den Organismus aus sich heraus wichtigen Informationen enthält.

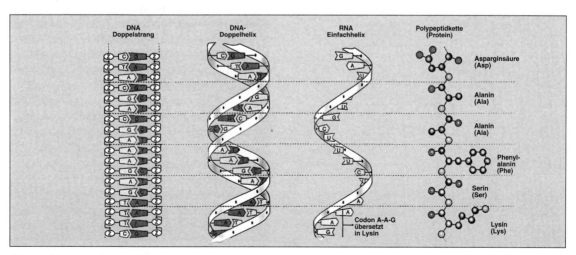

Summe der genetischen Informationen

Da der genetische Code in jeder einzelnen Zelle enthalten ist und der Code universell ist, kann er vergleichsweise einfach entschlüsselt werden. Dies geschieht mit chemischen Analyseverfahren unter Zuhilfenahme der Röntgentechnik.

> *Die Fruchtfliege Drosophila ist ein bevorzugtes Untersuchungsobjekt der Biologen und Genetiker. Wegen ihrer schnellen Vermehrungszeiten sind die in den Labors gehaltenen Drosophila-Stämme in ihrer genetischen Beschaffenheit schon seit vielen Generationen bekannt. So lässt sich eindeutig sagen, welche entstandenen Veränderungen (Mutationen) wie von dem „Normaltyp" der Drosophila abweichen, welche welchen Veränderungen des Lebewesens also den Änderungen in der DNA entsprechen.*

Teil der Genkarte eines Chromosoms der Fruchtfliege Drosophila

Cytologie	Genlocus	Phänotyp
1A8	0,0	gelbe Körperfarbe
1B3	0,0	fehlende Borsten (Genkomplex)
2B11-12	0,3	Augenfarbe, ♀ steril
2D3-4	0,6	Enzymaktivität
2D6	0,8	Augenfarbe
3A2	0,9	zusätzliches Larvenstadium
3A3	1,0	Augenfarbe
3B1-2		circadianer Rhythmus („innere Uhr")
3C1-2	1,5	Augenfarbe
3C5	2,2	rauhe Facetten
3C7-8	3,0	Flügelkerbe, Neurogenese
3C11-12	3,6	Speicheldrüsenprotein 4
3D4	4,6	cAMP-Phosphodiesterase (Lernprozeß)
4B-C	6,5	kein Rezeptorpotential (blind)
5B	13,7	Querader fehlt im Flügel
5C3-4	14,0	Actinprotein
7D1-2	21,0	verkrüppelte Borsten
7E11-7F1,2	23,1	Proteine der äußeren Eischale
8C3-8C17	27,5	Körperfarbe und Sehprozeß
8D4-E	27,7	tablettenförmige Augen (pleiotrop)
8D4-E	29,2	Enzymaktivität
8F-9A	29,0	Dotterproteine 1 u. 2
10A1	33,0	Trytophan-Oxygenase
10C1-2	35,7	α-amanitinsensitive Untereinheit
11A7-B9	39,5	Hämolymphprotein
11B	–	small nuclear RNA (snRNA U1)
12BC	44,0	Dotterprotein 3
12DE	–	Serin Transfer-RNA
–	53,9	neurologische Mutante (gelähmt)
14B	–	small nuclear RNA (snRNA U2 und U5)
15A1	54,5	Pyrimidin-Biosynthese (CPS, DHO, ATC)
15F1-2	56,7	gegabelte Borsten
16A1-2	57,0	reduzierte Augen
18D1-2	62,5	Augenfarbe
18D	62,9	Glucose-6-Phosphat-Dehydrogenase
19D1-3	64,8	Augenfarbe (Mo-Coenzym)
19E-20B	65,0	Collagen-Protein
19F	–	Tyrosin Transfer-RNA
20D-20EF	65,9	Suppressor
20F	66,0	kurze Borsten, rRNA 2s; 5,8s; 18s; 28s

> *Die wichtigsten Forschungsgebiete für die Analyse des Erbmaterials stellten und stellen immer noch Krankheitserreger, aber auch für die Nahrung wichtige Organismen wie die Hefe oder Reis dar. Während es bei Ersterem darum geht, erfolgreiche Gegenmittel zu entwickeln, ist es Ziel der genetischen Erforschung von wichtigen Nahrungsmitteln, deren Erträge zu steigern bzw. auch auf genetischem Wege Mittel zu finden, um sie gegen Krankheit widerstandsfähiger zu machen.*
>
> *Inzwischen ist der Mensch mit seinem Erbgut selbst stärker in den Mittelpunkt des Interesses gerückt. Damit stellt sich eine Reihe neuer Fragen, die sich bei genetischen Versuchen bei Pflanzen und Tieren so noch nicht stellten.*

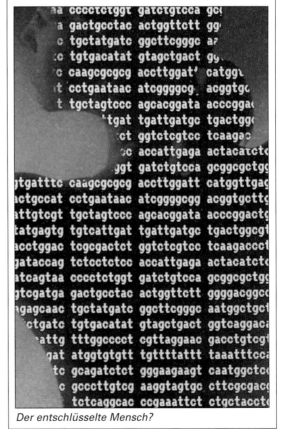

Der entschlüsselte Mensch?

Chancen und Risiken der Gentechnologie

Neue Möglichkeiten durch Gentechnologie

Wie alle anderen neuen Technologien bergen auch die Biotechnologien und die Gentechnologie viele Chancen, aber auch Risiken. Bei anderen Technologien hat sich gezeigt, dass sich ihnen niemand entziehen kann, jede und jeder sehr schnell Betroffene bzw. Betroffener sein kann. Bei der Biotechnologie und der Gentechnologie ist dies nicht anders. Die genetische Struktur nicht nur der Menschen insgesamt, sondern auch die jeder bzw. jedes Einzelnen kann in absehbarer Zeit zumindest teilweise untersucht werden.

1 Arbeitet die Materialien **1 bis 8** auf dieser und der folgenden Seite aufmerksam durch! Erstellt dann eine Liste von Problemen, die die Genomanalyse aufwirft!

2 Stellt dann in Gruppen zusammen, unter welchen Voraussetzungen und für welche Fälle eurer Ansicht nach die Genomanalyse ermöglicht werden sollte!

–1 Bisher ließ sich das menschliche Erbgut nur auf das intakte Erscheinungsbild der Chromosomen hin untersuchen.

Die Genomanalyse bezeichnet Verfahren, mit denen die Funktionsfähigkeit und Struktur von Genen einer Untersuchung zugänglich werden. Mit ihrer Hilfe können genetisch bedingte Reaktionsweisen und Empfindlichkeiten gegenüber Umwelteinflüssen, die zum Beispiel von gefährlichen Arbeitsstoffen, Medikamenten sowie von Nahrungs- und Genussmitteln ausgehen, ermittelt werden.

Wenn man die Sequenz der DNS kennt, die eine Veränderung aufweist, die typisch für ein bestimmtes Krankheitsbild ist, so lassen sie sich mithilfe sog. Gensonden entdecken.

(verändert aus: Gassen, Hans G.; Martin, Andrea und Sachse, Gabriele, Der Stoff, aus dem die Gene sind, Frankfurt, Campus, 1986, S. 84 und 89)

–2

Sichelzellanämie
(Krankheit, bei der veränderte rote Blutkörperchen gebildet werden)

Thr	Pro	Glu	Glu	Lys
ACC	**CCA**	**GAG**	**GAG**	**AAG**

Thr	Pro	Val	Glu	Lys
ACC	**CCA**	**GTG**	**GAG**	**AAG**

Genomanalyse:

gesund: krank:

...ACC CCA GAG GAG AAG.../...ACC CCA GTG GAG AAG...

Auch verschiedene andere Krankheiten lassen sich wahrscheinlich ähnlich als Veränderungen in der DNS feststellen, wie z. B. die Alzheimersche Krankheit, Mangel an Wachstumshormonen, bestimmte Geisteskrankheiten usw.

–3 ### Totalsequenzierung des menschlichen Genoms

Die aus insgesamt drei Milliarden Basenpaaren bestehenden Chromosomen des Menschen sollen Baustein für Baustein entschlüsselt werden. Mit einem enormen finanziellen Aufwand (insgesamt schätzungsweise 3 Milliarden Dollar) wird seit zirka 1987 in den USA die Aufgabe der Totalsequenzierung angegangen. Prädikative* Medizin. Mit diesem Titel hat die Kommission der Europäischen Gemeinschaft im Juli 1987 ein Forschungsprogramm vorgelegt, das es sich zum Ziel setzte, die europäischen Bemühungen zur Entschlüsselung des menschlichen Genoms zu koordinieren und zu vernetzen.   ** vorhersagende Medizin*

(aus: AKBuSIB, Gentechnologie, Freiburg, 1990, S. 87 f.)

_4 Was ist Genanalyse?

Genanalyse kann bei Embryonen, Neugeborenen, aber auch bei Erwachsenen durchgeführt werden, um nach erblich bedingten Krankheiten zu suchen.

Man will jedoch nicht mehr nur solche Erbanlagen durch Genanalyse ausfindig machen, die in jedem Fall mit dem Auftreten eines bestimmten Krankheitsbildes verbunden sind, sondern auch nach so genannten genetisch bedingten Empfindlichkeiten gegenüber Giftstoffen, Arzneimitteln, Nahrungsmitteln usw. fahnden, d. h. nach Anfälligkeiten gegenüber Umwelteinflüssen ...

Bei der Genanalyse von Arbeitnehmern geht es vor allem um die Anfälligkeiten für bestimmte schädliche Stoffe am Arbeitsplatz.

Genetische Tests haben immer nur den Wert von Wahrscheinlichkeitsaussagen, Fehldiagnosen können mit schwerwiegenden Konsequenzen für die betreffende Person verbunden sein, beispielsweise was die Berufswahl und -möglichkeiten oder die Entscheidung für oder gegen eigene Kinder angeht.

(aus: Wenn Sie morgen auf die Welt kommen... Faltblatt der Regenbogenfraktion im Europaparlament)

_5 Arbeitnehmer im Massentest

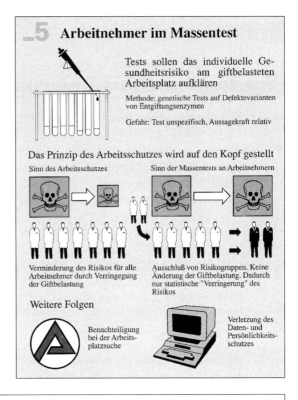

Tests sollen das individuelle Gesundheitsrisiko am giftbelasteten Arbeitsplatz aufklären

Methode: genetische Tests auf Defektevarianten von Entgiftungsenzymen

Gefahr: Test unspezifisch, Aussagekraft relativ

Das Prinzip des Arbeitsschutzes wird auf den Kopf gestellt

Sinn des Arbeitsschutzes

Vermiderung des Risikos für alle Arbeitnehmer durch Verringegung der Giftbelastung

Sinn der Massentests an Arbeitnehmern

Ausschluß von Risikogruppen. Keine Änderung der Giftbelastung. Dadurch nur statistische "Verringerung" des Risikos

Weitere Folgen

Benachteiligung bei der Arbeitsplatzsuche

Verletzung des Daten- und Persönlichkeitsschutzes

_6

Die Durchführung von Genomanalysen an Arbeitnehmern im Zusammenhang mit Arbeitsverhältnissen, z. B. bei der Einstellung oder zum Zwecke der gesundheitlichen Überwachung, ist nach Auffassung des DGB mit der Gefahr verbunden, dass sie den Anspruch der Arbeitnehmer auf Menschenwürde und körperliche Unversehrtheit in der Arbeitswelt nachhaltig untergräbt: Das Grundprinzip des Arbeitsschutzes, nämlich der vorbeugende Schutz vor arbeitsbedingten Erkrankungen und Gesundheitsgefährdungen in der Arbeitswelt, kann im Anschluss an die Anwendung der Genomanalyse aufgehoben, die Unternehmen können so vor vermeintlich anfälligen Arbeitnehmern geschützt und zugleich von ihrer Fürsorgepflicht befreit werden. Die Durchführung von Genomanalysen an Arbeitnehmern im Zusammenhang mit Arbeitsverhältnissen kann nach Auffassung des DGB personengruppenbezogene Beschäftigungsverbote bewirken. Derartige Beschäftigungsverbote lehnt der DGB ab…

Weiterhin fordert der DGB, dass die Untersuchung der genetischen Konstitution von Menschen auf keinen Fall zur Voraussetzung von Einstellungen gemacht werden darf…

(aus: Memorandum des DGB zur Bio- und Gentechnologie, Düsseldorf, 1990, S. 18)

_7 „Genetische Fingerabdrücke"

Eine Methode, deren künftige Bedeutung noch nicht voll abgeschätzt werden kann, erlaubt die Herstellung „genetischer Fingerabdrücke". Um einen „genetischen Fingerabdruck" herzustellen, muss eine geringe Menge Erbmaterial zur Verfügung stehen. Besonders bei zuvor ungeklärten Sexualdelikten konnten mit dieser neuen Methode in mehreren Fällen bereits die Täter überführt werden.

(aus: Genforschung, Gentechnik, herausgegeben vom Bundesministerium für Forschung und Technologie, Bonn, 1989, S. 55 [gekürzt])

_8

Art. 1, Abs. 1, GG

Die Würde des Menschen ist unantastbar. Sie zu achten und zu schützen ist Verpflichtung aller staatlichen Gewalt.

Art. 3, Abs. 3, GG

Niemand darf wegen seines Geschlechts, seiner Abstammung, seiner Rasse, seiner Sprache, seiner Heimat und Herkunft, seines Glaubens… benachteiligt oder bevorzugt werden.

Beschluss des Bundesverfassungsgerichts

Das Grundrecht gewährleistet die Befugnis des Einzelnen, grundsätzlich selbst über die Preisgabe und Verwendung seiner persönlichen Daten zu bestimmen.

Wer ist mein Vater, wer ist meine Mutter?

Alexandra S. ist Schülerin; sie ist 18 Jahre alt. Nach dem Abitur möchte sie gerne studieren, am liebsten Biologie. Vor wenigen Wochen traf sie ein schwerer Schicksalsschlag: Sie hat bei einem Verkehrsunfall ihre Eltern verloren. Bei den notwendigen Formalitäten allerdings hat Alexandra durch einen Zufall herausgefunden, was sie sehr nachdenklich macht: Frau S. und Herr S. sind offiziell ihre Eltern, aber sie haben mit ihrer Zeugung nichts zu tun.

Alexandra möchte nun unbedingt erfahren, wer ihre, wie sie sagt, wirklichen Eltern sind. Vielleicht ist ihr genetischer Vater reich, und sie muss beim Studium nicht nur vom BAFÖG leben? Vielleicht sind sie aber auch einfach nett, und Alexandra hat wieder Eltern?

2 Herr B. hat, gegen ein Entgelt, Samen gespendet. In flüssigem Stickstoff bei −196 °C tiefgefroren, ist der Samen in einer Samenbank deponiert. Er kann für eine >heterologo< Insemination verwendet werden. Dabei wird eine aufgetaute Samenportion in die Gebärmutter einer Empfängerin praktiziert, die nicht Herr B.s Partnerin ist. Würde dies zwischen Partnern innerhalb einer ehelichen Gemeinschaft praktiziert, wäre dies eine >homologe Insemination<. Mit dem Ziel, Herrn B.s Anonymität zu wahren, mischte die Samenbank seine Samenspende mit einer Reihe von anderen – zu einem >Samencocktail<. Eine Portion davon wird nun für das Anliegen des Ehepaars S. bereitgestellt.

4 In einem Glasschälchen (>in vitro<) werden mehrere Eizellen von Frau C. mit dem aufgetauten Samen-Cocktail zusammengebracht. Zufälligerweise macht eine Samenzelle aus Herrn B.s Spende das Rennen. Die Eizelle im Glasschälchen wird befruchtet (>In-vitro-Fertilisation<), ein menschlicher Embryo entsteht außerhalb des Mutterleibes (>extrakorporal<).

6 Zurück zu Ehepaar S.: Mit Frau C. und Herrn B. haben die S.s Samen- und Eispender gefunden. Was noch fehlt, ist eine Frau, die in der Lage und dazuhin willens ist, das Ergebnis der In-Vitro-Befruchtung auszutragen. Frau D. wäre bereit für einen >Embryo-Transfer<, für eine Implantation von Embryonen in ihre Gebärmutter. Sie ist eine >Mietmutter<. Sofort nach der Geburt gibt sie das Kind – dessen gesetzliche Mutter sie ist – zur Adoption frei. Und das Ehepaar S. verpflichtet sich, dieses Kind zu adoptieren. Für ihre Dienstleistung erhält Frau D. eine vereinbarte Geldsumme vom Ehepaar S.

1 Herr und Frau S. wünschen sich ein Kind. Aber Frau S.s Eierstöcke funktionieren nicht, sie hat keine befruchtungsfähige Eizellen. Und noch ein Zweites kommt hinzu: Nach einer Unterleibsoperation kann sie auch kein Kind austragen. Bei Herrn S. sind die Dinge nicht besser bestellt: Seine Samenzellen sind völlig bewegungs- und damit befruchtungsunfähig. Herr und Frau S. beschließen, den Weg des >bestellten Adoptivkindes< zu beschreiten. Es wird ein Kind mit fünf Eltern sein.

3 Frau C. findet sich bereit, gegen Entgelt Eizellen zu spenden. Der Arzt entnimmt aus Frau C.s Eierstock einige reife Eizellen. Würde eine ihrer Eizellen nach der Befruchtung in ihre eigene Gebärmutter verpflanzt, wäre dieses eine >homologe Eispende<. Stellt sie dagegen ihre Eizellen einer anderen Frau – in diesem Fall Frau S. – zur Verfügung, so handelt es sich um eine >hetoroge Eispende<.

5 Bei einer In-vitro-Befruchtung entstehen günstigenfalls mehrere Embryonen. Sind es mehr als implantiert werden können, so besteht die Möglichkeit, dass der Gynäkologe sie einfriert (>tiefgekühlte Embryonen<). Falls der erste Innidationsversuch scheitert, kann er einen Embryo auftauen und einen weiteren Versuch unternehmen – auch noch nach Jahren.

7 Alexandra S. ist geboren. Sie hat fünf Eltern: Herr B. ist ihr genetischer Vater, Frau C. ihre genetische Mutter, Frau D. ist Alexandras physiologische Mutter, denn sie hat sich in ihrem Bauch entwickelt und ist von ihr zur Welt gebracht worden. Ihre sozialen Eltern, bei denen sie aufwachsen wird, sind Herr und Frau S.

1 Diskutiert: Sollte jedes unter Zuhilfenahme von Biotechnologie erzeugte Kind das Recht haben, die Namen seiner genetischen Eltern und seiner Mietmutter zu erfahren?

2 Inwiefern sollten die genetischen Eltern eines Kindes für es Verantwortung tragen, auch wenn es von einem anderen Paar adoptiert worden ist?

3 Wer soll mehr Pflichten und Rechte gegenüber einem Kind haben – die genetischen Eltern oder, wenn es andere sind, die „juristischen" Eltern?

4 Wie müssten eurer Ansicht nach die gesetzlichen Regelungen (siehe unten) verändert bzw. ergänzt werden?

Personen, deren eine von der anderen abstammt, sind in gerader Linie verwandt. *(§ 1589 BGB).*

Pflege und Erziehung der Kinder sind das natürliche Recht der Eltern und die zuvörderst ihnen obliegende Pflicht.
(Art. 6, Abs. 2, Satz 1, Grundgesetz)

Jeder hat das Recht auf die freie Entfaltung seiner Persönlichkeit, soweit er nicht die Rechte anderer verletzt und nicht gegen die verfassungsmäßige Ordnung oder das Sittengesetz verstößt. *(Art. 2, Abs. 1, Grundgesetz)*

Verwandte in gerader Linie sind verpflichtet, einander Unterhalt zu gewähren. *(§ 1601, BGB)*

Nimmt ein Ehepaar ein Kind an oder nimmt ein Ehegatte ein Kind der anderen Ehegatten an, so erlangt das Kind die rechtliche Stellung eines gemeinschaftlichen ehelichen Kindes der Ehegatten. *(§ 1754, BGB)*

Tatsachen, die geeignet sind, die Annahme und ihre Umstände aufzudecken, dürfen ohne Zustimmung des Annehmenden und des Kindes nicht offenbart oder ausgeforscht werden. *(§ 1758, BGB)*

---

1 Lest und diskutiert die Texte unten! Erstellt dann ein Merkblatt für Menschen, die sich überlegen, ein Kind zu haben! Sollten sie sich über ihr Kind informieren, solange es noch ein Embryo ist? Wie? Was ratet ihr ihnen?

Wir müssen uns darauf einrichten, dass es technisch möglich werden wird, Dutzend, vielleicht Hunderte von erblichen Eigenschaften zu testen, die für das zukünftige Leben der Betroffenen irgendwie relevant werden. Bisher ist die Wirtschaftlichkeit der Tests eine entscheidende Barriere. Testaufwand in einer Größenordnung von DM 200000, um ein von Ahornsirupkrankheit betroffenes Neugeborenes zu retten, ist offenbar schwer zu vertreten. Aber technischer Fortschritt könnte solche Wertungen schnell verändern.
(aus: van den Deele, Wolfgang, Das zähe Leben des präventiven Zwanges, in: Schneller und Heim (Hrg.), Biomedizin, Reinbek, Rowohlt, 1990, S. 214)

„Eltern werden in Zukunft nicht das Recht haben, die Gesellschaft mit missgestalteten oder geistig unfähigen Kindern zu belasten."
(Aussage des amerikanischen Wissenschaftlers Bentley Glass)

Der DGB befürwortet das Prinzip einer freiwilligen Inanspruchnahme der Möglichkeiten genetischer Beratung und pränataler Diagnostik… Mit der Anwendung genomanalytischer Untersuchungsverfahren zum Zwecke der genetischen Beratung und der vorgeburtlichen Diagnose entsteht zugleich auch die Gefahr, dass „das mühsam erreichte Maß an Toleranz in unserer Gesellschaft gegenüber Behinderten" nachhaltig beeinträchtigt wird.
(aus: DGB, Memorandum zur Bio- und Gentechnologie, S. 21)

Die Genomanalyse bei Ungeborenen erlaubt eine frühe Erkennung bestimmter Erbkrankheiten. Solange aber noch keine probaten Heilungsmethoden existieren, bedeutet diese Erkenntnis häufig die Tötung des ungeborenen Menschen.
(aus: Löw, Reinhard, Stichwort Gentechnik – Der ethische Aspekt, in: Vom richtigen Umgang mit Genen, München, Piper, 1991, S. 22 ff.)

Wer bestimmt, ob ein Kind wohlgestaltet oder geistig normal ist? Ist es bereits eine Missbildung, ein Mädchen zu sein, wie z. B. in Indien, wo nach Geschlechtsbestimmungen zwischen 1978 und 1983 78 000 weibliche Föten abgetrieben wurden? Oder ist die bloße Empfindlichkeit gegenüber Umweltgiften ein genetischer Defekt, der verhindert oder repariert werden muss?
(aus: Wenn Sie morgen auf die Welt kommen… Faltblatt der Regenbogenfraktion im Europaparlament)

Bio- und Gentechnologie – wie lenken?

Die Biotechnologie und die Gentechnologie bieten viele neue Möglichkeiten. Manche davon sind fantastisch, manche aber auch erschreckend. In der jüngeren Zeit sind besonders die Menschenexperimente der KZ-Ärzte an angeblichen „Untermenschen" unter dem Nationalsozialismus schlimme Beispiele für Wissenschaftler, die im Namen der Wissenschaft Dinge tun, die unmenschlich sind. Die Notwendigkeit, dass auch Wissenschaftler sich Grundsätze über das geben müssen, was sie tun dürfen und was sie lassen müssen, obwohl sie es tun könnten, haben schon die Philosophen im alten Griechenland erkannt. Der Philosoph Hippokrates hat einen Katalog von Grundsätzen aufgestellt, der noch heute als „Hippokratischer Eid" als Vorbild für die Verhaltensgrundsätze von Ärzten gilt.

Der Eid des Hippokrates

Ich schwöre bei Apollon*, dem Arzt, und Asklepios** und Hygieia* und Panakeia und allen Göttern und Göttinnen, die ich zu Zeugen aufrufe, dass ich diesen Eid und diese Niederschrift nach bestem Wissen und Können erfüllen werde. Ich werde den, der mich diese Kunst gelehrt hat, gleich meinen Eltern ehren... Und ich werde die Grundsätze der Lebensweise nach bestem Wissen und Können zum Heil der Kranken anwenden, dagegen nie zu ihrem Verderben und Schaden. Ich werde auch niemandem eine Arznei geben, die den Tod herbeiführt, auch nicht, wenn ich darum gebeten werde, auch nie einen Rat in dieser Richtung erteilen. Ich werde auch keiner Frau ein Mittel zur Vernichtung keimenden Lebens geben. Ich werde mein Leben und meine Kunst stets lauter und rein bewahren. Ich werde auch nicht Steinleidende operieren und Männern, die solche Praktiken ausüben, aus dem Wege gehen. In welche Häuser ich auch gehe, die werde ich zum Heil der Kranken betreten, unter Meidung jedes wissentlichen Unrechts und Verderbens und insbesondere jeder geschlechtlichen Handlung gegenüber weiblichen Personen wie auch gegenüber Männern, Freien und Sklaven. Was ich in meiner Praxis sehe und höre oder außerhalb dieser im Verkehr mit Menschen erfahre, was niemals anderen Menschen mitgeteilt werden darf, darüber werde ich schweigen, in der Überzeugung, dass man solche Dinge streng geheim halten muss. Wenn ich nun diesen Eid treu halte und nicht entweihe, dann möge ich von meinem Leben und meiner Kunst Segen haben, bei allen Menschen zu jeder Zeit hoch geehrt; wenn ich ihn aber verletze und eidbrüchig werde, dann möge mich das Gegenteil hiervon treffen.

*   Apollon: griech. Gott, der der Sage nach überirdische Heilkräfte hatte
**   Asklepios: göttlicher Arzt, Apollos Günstling
*** Hygieia: „Die Gesundheit", eine weibliche griech. Göttergestalt, daher Hygiene

---

(aus: Hippokrates, Fünf auserlesene Schriften. Eingeleitet und neu übertragen von Wilhelm Capelle, Zürich, Artemis-Verlag, 1955, S. 179 f.)

So wie Hippokrates dieses Gelöbnis vorschlug, ist es heute sicher nicht mehr zeitgemäß. Z. B. sind Operationen bei Gallen-, Nieren- und Blasenleiden im Notfall längst Routine der Chirurgen. Auch ist die Form eines feierlichen Eides vielleicht so heute nicht mehr zeitgemäß. Jedoch ist es auch heute üblich, dass Ärzte ein Gelöbnis ablegen, in dem sie sich zur Einhaltung wichtiger Grundsätze verpflichten. Besonders nach dem Abwurf der Atombombe auf Hiroshima im Jahre 1945 wurde vielfach darüber diskutiert, ob nicht auch andere Wissenschaftler sich Grundsätzen verpflichten sollten.

Eine Art „Hippokratischer Eid" wird auch für Genetiker bzw. Gentechniker diskutiert.

1 Lest die Materialien auf den **Seiten 40 bis 44,** die beispielhaft Möglichkeiten der Bio- und Gentechnologie vorstellen.

2 Stellt vor diesem Hintergrund in Gruppen je eine Verpflichtungserklärung für Genetiker auf, in der die Grenzen ihres Tuns festgelegt werden!

3 Ergänzt diese Erklärung durch weitere euch wichtig erscheinende Grundsätze. Bezieht z. B. auch die Frage ein, ob sich die Schweigepflicht nicht auch auf die Genomanalyse beziehen müsste (S. 36)!

Die Gruppen stellen dann ihre Erklärungen vor und vergleichen sie in einer Diskussion.

Die Geschichte der Biotechnologie reicht bis in die vorgeschichtliche Zeit zurück. Die vermutlich erste gezielt hergestellte organische Substanz, Ethanol, wurde mit einem biologischen Verfahren gewonnen, der alkoholischen Gärung. Sie wurde dadurch entdeckt, dass zuckerhaltige Früchte bei der Lagerung zufällig in Gärung gerieten. Später wurden diese Gärungen in Gefäßen oder entsprechenden Geräten gezielt durchgeführt. Die heutigen Herstellverfahren für Wein oder Bier gehen auf diese Entdeckungen zurück.

Auch bei der Produktion anderer Nahrungsmittel nutzt der Mensch seit Urzeiten die Syntheseleistung von Mikroorganismen wie Bakterien oder Pilzen. So ist die Verwendung von Hefe zum Backen und von Milchsäure-Bakterien zur Herstellung von Sauerteig oder die Nutzung von Schimmelpilzen zur Erzeugung würziger Nahrungsmittel wie Käse oder Sojasoße Gemeingut vieler Kulturkreise.

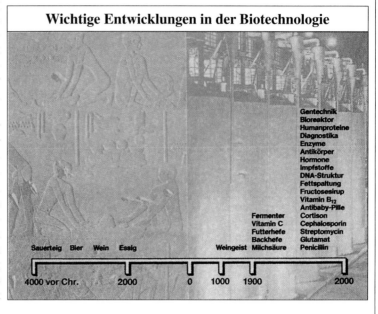

Wichtige Entwicklungen in der Biotechnologie

Gentechnik
Bioreaktor
Humanproteine
Diagnostika
Enzyme
Antikörper
Hormone
Impfstoffe
DNA-Struktur
Fettspaltung
Fructosesirup
Vitamin B$_{12}$
Antibaby-Pille
Cortison
Cephalosporin
Streptomycin
Glutamat
Penicillin

Fermenter
Vitamin C
Futterhefe
Backhefe
Milchsäure

Sauerteig Bier Wein Essig   Weingeist

4000 vor Chr.   2000   0 1000 1900   2000

(Text aus: Fonds der Chemischen Industrie, Biotechnologie/Gentechnik, Frankfurt a. M., 1989, S. 7)

Mit den Mitteln der Gentechnologie ist es möglich, Bakterien mit einem fremden Erbgut zu versehen. Dazu wird die DNA des Bakterium mit chemischen Mitteln „auseinander geschnitten", mit neuen DNA-Stücken kombiniert und wieder „zusammengesetzt". Ist es gelungen, ein Bakterium mit den gewünschten Eigenschaften zu erzeugen, so wird es in Fermentern millionenfach vermehrt, um das gewünschte Produkt später in ausreichender Menge gewinnen zu können.

Bakterien sind die ersten gentechnisch veränderten Lebewesen, die mit offizieller Erlaubnis in die freie Natur entlassen worden sind. Im Frühjahr 1987 wurden in Brentwood, Kalifornien (USA) Erdbeerpflanzen versuchsweise mit einem veränderten Bakterium gespritzt. Durch Fröste im Frühjahr werden häufig die empfindlichen Erdbeerpflanzen geschädigt. Das veränderte Bakterium bewirkt, dass die Eisbildung auf den Pflanzen unterbunden wird.

Gegen diese Freisetzung wurden erhebliche Bedenken angemeldet. Kritiker befürchten, dass sich die Bakterien stark vermehren und in die Atmosphäre gelangen, wo sie die Eisbildung in den Wolken ebenso verhindern könnten wie auf den Erdbeerpflanzen. Die Folge wäre, dass der Regen ausbliebe. Hinzu kommt, dass Bakterien die Eigenschaft haben, Gene untereinander auszutauschen und sie so weiter zu verbreiten. Die Kritiker machen geltend, dass es unvorhersehbar sei, was sich aus neuen, nicht mehr kontrollierten Kombinationen entwickeln könne.

(Autorentext)

Eine unbestrittene neue Qualität von Freisetzungen ist die Nicht-Rückholbarkeit der ausgebrachten Organismen. Anders als bei Chemikalien, die sich maximal im Boden akkumulieren können, oder bei radioaktiver Strahlung, können sich Organismen selbständig vermehren. Durch diese im Freisetzungsversuch angestrebte Eigenschaft vermehrt sich auch das potenzielle Risiko von selbst!

(aus: AKBuSIB, Gentechnologie, Freiburg, 1990, S. 203 f.)

Bei der gentechnischen Bearbeitung von Pflanzen machen sich die Forscher die Eigenschaft von Pflanzenzellen zunutze, sich selbst zu einer vollständigen Pflanze regenerieren zu können. Aus einer einzelnen Zelle entsteht ein so genannter Kallus, aus dem sich eine vollständige Pflanze entwickeln kann. So kann eine einzelne Pflanzenzelle in der gewünschten Weise gentechnisch verändert werden und dann zu einer vollständigen Pflanze entwickelt werden.

Die Kritiker der Anwendung der Gentechnik bei der Veränderung von Pflanzen betonen, dass es lange erprobte herkömmliche Methoden gibt, durch Züchtung Pflanzen die gewünschten Eigenschaften zu verschaffen. Außerdem sei das Potenzial der bereits existierenden Nutzpflanzen noch lange nicht erschöpft: Nur rund 150 Pflanzenarten spielen heute weltweit kommerziell eine Rolle. Aber allein in den Tropen gibt es rund 3000 Spezies, die essbare Früchte tragen.

(Autorentext)

Aus dieser undifferenzierten Zellmasse – einem „Kallus" – wächst wieder eine komplette Pflanze. Solche Kalli entstehen manchmal – als Abwehrreaktion – an Stellen, an denen Pflanzen durch Krankheitserreger verletzt wurden.

Die gentechnischen Methoden verfolgen verschiedene Ziele. Nutzpflanzen sollen resistent gegen Schädlinge werden. So kann z. B. gegen eine Viruserkrankung ein bestimmtes Gen des Virus in das Erbgut der Pflanze eingeschleust werden. Dieses Gen veranlasst die Pflanze, das Hülleiweiß des Virus zu bilden, um sie immun gegen die Virus-Infektion zu machen. Ein anderes Ziel, das derzeit weltweit die Fantasie der Gentechniker beflügelt, ist die so genannte Herbizidresistenz verschiedener Nutzpflanzen. Weitere Bestrebungen in den Laboratorien zielen darauf ab, Pflanzen an extreme Umstände wie Dürre oder Kälte anzupassen. Die Gentechnik schafft auch die Möglichkeit, den Gehalt von Inhaltsstoffen einer Kulturpflanze zu ändern. Im Prinzip könnte die Menge jedes Inhaltsstoffes gentechnisch verändert werden. Eine weitere Anwendung der Gentechnik der Pflanzen„veredelung" zielt darauf ab, den Reifungsprozess von Gemüse und Obst zu verzögern. Viele Obst- und Gemüsesorten produzieren Ethylängas. Ethylän unterstützt die Reifung. Mithilfe der Gentechnik soll die Produktion von Ethylän in der Pflanze gemindert werden. Dies bedeutet weniger Ernteverluste und das Gemüse erreicht selbst nach langen Transportwegen noch knackig frisch die Gemüsetheke. Eingefrorenes Gemüse verliert – verständlicherweise – seinen frischen Geschmack. Verantwortlich dafür ist u. a. das Enzym Lipoxygenase; auch das Gen für dieses Enzym soll ausgeschaltet werden – mithilfe der Gentechnologie.

(verändert aus: Becktepe, Christa und Jacob, Simone (Hrg.), Genüsse aus dem Gen-Labor, Bonn, 1991, S. 46 ff.)

Von Kritikern wird immer wieder angeführt, dass die gentechnischen Eingriffe in das Erbgut von Mikroorganismen, Pflanzen oder Tieren auch eine Reihe von unvorhersehbaren und unerwünschten Ereignissen auslösen könnten… Selbst bei gezielter Integration lässt sich über Positionseffekte (= Effekte, die abhängig sind vom Ort des Einbaus eines Gens) wenig aussagen, da bisher bei keinem Organismus, auch nicht bei den einfachen Viren, sämtliche funktionalen Eigenschaften, der DNS-Sequenzen bekannt sind. Vor diesem Hintergrund bedeutet also die gentechnische Veränderung von Organismen immer ein Spiel mit vielen Unbekannten.

Besonders zur Herbizidresistenz führen die Kritiker an, ungewollt könnten auch andere Pflanzen resistent werden, gegen die man dann Herbizide nicht mehr einsetzen könne.

(verändert aus: Becktepe, Christa und Jakob, Simone, a. a. O., S. 93)

Biotechnologie wird im Bereich der Tierzucht zunehmend eingesetzt: Die künstliche Besamung hat sich seit 1950 in der Tierzucht bei vielen Haustieren durchgesetzt. Sie führte neben der Eindämmung weit verbreiteter Deckseuchen beim Hausrind zu einer erheblichen Ertragssteigerung bei der Milch- und Fleischproduktion. Der Embryotransfer ist heute eine durchaus gängige Methode in der Züchtung von Hochleistungstieren. Steigert man die normalen Ovulationen bei einem Rind zu Superovulationen, so kann man im günstigsten Fall bis zu 50 Kälber pro Jahr von einer Kuh erzeugen. Neben dem üblichen Embryotransfer kann man durch Mikromanipulation ein zum Beispiel vierzelliges Embryo in Einzelzellen aufteilen, in neue Eihüllen verpacken und (in andere Kühe, d. Verf.) implantieren.

(aus: Fonds der Chemischen Industrie, Biotechnologie/Gentechnik, Frankfurt a. M., 1989, S. 48 [stark gekürzt])

Das Zwischenstadium im Laboratorium ermöglicht auch die gentechnische Beeinflussung der Eizellen: Sowohl bei der Maus wie beim Rind ist es gelungen, das Gen für das Wachstumshormon über Mikroinjektion in den Zellkern von befruchteten Eizellen zu bringen. Es entstanden größere Mäuse, gleichgültig, ob das Wachstumshormon-Gel von Menschen oder von der Ratte stammte. Ebenso gelang es, in Mäuseerbgut das Gen für Lacto-Globulin, ein Milchprotein von Schafen, einzuschleusen. Durch das Einbringen fremden Erbguts werden transgene Tiere erzeugt, mit denen z. B. menschliche Krankheiten im Tierversuch studiert werden können. Auch ist es möglich, Chimären zu erzeugen, also in der Natur nicht vorkommende Kreuzungen zwischen verschiedenen Tierarten.

Die gentechnische Forschung bemüht sich, transgene Tiere wie Hühner, Schweine, Kaninchen und Schafe zu entwickeln. Bei allen diesen Tieren haben Forscher versucht, fremde Gene, die das Wachstum stimulieren, in das Tier einzuschleusen. Jedoch konnten die Ergebnisse dieser Forschung nicht das gewünschte Ergebnis bringen. Transgene Schweine mit injizierten, bovinen (Rinder-)Wachstumshormonen wurden so krank, dass sie starben oder an Krankheiten wie Ulcera (spezielle Geschwüre), Nierenentzündung oder Lungenentzündung litten. Tatsächlich gelang die Integration fremder DNA nur bei 0,6 Prozent der Schweine und hatte zudem Nebenwirkungen wie weitere Erkrankungen und Probleme bei der Vermehrung zur Folge. In Australien waren 1990 schon die ersten transgenen Schweine mit neuen Wachstumsgenen auf dem Markt – allerdings ohne Genehmigung. Dreiundfünfzig Schweine wurden nach geglückter Genmanipulation „entsorgt", d. h. vermarktet. Die Frage der Zukunft wird sein, ob der Verbraucher auch gewillt ist, Fleisch zu essen, das mithilfe von Wachstumshormonen produziert wurde.

(aus: Becktepe, Christa und Jacob, Simone (Hrg.), Genüsse aus dem Gen-Labor, Bonn, 1991, S. 38 f. [gekürzt])

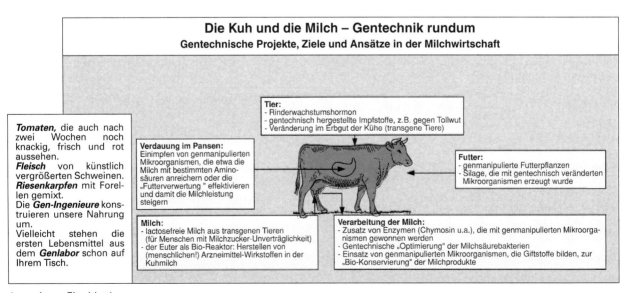

Die Kuh und die Milch – Gentechnik rundum
Gentechnische Projekte, Ziele und Ansätze in der Milchwirtschaft

Tomaten, die auch nach zwei Wochen noch knackig, frisch und rot aussehen.
Fleisch von künstlich vergrößerten Schweinen.
Riesenkarpfen mit Forellen gemixt.
Die **Gen-Ingenieure** konstruieren unsere Nahrung um.
Vielleicht stehen die ersten Lebensmittel aus dem **Genlabor** schon auf Ihrem Tisch.

Tier:
- Rinderwachstumshormon
- gentechnisch hergestellte Impfstoffe, z.B. gegen Tollwut
- Veränderung im Erbgut der Kühe (transgene Tiere)

Verdauung im Pansen:
Einimpfen von genmanipulierten Mikroorganismen, die etwa die Milch mit bestimmten Aminosäuren anreichern oder die „Futterverwertung" effektivieren und damit die Milchleistung steigern

Futter:
- genmanipulierte Futterpflanzen
- Silage, die mit gentechnisch veränderten Mikroorganismen erzeugt wurde

Milch:
- lactosefreie Milch aus transgenen Tieren (für Menschen mit Milchzucker-Unverträglichkeit)
- der Euter als Bio-Reaktor: Herstellen von (menschlichen!) Arzneimittel-Wirkstoffen in der Kuhmilch

Verarbeitung der Milch:
- Zusatz von Enzymen (Chymosin u.a.), die mit genmanipulierten Mikroorganismen gewonnen werden
- Gentechnische „Optimierung" der Milchsäurebakterien
- Einsatz von genmanipulierten Mikroorganismen, die Giftstoffe bilden, zur „Bio-Konservierung" der Milchprodukte

(aus einem Flugblatt)

Angesichts der wissenschaftlich gesicherten Erkenntnis, dass viele Krankheiten durch molekulare Fehlsteuerungen verursacht werden, eröffnet die Gentechnik neue Perspektiven. Sie schließt damit den Kreis zu den Forderungen Paul Ehrlichs und Gerhard Domagks in der ersten Hälfte dieses Jahrhunderts, wonach sich neue Therapiekonzepte nur dann auffinden lassen, wenn das Kausalprinzip, die Grundlage der Erkrankung, verstanden ist. Damals galt es, Bakterien als Krankheitserreger zu erkennen. Heute sind vor allem Gendefekte aufzuklären, die wiederum gezielt zu neuen therapeutischen* Möglichkeiten anregen. Langfristig werden alle medizinischen Bereiche von dem Einsatz gentechnischer Methoden profitieren.

Möglichkeiten der Biotechnologie/ Gentechnologie im Gesundheitsbereich (Humanmedizin)

- Körpereigene Proteinwirkstoffe** für die Therapie
- Risikofreie Impfstoffe
- Monoklonale Antikörper*** für Diagnostik und Therapie
- Gensonden für Diagnostik
- Grundlagenforschung (→ neue Therapiekonzepte)

---

*   Behandlungs-
** Eiweißwirkstoffe
*** Bestandteile des menschlichen Immunsystems zur Bekämpfung von Krankheitserregern

(aus: Bayer-AG, Molekularbiologie und Gentechnik – Fortschritt und Verantwortung, Leverkusen, 1990, S. 34 f.)

Durch die Möglichkeiten der vorgeburtlichen Diagnostik ergeben sich neue Anwendungsgebiete der Humangenetik. Bereits im Mutterleib können Erbkrankheiten erkannt werden. Beispiele dafür sind heute bereits die Trisomie 21 (Mongolismus) und die Bluterkrankheit. Viele Forscher sind der Meinung, dass auch andere Krankheiten wie der Diabetes und ein erhöhter Cholesterinspiegel im Blut bis hin zum Krebs genetische Ursachen haben. „Das heißt: Die Eltern können nicht nur, sie müssen entscheiden, ob sie das Kind, das heranwächst, auch auf die Welt kommen lassen wollen, wenn es genmedizinisch betrachtet diese oder jene Mängel aufweist."
(aus: Beck, Ulrich, Gegengifte, Frankfurt a. M., Suhrkamp, 1988, S. 35)

Die Genetiker sehen allerdings auch die Möglichkeit der Gentherapie, bei der Zellen genetisch „repariert" werden.

WELT: *Ein letzter Ausweg aus der Kinderlosigkeit ist für manche Paare die Leihmutterschaft, die ja auch an der Klinik, wo Sie tätig waren, praktiziert wird.*

Edwards: Als wir Ende der siebziger Jahre Eizellen im Reagenzglas befruchteten, war uns sofort klar, dass Leihmutterschaft eine Möglichkeit ist. Wir sahen keinen Grund dafür, es nicht zu machen, wenn es dabei um den Embryonentransfer geht. Dabei wollen Frauen anderen Frauen helfen, Kinder zu bekommen.

WELT: *In Deutschland soll die Leihmutterschaft nicht erlaubt werden.*

Edwards: Ich finde das nicht richtig. Für ein deutsches Paar ist es schwer, von einer englischen Klinik akzeptiert zu werden, weil die zuständige Ethik-Kommission der Klinik Schwierigkeiten hat, sich über die Lebensumstände zu informieren.

(Interview der Zeitung Die Welt [gekürzt] mit dem englischen Reproduktionsmediziner Robert Edwards, in: Die Welt, vom 22. 3. 1993)

Großmütter tragen ihre Enkel und Tanten ihre Nichten und Neffen aus. Leihmütter übernehmen für unfruchtbare – oder begüterte – Frauen die Schwangerschaft und müssen oftmals per Gerichtsbeschluss von den Kindern getrennt werden, die sie nach der Geburt nicht als „Fremdeigentum" betrachten und gegen finanzielle Entlohnung abgeben wollen. Mediziner planen, Geschwister eigens im Reagenzglas zu zeugen, um sie als Knochenmark- und Organspender bereits geborener, erkrankter Kinder fungieren zu lassen.

Es muss neu gefragt werden, ob die In-vitro-Fertilisation, die als medizinische Methode noch immer so wenig erfolgreich ist, dass sie nur als gigantisches, fortdauerndes „Experiment" an Frauen bezeichnet werden kann, angesichts dieses Missbrauchspotentials überhaupt weiter angewandt werden soll.

Diese Gesellschaft muss eine Grenze ziehen in dem festen Willen, sie nie wieder zu überschreiten.

(Pressemitteilung [gekürzt] des Genetischen Netzwerks, 27. Oktober 1993)

„Jetzt können wir den Menschen definieren. Genotypisch besteht er jedenfalls aus einer 180 Zentimeter langen molekularen Folge von Kohlenstoff-, Wasserstoff-, Stickstoff- und Phosphoratomen."

„Außerirdische Lebensbedingungen weichen am eindeutigsten in der Schwerkraft, der Temperatur, dem Luftdruck, der Luftzusammensetzung … von unseren ab. Ein Gibbon ist dem Leben in einem schwächeren Schwerefeld … vornherein offenbar besser angepasst als der Mensch … Durch Pfropfen von Genen könnten solche Eigenschaften auch der menschlichen Rasse angezüchtet werden."

(Aussagen des Biologen Joshua Lederberg (Text oben) und des Genetikers J. B. S. Haldone (Text unten) 1962)

Als unvereinbar mit der menschlichen Würde und dem Schutz des Lebens sieht die Bundesregierung unter anderem den Gentransfer in menschliche Keimbahnzellen, die gezielte Erzeugung genetisch identischer Menschen sowie die Erzeugung von Chimären- und Hybridwesen aus Mensch und Tier an. Ausgehend von den im Grundgesetz verankerten Wertentscheidungen hat die Bundesregierung beschlossen, Veränderungen am menschlichen Erbgut strafrechtlich zu verbieten.

(aus: Der Bundesminister für Forschung und Technologie, Genforschung – Gentechnik, Bonn, 1989, S. 50)

Das unvorstellbar kompliziert gebaute, unsichtbar winzige Molekül, das die Anleitung für die Entstehung eines ganzen Menschen enthält, von dessen Hautfarbe bis zum Grad der musikalischen Begabung, ist nicht vom Himmel gefallen. Es ist das Produkt einer langen Geschichte, die identisch ist mit der Entwicklung des Menschen… Der fortschrittliche Charakter dieser Entwicklung, die unbeirrt von einfacheren zu immer komplizierteren Lebewesen führte, war die Folge einer sich in jeder neuen Generation wiederholenden Auslese: Wem in der feindlichen Umwelt die Aufzucht der meisten Nachkommen gelang, dessen individuelle DNS-Variante trat in der nachfolgenden Generation entsprechend häufiger auf – und so fort über eine endlose Folge von Generationen hinweg…

Die bisher so erfolgreiche Evolution hat bei uns selbst, so scheint es, in eine Sackgasse geführt: Eben die Eigenschaften, die sie uns verliehen hat, bewirken, dass ihr wichtigstes Hilfsmittel heute stumpf wird. Gerade die höchst entwickelten, die menschlichsten unserer Eigenschaften veranlassen uns, die „Auslese" bei uns selbst abzuschaffen…

Wir haben keine andere Wahl. Der gezielte Eingriff in das menschliche Genom ist die einzige denkbare Möglichkeit, aus dem geschilderten Teufelskreis auf humane Weise auszubrechen. Auf humane Weise: Das wäre die zweite bedeutsame Neuerung. Der manipulierende Eingriff an der Keimzelle würde erstmals die Ausschaltung einer unerwünschten Erbanlage gestatten, ohne mit ihr gleich das ganze Individuum verwerfen zu müssen.

(aus: Ditfurth, Hoimar von, in: Vom richtigen Umgang mit den Genen, herausgegeben von Ernst P. Fischer, München, Piper, 1991, S. 26 ff.)

Leitlinien zur Gentechnik bei Bayer

– Die Gentechnik dient uns in erster Linie zur Erforschung von Krankheiten, ihren Ursachen, ihrer Diagnose und zur Entwicklung von Medikamenten zu ihrer Bekämpfung…

– Der Gebrauch der Gentechnik erfolgt bei Bayer im Bewusstsein unserer Verantwortung für die Sicherheit der Menschen und den Schutz der Umwelt…

– Bevor wir mit gentechnischen Arbeiten beginnen, unternehmen wir eine umfassende Risikoanalyse, deren Ergebnisse dokumentiert werden…

– Für unsere Arbeit mit der Gentechnik sehen wir Grenzen, die sich aus unseren ethischen Wertvorstellungen, insbesondere dem Respekt vor dem Leben und der Würde des Menschen, ergeben. Gentechnische Eingriffe in die menschliche Keimbahn lehnen wir daher ab.

(aus: Bayer-AG, Faltblatt)

Wie sieht er aus, der perfekte Mensch?

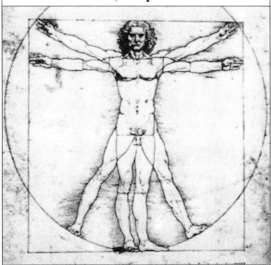

Proportionsstudie von Leonardo da Vinci

Neue Bio- und Gentechnologie: Ende des Hungers in der Welt?

Die neuen Technologien werden vornehmlich in den Industrieländern, besonders in den USA, Japan und den westeuropäischen Ländern entwickelt. Sie stellen aber vielleicht auch eine Hoffnung für die armen Länder der Welt dar.

1 Bildet zunächst Gruppen entsprechend den Rollenkarten auf **Seite 48**! Lest dann die Materialien auf den Seiten 45–47 und diskutiert sie in den Gruppen!
Führt anschließend ein Rollenspiel entsprechend der Rollenkarten durch!

2 Haltet die Ergebnisse des Rollenspiels in Schrift- und Bildform fest! Entwickelt dabei Forderungen an die „Lenkung" der Bio- und Gentechnologie!

Die neue Biotechnologie und die Gentechnik sind bereits wichtige Faktoren der Wirtschaft in den Industrieländern.
Nach Schätzungen betrug der Anteil der biotechnischen Verfahren 1986 am Weltmarkt:

Produktionswert teilweise oder vollständig biotechnisch hergestellter Produkte	
Produkte	Wert in Mio. DM
Human-Pharmazeutika	15 798
Öle, Fette, Fettsäuren	1 107
Vitamine	761
Hormone	416
Drogen und Extrakte	356
Veterinär-Pharmazeutika	324
Glykoside und Alkaloide	271
Desinfektionsmittel	231
Gelatine	210
Antibiotika	205
Sera und Impfstoffe	188
Pflanzliche Klebstoffe	179
Enzyme	52

(Angaben übernommen aus: Deutscher Bundestag, BT-Drucksache 10/6775, S. 241)

„Nur, Kolleginnen und Kollegen, wir sind auch eine Industriegesellschaft. Dazu ist Innovation notwendig…
Ich komme aus einer Verwaltungsstelle, wo 96 Arbeitnehmer in der Forschung ihren Arbeitsplatz verloren haben, weil ein französischer Konzern die Forschung aufgelöst hat, weil er im Bio- und Gentechnologiebereich in der Pharmaindustrie (in Deutschland, d. Verf.) nicht forschen kann. Wir wissen von Bayer und Hoechst, die entwickeln und forschen weiter. Die sind ja auf diese kleine Insel Bundesrepublik gar nicht angewiesen. Das machen die doch alles locker woanders…
Nun will ich etwas sagen, was die Pharmaindustrie angeht, eine hoch innovative Industrie, die für uns als IG Chemie wichtig ist. Es sind dort nämlich 100 000 Menschen beschäftigt… Man schätzt, dass bis zum Jahr 2000 50% aller Innovationen, aller neuen Produkte in der Pharmaindustrie aus der Bio- und Gentechnologie hervorgehen."

(Auszug aus einer Rede von Gerd Hengsberger, IG Chemie, auf dem 14. Ordentl. DGB-Bundeskongress 1990)

Schätzung des Weltmarktes für biotechnologische Produkte (in Millionen Dollar)					
	Markt in Millionen US-$				
Industrie	**1980**	**1982**	**1985**	**1990**	**2000**
Gesundheit	2	115	1 400	17 000	43 000
Chemie			250	1 200	8 200
Futterstoffe und Nahrungsmittel		5	1 250	4 900	11 000
Landwirtschaft			500	1 900	5 300
Energie			350	10 000	75 000
Rest			5	120	2 050
Summe	2	120	3 755	35 120	144 550

(übernommen aus: Wirtschaftswoche, Nr. 26 vom 21. 6. 1985, S. 95)

„Schon im Jahre 2000", warnt beispielsweise Hoechst-Manager Hansgeorg Gareis, „müssen wir uns fragen, wie wir die Weltbevölkerung mit der herkömmlichen Landwirtschaft ernähren wollen. Da ist die Gentechnik gefordert."

Voraussichtlich werden sich gegen Mitte des nächsten Jahrhunderts auf Erden zehn Milliarden Menschen drängeln – das sind doppelt so viele wie heute. Um diese zehn Milliarden Mäuler zu stopfen, werden sich in der Tat die Strukturen der Landwirtschaft ändern müssen. Wer glaubt, man könne einfach die heutigen Agrarflächen vergrößern, nimmt die schlimmsten ökologischen Katastrophen in Kauf: Die tropischen Wälder würden vollends verschwinden, Millionen von Hektaren würden verkarsten, versteppen oder zur Wüste werden, weil sie für die landwirtschaftliche Nutzung nicht geeignet sind…

Was wir also brauchen, sind Nutzpflanzen, die mit weniger Chemie und Düngemittel auskommen, die mehr Nahrung und wertvolle Rohstoffe liefern und die eine natürliche Vielfalt nicht bedrohen. Die Pflanzen der Zukunft müssen sich den natürlichen Bedingungen besser anpassen können als bisher, Schädlinge und Trockenheit leichter überstehen und das Angebot an Licht und Wasser besser ausnutzen.

Mit konventioneller Pflanzenzüchtung, davon gehen viele Experten aus, ist das hoch gesteckte Ziel nicht zu erreichen.

(aus: Klingholz, Rainer, Neues Leben für Stall und Acker, in: Die Welt nach Maß, Reinbek, Rowohlt, 1990, S. 49)

Um den Absatz von gentechnisch optimierten Pflanzen besser kontrollieren zu können, haben sich vor allem amerikanische Großunternehmen Saatgutfirmen einverleibt. So verschmelzen die Interessen der chemischen Industrie mit denen der Pflanzenzüchtung.

Für die Dritte Welt hat das fatale Konsequenzen: Zum einen interessieren sich die Multis kaum dafür, deren Nutzpflanzen zu erforschen. In den Industrienationen werden sich die Überschüsse dank der Neuzüchtungen noch weiter erhöhen, was schon jetzt zu einem absurden Konkurrenzkampf führt. Dessen Ergebnis: Getreide aus Europa und den USA wird auf den Märkten der Entwicklungsländer im Sonderangebot verhökert. Die lokale Landwirtschaft wird gelähmt und immer weniger konkurrenzfähig.

Zum anderen sind die Großunternehmen logischerweise daran interessiert, ihre Forschung möglichst schnell in Gewinn umzusetzen. So ist es beispielsweise interessanter und billiger, herbizidresistente Pflanzen zu entwickeln als krankheitsresistente. Herbizidresistente Züchtungen haben folgenden Sinn: Ein Bauer kann auf einem Acker mit derart manipulierten Pflanzen wirksamere Unkrautvernichtungsmittel ausbringen, ohne dabei auch – wie sonst – die Nutzpflanze zu schädigen… So wären jene Bauern, die sich das Hochleistungs-Saatgut überhaupt leisten können, zum „Paketkauf" Saatgut-Dünger-Pflanzenschutz gezwungen.

(aus: Grefe, Christian, Kein Brot für die Welt, in: Die Welt nach Maß, Reinbek, Rowohlt, 1990, S. 65 f.)

Beispiel Triticale

Triticale ist eine Schöpfung aus Menschenhand: Die neue Getreideart entstand durch die Kreuzung von Weizen (lat. Triticum) und Roggen (Secale). In trockenen Ländern gedeiht die anspruchslose Pflanze besser als Weizen oder Roggen.

(aus: GEO-Wissen 3/91, Die programmierte Natur, S. 50)

Gentechniker können für ihre Produkte bereits Patente beantragen – nicht nur für vollständige Organismen, sondern auch für einzelne, isolierte Gene…

Rohstofflieferant der Gen-Industrie ist oftmals die Dritte Welt. Von dort stammen die meisten unserer heutigen Kulturpflanzen, und dort zeigen sie auch die größte gentechnische Vielfalt. Aus diesen Ländern holen sich Gentechniker Erbmaterial, das ihnen – patentiert und monopolisiert – hohe Profite bescheren kann. In den Herstellerländern indes verdrängen neue, ertragreiche Sorten die alten Landrassen. Seit Jahren schon wehren sich die Entwicklungsländer deshalb zugleich gegen die kostenlose Nutzung und die Zerstörung ihrer genetischen Ressourcen.

(aus: GEO-Wissen 3/91, Die programmierte Natur, S. 50)

Beispiel Vanille

Der Fall Vanille zeigt, dass die Biotechnologie traditionelle pflanzliche Exportgüter ersetzen oder eliminieren kann; sie kann außerdem die landwirtschaftliche Produktion vom Süden in die Labors und Fabriken der industrialisierten Welt transferieren. Im Moment versuchen zwei in den USA registrierte Gesellschaften, ein natürliches Vanilleprodukt durch Phytoproduktion im Labor herzustellen. Escagen, eine kleine Biotechnologiegesellschaft, stellt diese natürliche Vanille schon im Labor her. Natürliche Vanille ist ein sehr teures Aroma. Es wird aus der Schote der Vanillenorchidee gewonnen. Bis jetzt war es nur einigen wenigen Ländern der Dritten Welt möglich, Vanille kommerziell zu verwerten. Heute stammen 98 Prozent der Vanille aus vier Inselnationen: aus Madagaskar, Réunion, den Komoren und Indonesien. Allein Madagaskar kommt für drei Viertel der Weltproduktion von Vanille auf. Die Wirtschaft dieser Länder hängt vom Export der Vanille ab. Gemessen an den Dimensionen des landwirtschaftlichen Welthandels sind die Einkünfte aus dem Vanilleexport zwar relativ unbedeutend. Aber die Vanille ist nur die Spitze des Eisbergs. Sie repräsentiert eine von Tausenden von pflanzlichen Substanzen (Aromen, Düften, Nährstoffen, Pharmazeutika, Farben etc.), welche in näherer Zukunft das Ziel biotechnologischer Forschung sein werden. Der Weltmarkt für alle diese pflanzlichen Produkte wird auf 10,5 Milliarden US-Dollar geschätzt.

Vanille-Schoten

(aus: Hunger aus dem Gen-Labor. Biotechnologie, Dritte Welt u. d. Rolle der Schweiz, Bern, 1988, S. 34 [gekürzt])

Die stetig wachsende Zahl der Menschen stellt an die Nahrungsmittelproduktion große Anforderungen. Unausweichlich werden in nur 13 Jahren 6 Milliarden Menschen auf der Erde leben. In der Rangfolge ihrer Bedürfnisse steht die Nahrung vor der Gesundheit. Mit zunehmendem Grundlagenwissen über die Pflanzenzelle wird die „grüne" Biotechnologie eine Spitzenstellung einnehmen. Manche Krankheiten werden vielleicht in absehbarer Zeit – auch mithilfe der Gentechnik – geheilt werden, man wird sie als Problem vergessen können. Essen aber muss der Mensch jeden Tag.

(aus: Industrieverband/Pflanzenschutz e. V. [Hrg.], die Pflanzen schützen – den Menschen nützen. Eine Geschichte des Pflanzenschutzes, Frankfurt a. M., 1987, S. 135)

These 1

Bio- und Gentechnologien bzw. ihre Produkte werden in absehbarer Zeit einen dominierenden Einfluss auf den Weltmärkten ... gewinnen; dabei haben die Staaten der Dritten Welt wenig eigene Gestaltungsmöglichkeiten.

These 2

Biotechnologie spaltet den Weltmarkt für chemische Produkte in

– Nur-Importeure der Dritten Welt
– Grundstoffproduzenten mit Billigenergie (v. a. Erdölländer) und
– Feinstoffproduzenten und Veredler in den Industrienationen.

Produzenten und Markt gentechnologischer Pharmaka sind und bleiben die Industrienationen.

These 3

Gentechnik ist nicht in der Lage, einen wesentlichen Beitrag zur Entwicklung der Dritten Welt und zur Bekämpfung des Welthungers zu leisten.

These 4

Die biotechnologisch vermittelte Substitution* von Erzeugnissen der Dritten Welt macht die Standortvorteile zunichte und führt so zu einer Schwächung der Weltmarktposition der Entwicklungsländer. Diese Substitution erfolgt auf zweierlei Weise:

1. Die ... Produktion von Ersatzstoffen für bisher in der Dritten Welt angebaute Produkte.
2. Durch züchterische oder genmanipulierte Methoden sollen bisher für die Tropen typische Pflanzenprodukte auch hier erzeugt werden.

* Substitution: Ersatz durch andere Stoffe in der Produktion

(aus: Die Grünen, „Wehret den Anfängen...", Bio- u. Gentechnologie in d. Lebensmittelverarb., Bonn, 1991, S. 34 f.)

Rollenkarte: Internationale Agrar-, Chemie- und Pharmakonzerne

Ihr habt sehr viel Geld in den bio- und gentechnologischen Anlagen stecken. Der Forschungsaufwand verschlang in den vergangenen Jahren hohe Summen. Damit sich die Investitionen lohnen, müssen jetzt mit dem Verkauf der Produkte Gewinne gemacht werden. Auch ergibt sich durch die neue Technologie die Chance, verschiedene Produkte wesentlich günstiger im Labor herzustellen, als sie aus einem tropischen Land zu importieren. Auch würde diese Produktion zusätzliche Gewinnmöglichkeiten eröffnen.

Rollenkarte: Entwicklungsländer-Regierungen (mind. 2 Gruppen)

Euer Interesse besteht darin, für das Land möglichst viele Exporte zu verwirklichen. Damit sind Produkte aus den Industrieländern zu bekommen, die dringend benötigt werden. Die Weltmarktpreise für Produkte aus der Dritten Welt aber sinken beständig. Die Substitution von Produkten aus der Dritten Welt wird mehr und mehr zum Problem. Zudem seid ihr nicht in der Lage, eine eigene gentechnologische Produktion aufzubauen.

Rollenkarte: Gewerkschaften im Industrieland

Der Hunger in der Welt ist ein ernstes Problem. Deshalb müssen die Gewerkschaften immer wieder darauf hinweisen, dass die Produktion im Industrieland nicht zulasten der Dritten Welt geht. Arbeitsplätze im Industrieland sind jedoch nur zu sichern, wenn die Konkurrenzfähigkeit des Landes erhalten bleibt. Dazu müssen die Chancen der neuen Technologien genutzt werden.

Rollenkarte: Arme in den Entwicklungsländern (mind. 2 Gruppen)

Der Hunger ist das größte Problem. Alle Maßnahmen der anderen Beteiligten müssen immer daran gemessen werden, was sie zur Linderung und möglicherweise Überwindung des Hungerproblems beitragen. Die Nahrung kann auf Dauer nicht in Almosen bestehen, sondern muss bezahlbar sein. Daher sind Arbeitsplätze wichtig. Errungenschaften der Industrieländer nützen nichts, wenn ihr sie nicht kaufen könnt.

Probleme des Datenschutzes

Plastikgeld („electronic cash")

Bezahlen mit „electronic cash"

2 Deutlich lesbar erscheint die Summe auf dem Terminal.

1 Das Kassenpersonal ermittelt wie bisher den Kaufbetrag.

3 Der Kunde bestätigt per Knopfdruck den Kaufbetrag und steckt seine Karte in den Kartenleser am Terminal.

4 Anschließend gibt der Kunde seine persönliche Geheimzahl über eine vor Blicken geschützte Tastatur.

5 Nach Prüfung von Karte und Verfügungsbetrag gibt die Autorisierungsstelle durch „Zahlung erfolgt" grünes Licht.

6 Danach erhält der Kunde seinen Kassenbon mit den für ihn wesentlichen Informationen.

7 Pro Buchungstag erfolgt die Gutschrift der Kaufsummen auf Ihrem Konto.

„Electronic cash" ist das Zahlungssystem der Zukunft, so die Banken. Geld geht nicht mehr bar über den Tisch, sondern wird als „Plastikgeld" mittels einer Karte, einer Euroscheckkarte oder der Kundenkarte einer Bank bezahlt. Auch die Zahlung mittels Kreditkarte soll möglich sein. In den Geschäften sollen auf die Dauer nicht mehr Kassen mit Bargeld stehen, sondern Lesegeräte und Dateneingabegeräte. Der Einkauf wird bargeldlos erledigt, statt Münzen und Geldscheinen ist nur noch ein Kärtchen nötig.

1 Stellt aus den Materialien auf dieser und der nächsten Seite in Gruppenarbeit zusammen: Welche Vor- und Nachteile haben die Beteiligten von „electronic cash": die Verbraucher, die Geschäfte, die Banken?

2 Erstellt anschließend ein Flugblatt als Verbraucherinformation, auf dem ihr, wie es die Verbraucherzentralen tun, Tipps zum Umgang mit „electronic cash" gebt! Stellt dabei auch dar, ob und ggf. wem ihr „electronic cash" empfehlen würdet!

Garantierte Sicherheit

Sicherheit durch das Kreditinstitut im wahrsten Sinne des Wortes. Jede Zahlung mit der Karte ist garantiert. Das Unternehmerrisiko wird durch electronic cash reduziert, Risiken durch Betrug, Missbrauch oder gar Überfälle vermindert. Prämien für Versicherungen nehmen ab, die finanzielle Unternehmenssicherheit nimmt zu.

Spart Geld und Nerven

Mit electronic cash geht es von Anfang bis Ende schneller. Das heißt von der Zahlung bis zur Abrechnung. Der Kunde bezahlt in Sekundenschnelle, ohne mit Bargeld oder Schecks umgehen zu müssen. Zeitaufwendige Prüfungen (z. B. bei Schecks) durch das Personal entfallen. Und auch bei der Tagesabrechnung wird es entscheidend entlastet. Man spart Zeit beim Zählen, Sortieren, Auflisten und Verbuchen von Geldscheinen, Schecks und Belegen.

(aus: Informationsbroschüre der Sparkasse für Unternehmer)

Vereinfachte Dateneingabe mit der Chipkarte

Dabei handelt es sich um eine Plastikkarte von der Größe einer Euroscheck-Karte mit einem eingedruckten Mikroprozessor und Speicher. Damit sollen für die Selbstbedienung neue Möglichkeiten eröffnet werden: Von der Bank oder Sparkasse wird der Überziehungskredit gespeichert. Der Kunde kann dann in jedem Geschäft mit einem entsprechenden Kartenleser einkaufen. Das „Bezahlen" erfolgt, indem der Kunde und der Verkäufer über zwei getrennte Bildschirme das gespeicherte Guthaben ablesen. Reicht es für den Kaufpreis aus, so löst der Verkäufer den Buchungsvorgang aus. Zum einen wird der Betrag von der Karte abgebucht, zum anderen werden die Kartendaten zusammen mit denen des Geschäfts an die Bank übertragen, um dort die Überweisung auf das Konto des Geschäfts auszulösen. Beim nächsten Kauf wird das Guthaben um die Abbuchung reduziert ausgewiesen.

Für die Geschäfte verringert sich das Risiko des Scheckbetrugs, und die Begrenzung auf 400 DM entfällt. Für die Kreditinstitute entfällt die Scheckausgabe und die Belegerfassung und -verarbeitung. Auch für den Kunden ist dies bequem – wenn es ihn nicht stört, dass der Verkäufer seinen Kontostand sieht und dass er überall seine elektronischen Spuren hinterlässt.

(aus: Kubicek, Herbert und Rolf, Arno, Mikropolis, Hamburg, VSA-Verlag, 1986, S. 197 f. [gekürzt])

Grundrecht auf informationelle Selbstbestimmung

Das Grundrecht auf informationelle Selbstbestimmung gewährleistet die Befugnis des Einzelnen, grundsätzlich selbst über die Erhebung, Speicherung, Verwendung und Weitergabe seiner persönlichen Daten zu bestimmen…

Individuelle Selbstbestimmung setzt aber – auch unter den Bedingungen moderner Informationsverarbeitungstechnologien – voraus, dass dem Einzelnen Entscheidungsfreiheit über vorzunehmende oder zu unterlassende Handlungen einschließlich der Möglichkeit gegeben ist, sich auch entsprechend dieser Entscheidung tatsächlich zu verhalten. Wer nicht mit hinreichender Sicherheit überschauen kann, welche ihn betreffenden Informationen in bestimmten Bereichen seiner sozialen Umwelt bekannt sind, und wer das Wissen möglicher Kommunikationspartner nicht einigermaßen abzuschätzen vermag, kann in seiner Freiheit wesentlich gehemmt werden, aus eigener Selbstbestimmung zu planen oder zu entscheiden.

(veränderter Auszug aus dem Urteil des Bundesverfassungsgerichts zum Volkszählungsgesetz von 1987, übernommen aus: Entscheidungen des Bundesverfassungsgerichts, Studienauswahl, Hamburg, 1987, S. 38a, 38d)

Personalinformationsschutz und Datenschutz

1 In einem Betrieb soll eine Mitarbeiterkartei eingeführt werden.
Erarbeitet anhand der Materialien auf dieser und der folgenden Seite die Möglichkeiten, die ein solches System zur Überwachung der Betriebsangehörigen bietet!

2 Setzt euch in Gruppen zusammen und stellt in der Rolle von Betriebsräten je einen Verhaltenskatalog für den Betriebsleiter zusammen, welche Daten er wie im Betrieb verarbeiten darf!

3 Vielleicht könnt ihr ein solches Personalinformationssystem auch mit dem Computer simulieren.

Und auf einmal macht das Telefonsystem viel mehr als nur Telefonieren.

Jedes Telefon im Haus wird zur Datenstation. Sie geben Daten über Ihr Telefon oder über einfache Terminals ein. Das Vermittlungssystem speichert diese Daten auf Diskette – mit Datum, Uhrzeit und Ursprungsort. Oder es gibt die Daten sofort an den Zentral-Computer weiter.

Jederzeit können Daten abgefragt werden – seien es Auftragseingänge, Lagerbestände, Preise…

Mit kleinen Zusatzgeräten „spielt" unsere Telefonanlage auch noch Pförtner: Sie überwacht Zugänge, die nur von bestimmten Personen betreten werden dürfen. Oder sie informiert, wenn eine Tür im Haus nicht richtig geschlossen ist.

Sie macht Gleitzeiterfassung und informiert Mitarbeiter über ihren Gleitzeitsaldo.

(aus: Der Betriebsrat, Nr. 8/9, 1985, S. 289)

Beispiel für eine rechnergesteuerte Zutrittskontrolle

Papierlager | Garderobe | WC-Anlage | Pausenzone
Annahme/Ausgabe | Daten-erfassung | Zone 3
Werkstatt
Ersatzteile-lager
Klima - Installation | Elektroverteiler | Operator | Job - Vorbereiter
Datentresor | Zone 1 | Daten - Archiv
Zone 4
Vorzimmer | RZ-Leiter | Programierer | Schreibzimmer | Besprechungszimmer
Reißwolf | Ballenpresse | Schneideraum
Zone 2 | DVA - Raum

(1) (2) (3) (4) (5) (6) (7) (8) (9) (10)

(1 - 10 Ausweisleser)

Automatische Kantinen- und Tankabrechnungen

Dadurch kann neben der Rationalisierung in der Buchhaltung, Lagerhaltung und im Einkauf auch das Konsumverhalten der Beschäftigten kontrolliert werden. Durch die bargeldlose Abrechnung mit dem für die Zeiterfassung und Zugangskontrolle notwendigen, computerlesbaren Betriebsausweis können gleichzeitig der Kaufzeitpunkt und die Warenarten erfasst werden. So lassen sich die Verbrauchsgewohnheiten der Arbeitnehmer leicht ermitteln. Auswertungen von Tank- und Kantinenabrechnungen lassen Aufschlüsse über Gesundheitszustand und Freizeitverhalten zu.

Werksärztliche Systeme

Daten über den Gesundheitszustand lassen Rückschlüsse auf die Belastbarkeit der Beschäftigten zu. Im Falle notwendig erscheinender Entlassungen könnten diese Informationen der Auslese dienen. Auch die computergestützte Analyse von Fehlzeiten könnte der Auslese dienen.

Um die beschriebenen Möglichkeiten voll auszuschöpfen, müssten die verschiedenen erhobenen Daten (Fehlzeiten, Kaufverhalten, Gesundheitszustand usw.) miteinander verknüpft werden. Diese Verknüpfung erfolgt jedoch nicht automatisch, sondern müsste vom Betrieb durch entsprechende Programme geschaffen werden.

(Autorentext)

Datenlieferanten eines Personalinformationssystems

TANKSTELLENKASSE

z.B. BENZINVERBRAUCH FREIZEITGESTALTUNG

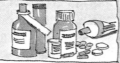

BETRIEBSKRANKENKASSE

z.B. GESUNDHEITLICHE BE-EINTRÄCHTIGUNGEN, KASSEN-LEISTUNGEN

SOZIALABTEILUNG

z.B. FAMILIENVERHÄLTNISSE (DURCH SOZIALBETREUUNG ERFASST) WOHNSITUATION

PERSONALWESEN

z.B. WEITERBILDUNGSINTERESSEN. TÄTIGKEITSEINSCHRÄNKUNGEN.

DATENEINGABEGERÄT

z.B. ANZAHL DER ANSCHLÄGE UND FEHLER, ARBEITSRHYTMUS

VORGESETZTE

z.B. ARBEITSMORAL. VERHÄLT-NIS ZU KOLLEGEN UND VORGE-SETZTEN. ZUVERLÄSSIGKEIT

SPORT- UND SOZIALEINRICHTUNGEN

z.B. FREIZEITINTERESSEN

FRÜHERER ARBEITGEBER

z.B. KÜNDIGUNGSGRÜNDE PERSÖNLICHE BEURTEILUNG

LOHN UND GEHALTSBÜRO

z.B. BANKVERBINDUNG, GEWERK-SCHAFTSZUGEHÖRIGKEIT PFÄNDUNGEN

PERSONALINFORMATIONSSYSTEM

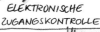

ELEKTRONISCHE ZUGANGSKONTROLLE

z.B. AN- UND ABWESENHEITSZEITEN, (FEHLZEITENSTATISTIK) AUFENTHALTSORTE UND ZEITEN IM BETRIEB

WERKSARZT

z.B. GESUNDHEITSZUSTAND KÖRPERLICHE EINSCHRÄNKUNGEN MEDIKAMENTENVERBRAUCH

TELEFONANLAGE

z.B. DATUM, UHRZEIT, ZIELNUMMER, GEBÜHREN ALLER GESPRÄCHE

COMPUTER AM ARBEITSPLATZ

z.B. FALSCHE EINGABEN. LEISTUNG EINES SACHBEARBEITERS

PERSONALFRAGEBOGEN

z.B. NAME, ALTER, FAMILIENSTAND, WEHRDIENST/-VERWEIGERUNG AUSBILDUNG. DISZIPLINARMASS-NAHMEN

KANTINENKASSE

z.B. VERZEHRGEWOHNHEITEN, ALKOHOLKONSUM. PERSÖNLICHE KONTAKTE (GLEICHZEITIGER KANTINENBESUCH)

MASCHINE

z.B. AN/ABWESENHEIT, STILL-STANDSZEITEN, STILLSTANDSGRÜNDE, PAUSENZEITEN, SCHNELLIGKEIT, WEITERE PRODUKTIONSDATEN (MATERIALVERBRAUCH ETC.)

Ausgebaute Personalinformationssysteme können rund 2000 Daten über einen Arbeitnehmer speichern: aus direkter und indirekter Erfassung. Die Aufgaben eines Personalinformationssystems:
- Personalabrechnung,
- Personaleinsatzplanung (Anpassung des Arbeitnehmers an den Arbeitsplatz durch Profitvergleiche),
- Verringerung der „unproduktiven Zeiten" (bessere Ausnutzung von Geräten und Maschinen/Leistungsverdichtung),
- Personalplanung (Personalentwicklung, Qualifikationsstruktur, Fluktuation, notwendige Weiterbildungsmaßnahmen, Umbesetzungen).

Vorteile für das Management: Einfache Abrechnung. Flexible, Kosten sparende Planung. Umfassende Kontrolle.
Nachteile für die Arbeitnehmer: Weniger Arbeitsplätze durch Rationalisierung, Leistungsverdichtung, Disziplinierung, Verletzung der Persönlichkeit durch „Allwissenheit" des Computers.

Thema 3:
Demokratie: Wahlen und was noch?

"Seine Majestät, der Wähler"

"Ist ja Gottseidank nur einmal in vier Jahren!"

Politikverdrossenheit der Bürger?

1994 haben 19 Wahlen stattgefunden: Die Wahl zum Europaparlament, die Bundestagswahl, 17 Landtagswahlen bzw. Kommunalwahlen in 10 Bundesländern. Vor dem „Superwahljahr 1994" machte man sich Sorgen, ob die Bürger der Bundesrepublik Deutschland noch genügend viel Vertrauen zu Politikern und zur Parteiendemokratie hatten. So schrieb etwa Helmut Linssen am 6. August 1993 in der Zeitung „Die Welt":

Wahlenthaltung als Mode
Das gestörte Vertrauensverhältnis zwischen Bürgern und Politikern

Wir kommen an der Tatsache nicht vorbei, dass das Vertrauensverhältnis zwischen Bürgern und Politikern zur Zeit erheblich gestört ist. Die gegenwärtige Vertrauenskrise äußert sich zum Teil in pauschaler Politikerbeschimpfung, in der Abkehr von der Politik auf dem Wege der Wahlenthaltung oder – in der extremsten Form – in der Hinwendung zu radikalen Parteien und Demagogen.

Aktuellen Meinungsumfragen zufolge beabsichtigt inzwischen ein Drittel der Stimmberechtigten, nicht mehr an Wahlen teilzunehmen. Manchen Bürgern erscheint offenbar nur noch die Wahl radikaler Parteien als legitimes Mittel, um ihrer Unzufriedenheit Ausdruck zu verleihen. Auch wenn „Politikverdrossenheit" kein ausschließlich deutsches Phänomen ist, sondern fast alle Demokratien der westlichen Welt betrifft, so müssen wir uns doch darüber im Klaren sein, dass der Verdruss an der Politik und an den Parteien in der Bundesrepublik Deutschland ein Besorgnis erregendes Maß erreicht hat. Diese Verdrossenheit schadet letztendlich unserem Gemeinwesen; unsere jüngere Geschichte bietet Beispiele dafür, wohin eine solche Entwicklung führen kann.

Offenkundige Missstände im politischen und gesellschaftlichen Leben dürfen indessen nicht dazu führen, dass der Parlamentarismus in seinem Fundament angegriffen wird. Solange es um konstruktive Kritik geht, müssen Politiker offen und selbstkritisch reagieren. Wenn aber Politiker und Parteien einer generellen Diffamierung ausgesetzt werden, müssen wir uns schnellstens auf den Wert unserer Parteiendemokratie besinnen.

Fehler bekämpft man nicht, indem man einen einzelnen oder generell alle Politiker als untauglich aburteilt. Die Arbeit des Einzelnen im politischen Alltag verdient eine genauere Betrachtung: Da ist der Einsatz für die Menschen, da sind die Anstrengungen und Konflikte, da ist nicht zuletzt der Zeiteinsatz, den das politische Amt mit sich bringt...

Es ist unbestreitbar, dass im Zuge der Diskussionen über angebliche oder tatsächliche Verfehlungen einzelner Politiker die Messlatte an diesen Berufsstand höher angelegt wird als an andere Berufsgruppen – zu Recht, wie ich meine. Wer sich ins Rampenlicht der Öffentlichkeit begibt, muss wegen seiner Vorbildfunktion höheren moralischen Ansprüchen genügen. Allzu schnell wird aber auch solchen Handlungen oder Unterlassungen, die in weiten Bereichen unseres beruflichen und gesellschaftlichen Lebens allenfalls als „Kavaliersdelikt" eingestuft werden, im politischen Leben sofort der Stempel des „Skandals" aufgedrückt.

Wir müssen zur Kenntnis nehmen, dass in den vergangenen Jahren eine Entpolitisierung in der Gesellschaft stattgefunden hat, in der mehr Wert gelegt wird auf die Befriedigung der eigenen Ansprüche, mehr auf Selbstverwirklichung als auf Solidarität und auf den Einsatz für die Gemeinschaft... Dabei sind auch die Kirchen und Gewerkschaften die Leidtragenden. Das Wort „Politikverdrossenheit" drückt die Spaltung unserer Gesellschaft aus: Während die einen Politik machen, ziehen sich die anderen auf ihre Verdrossenheit zurück. Leider wird dabei übersehen, dass kritikwürdigen Zuständen im Staat und unkorrektem Verhalten von einzelnen Politikern nicht mit Verdrossenheit, sondern sehr viel wirkungsvoller mit eigenem politischen Engagement zu begegnen ist. Schließlich ist jeder verantwortlich für das, was er tut – und mitverantwortlich für das, was er geschehen lässt. Wahlenthaltung ist schlicht die falsche Haltung.

In unserer Demokratie, in der ursprünglich dem Einzelnen das Recht zur Beteiligung am Staat zugestanden wurde, versteht sich der Bürger heute vielfach nicht so sehr als Träger, sondern wohl eher als Konsument der Politik...

(aus: Die Welt, vom 6. 8. 1993, Autor: Helmut Linssen)

Parteien-Image auf dem Tiefpunkt

Die Sympathiewerte für die Parteien in Deutschland tendieren gegen Null. Nach einer Repräsentativumfrage des Sample-Instituts im Auftrag von FOCUS ist die Zahl jener, die keine der bestehenden Parteien mehr für sympathisch halten, auf mehr als ein Drittel gestiegen.

„Welche Partei ist Ihnen am sympathischsten?", ließ FOCUS fragen. Von 1000 Westdeutschen antworteten:

SPD	21%
CDU/CSU	19%
Grüne/Bündnis 90	11%
FDP	5%
Republikaner	2%
Andere	1%
Keine Partei	34%

Die höchsten Antipathiewerte weisen die etablierten Parteien zurzeit in Bayern (47 Prozent) und (West-)Berlin (42 Prozent) auf. Auf die geringste Ablehnung stoßen sie mit 25 Prozent in Baden-Württemberg und mit 27 Prozent in Hessen/Rheinland-Pfalz/Saarland.

Ihre höchsten Sympathiewerte erzielen CDU/CSU in Baden-Württemberg (26 Prozent) und Bayern (21 Prozent). Die Sozialdemokraten sind mit 25 Prozent „am sympathischsten" an der Saar, in Rheinland-Pfalz und Hessen sowie mit jeweils 24 Prozent in Schleswig-Holstein/Hamburg/Bremen/Niedersachsen und Berlin…

(aus FOCUS, Nr. 16 vom 19. 4. 1993)

Bezieht sich die allenthalben gesehene Politikverdrossenheit nur auf die „große Politik" oder ist auch die Kommunalpolitik betroffen? Im Oktober 1993 wurde in Zusammenarbeit der münsterischen Tageszeitung „Westfälische Nachrichten" und des Instituts für Soziologie der Universität Münster per Stichprobe eine Umfrage zum politischen Meinungsbild in Münster durchgeführt und ausgewertet. Der nachfolgende Text beschreibt die Methode und weist auf ihre Schwierigkeiten und problematischen Bereiche hin. Am 23. Oktober erschien in den „Westfälischen Nachrichten" ein „Politbarometer: Meinung in Münster" zur Lokalpolitik (Seite 57 oben). Politikverdrossenheit bzw. Wahlmüdigkeit und sogar fehlende Bereitschaft, sich wählen zu lassen, führten in Brandenburg vor der Kommunalwahl am 5. Dezember 1993 zu einer fast schon absurden Situation.

Stichprobe spiegelt Stadtbevölkerung und zeigt Trends

Die Ergebnisse des von den „Westfälischen Nachrichten" und dem Institut für Soziologie der Universität zum zweiten Mal durchgeführten Politbarometers erheben nicht den Anspruch, absolut präzise Prognosen zu treffen oder Meinungen ganz detailliert zu erfassen. Das lokale Politbarometer zeichnet ein Meinungsbild in der münsterischen Bevölkerung und zeigt Trends an.

Beim Politbarometer ging es wie bei allen Umfragen darum, ein möglichst genaues Abbild der münsterischen Bevölkerung darzustellen, ohne alle Münsteraner befragen zu müssen. Danach musste jeder wahlberechtigte Münsteraner prinzipiell die Chance haben, in die Stichprobe zu kommen. Die Arbeitsgruppe am Institut für Soziologie „zog" per Adlersystem 1400 Telefonnummern – pro Seite ein bis zwei – aus dem örtlichen Fernsprechbuch. Drei Wochen telefonierte die Arbeitsgruppe von morgens bis abends die zufällig herausgefischten Nummern an. Dadurch hatten sowohl Berufs- wie auch Nichtberufstätige die Chance, erreicht zu werden.

Die Studenten telefonierten so lange, bis sie 300 vollständige Interviews geführt hatten, die die Grundlage des Politbarometers bilden. Die persönlichen Daten der Befragten – Alter, Geschlecht, Bildungsstand, Konfession – wurden mit den allgemeinen Bevölkerungsdaten im statistischen Jahrbuch der Stadt Münster verglichen. Dabei stellte sich heraus, dass bis auf eine geringfügige Abweichung in der Alters- und Geschlechterverteilung eine durchaus repräsentative Gruppe in der Auswahl getroffen war. Da in der befragten Gruppe jüngere Personen und Frauen leicht überrepräsentiert waren, wurden alle Ergebnisse der Umfrage durch ein mathematisches Verfahren mit der tatsächlichen Verteilung in der Bevölkerung gewichtet und damit korrigiert.

Aus Erfahrungen mit ähnlichen Umfragen hat sich die Zahl von 200 Befragten als ausreichend erwiesen, ein Meinungsbild herzustellen, bei dem eine Variationsbreite von wenigen Prozentpunkten möglich ist. Die doppelte Zahl der Befragungen bedeutet dabei nicht, dass die Genauigkeit der Ergebnisse ebenfalls verdoppelt worden wäre. Dennoch wurden im Unterschied zum ersten Politbarometer im März dieses Jahres diesmal 300 Personen – also hundert mehr – interviewt.

Bei der turnusmäßig durchgeführten „Allgemeinen Bevölkerungsumfrage („Allbus")" wird inzwischen mit rund 400 Interviews ein recht exaktes Meinungsbild von 80 Millionen Deutschen hergestellt. Bei Blitzumfragen vor Wahlen werden die Prognosen anhand von 1500 Interviews errechnet.

Das Problem aller Meinungsumfragen – und auch des münsterischen Politbarometers – ist die Tatsache, dass soziale Randgruppen – schon wegen der telefonischen Nicht-Erreichbarkeit – in der Regel unterrepräsentiert sind. Überrepräsentiert sind hingegen fast immer Befragte mit höheren Bildungsabschlüssen. Erfahrungsgemäß steigt mit dem Bildungsabschluss die Bereitschaft, an Meinungsumfragen teilzunehmen.

(aus: Westfälische Nachrichten, vom 23. 10. 1993)

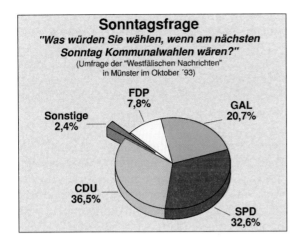

Sonntagsfrage
"Was würden Sie wählen, wenn am nächsten Sonntag Kommunalwahlen wären?"
(Umfrage der "Westfälischen Nachrichten" in Münster im Oktober ´93)

FDP 7,8%
Sonstige 2,4%
GAL 20,7%
CDU 36,5%
SPD 32,6%

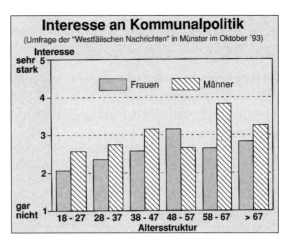

Interesse an Kommunalpolitik
(Umfrage der "Westfälischen Nachrichten" in Münster im Oktober ´93)

Interesse
sehr stark 5
gar nicht 1

Frauen | Männer
Altersstruktur: 18 - 27, 28 - 37, 38 - 47, 48 - 57, 58 - 67, > 67

Brandenburg findet keine Kandiaten

Politiker beklagen Wahlmüdigkeit

Bonn/Potsdam (AP/dpa). Die Wahlmüdigkeit wird größer. So weiß jeder dritte wahlberechtigte Brandenburger nicht, dass in seinem Bundesland in fünf Wochen Kommunalwahlen stattfinden. Angesichts dieser Entwicklung forderte der SPD-Fraktionschef im NRW-Landtag, Farthmann, die Wahlpflicht.

Nur 63 Prozent der Brandenburger gaben bei einer Infas-Umfrage an, von Kommunalwahlen gehört oder gelesen zu haben. Kaum bekannt ist, welche Gremien und Ämter neu besetzt werden.

47 Prozent der Brandenburger wissen, dass die Bürgermeister neu gewählt werden, aber nur 30 Prozent, dass auch die Kreistage neu besetzt werden. Jeder achte meint, am 5. Dezember sei Landtagswahl. Nur gut die Hälfte will sicher oder wahrscheinlich zur Wahl gehen. Ohnehin muss in beinahe jeder fünften der 1708 brandenburgischen Gemeinden die Direktwahl der ehrenamtlichen Bürgermeister ausfallen, weil niemand kandidiert. In 22 Gemeinden gibt es mangels Kandidaten keine Rats-Wahlen. Die Parteien haben zu wenig Mitglieder.

Bis Mai 1994 kann noch nachgewählt werden. So lange bleibt die alte Gemeindevertretung im Amt. Kommt keine Nachwahl zustande, droht letztlich die Eingemeindung in eine Nachbarkommune.

Der nordrhein-westfälische SPD-Politiker Farthmann erklärte: „Ich bin für die Einführung der Wahlpflicht wie in Belgien. Ein Bußgeld von 60 bis 100 Mark für Nichtwähler könnte das Bewusstsein dafür schärfen, dass Wählen eine Staatsbürgerpflicht ist."

Unter Hinweis auf Meinungsumfragen, nach denen sich bundesweit bald jeder zweite Wahlberechtigte zur Gruppe der Nichtwähler zählt, warnte Farthmann: „Davon profitieren nur die Radikalen. Deren Anhänger gehen geschlossen an die Urne."

(aus: Westdeutsche Zeitung, vom 3. 11. 1993)

Politikverdrossenheit hat viele und sehr unterschiedliche Ursachen. Möglicherweise wird ja sogar Politikverdrossenheit mit Parteienverdrossenheit bzw. Politikerverdrossenheit verwechselt. Tatsächlich lohnt sich für die Bürger politische Beteiligung ja nur, wenn diese Beteiligung auch erkennbare Auswirkungen auf die anstehenden Entscheidungen hat. Und politische Mitwirkung bedeutet hierbei sehr viel mehr als ab und zu zur Wahlurne zu schreiten.

In diesem Kapitel sollt ihr untersuchen, wieweit Bürger an den politischen Entscheidungen in der Bundesrepublik Deutschland teilhaben und mitentscheiden können. Im Vordergrund stehen dabei zunächst die politischen Beteiligungsmöglichkeiten durch Parteien, dann durch Verbände und schließlich durch Bürgerinitiativen. Anschließend soll noch eine Entscheidung auf europäischer Ebene untersucht werden.

Politische Mitwirkung der Bürger

Repräsentation und Partizipation durch Parteien

Von herausragender Bedeutung für die politische Beteiligung in der Bundesrepublik Deutschland sind die Parteien. Der Artikel 21 des Grundgesetzes weist ihnen eine besondere Stellung zu. Die näheren Regelungen finden sich im sog. Parteiengesetz vom 24. Juli 1967. Damit Parteien in einem demokratischen System mitwirken können, müssen sie natürlich selber demokratisch organisiert sein. In diesem Teil des Kapitels werdet ihr zunächst die innerparteiliche Demokratie untersuchen, insbesondere die Kandidatenaufstellung für Wahlen.

Damit Parteien arbeiten können, brauchen sie Geld. Woher sollen sie dieses Geld bekommen? Die Regelungen zur Finanzierung der Parteien sind und waren immer kompliziert. Oft wurden die jeweiligen Regelungen vom Bundesverfassungsgericht als verfassungswidrig verboten. Entscheidend ist dabei, dass keine Partei bevorzugt wird und dass man sich mit Geld nicht politischen Einfluss „kaufen" kann.

Zunächst soll jedoch geklärt werden, was eine Partei ist und welche Funktionen sie ausüben soll:

1 Lest noch einmal den Artikel von Helmut Linsen „Wahlenthaltung als Mode" (Seite 54) und formuliert einen Leserbrief mit eurer Meinung dazu!

_1   **Grundgesetz, Art. 21**

(1) Die Parteien wirken bei der politischen Willensbildung des Volkes mit. Ihre Gründung ist frei. Ihre innere Ordnung muss demokratischen Grundsätzen entsprechen. Sie müssen über die Herkunft ihrer Mittel öffentlich Rechenschaft geben.

(2) Parteien, die nach ihren Zielen oder nach dem Verhalten ihrer Anhänger darauf ausgehen, die freiheitliche demokratische Grundordnung zu beeinträchtigen oder zu beseitigen oder den Bestand der Bundesrepublik Deutschland zu gefährden, sind verfassungswidrig. Über die Frage der Verfassungswidrigkeit entscheidet das Bundesverfassungsgericht.

(3) Das Nähere regeln Bundesgesetze.

_2   **Parteiengesetz von 1967**

§ 1, Verfassungsrechtliche Stellung und Aufgaben der Parteien

(2) Die Parteien wirken an der Bildung des politischen Willens des Volkes auf allen Gebieten des öffentlichen Lebens mit, indem sie insbesondere

auf die Gestaltung der öffentlichen Meinung Einfluss nehmen,

die politische Bildung anregen und vertiefen,

die aktive Teilnahme der Bürger am politischen Leben fördern,

zur Übernahme öffentlicher Verantwortung befähigte Bürger heranbilden,

sich durch Aufstellung von Bewerbern an den Wahlen in Bund, Ländern und Gemeinden beteiligen,

auf die politische Entwicklung in Parlament und Regierung Einfluss nehmen,

die von ihnen erarbeiteten politischen Ziele in den Prozess der staatlichen Willensbildung einführen und für eine ständig lebendige Verbindung zwischen dem Volk und den Staatsorganen sorgen.

§ 2, Begriff der Partei

(1) Parteien sind Vereinigungen von Bürgern, die dauernd oder für längere Zeit für den Bereich des Bundes oder eines Landes auf die politische Willensbildung Einfluss nehmen und an der Vertretung des Volkes im Deutschen Bundestag oder einem Landtag mitwirken wollen, wenn sie nach dem Gesamtbild der tatsächlichen Verhältnisse, insbesondere nach Umfang und Festigkeit ihrer Organisation, nach der Zahl ihrer Mitglieder und nach ihrem Hervortreten in der Öffentlichkeit eine ausreichende Gewähr für die Ernsthaftigkeit dieser Zielsetzung bieten. Mitglieder einer Partei können nur natürliche Personen sein.

(2) Eine Vereinigung verliert ihre Rechtsstellung als Partei, wenn sie sechs Jahre lang weder an einer Bundestagswahl noch an einer Landtagswahl mit eigenen Wahlvorschlägen teilgenommen hat.

Wir wird man Kandidat?

_3 Die meisten Bundestagskandidaten wissen bereits Wochen und Monate vor der Wahl, ob sie in den Deutschen Bundestag kommen werden oder nicht.

Der Grund: Regional und von der Bevölkerung in der Regel weniger beachtet, haben bereits zwei parteiinterne Vorwahlen stattgefunden. Wahlen, die für den einzelnen Kandidaten zunächst bedeutender sind als die Entscheidung, die die Bürger am Wahltag treffen werden.

Erste Vorwahl ist die Nominierung. Auf Wahlkreisebene entscheiden die Parteien, welchen Bewerber sie aufstellen. Sehr oft ist dies der bisherige Abgeordnete, der – wiederum oft – ohne Gegenkandidat die Mehrheit der Wahlkreisdelegierten auf sich vereinigt. Scheidet der bisherige Abgeordnete aus Alters-, Gesundheits- oder anderen Gründen aus, oder waren die örtlichen Parteigliederungen nicht mit ihm zufrieden, entbrennt ein ziemlich lautloser, aber heftiger Kampf hinter den Kulissen.

Welcher Bewerber soll aufgestellt werden? Wer hat die nötige Überzeugungskraft, kann Sympathien beim Bürger wecken, genießt das Vertrauen der Partei?

Gibt es mehrere Kandidaten, kommt es auf der Wahlkreiskonferenz zur politischen Kampfabstimmung. Immer häufiger finden jedoch vorher auf Orts- oder Stadtteilebene eines Wahlkreises durch die jeweiligen Parteigliederungen Vorwahlen statt, bei denen sich die Parteimitglieder für oder gegen einen Bewerber aussprechen. Dieses Ergebnis ist zwar nicht bindend, aber wichtig für die jeweiligen Delegierten, die für die Wahlkonferenz gewählt werden müssen. (Die Mitwirkungsmöglichkeit bei der Aufstellung eines Kandidaten ist ein wesentlicher Grund, der für eine Mitgliedschaft in einer Partei spricht.)

Nach der Nominierung ist für einen Teil der Kandidaten der Wahlsieg so gut wie sicher. Gab es bei der letzten Wahl für die eigene Partei einen Stimmenvorsprung von mehr als – zum Beispiel – 15 Prozent, dann kann man unter normalen Umständen davon ausgehen, dass auch bei negativem Trend das Stimmenpolster ausreicht.

Zweite Vorwahl ist die Platzierung auf der Landesliste. Bevor die Landesdelegierten die Reihen- und somit zumindest auch für die ersten Plätze die Rangfolge wählen, wird vom Landesvorstand in Zusammenarbeit mit regionalen Untergliederungen ein Vorschlag ausgearbeitet. Steht die Liste, dann wagen es die Delegierten wegen der komplizierten Proporzzusammenhänge nur in Ausnahmefällen, Änderungen vorzunehmen.

Da je nach Größe des Bundeslandes bis zu einem bestimmten Landeslistenplatz mit Sicherheit mit dem Einzug in den Bundestag gerechnet werden kann, steht bereits jetzt für viele Kandidaten fest, dass sie Abgeordnete werden. Oder sie haben – bei fehlender Absicherung und schlechtem Wahlkreis – die Gewissheit, nicht ins Parlament zu kommen.

(aus: Das Parlament, Nr. 39/40, vom 25. 9. 1976)

Bauern proben den Aufstand

HOHENLOHEKREIS. – Freitag Abend, 18.10 Uhr in Künzelsau, Schwäbisch-Sibirien. CDU-Kreisgeschäftsführer Helmut Rüeck zündet sich schon wieder eine Zigarette an, dabei beginnt der Parteitag erst in zwei Stunden. „Oh, wär' der Tag nur schon vorüber", sagt die Frau, die Rüeck das Feuer reicht. Heute wird der Kandidat für die baden-württembergische Landtagswahl am 24. März 1996 gewählt. 1357 Mitglieder hat der Kreisverband. Tausend wollen kommen. „Oh, wär' der Tag nur schon vorüber."

Es gibt im Kreis Hohenlohe keine Halle, die einer Mitgliederversammlung der CDU genügend Platz bietet. In die Stadthalle passen eng bestuhlt 550 Menschen. Drum steht neben der Halle ein großes Bierzelt und in dem Zelt eine Videowand und neben der Videowand ein Schild: „Bitte in die Anwesenheitsliste eintragen". Man kann also sagen: In Hohenlohe ist die CDU keine Hinterzimmerpartei. Sie ist *die* Partei.

Wer hier aufgestellt wird, ist gewählt. „Nur wenn er seine Sekretärin vergewaltigt", sagt später im Zelt ein CDU-Mitglied aus Kupferzell, „kann ihm noch was passieren." Dem bisherigen Abgeordneten aus Hohenlohe ist nichts passiert. Der Bauer Karl Östreicher hat sich unermüdlich „für den ländlichen Raum" eingesetzt, sagen alle, sechzehn Jahre lang. Jetzt will er nicht mehr, und es muss ein Nachfolger gewählt werden. Einer mit Schlitzohren, wie der alte Karl, der wusste, wo in der Landeshauptstadt die Töpfe stehen, aus denen der „ländliche Raum" seine Zuschüsse schöpft.

Und so hatte er es sich gedacht: Karl Hehn, Bürgermeister von Schöntal, ist schon lange spitz auf die Nachfolge. Im vergangenen Wahlkampf war er schon Zweitkandidat des Abgeordneten Östreicher, und nun rechnete er sich folglich die Erstkandidatur aus. Er kennt jeden Hohenloher mit Vornamen, und nach einer schönen Rede müsste die Wahl doch wohl für ihn gelaufen sein. Dachte er. Und hat nicht mit Karl Maurer gerechnet. Und damit, dass die CDU im Kreis Hohenlohe kurz vor Freitag eine wundersame Vermehrung erfuhr. In wenigen Tagen wuchs die Partei um 276 Mitglieder.

Das wiederum hat sie Karl Maurer zu verdanken. Der Zuckerrüben-Landwirt Mauer findet, dass aus Hohenlohe am besten ein Bauer nach Stuttgart fährt, weil der dort den „ländlichen Raum" besser vertritt als ein Beamter. Die 276 neuen CDU-Mitglieder sind mit ihm da einer Meinung, weil sie entweder auch Bauern sind, oder aber mit einem verheiratet. Nun bestreitet Maurer zwar, dass er die Neuen alle geworben hat, um sich selbst wählen zu lassen. Das sei, „wie beim Schneeballsystem", einfach passiert. Dass die taufrischen Parteifreunde aber am Freitag auch alle in die Stadthalle kommen, dafür hat er schon gesorgt, denn hier darf jedes Mitglied, ob alt oder neu, bei der Nominierung mitentscheiden. Zehn Busse sind angemeldet, die Parkplätze schon um 19 Uhr alle belegt.

In Stuttgart hat man von der Eintrittswelle gehört und schnell den Bundeskanzler davon informiert. Der hat zwei große Sorgenfalten auf die Stirn bekommen. Denn schon einmal, vor acht Jahren, hat – nicht allzuweit von Künzelsau entfernt – ein Unternehmer in Burladingen seine halbe Belegschaft in die CDU komplimentiert. Vor der entscheidenden Versammlung hat er ihnen dann noch ein gutes Vesper bezahlt und damit sichergestellt, dass der Sohn des Firmenprokuristen zum Landtagskandidaten gewählt wurde. Ein Fall, an den man sich in der CDU nur ungern erinnern lässt.

Darum hat man aus Stuttgart den Parteitagsprofi Klaus Herrmann nach Künzelsau geschickt, der die Versammlung leiten und darauf achten soll, dass ja alles mit rechten Dingen zugeht. „Kann man mich im Zelt verstehen?" Immer wieder läuft Herrmann ans Funkgerät und erkundigt sich, ob die Technik funktioniert – was sie tut, wie alles andere auch an diesem Abend, inklusive Zapfanlage und Suvlaki-Grill. Die Bauernfraktion aus Kupferzell und Umgebung sitzt mehrheitlich im Zelt, die Parteihonoratioren auf den Ehrenplätzen im Saal. Ganz vorne natürlich der Fürst von Hohenlohe-Öhringen, neben dem Baron von Stetten, und auch der Graf von Zeppelin und Baron von Eyb sind nicht weit.

Mehr als tausend Mitglieder und Gäste sind schließlich gekommen, als der Kreisvorsitzende zunächst einmal „die neuen Mitglieder ganz besonders herzlich" begrüßt. Noch einmal hundert wollten in den letzten Tagen in die CDU eintreten, doch da hatte

Geschäftsführer Rüeck die Liste für die Wahl bereits geschlossen, und so war jene 83-Jährige eine der letzten, die noch rechtzeitig ihren Antrag unterschrieben. Das Wahlverfahren kann auch ein Neuling leicht begreifen. Für den ersten Wahlgang braucht der Kandidat die absolute Mehrheit. Auf dem gelben Wahlzettel sind die vier Kandidaten aufgelistet. Neben den beiden Karls sind noch ein Unternehmer und eine Hausfrau angetreten, ohne Aussicht auf Erfolg. Der eine, weil man ihm übel nimmt, dass er erst drei Jahre aktiv in der Partei arbeitet, die andere, weil man sie eigentlich gar nicht wahrnimmt (außerdem gibt sie in ihrer Rede zu „kein Genie" zu sein, was ihre männlichen Mitbewerber nicht tun).

Die reden dafür viel von „Strukturförderung" und vom „ländlichen Raum", der Unternehmer will „die Zuschüsse für die Landwirtschaft in Zukunft sichern", der Bürgermeister sieht den Hohenlohekreis „eingebettet in das Weltgeschehen", und der Bauer möchte die Landstraße von fünf Meter fünfzig auf sechs Meter verbreitern. Alles in allem keine großen Reden. „Möchte jemand den Kandidaten eine Frage stellen?" Niemand rührt sich im Saal. „Und wie sieht es im Zelt aus?", fragt Herrmann. Auch dort bleibt es still, man weiß längst, wen man wählt, und gerade

darum steigt die Spannung, als der Wahlleiter um 21.45 Uhr das erste Ergebnis verkündet. Wird der Bauernaufstand gelingen? Bleibt Hohenlohe in Bauernhand?

Maurer liegt klar vorne. Mit 364 Stimmen hat er über hundert Stimmen Abstand zum nächstplatzierten Hehn, der nur wenig vor Unternehmer Sigloch liegt. Auch die Hausfrau hat ein paar Stimmen bekommen. Noch einmal wird gewählt, und wieder bestätigt sich die Reihenfolge. Inzwischen ist die Zahl der wahlberechtigten Mitglieder auf 926 angestiegen. Und nun tritt ein, was alte Parteihasen bereits ahnen: Sigloch tritt nicht mehr an, seine Wähler kippen zu Hehn, Maurer stemmt sich – doch die Niederlage ist unvermeidlich.

„… und entfielen 509 Stimmen auf Karl Hehn." Der Saal tobt vor Freude, das Zelt vor Enttäuschung.

Ein langer Abend geht kurz vor Mitternacht zu Ende. Maurer kann seinen Ärger nur schwer verstecken. Bei diesem Ergebnis will er nicht einmal die ihm angebotene Zweitkandidatur übernehmen. Ob er nun wieder aus der CDU austritt, wird ein Neumitglied gefragt. „Nein", sagt der Hohenloher, der Abend habe ihn überzeugt. Hauptsache schließlich, es ist wieder ein Karl geworden.

(aus: DIE ZEIT, vom 26. 5. 1995, Autor: Philipp Maußhardt)

1 Der Bundeswahlleiter hat zu entscheiden, ob Gruppierungen von Menschen als Partei anerkannt werden und somit zur Wahl zugelassen werden. Wie würdet ihr über folgende Anträge entscheiden? (Siehe S. 58 unten und 59 oben)
a) Deutsche Biertrinker-Union (Ziele: Förderung des Biertrinkens)
b) 3 Menschen, die sich für die Errichtung eines Kindergartens einsetzen wollen
c) Partei zur Förderung des Andenkens an die nationalsozialistische Herrschaft
d) Deutsche Fahrradfahrer-Partei
e) Anti-Kohl-Partei

2 Macht euch die verschiedenen Funktionen von Parteien klar! Ihr könntet bei den örtlichen Parteien nachfragen, wie sie diese Funktionen in eurer Stadt erfüllen!

3 Klärt untereinander, mit eurem Lehrer, mit einem Lexikon oder mit Parteivertretern die Aufgaben der einzelnen Parteiorgane!

4 Beschreibt das Verfahren zur „Kür" eines Bundestagskandidaten! Welche Wahl haben die Wähler, welche Wahl haben Parteimitglieder? Entspricht das eurer Vorstellung von Demokratie?

5 Der Artikel „Bauern proben den Aufstand" aus der „Zeit" schildert den Verlauf einer Wahl zum Landtagskandidaten. Beschreibt die Kriterien, nach denen über die Kandidaten entschieden wurde!

6 Stellt euch vor, eure Klasse wäre ein Ortsverein. Nach welchen Kriterien würdet ihr einen Landtags- bzw. Bundestagskandidaten vorschlagen?

Die Hamburger Bürgerschaftswahl 1991 (in Stadtstaaten entsprechen die Bürgerschaften den Landtagen der Flächenstaaten) hatte zu folgendem Ergebnis geführt:
SPD: 48%
CDU: 35,1%
FDP: 5,4%
GAL: 7,2%
Republikaner: 1,2%
Der CDU-Politiker Markus Wegner warf der Hamburger CDU bei der Aufstellung der Kandidaten Verstöße gegen die innerparteiliche Demokratie vor und klagte vor dem Hamburger Verfassungsgericht. Es war nicht über einzelne Bürgerschaftskandidaten abgestimmt worden, sondern über ganze Blöcke von jeweils 10 Kandidaten. Außerdem waren Gegenvorschläge erst nach zweimaliger Ablehnung des Vorschlags des Landesvorstandes möglich.

Nachhilfe für die Parteien

Von Stefan Geiger

Die Verfassungsgerichte der Länder entwickeln ein neues Selbstbewusstsein. Nach der umstrittenen Entscheidung der Berliner Verfassungsrichter, Erich Honecker auf freien Fuß zu setzen, wagten die Hamburger Justizkollegen jetzt gar den Kraftakt, zum ersten Mal in der Geschichte der Bundesrepublik eine Landtagswahl für ungültig zu erklären und mitten in der Legislaturperiode Neuwahlen anzuordnen – und dies alles nicht etwa, weil es bei der Wahl selbst Unregelmäßigkeiten gegeben hat, wohl aber bei der Kandidatenaufstellung einer einzelnen Partei, der Hamburger CDU. Das Gericht geht deshalb auch gar nicht davon aus, dass durch die verfassungswidrigen Mauscheleien damals die Kräfteverhältnisse der politischen Gruppierungen in der Hansestadt insgesamt nennenswert beeinflusst worden sind. Wahrscheinlich anders ausgesehen hätten allein die Gesichter der von der CDU gestellten Bürgerschaftsabgeordneten. Die Folgen der Gerichtsentscheidung sind gravierend, und sie können politisch absurde Züge haben. In Hamburg nämlich regiert seit der letzten Wahl die SPD mit der denkbar geringsten Mehrheit von einer Stimme. Die politische Wetterlage im großen wie auch im örtlichen Bereich ist derart, dass der legitime Inhaber der Macht dieser nun vorzeitig verlustig gehen kann und die Manipulateure von 1991 zu den politischen Profiteuren der gegen sie ergangenen Gerichtsentscheidung werden können. Man kann deshalb schon fragen, ob die Richter bei ihrer Güterabwägung es nicht hätten dabei bewenden lassen sollen, die Kandidatenaufstellung der CDU für verfassungswidrig zu erklären, ohne so lange nach einer Wahl gleich auch noch deren Wiederholung anzuordnen.

In der Sache freilich war das Hamburger Urteil überfällig. Die Führungsclique der Konservativen hat es dort besonders toll getrieben, die Macht unter sich aufgeteilt, jede politische Erneuerung und jeden Ansatz von innerparteilicher Demokratie erstickt. Der Landesvorstand unter dem inzwischen abgelösten Jürgen Echternach hieß innerparteilich nicht zufällig „Zentralkomitee", und er vergab die politischen Pfründe, so die Einschätzung der eigenen Mitglieder, „nach Gutsherrenart". Ein ausgeklügeltes „Blockwahlsystem" ließ unbequemen Neuen keine Chance bei der Kandidatenkür für Landtags- und Bundestagswahlen. Die jahrzehntelange Praxis widersprach offenkundig dem Demokratiegebot des Grundgesetzes, des Parteiengesetzes und der Wahlgesetze. Und jeder wusste dies, doch keiner störte sich daran, bis ein kleiner Kreis von Parteirebellen, der sich damit ins politische Abseits manövrierte, klagte und das Landesverfassungsgericht Mut genug besaß, dieser Klage zu entsprechen.

Das Urteil hat Auswirkungen über die Hansestadt hinaus. Auch anderswo hat es in der Vergangenheit bei allen Parteien ein Graufeld der Kungeleien zur Kandidatenkür gegeben – freilich nur selten in einer so offensichtlich-brachialen Form wie in Hamburg. Die Parteien werden hier künftig vorsichtiger sein müssen. Minderheiten können etwas Hoffnung schöpfen; die Sorgen alternder Platzhirsche werden wachsen. Die Politik wird wohl ein klein wenig unberechenbarer werden. Und das muss in einem insgesamt zur Verkrustung neigenden Parteiensystem überhaupt nicht schaden. Die Parteien werden dadurch freilich auch neue Probleme bekommen. Kompromisse nämlich, und damit auch Absprachen, die diese erst ermöglichen, sind bei der Kandidatenaufstellung nicht notwendigerweise ein Übel, sondern häufig sogar zwingend – und sei es nur, um landsmannschaftliche Eitelkeiten zu befriedigen, die sonst auch heute noch so manche politische Gruppierung zerreißen könnten. In der Vergangenheit hatten auch große Parteien immer wieder ihre Not, die unentbehrlichen Experten, die stillen Kärrner in die Parlamente zu hieven und diese nicht den Meistern der flinken Zunge und den Liebhabern der einfachen Gedanken zu opfern. Die Parteien sollten sich über ihre neuen Schwierigkeiten freilich nicht beklagen. Durch Missbräuche wie in Hamburg haben sie sich selbst in diese Situation gebracht. Und nur sie selbst können zu einer neuen, angemessenen Balance bei der Kandidatenaufstellung zurückfinden.

(aus: Stuttgarter Zeitung, vom 5. 5. 1993)

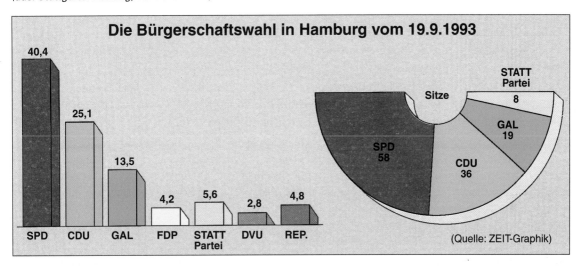

Die Bürgerschaftswahl in Hamburg vom 19.9.1993

(Quelle: ZEIT-Graphik)

1 Welche Vorgänge brachten das Hamburger Verfassungsgericht dazu, in Hamburg vorgezogene Neuwahlen anzuordnen

2 Stefan Geiger spricht in seinem Artikel in der Stuttgarter Zeitung von möglicherweise absurden Zügen, die die Entscheidung des Hamburger Verfassungsgerichts haben könnte. Erläutere dies genau!

3 Welche politischen Folgen hatten die Verstöße gegen die innerparteiliche Demokratie der Hamburger CDU und die dadurch erzwungene Hamburger Neuwahl vom 19. 9. 1993? Berücksichtigt dabei das Wahlergebnis, die zukünftige Regierungsbildung und das Erscheinen einer neuen Partei (Statt Partei)!

Parteiengesetz, § 17

Die Aufstellung von Bewerbern für Wahlen zu Volksvertretungen muss in geheimer Abstimmung erfolgen. Die Aufstellung regeln die Wahlgesetze und die Satzungen der Parteien.

Gespräch mit Herbert Reul, Generalsekretär der CDU in NRW, über eine Parteireform im Hinblick auf die Kandidatenauswahl:

Moderator: Aber Sie sind gerüstet für ein anderes Verfahren und nicht nur Sie. Ich entnehme das Ihren Unterlagen und denen der SPD, dass man offenbar über die Nominierung von Kandidaten neu nachdenkt. Sie tun es konkret auf dem Landesparteitag im Juli?

Reul: Das ist richtig. Wir haben in der Sache seit zwei Jahren eine Debatte nicht rechtlicher Art, weil das bei uns klar und eindeutig ist, sondern es geht um die Frage, können wir nicht stärker die Mitglieder an der Personalauswahl vor Ort beteiligen? Also weg von einem sehr repräsentativen System hin zu einem direkten System →

der Mitwirkung. Und da gibt es eine Menge an Vorschlägen für unseren Sonderparteitag „Parteireformen", der im Juli in Münster sein wird…

Moderator: Die Tatsache, dass auch die SPD als Beilage zu ihrer Mitgliederzeitung „Vorwärts" ein Verfahren vorgeschlagen hat für die Kandidaten des Bundestages 1994. Im westlichen Westfalen – Franz Müntefering hat das begonnen – wird gesagt, also mehr Demokratie wagen, das alte Wort von Willy Brandt übertragen dann auf alle Ebenen. Reden Sie auch über alle Kandidaten oder nur zu bestimmten im Bundestag, oder wie machen Sie das?

Reul: Unser Vorschlag ist, dass wir die Satzungsbestimmungen öffnen, dass die Städte und Gemeinden und Kreise das selbst bestimmen können. Und das gilt dann für alle Kandidaten, also für den kommunalen Kandidaten, für den Landtagskandidaten, den Bundestagskandidaten und den Europakandidaten kann das gelten. Allerdings wollen wir es nicht vorschreiben. Wir wollen also die Öffnung haben, um auch den Teil ehrlich anzugehen, der da heißt, Satzungen dürfen auch bitte nicht Parteiarbeit erschlagen.

Moderator: Wenn Sie sagen „ehrlich", würde ich es gerne noch einmal aufgreifen. Manche werden von den innerparteilichen oder auch von außenstehenden Kritikern vielleicht sagen, na ja, das ist ja nur ein Alibi-Verfahren. Die wirkliche Entscheidung wird ja doch in den Führungszirkeln getroffen.

Reul: Nein, da bin ich ganz sicher. Wenn das auf dem Parteitag durchkommt, wird es für die CDU schon eine Veränderung bedeuten. Dann können Kreisparteitage eben als Mitgliederversammlung für alle Mitglieder durchgeführt werden. Dann können Aufstellungsveranstaltungen für den Kandidaten zum Bundestag mit allen Mitgliedern realisiert werden und nicht in einer Delegierten- oder einer Vertreterversammlung durchgeführt werden. Das ist schon eine graduelle Änderung.

Moderator: Herr Reul, ich habe noch eine Frage, die Sie nicht direkt betrifft, die Sie aber mit beantworten können, weil sie heute Morgen auch hier in die Diskussion und auch von draußen herangetragen wurde. Wenn jetzt in Hamburg neu gewählt werden muss aufgrund dieses Urteils, wer zahlt dann, die CDU oder der Steuerzahler in seiner Gesamtheit?

Reul: Die Frage kann ich nicht beantworten.

Moderator: Aber spannend ist sie schon.

(aus: „Mittagsmagazin", WDR, II. Programm, Sendung vom 5. 5. 1993)

Nehmen wir als Beispiel den Deutschen Fußballbund. Er hat über vier Millionen aktive und passive Mitglieder; zehn, zwanzig Millionen interessieren sich für die wöchentlichen Fußballergebnisse, – Zahlen, die zum einen mit denen der Parteimitglieder und zum anderen mit denen der Wähler verglichen werden können. Wie in der Politik wird auch das Sportgeschehen mittelbar durch die öffentliche Meinung und die Medien beeinflusst. Aber wie viele der Fußballbund-Mitglieder oder der Anhänger beeinflussen unmittelbar die Aufstellung ihrer Fußballmannschaften, bewerben sich bei Vorstandswahlen? Jeder kann es sein. Doch dieser Jeder muss außergewöhnlich engagiert sein, er muss sich hochdienen, als Spieler oder Auswählender. Der eine hat es dank seiner Talente leichter, der andere vielleicht – eine Neid erweckende Zeitspanne lang – dank übermäßiger Förderung, ein Dritter muss Fleiß und Ausdauer aufbieten. Die meisten Mitglieder jedoch vertrauen, wie in den Parteien, den Entscheidungen der Vorstände. Gewiss, viele beäugen sie skeptisch, mäkeln und kritisieren überheblich, andere misstrauen ihnen schlechthin. Viele sind sich dabei irgendwie ihrer eigenen Unzulänglichkeit oder Unfähigkeit, Trägheit oder Gleichgültigkeit gegenüber dem Vereinsleben, dem Gemeinschaftsleben bewusst. Und wie im Vereinsleben gehen Parteimitglieder nicht zu den Kandidatenwahl-Versammlungen, die einen, weil sie mit dem voraussichtlichen Ergebnis voll und ganz übereinstimmen, die anderen, weil sie überhaupt davon ausgehen, dass die Parteien es schon richtig machen, die dritten, weil sie dumpf fühlen, gar nichts ändern zu können…

Nun, der spielerische Vergleich: Erstens ... Noch weniger, als die Fußballanhänger zugleich auch aktive Fußballer sind, ist der Bürger ein politischer Mensch, ein homo politicus. Es ist wirklichkeitsfremd, von der breiten Masse der Wahlberechtigten aus Zuneigung zum Urbild der Demokratie besondere politische Aktivitäten zu verlangen. Dies gilt auch für die Mitwirkung bei der Kandidatenauslese, die schließlich – zweitens – kein volksbewegendes Ereignis ist wie eine Wahl, wie ein Fußball-Länderspiel. Würden die Erwartungen, die an die politische Aktivität der Bürger gestellt werden, auf ein realistisches Maß zurückgeschraubt, könnten viele Politikwissenschaftler einen soliden Ausgangspunkt finden, der – was jedenfalls die Kandidatenauswahl betrifft – weniger von Klagen und Enttäuschungen über unzulängliche Parteien geprägt ist.

(aus: Kremer, Klemens, Der Weg ins Parlament, Heidelberg, v. Deckers Verlag, 1984, S. 20 f.)

1 Inwieweit hältst du Klemens Kremers Vergleich mit einem Fußballverein für treffend? Ist demnach eine innerparteiliche Reform zur Kandidatenaufstellung erforderlich?

2 1993 wurde in allen Parteien intensiv darüber nachgedacht, nach welchem Verfahren die innerparteiliche Nominierung von Kandidaten ablaufen soll. Erläutere die Reformideen, die auf dem Landesparteitag der CDU am 3. Juli 1993 in Münster beraten wurden!

3 Bildet Gruppen und formuliert Vorschläge für das parteiinterne Verfahren, das die Nominierung von Bundestagskandidaten und die Platzierung auf Landeslisten regelt. Achtet darauf, dass euer Verfahren so demokratisch wie möglich ist, und bedenkt auch die Probleme, die Stefan Geiger im letzten Teil seines Artikels in der Stuttgarter Zeitung (S. 62) beschreibt!

4 Besprecht die Vor- und Nachteile eurer Verfahrensvorschläge! Wenn ihr euch bei den Parteien in eurer Stadt die entsprechenden Satzungen besorgt, könnt ihr sie mit euren Vorschlägen vergleichen.

Wovon leben die Parteien?

_1 In der Öffentlichkeit ... ist der Eindruck entstanden, als verpulverten die Parteien all ihr Geld im Wahlkampf... Dies ist ein Irrtum. Allein die Veranstaltung eines Bundesparteitages, dem statuarisch höchsten Gremium einer Partei, das für das Funktionieren innerparteilicher Demokratie zumindest nicht unwichtig ist, dürfte die beiden großen Parteien über 1 Million Mark kosten... Ausgaben für Konferenzen und Sitzungen belaufen sich bei der SPD und CDU für die Bundesebene auf jährlich 4 bis 5 Millionen Mark...

Finanzierungsskandale und Kriminalgeschichten haben in den letzten Jahren den Eindruck entstehen lassen, als verpulverten die Parteien ungeheuer große Summen. Auch wenn die Beträge, die in der Presse immer wieder genannt worden sind, für Otto Normalverbraucher riesig erscheinen, sind doch die Relationen bizarr verzerrt worden. Die SPD hatte 1982 Gesamteinnahmen in Höhe von 150 Millionen DM, die CDU in Höhe von 147 Millionen DM, die CSU in Höhe von 42 Millionen DM, die FDP in Höhe von 23 Millionen DM und DIE GRÜNEN in Höhe von 7,5 Millionen DM. Im Vergleich dazu hatte der ADAC im gleichen Jahr Einnahmen von 354 Millionen DM, fast so viel wie alle genannten Parteien zusammen. Lassen wir uns die Parteien also nicht mehr kosten als uns ein Automobilclub wert ist? Oder um noch weiter zum Nachdenken zu provozieren: Ein Tornado-Flugzeug der Bundeswehr kostet 100 Millionen DM, viermal mehr als die FDP in einem Jahr Einnahmen hat. In der Fußballsaison 1982/83 verfügten der Hamburger SV über 19 Millionen DM, der FC Bayern München über 15 Millionen DM, der VfB Stuttgart über 12 Millionen DM, Borussia Dortmund über 11 Millionen DM und sieben weitere Profivereine über 7 bis 8 Millionen DM, also so viel oder mehr als DIE GRÜNEN im gleichen Jahr eingenommen haben.

(aus: Lösche, Peter, Wovon leben die Parteien?, Frankfurt a. M., Fischer, 1984, S. 15 f. und S. 131)

Die Spenden können wieder fließen

von Hans Schüler

Das Gesetz erlaubt es in seiner erhabenen Majestät Armen wie Reichen gleichermaßen, der politischen Partei ihres Herzens einmal im Jahr 100000 Mark zu spenden und die Spende vom steuerpflichtigen Einkommen abzuziehen.

Denn der Spruch der Mehrheit von sechs gegen zwei Verfassungsrichter im Zweiten Karlsruher Senat ist Gesetz. Und er will allen Ernstes so verstanden werden, wie ihn eine große Springer-Zeitung in ihrer Schlagzeile wiedergegeben hat: „Gleiches Recht für jeden Spender." Die Arbeitslosen, die Rentner und mit ihnen die überwältigende Mehrheit aller Durchschnittsverdiener werden sich freuen, endlich in ihrem Recht, steuerbegünstigt spenden zu dürfen, den Millionären gleichgestellt worden zu sein.

Anlass zu solch einmaliger Interpretation des in Artikel 3 der Verfassung niedergelegten Gleichheitsgrundsatzes gaben dem Gericht eine Klage der Grünen und die Verfassungsbeschwerde eines Bürgers gegen das vom Bundestag zu Weihnachten 1983 beschlossene neue Parteiengesetz. Mit ihm wollten CDU/CSU, SPD und FDP den seit Bekanntwerden des Flick-Skandals nahezu versiegten Spendenfluss aus Industrie, Handel und Banken wieder in Gang bringen. Zu diesem Zweck führten sie die so genannte „Fünf-Prozent-Regelung" ein: Spenden und Beiträge durften danach bis zur Höhe von fünf Prozent des Einkommens des Spenders oder zwei Promille der Summe der Löhne und Gehälter eines Unternehmens von zu versteuernden Gesamteinnahmen abgezogen werden.

Welcher Vorteil daraus Spendern erwuchs, deren Einkommen – ob als Einzelunternehmer oder als „juristische Person" etwa in der Form einer Aktiengesellschaft – dem Spitzensteuersatz von 56 Prozent unterworfen ist, machte das alsbald kursierende Standardbeispiel klar: Wer Einkünfte von jährlich 20 Millionen Mark hat, durfte eine Million steuerbegünstigt spenden. Damit zwang er den Staat zu einem Einnahmeverzicht an Einkommen oder Körperschaftssteuer von 560 000 Mark. Der Spender konnte also mit einem „Eigenanteil" von 440 000 Mark der Partei seiner Wahl eine volle Million zukommen lassen.

Nach der bis zum neuen Parteiengesetz geltenden Regelung hatte es – seit 1958 – die Möglichkeit des prozentualen Abzugs nicht mehr gegeben. Damals war das Bundesverfassungsgericht den Regierungsparteien CDU/CSU und FDP auf eine Klage der hessischen Sozialdemokraten in die Parade gefahren: Die (bis dahin ebenfalls vorgesehene) steuerliche Abzugsfähigkeit von Großspenden begünstige einseitig „diejenigen Parteien, deren Programm und Tätigkeit kapitalkräftige Kreise ansprechen, stärker als andere… Denn das Gesetz wirkt sich, obwohl es seinem Wortlaut nach alle politischen Parteien gleich behandelt, dahin aus, dass bestimmte Parteien vor anderen durch die Möglichkeit begünstigt werden, große Spenden zu erlangen und damit ihr Gewicht im politischen Konkurrenzkampf ohne sachlich zu rechtfertigenden Grund zu verstärken."

An dieser Rechtsprechung, die einem gesetzlichen Verbot des Steuerabzugs gleichkam, hat das Gericht über mehr als zwanzig Jahre hinweg unbeirrt festgehalten. Lediglich eine „Kleinbetrags-Begünstigung" von 600 Mark für Ledige und 1200 Mark für zusammen veranlagte Eheleute ließ es in einem Urteil aus dem Jahre 1968 zum – alten – Parteiengesetz ob ihrer Geringfügigkeit zu.

Die Strenge der Karlsruher im Umgang mit dem Gleichheitsgrundsatz, wo es um den Einfluss des Bürgers auf die politische Willensbildung geht, hat die Parteien und ihre großmächtigen Wohltäter nach eben den Auswegen suchen lassen, für die sich einige inzwischen vor Strafgerichten verantworten müssen: Die Spenden wurden nicht mehr an den eigentlichen Empfänger adressiert, sondern auf dem Umweg über „gemeinnützige" Stiftungen, kirchliche Einrichtungen oder Briefkastenfirmen „gewaschen" (das heißt: abzugsfähig gemacht), oder sie wurden diretissima den Parteioberen aus zuvor schwarz gemachtem (der Steuer hinterzogenem) Bargeld in dicken Briefumschlägen zugesteckt…

Seit Montag dieser Woche nun dürfen sich die Erfinder der „Fünf-Prozent-Regelung" ins Fäustchen lachen. Ihr geheimes Kalkül, mit dem sie das neue Parteiengesetz im Bewusstsein seiner Verfassungswidrigkeit verabschiedeten, ist aufgegangen: Das Bundesverfassungsgericht würde den Prozentabzug verbieten, dafür aber die abzugsfähigen Beträge so hoch setzen, dass der Effekt extremer Steuerbegünstigung für Großspender erhalten bliebe. Genauso ist es gekommen. Der Zweite Senat erklärte die Fünf-Prozent-Klausel für verfassungswidrig und erhöhte dafür die bisher geltende „Kleinbetrags-Begünstigung" von 600/1200 Mark jährlich auf 100 000 Mark (Konzerne können über Tochtergesellschaften diesen Betrag mehrmals ausnutzen).

(aus: DIE ZEIT, vom 18. 7. 1986)

Weniger Geld vom Staat
von Wolfgang Hoffmann

… Die Neuregelung der staatlichen Parteienfinanzierung folgt dem Urteilsspruch des Karlsruher Verfassungsgerichts vom Frühjahr 1992. Damals hatten die Verfassungshüter zum nunmehr sechsten Mal darüber befinden müssen, ob die geltenden und schon mehrmals geänderten Finanzierungsmodalitäten für Parteien im Einklang mit der Verfassung stehen. Das nämlich hatten 1989 die Grünen bestritten; sie wählten den Gang nach Karlsruhe und bekamen Recht. Das Parteiengesetz – 1988 ebenfalls nach einem Karlsruher Urteilsspruch novelliert – wurde in wesentlichen Teilen wegen Verletzung der Chancengleichheit für verfassungswidrig erklärt. Und als ob sie in Zukunft nicht erneut von den Parteien belästigt werden wollten, machten die Richter klare, richtungsweisende Vorgaben, wie das neue Gesetz aussehen sollte… Hilfreich war, dass die Karlsruher Richter erstmals anerkannt hatten, dass die Parteien auf Staatszuschüsse nicht nur wie bisher für ihre Wahlkämpfe, sondern auch für ihre sonstigen Aktivitäten angewiesen sind. Um jedoch der vom „Grundgesetz vorausgesetzten Staatsfreiheit" zu genügen, dürften die Staatszuschüsse weder die „relative Obergrenze" der selber erwirtschafteten Einnahmen noch die vom Verfassungsgericht jetzt erstmals festgesetzte „absolute Obergrenze" überschreiten.

An diese Obergrenze, … auf rund 221 Millionen Mark pro Jahr kalkuliert, wollen sich die Parteien weitgehend halten – sieht man einmal davon ab, dass sie großzügig aufgerundet haben, auf 230 Millionen Mark…

Die neue Regelung sieht vor, dass jede Partei für die ersten fünf Millionen Wählerstimmen eine Mark dreißig erhält, für jede Stimme darüber hinaus nur noch eine Mark. Zweck dieser Differenzierung ist, die kleineren Parteien nicht zu sehr zu benachteiligen. Ob diese Differenzierung verfassungskonform ist, erscheint noch offen. Die Grünen/Bündnis 90 tragen die Neuregelung in diesem Punkt nicht mit, obwohl sie ihnen nützt. Ob es bei der Differenzierung bleibt, wird von der Experten-Anhörung abhängen.

Über den Zuschuss pro Wählerstimme hinaus erhalten die Parteien für jede Mark, die sie selber aus Spenden und Mitgliedsbeiträgen erwirtschaften, weitere fünfzig Pfennig. Das ist ein Anreiz, sich verstärkt um dauerhaften Rückhalt in der Bevölkerung zu bemühen. Der Spendenbeitragszuschuss wird allerdings nur im Rahmen der absoluten Obergrenze gewährt. Ist der 230-Millionen-Topf verbraucht, müssen sich die Parteien damit begnügen. Das verhindert, dass sich der Staatszuschuss über vermehrte Mitglieder- und Spendenwerbung massiv erhöhen kann. Die Gleichstellung von Mitgliedsbeiträgen und Spendeneinnahmen ist trotz des sehr unterschiedlichen Aufkommens bei den Parteien verfassungsrechtlich unbedenklich. Sie wurde vom Verfassungsgericht ausdrücklich gebilligt, allerdings unter der Bedingung, dass die bisherige steuerliche Abzugsfähigkeit von Spenden, besonders von Großspenden, erheblich eingeschränkt und die Grenze der Publizitätspflicht für Großspenden gesenkt wird. Künftig können nur noch Spenden von Einzelpersonen, nicht aber von Firmen und Verbänden abgesetzt werden: Die Höchstgrenze soll von bisher 60 000/120 000 auf 6000/12 000 Mark (Ledige/Verheiratete) reduziert werden. Großspender, die zum Beispiel der CDU im Wahljahr 1990 knapp neun Millionen Mark zukommen ließen – vorwiegend Firmen und Verbände –, können überhaupt nichts mehr absetzen.

… Allerdings ist unwahrscheinlich, dass beispielsweise Daimler-Benz (CDU-Spende 1990: 644 000 Mark) nur deshalb vor weiteren Spenden zurückschreckt, weil das Unternehmen nicht mehr wie bisher 60 000 Mark absetzen kann…

(aus: DIE ZEIT, vom 1. 10. 1993)

_4 In seinem Buch „Wovon leben die Parteien?" nennt Peter Lösche 4 Kriterien, die möglichst weitgehend verwirklicht sein sollen, damit eine Parteienfinanzierung vernünftig ist:

1. Parteien sind in die Lage zu versetzen, ihre notwendigen Aufgaben angemessen zu finanzieren.
2. Parteienfinanzierung ist so zu gestalten, dass die wesentlichen Prinzipien innerparteilicher Demokratie eingehalten werden.
3. Die finanzielle und damit politische Unabhängigkeit der Parteien muss gewährleistet sein.
4. Der staatliche Eingriff in die Parteienfinanzierung darf die Chancengleichheit zwischen den Parteien und die Chance jedes einzelnen Bürgers, an der politischen Willensbildung in gleicher Weise teilzuhaben, nicht verzerren.

(aus: Lösche, Peter, Wovon leben die Parteien?, Frankfurt a. M., Fischer, 1984, S. 123 f.)

Das Geld der Parteien
Einnahmen 1994 in Millionen DM

	SPD	CDU	F.D.P.	CSU	BÜNDNIS 90 DIE GRÜNEN	PDS
insgesamt	353	280	70	68	53	34
davon in %			18%	27%	29%	
Mitglieds- beiträge u.ä.	43%	33%	24			43%
Spenden	10	20	34	26	17	19
staatliche Mittel	38	41		40	39	32
sonstige Einnahmen	9	6	24	7	15	6

© Globus/3246

1 Berechnet jeweils den prozentualen Anteil der verschiedenen Einnahmequellen der Parteien und stellt die Ergebnisse in einer Tabelle zusammen!

2 Inwieweit haltet Ihr Peter Lösches 4 Kriterien zur Parteienfinanzierung (Text 4) für richtig? Wenn ihr anderer Meinung seid, könnt ihr die Kriterien umformulieren oder ergänzen.

3 Macht euch die verschiedenen Instrumente zur Parteienfinanzierung, wie sie in den Artikeln (Text 2 und 3) beschrieben werden, klar und listet sie auf!

4 Beurteilt die verschiedenen Instrumente der Parteienfinanzierung nach den Kriterien aus Aufgabe 2! Inwieweit spiegeln die Karikaturen auf S. 69 oben die Realität?

5 Grundsätzlich gibt es drei Quellen der Parteienfinanzierung: 1. Mitgliederbeiträge, 2. Spenden, 3. staatliche Finanzierung. Bildet Gruppen und stellt euch vor, ihr wäret eine vom Bundespräsidenten eingerichtete Expertenkommission, die dem Bundestag einen Vorschlag zur Parteienfinanzierung machen soll. Eure Vorschläge sollten so exakt wie möglich formuliert werden. Hier nun ein paar Anregungen:
   – Soll es überhaupt staatliche Förderung der Parteien geben? Welche Formen? Mit Obergrenzen?
   – Sollen Spenden von Unternehmen überhaupt zugelassen sein? Soll es eine Obergrenze geben?
   – Soll es steuerliche Anreize zu Spenden geben? In welcher Form?
   – Soll es irgendeine Kontrollinstanz geben? Wen?
   – Soll es bei Zuwiderhandlungen Sanktionen für Spender und/oder Parteien geben?
   – Soll es einen „Bürgerbonus" geben? (Erklärung: Jeder Wähler bekommt eine „Drittstimme", mit der er entscheidet, welche Partei einen bestimmten Betrag [z. B. 5 DM] aus der Staatskasse erhält.)

   Achtung: Bedenkt bei euren Vorschlägen zur Parteienfinanzierung auch jeweils, welche Auswirkungen sie auf die verschiedenen Parteien haben!

6 Erläutert die Vor- und Nachteile der verschiedenen Vorschläge und versucht, euch in der Klasse auf einen Vorschlag zur Parteienfinanzierung zu einigen!

„Seit der Spendenaffäre scheinen die Parteien ja wirklich arg in Bedrängnis geraten zu sein"

Repräsentation und Partizipation durch Verbände und Bürgerinitiativen

Die ständige politische Beteiligung der Bürger ist nicht nur durch Parteien möglich. Dafür sind die Interessen der Bürger viel zu vielfältig und dafür gibt es viel zu wenige Parteien. Wer zum Beispiel begeisterter Trickfilmer ist und meint, der Trickfilm müsse in der Bundesrepublik Deutschland stärker gefördert werden, mag ja in die CDU oder SPD oder FDP oder bei den GRÜNEN eintreten, mit seinem konkreten Interesse wird er dort vermutlich nur amüsierte Gesichter ernten. Also sucht er sich Gleichgesinnte und schließt sich mit ihnen zusammen, etwa zum „Trickfilmverband der Bundesrepublik Deutschland". Dieser Verband wird nun versuchen, die Interessen seiner Mitglieder möglichst nachhaltig zu vertreten. Nichts anderes tun aber auch so mächtige Verbände wie der „Bundesverband der Deutschen Industrie (BDI)" oder der „Deutsche Gewerkschaftsbund (DGB)". Von den beim Bundestag registrierten Verbänden vertreten etwa drei Viertel Interessen aus dem Bereich Wirtschaft und Arbeit.

Bürger, die etwa das Interesse haben, dass in einem bestimmten Stadtteil ein Spielplatz gebaut wird, könnten sich in einer „Bürgerinitiative" zusammenschließen. Verbände und Bürgerinitiativen sind im Gegensatz zu Parteien im Grundgesetz nicht ausdrücklich erwähnt. Sie berufen sich zu ihrer verfassungsrechtlichen Absicherung insbesondere auf Art. 2 (allgemeine Handlungsfreiheit), Art. 8 (Versammlungsfreiheit), Art. 9 (Vereinigungsfreiheit) und Art. 17 (Petitionsrecht) des Grundgesetzes.

In diesem Teil des Kapitels sollt ihr euch mit den Möglichkeiten der politischen Beteiligung durch Verbände und Bürgerinitiativen vertraut machen. Einen besonderen Stellenwert wird dabei die Demonstration einnehmen, als Möglichkeit eine politische Meinung kundzutun.

Verbände

_1

Die verbandsmäßige Organisation der zahlreichen, verschiedenen und oft gegenseitigen Interessen, die sich im Zusammenhang mit den zunehmenden ökonomischen und sozialen Differenzierungsprozessen herausgebildet haben, ist heute das zentrale Element der pluralistischen Gesellschaft in der Bundesrepublik.

Nach üblicher *Definition der Verbände* … sind diese Vereinigungen von natürlichen oder juristischen Personen und Vereinigungen von Mitgliedsverbänden (Spitzenverbände), die ideelle oder materielle Interessen ihrer Mitglieder organisieren und auf gewisse Dauer vertreten, ohne selbst staatliche Machtpositionen einnehmen zu wollen.

Es ist beinahe unmöglich, auch nur einen groben Überblick über die Vielfalt … der bestehenden Verbände und deren Aktivitäten zu bekommen. Die neueste Liste über die beim Bundestag registrierten Verbände und deren Vertreter, die auf Beschluss des Bundestages seit 1972 jährlich erstellt wird, enthält auf 148 Seiten über 900 Verbände, vom „Bundesverband Deutscher Kartoffelbrenner" über die „Ordensgemeinschaft der Ritterkreuzträger des Eisernen Kreuzes" und „Bund der Aufrechten" bis hin zum „Deutschen Gewerkschaftsbund" und zur „Bundesärztekammer". Die genaue Anzahl der in der Bundesrepublik Deutschland bestehenden Verbände ist unbekannt. Schätzungen gehen davon aus, dass es über 5000 sind. Einen ersten Einblick in die Vielfalt der Verbandsinteressen verschafft die Systematisierung von *Jürgen Weber,* der fünf verschiedene Organisationsbereiche unterscheidet …:

– Vereinigungen innerhalb des Wirtschafts- und Arbeitssystems (Bundesverband der Deutschen Industrie, Industriegewerkschaft Metall usw.);
– Vereinigungen im sozialen Bereich (Deutsches Rotes Kreuz, Arbeiterwohlfahrt usw.);
– Vereinigungen im Freizeitbereich (Deutscher Fußballbund, ACE Auto Club Europa usw.);
– Vereinigungen im Bereich von Kultur, Religion, Politik und Wissenschaft (Zentralkomitee der Deutschen Katholiken, Deutsche Vereinigung für Politische Wissenschaft usw.);
– Vereinigungen von Gebietskörperschaften und anderen Körperschaften des öffentlichen Rechts (Deutscher Städtetag, Deutscher Landkreistag usw.).

(aus: Böhret, Carl u. a., Innenpolitik und politische Theorie, Opladen, Westdeutscher Verlag, 1988, S. 58 f.)

Bürgerinitiativen

_2

Potenziell besteht eine breite Bereitschaft – bei etwa 43% der Bevölkerung – zur Mitarbeit in ihnen, tatsächlich aktiv erscheinen aber nur 3% der Bürger. Charakteristisch sind

– die Konzentration auf konkrete Einzelfragen der Stadtentwicklung und Bauleitplanung, des Umweltschutzes, der Erziehung (Kindergärten, Spielplätze, Schulen) und des Verkehrs. Bürgerinitiativen stellen somit überwiegend Ein-Punkt-Bewegungen … dar, die ortsbezogene kollektive Interessen außerhalb des Arbeitsbereichs verfolgen. In Umweltfragen lassen sich zwar auch allgemeinere Zielsetzungen erkennen, doch scheinen Mobilisierungen sich immer noch am konkreten Fall zu vollziehen.

– eine relativ überschaubare Zahl von am gleichen Ort wohnenden Aktiven (zumeist unter 100 Personen), die eine Bürgerinitiative tragen. Die Größenordnung ermöglicht persönliches Kennen und intensive Kommunikation aller Beteiligten, ebenso noch überwiegend informale Organisationsstrukturen. Für eine Minderheit zahlenmäßig großer Bürgerinitiativen gilt dies freilich nicht mehr.

– ihre soziale Zusammensetzung mit einer deutlichen Dominanz von Angestellten, Angehörigen freier Berufe und Beamten … Je nach Zielrichtung der einzelnen Initiative spielen dabei Architekten, Erziehungsberufe u. a. eine führende Rolle. Generell sind höhere Einkommens- und Bildungsschichten in ihnen überrepräsentiert, sodass … sie als „Selbsthilfeorganisationen der ohnehin privilegierten Mittelschicht" bezeichnet worden sind.

(aus: Rudzio, Wolfgang, Das politische System der Bundesrepublik Deutschland, Opladen, Leske und Budrich, 1991, S. 76 f.)

3 · Aktions- und Einflussmöglichkeiten der Verbände

Die Aktionsmöglichkeiten der Verbände reichen von der *Werbung* bis zu massivem *politischen Druck.* Solche Möglichkeiten sind

– Öffentlichkeitsarbeit (z. B. offene Briefe, Pressekonferenzen, Versammlungen, Kundgebungen usw.);

– Einwirkung auf das Parlament (z. B. Entsendung von Abgeordneten („Verbandsfärbung"), Anhörung in Ausschüssen, Abgabe von Stellungnahmen usw.);

– Einwirkung auf die Regierung (z. B. Petitionen an Bundeskanzler bzw. Minister, Besuche, Ausspielung des Stimmpakets);

– Einwirkung auf die Ministerien (z. B. Briefe, Beschwerden; Besuche, Beteiligung bei der Gesetzesvorbereitung und an verschiedenen Anhörungen, Mitwirkung in Beiräten und Fachausschüssen, Bereitstellung spezieller Informationen, personelle Verflechtungen und Übergänge: ehemalige Verbandsfunktionäre werden Ministerialbeamte und umgekehrt usw.);

– Einfluss auf Parteien (z. B. Spenden, Wahlwerbung, Drohung mit Entzug der bisherigen Unterstützung usw.).

Darüber hinaus gibt es insbesondere die Beteiligung organisierter Interessen bei der Vorbereitung von Gesetzentwürfen, aber auch andere Formen der Beratung … z. B. die Heranziehung von Sachverständigen, die Bildung von Beiräten und den Verkehr der Ministerien mit den Fach- und Berufsverbänden. Von nicht zu unterschätzender Bedeutung ist u. a. die Einbeziehung der Verbände in den Gesetzentwurfsprozess.

(aus: Böhret, Carl u. a., Innenpolitik und politische Theorie, Opladen, Westdeutscher Verlag, 1988, S. 59 f.)

4 · Die heimlichen Herrscher

Bernhard Schenk hat weder einen Platz am Kabinettstisch noch einen Sitz im Parlament. Dennoch wird seine Stimme gehört, denn er gilt als exzellenter Vertreter seiner Zunft – der Lobby in Bonn. Seit er 1970 … in die Geschäftsführung des Bundesverbandes Deutscher Banken eintrat, pflegt er seine Verbindungen zu den Regierungsstellen … und hält Kontakte zu Abgeordneten aller Parteien. Kaum ein zweiter ist so gut wie der Bankenvertreter über Gesetzesvorhaben in der Wirtschafts- und Finanzpolitik informiert – eine entscheidende Voraussetzung für seinen Verband, die eigenen Belange wirksam in die Gesetzgebungsarbeit einbringen zu können. „Lobbyismus by argument" nennt der Volkswirt, der einst selber jahrelang in verschiedenen Ministerien gearbeitet hat, seine Tätigkeit. Dabei setzt er auch seine guten Drähte zu den Presseleuten ein, weil es „ohne Akzeptanz in den Medien oder gegen deren großen Widerstand sehr, sehr schwer ist, weiterzukommen".

Der Bankenmann … ist alles andere als ein Verschwörertyp. Gleichwohl gehört er zu dem heimlichen Herrschaftssystem in Bonn, das – durch keine Wahl demokratisch legitimiert – die Richtlinien der Politik sehr viel stärker mitbestimmt als so mancher Politiker. Gesetzesvorhaben werden von den Interessenvertretern verhindert, verzögert, verwässert oder sogar ins Gegenteil der ursprünglichen Absicht verkehrt. In anderen Fällen werden Gesetzentwürfe von Lobbyisten vorangetrieben …

Wer sind diese heimlichen Herrscher? … Es ist eine bunte Mischung aus den wirklich Mächtigen und aus einflusslosen teilweise kuriosen Zusammenschlüssen.

„Wirklich relevant", meint der Heidelberger Politologe Klaus von Beyme, seien nur vier Gruppen: Die Spitzenverbände der Wirtschaftsbranchen, die im Bundesverband der Deutschen Industrie (BDI) zusammengeschlossen sind und überwiegend die wirtschaftspolitischen Interessen der Unternehmerschaft wahrnehmen; die Arbeitgeberverbände als Widerpart zu den Gewerkschaften; die Industrie- und Handelskammern, die Selbstverwaltungsaufgaben der Wirtschaft wahrnehmen und regionale Interessen aller Wirtschaftszweige vertreten; einige wichtige berufsständische Verbände. Darüber hinaus gehören dazu aber auch die übrigen Spitzenverbände der Wirtschaft – der Banken, der Versicherungen, des Handels und des Handwerks …　　　　　→

Und wie der Deutsche Industrie- und Handelstag, der sich als Spitzenorganisation der öffentlich-rechtlichen Kammern nicht in die Lobbyisten einzutragen braucht, fehlt dort auch eine andere Gruppe, die sich gemäß den Regeln erst gar nicht registrieren lassen kann: die Unternehmen. Dabei wird kein Bundestagsabgeordneter und kein Ministerialbeamter den Einfluss von Daimler-Benz oder Siemens, der Deutschen Bank oder der Allianz-Versicherung leugnen. Eine weitere, besonders wirkungsvolle Schar von Lobbyisten wird nirgendwo erfasst. Das sind die Interessenvertreter, die als Abgeordnete mit Sitz und Stimme im Bundestag sitzen. Der Politologe Kurt Sontheimer meinte bereits Mitte der siebziger Jahre, es bedürfe gar nicht mehr des aktiven Lobbying vor den Eingängen zum Plenarsaal oder vor den Ausschusstüren, weil die Mehrzahl der Abgeordneten selbst Mitglied in einer oder mehreren Interessenorganisationen sei …

(aus: DIE ZEIT, vom 25. 10. 1991, Autor: Wilfried Herz)

1 Erläutere die Gemeinsamkeiten und die Unterschiede zwischen Parteien, Verbänden und Bürgerinitiativen (vgl. Text 1 und 2)!

2 Welche verschiedenen Aktionsformen und Methoden benutzen Verbände, um ihre Interessen durchzusetzen? Welche dieser Aktionsformen und Methoden haltet ihr für besonders wirksam? Welche dieser Aktionsformen und Methoden haltet ihr unter demokratischen Gesichtspunkten für besonders wünschenswert bzw. unzulässig?

3 In seinem Artikel „Die heimlichen Herrscher" (Text 4) schreibt Wilfried Herz, dass die Mehrzahl der Abgeordneten (des Bundestages) selbst Mitglied in Interessenorganisationen (d. h. Verbänden) ist. Könnt ihr diese Tatsache erklären?

Im Widerstreit der Interessen

1 „Der Verkehr wird von Interessen gelenkt", hat auch Professor Klaus Haefner von der Uni Bremen erkannt. „Es gibt jedoch keinerlei Lobby für das Gesamtsystem Verkehr." Katastrophal ist das Ergebnis: „eine reale Notsituation" …

Für Haefner ist die Sache klar: „Als große und einflussreiche Lobbies sind vor allem die Kraftfahrzeug-Industrie und der Tiefbau zu nennen; sie wollen … eine stete Expansion des Systems: mehr Autos auf mehr Straßen und mehr Straßen für mehr Autos."

Aber es hängen natürlich wesentlich mehr Wirtschaftssparten – und damit Beschäftigte – daran: Ölkonzerne, Banken, Leasingfirmen, Lkw-Spediteure, Autozeitschriften und Schilderfabrikanten. Und alle beschäftigen und bezahlen ihre Lobbyisten. Deren Ziele sind stets dieselben: noch mehr Autos. Haefner: „Die Versicherungswirtschaft möchte möglichst hohe Umsätze mit Kraftfahrzeug-Policen machen, kann sie doch fünf Prozent vom Umsatz als Gewinn einbehalten." Nicht nur jeder zerstörte Personenwagen oder Lkw, auch jedes gebrochene Bein und verlorene Augenlicht steigert das Bruttosozialprodukt …

Wenn so viel auf dem Spiel steht, überlassen Industriemanager ungern etwas dem Zufall. Wie weit sie dabei mitunter gehen, demonstriert ein Skandal, der 1985 ruchbar wurde. Zwei Top-Journalisten, Peter Boenisch und Rainer Günzler, standen jahrelang auf einer geheim gehaltenen Honorarliste des Autokonzerns Daimler-Benz. … Zur fraglichen Zeit war Boenisch führender Journalist bei Springer, … Günzler Autotester des Zweiten Deutschen Fernsehens, …

Der Auftrag der Autobauer an Boenisch und Günzler lautete, die „Autofeindlichkeit in systemkritischen linken Teilen der Öffentlichkeit abzubauen".

Die Bonner Büros der Autokonzerne, einst wichtige Relais zur Macht am Rhein, sind dagegen heute zu Botschaften abgesunken, die vor allem frühzeitig auskundschaften sollen, was in den Ministerien gegen die Autoindustrie ausgedacht und vorformuliert wird. Die Bürochefs helfen zwar auch heute noch, mit massiven Rabatten für Neuwagen die Diskrepanzen zwischen den amtlichen Beschaffungsrichtlinien und den offiziellen Preislisten auszubügeln. Aber die Sitten der fünfziger Jahre sind Geschichte. In der so genannten Leihwagen-Affäre hatte Daimler-Benz damals versucht, hohe Bonner Amtsinhaber mit kostenlos zur Verfügung gestellten Mercedes-Limousinen zu bestechen. Die Stuttgarter waren nicht die Einzigen gewesen.

(aus: Blüthmann, Heinz, Im Namen des Volkes, in: DIE ZEIT, vom 15. 11. 1991)

_2 Claus Offe ist der Auffassung, dass sich nicht alle Interessen durch Verbände vertreten lassen und dass es unterschiedliche Chancen der Durchsetzbarkeit von Interessen durch Verbände gibt. Als entscheidend sieht Claus Offe zwei Bedingungen an: 1. die Organisationsfähigkeit und 2. die Konfliktfähigkeit der Interessen:

… Die Organisationsfähigkeit eines Interesses hängt deshalb davon ab, ob es bestimmte, deutlich abgrenzbare Gruppen von … Personen gibt, die … an der politischen Vertretung spezifischer Bedürfnisse interessiert sind. Organisierbar sind nur solche Interessen, die sich als Spezialbedürfnisse einer sozialen Gruppe interpretieren lassen. Als weitere Einschränkung kommt hinzu, dass dieses Spezialinteresse den aktuellen und potenziellen Mitgliedern dieser Gruppe hinreichend deutlich und wichtig sein muss, sodass sie bereit sind, die benötigten Ressourcen beizusteuern. Deshalb sind die primären Lebensbedürfnisse (Konsum- bzw. Investitionschancen, Abdeckung sozialer Risiken, Zuteilung arbeitsfreier Zeit) großer und relativ homogener Statusgruppen (Bauern, Arbeiter, Angestellte, Beamtenschaft, Mittelstand, Unternehmer u. a.) am leichtesten organisierbar. Schwerer bzw. überhaupt nicht unmittelbar zu organisieren sind diejenigen Lebensbedürfnisse, die nicht klar abgrenzbaren Status- oder Funktionsgruppen, sondern der Gesamtheit der Individuen zuzuordnen sind … (z. B. die im Zusammenhang stehen mit Wohnung, Gesundheit, Verkehr, Bildung, bürgerlicher Rechtsordnung, Freizeitverhalten) …

Damit hängt die zweite Bedingung für die Organisation gesellschaftlicher Interessen zusammen: Sie müssen konfliktfähig sein, und nach dem Maße, wie sie es sind, bestimmen sich ihre politischen Einflusschancen. Konfliktfähigkeit beruht auf der Fähigkeit einer Organisation bzw. der ihr entsprechenden Funktionsgruppe, kollektiv die Leistung zu verweigern bzw. eine systemrelevante Leistungsverweigerung glaubhaft anzudrohen. →

Eine Reihe von Status- und Funktionsgruppen ist zwar organisationsfähig, aber nicht konfliktfähig … Beispiele sind die Gruppen der Hausfrauen, der Schüler und Studenten, der Arbeitslosen, der Pensionäre, der Kriminellen und Geisteskranken … Die Bedürfnisse dieser Gruppen sind mit verminderter Durchsetzungskraft ausgestattet, weil sie am Rande oder außerhalb des Leistungsverwertungsprozesses stehen

(aus: Der Stern, Nr. 48, 1980)

_3   Josef Ertl trägt den Bayerischen Verdienstorden, das Große Goldene Ehrenzeichen der Republik Österreich und die Pfingstrose in Gold des oberfränkischen Thermalbades Rodach. Nunmehr trägt er auch die Verantwortung für den jüngsten Bonner Bauernskandal. 35 Millionen Mark werden den Steuerzahlern für die Aufbewahrung von Kalbfleisch aus der Tasche gezogen – für Fleisch, das sie nicht kaufen wollen, weil sie sich vor Gesundheitsschäden durch das Kälbermastmittel Östrogen fürchten. Im Alleingang gab Agrarminister Ertl der Brüsseler EG-Kommission seine Zustimmung zu der neuerlichen Subvention.

… Um rund 60%, so Ertl, sei der Kalbfleischverkauf in den letzten beiden Monaten zurückgegangen, nachdem bekannt wurde, dass für die Kälbermast verbotenerweise oft ein künstliches Östrogen verwendet wurde. Fleisch derart aufgepäppelter Tiere kann vor allem bei Babys und Kleinkindern großen Schaden hervorrufen. Des Ministers Begründung für die Hilfsaktion: „Es geht nicht an, wegen einiger schwarzer Schafe alle Kälbermäster unverschuldet in Bedrängnis zu bringen." Also setzte der Bauernfreund zusammen mit seinen Kollegen in den übrigen EG-Ländern den bekannten Euro-Mechanismus in Gang: Ausgleich des Verlustes auf Kosten der Verbraucher.

Dabei scherte es Ertl wenig, dass er damit die einzige gesunde Reaktion des Verbrauchers auf das kranke Fleisch unterlief. Der Boykott, die Waffe des Käufers gegen die gefährlichen Stall-Fabriken, hat nur dann Wirkung auf die Fleischproduzenten, wenn die Branche tatsächlich getroffen wird. Thomas Schlier, Sprecher der Arbeitsgemeinschaft der Verbraucherverbände in Bonn, über Ertls Einsatz: „Das war alles andere als verbraucherfreundlich."

Nachträglich versuchte Ertl, sich im Kabinett zu rechtfertigen. „Natürlich soll der Zuschuss nur für die Lagerung von gesundem Fleisch gezahlt werden." Wie er aber kontrollieren will, ob in den privaten Kühlhäusern tatsächlich keine verseuchten Steaks subventioniert werden, wusste der Minister nicht zu sagen. Seine Kollegin Antje Huber vom Gesundheitsressort ist jedenfalls skeptisch: „Man kann doch nicht hinter jedes Kalb einen Polizisten stellen."

(aus: Offe, Claus, Das pluralistische System von organisierten Interessen, in: Varain, Heinz-Josef [Hrg.], Interessenverbände in Deutschland, Köln, Kiepenhauer und Witsch, 1973, S. 386 ff.)

1 Heinz Blüthmann schreibt in seinem Artikel (Mat. 1, S. 72), wie Industrie und Verbände den „Glaubenskampf" ums Auto gewonnen haben. Beschreibt, welche unterschiedlichen Interessenlagen es im Problemkreis „Auto und Verkehr" gibt! Welche Formen der politischen Beteiligung werden von wem angewandt? Könnt ihr erklären, warum sich die Interessen für immer mehr Autos durchsetzen? Vielleicht könnt ihr dazu auch Claus Offes Einschätzung heranziehen (Mat. 2, S. 73).

2 Schätzt die Organisations- und die Konfliktfähigkeit eines „Schülerverbandes", eines „Ärzteverbandes" und eines „Fußballverbandes" ein!

3 Welche Interessen (Bauernverband gegen Verbraucherverband) stehen sich in dem im STERN beschriebenen „Östrogenskandal" gegenüber (Mat. 3, S. 74)? Schätzt die Konfliktfähigkeit der beiden Verbände ein! Erläutert Ursachen und Auswirkungen der vom damaligen Agrarminister Ertl (FDP) genehmigten Subvention!

4 Stellt euch eine Bundestagswahl vor, die kurz nach dem beschriebenen „Östrogenskandal" stattfindet! Schätzt die Chancen Josef Ertls ein, dann erneut ein Bundestagsmandat zu erlangen!

_1 Wie kann der einfache Mann seine öffentlichen Rechte wahrnehmen

Erster Schritt:

Sie müssen sich mit anderen Bürgern Ihrer Umgebung zusammentun, telefonisch, mündlich, schriftlich. Sie müssen eine Protestversammlung auf die Beine stellen! 500 Leute müssen kommen – wenn nur 80 kommen, ist Ihre Sache schon verloren. In dieser ersten Phase dürfen Sie nur den Plan attackieren, keine Verantwortlichen! Noch wissen Sie nämlich gar nicht, wo Ihre Freunde sitzen …

Zweiter Schritt:

Die öffentliche Versammlung. Das ist eine emotionelle Angelegenheit, und Sie sollten auch gar nichts anderes daraus machen wollen. Man soll sehen, wie die Betroffenen fühlen. Zahlen und Fakten müssen natürlich stimmen. Emotionen sind nicht schlecht, wenn sich aber hinterher herausstellt, dass auch die Zahlen Emotionen waren, können Sie einpacken. Wichtig: Listen zum Einschreiben am Ausgang! …

Dritter Schritt:

Ausschüsse müssen dann gebildet werden. Und: Sie brauchen die organisierte Basis der Betroffenen, die Masse, die jeden Versammlungssaal füllt. Merke: Optische Protestsymbole der Einmütigkeit, wie Fahnen, Handtücher, Bettlaken beeindrucken Politiker sehr … Sie brauchen Rechtsanwälte, Rechtsberater, Notare! Sie beteiligen sich nämlich an einem Spiel mit komplizierten Regeln … Kann man Widerspruch einlegen? Bei wem? Bis wann? – Kann man ein Anhörverfahren durchsetzen? Wie? Bei wem? – Kurzum: Sie brauchen juristische Falken, die jede Schwäche des Gegners erspähen. Und Sie brauchen Fachleute: Architekten, Stadtplaner, Professoren, die den Plan mit den Mitteln des Plans bekämpfen. Leute, die die Gegenseite mit ihrem Herrschaftswissen nicht einfach als Laien abqualifizieren kann! Sie brauchen Geld! ...

Sie brauchen vor allem die Medien! Ohne die veröffentlichte Meinung sind Sie nichts und werden Sie nichts …

Vierter Schritt:

Papierkrieg führen! Ein großer Teil Ihrer Kampagne wird gewonnen oder verloren – auf Papier, der Waffe der Verwaltung.

Diese Waffe müssen Sie beherrschen lernen! Schreiben Sie nie: „120 kinderreiche Familien und 80 alte Leute sowie viele Schwerkranke verlieren durch diesen Plan ihre Wohnungen." Auf einen solchen Brief bekommen Sie diese Antwort: „Wir bestätigen den Empfang Ihres Schreibens vom …. Ihre Einwendungen gegen das Planungsvorhaben Stadtautobahn VI werden geprüft. Hochachtungsvoll." Schreiben Sie solche Briefe: „Sehr geehrter Herr Ministerpräsident. Wir wenden uns direkt an Sie, weil wir als einfache Bürger und Wähler die Erfahrung machen mussten, dass die zuständigen Stellen unsere dringenden Fragen nicht beantworten. Die beabsichtigte Zerstörung unserer Wohnungen und eines Teils der Innenstadt zwingt uns jedoch, Ihnen folgende Fragen zu stellen: Wieso steht der Plan in so krassem Widerspruch zu der von Ihnen vor einem Jahr auf der Wahlversammlung in der Christusgemeinde gemachten Grundsatzerklärung: Die Stadtautobahn kommt nicht! Wieso stimmen die Zahlen nicht?

Die Professoren Mayer und Müller haben in ihren Gutachten nachgewiesen, dass eine andere Streckenführung billiger ist. Beide Gutachten fügen wir bei." Das ist ein Brief – im Papierkrieg. Darauf bekommen Sie garantiert folgende Antwort: „… erstens möchte ich mich entschuldigen, dass wir bisher Ihre Fragen nicht beantworten konnten … Was nun Ihre sachlichen Einwände gegen das Planungsvorhaben angeht, so schlage ich vor, dass wir darüber in allernächster Zeit eine Besprechung hier im Hause miteinander führen." ...

Fünfter Schritt:

Die erneute Flucht in die Öffentlichkeit! Berufen Sie neue Versammlungen ein! Denken Sie sich neue Protestformen aus! Nehmen Sie an der nächstgelegenen Autobahn den Lärm auf und spielen Sie das Tonband von morgens bis abends vor den Bungalows der Planer ab. Lassen Sie zehn Kinder mit hübschen Papphäuschen vors Rathaus ziehen. Verständigen Sie die Presse und das Fernsehen – und dann rollt der von Ihnen bestellte Laster an und matscht alles zusammen, während die Kinder weinen und das Fernsehen filmt. Lassen Sie Ihre Tochter während der Hauptgeschäftszeit nackt wie weiland Godiva durch die Innenstadt reiten. Ja, auf diese Weise kommen Sie dann in das Finale, wo sich alles noch einmal wiederholen muss, nur noch größer, noch bunter, noch lauter, noch massenhafter als bisher. Sie müssen sich selbst übertreffen.

(Film-Text, der das „Lehrstück" des Reporters Anthony Jay in freier Form übernommen hat, nach der englischen Zeitschrift „Sunday Times Magazin" von 1972)

2. Gesetz über Versammlungen und Aufzüge vom 24. 7. 1953 (zuletzt geändert am 9. 6. 1989):

Allgemeines

§ 1, Versammlungsrecht

(1) Jedermann hat das Recht, öffentliche Versammlungen und Aufzüge zu veranstalten und an solchen Veranstaltungen teilzunehmen.

§ 2, Namensangabe des Veranstalters, Störungs- und Waffentragungsverbot

(1) Wer zu einer öffentlichen Veranstaltung oder zu einem Aufzug öffentlich einlädt, muss als Veranstalter in der Einladung seinen Namen angeben.

(2) Bei öffentlichen Versammlungen und Aufzügen hat jedermann Störungen zu unterlassen, die bezwecken, die ordnungsmäßige Durchführung zu verhindern.

(3) Niemand darf bei öffentlichen Versammlungen oder Aufzügen Waffen oder sonstige Gegenstände, die ihrer Art nach zur Verletzung von Personen oder zur Beschädigung von Sachen geeignet und bestimmt sind, mit sich führen" …

Öffentliche Versammlungen unter freiem Himmel und Aufzüge

§ 14, Anmeldungspflicht

(1) Wer die Absicht hat, eine öffentliche Versammlung unter freiem Himmel oder einen Aufzug zu veranstalten, hat dies spätestens 48 Stunden vor der Bekanntgabe der zuständigen Behörde unter Angabe des Gegenstandes der Versammlung oder des Aufzuges anzumelden.

(2) In der Anmeldung ist anzugeben, welche Person für die Leitung der Versammlung oder des Aufzuges verantwortlich sein soll.

§ 15, Verbot von Versammlungen im Freien, Auflagen, Auflösung

(1) Die zuständige Behörde kann die Versammlung oder den Aufzug verbieten oder von bestimmten Auflagen abhängig machen, wenn nach den zur Zeit des Erlasses der Verfügung erkennbaren Umständen die öffentliche Sicherheit oder Ordnung bei Durchführung der Versammlung oder des Aufzuges unmittelbar gefährdet ist.

(2) Sie kann eine Versammlung oder einen Aufzug auflösen, wenn sie nicht angemeldet sind, wenn von den Angaben der Anmeldung abgewichen oder den Auflagen zuwidergehandelt wird oder wenn die Voraussetzungen zu einem Verbot nach Absatz 1 gegeben sind.

(3) Eine verbotene Veranstaltung ist aufzulösen.

§ 19, Ordnungsgemäßer Ablauf

(1) Der Leiter des Aufzuges hat für den ordnungsgemäßen Ablauf zu sorgen. Er kann sich der Hilfe ehrenamtlicher Ordner bedienen, …

(2) Die Teilnehmer sind verpflichtet, die zur Aufrechterhaltung der Ordnung getroffenen Anordnungen des Leiters oder der von ihm bestellten Ordner zu befolgen.

(3) Vermag der Leiter sich nicht durchzusetzen, so ist er verpflichtet, den Aufzug für beendet zu erklären.

(4) Die Polizei kann Teilnehmer, welche die Ordnung gröblich stören, von dem Aufzug ausschließen.

§ 20, Einschränkung des Grundrechts

Das Grundrecht des Artikels 8 des Grundgesetzes wird durch die Bestimmungen dieses Abschnitts eingeschränkt.

Straf- und Bußgeldvorschriften

§ 21, Störung von Versammlungen und Aufzügen

Wer in der Absicht, nicht verbotene Versammlungen oder Aufzüge zu verhindern oder zu sprengen oder sonst ihre Durchführung zu vereiteln, Gewalttätigkeiten vornimmt oder androht oder grobe Störungen verursacht, wird mit Freiheitsstrafen bis zu drei Jahren oder mit Geldstrafe bestraft.

1 Inwieweit unterscheiden sich die Aktionsformen und Methoden der Bürgerinitiativen von denen der Verbände?

2 Plant und führt ein Rollenspiel durch! Sucht euch zwei Anlässe bzw. konkrete Interessen für jeweils eine Bürgerinitiative aus und stellt euch vor, ihr wolltet eine Demonstration organisieren! In Nordrhein-Westfalen ist die Polizei die für die Anmeldung zuständige Behörde. Zwei Gruppen eurer Klasse könnten jeweils die Polizei spielen und zwei Gruppen jeweils diejenigen, die eine Demonstration auf die Beine stellen wollen. Im Folgenden erhaltet ihr einige Anregungen:

– Formuliert einen Aufruf zur Demonstration!

– Meldet die Demonstration bei der Polizei an und führt ein Gespräch mit der Polizei über den Ablauf der Demonstration: Z. B. wie viele Menschen werden erwartet? Wollt ihr Ordner einsetzen? Wie viele? Was macht ihr, wenn mehr Menschen als erwartet kommen? Besorgt euch einen Stadtplan und überlegt, welchen Weg der Demonstrationszug gehen soll! Führt der Weg etwa an Baustellen mit herumliegenden Pflastersteinen vorbei? Ist die erwartbare Verkehrsbehinderung tragbar? An welchem Platz soll es eine Kundgebung geben? Werden Polizisten zur Demonstration geschickt? Wie viele? Was machen die Veranstalter/die Polizei, wenn gewalttätige Störer auftauchen? Wie könnt ihr versuchen, Gewalt schon im Vorfeld zu verhindern?

– Formuliert die Genehmigung bzw. die Auflagen der Polizei!

Ihr könnt natürlich auch bei der örtlichen Polizei erkunden, wie dort mit Demonstrationen umgegangen wird.

3 Ist das Versammlungsgesetz eurer Meinung nach sinnvoll formuliert oder habt ihr an einer bzw. mehreren Stellen Änderungsvorschläge?

Entscheidung über Abgaswerte in der EU

Die Bundesrepublik Deutschland ist eingebunden in ein System internationaler Organisationen, beispielsweise ist Deutschland Mitglied der Europäischen Union (EU). Entsprechend sind auch nicht alle politischen Regelungen, die Deutschland betreffen, allein in Deutschland zu entscheiden. So müssen zum Beispiel von der EU verabschiedete Verordnungen in allen Mitgliedsländern unmittelbar wie Gesetze angewendet werden. Im Folgenden soll untersucht werden, wie eine solche, EU-weit gültige Regelung zustande kommt.

Etwa seit Mitte der siebziger Jahre wurde in vielen Staaten Europas das Waldsterben als ... Problem begriffen. Die genauen Ursachen konnten nicht eindeutig geklärt werden, jedoch waren sich die Fachleute bald einig, dass Luftschadstoffe eine wesentliche Ursache sind. Zur Schadensbegrenzung wurde über die verbindliche Einführung von Katalysatoren für PKW diskutiert, die den Schadstoffausstoß erheblich reduzieren können. Waldsterben und Luftverschmutzung stellen ein grenzüberschreitendes Problem dar, und so hatte die Europäische Gemeinschaft (EG) Abgashöchstwerte für PKW festgelegt, die allerdings weit unter den entsprechenden Regelungen der USA oder Japans lagen. Die Bundesrepublik Deutschland, aber auch andere EG-Staaten drängten darauf, diese Abgashöchstwerte den strengeren US-Normen anzupassen und Katalysatoren verbindlich einzuführen. Allerdings waren nicht alle EG-Staaten dieser Auffassung, und so kam es lange zu keiner Verschärfung der Abgashöchstwerte. EG-Festlegungen schließen nicht aus, dass einzelne Mitgliedsstaaten strengere Maßstäbe innerhalb ihres Gebiets festlegen, jedoch dürfen solche einzelstaatlichen Maßnahmen keine Beschränkung des Handels bedeuten. Auf die Bundesrepublik Deutschland beschränkte strengere Maßstäbe könnten aber möglicherweise ausländische Autos ohne Katalysator vom deutschen Markt fernhalten. Ein exportorientiertes Land kann es sich wohl kaum leisten, entsprechende Gegenmaßnahmen anderer Länder gegenüber deutschen Produkten zu provozieren. 1987 wurde durch die Einheitliche Europäische Akte (EEA) ein neues Entscheidungsverfahren in der EG eingeführt.

(Die Darstellung folgt: Schmuck, Otto, Die Auseinandersetzung um die EG-weite verbindliche Einführung abgasarmer Autos: eine Fallstudie, in: Dürr, Karlheinz u. a., Europäische Umweltpolitik, Tübingen, DIFF, 1989, S. 64 ff.)

Das europäische Parlament

Seit 1979 werden die Abgeordneten direkt durch sog. Europawahlen gewählt. Je nach Einwohnerzahl eines Staates werden zwischen 6 und 81 Abgeordnete ins europäische Parlament mit insgesamt 518 Abgeordneten entsandt. Ein wesentliches Recht des Parlaments ist die Haushaltskontrolle der europäischen Gemeinschaft. Bei der Gesetzgebung hat das Parlament allerdings nur ein Mitspracherecht.

Die Kommission der EU

Die Kommission der EU besteht aus 17 Mitgliedern, den sog. EU-Kommissaren. Sie werden für jeweils 4 Jahre von ihren nationalen Regierungen ernannt, sind dann aber unabhängig von ihnen und nicht an Weisungen gebunden. Für die EU ist die Kommission vor allem das ausführende Verwaltungsorgan. Darüber hinaus ist die Kommission aber auch an der Gesetzgebung beteiligt.

Der Rat (Ministerrat)

Der Rat ist das eigentlich gesetzgebende Organ der EU. Je nach den anstehenden Regelungen entsenden die einzelstaatlichen Regierungen ihren jeweils zuständigen Minister. Die Minister sind an die Weisungen ihrer nationalen Regierung gebunden.

Sitzungssaal des Europäischen Parlaments

Vor dem Juli 1987 galt für den Entscheidungsprozess in der vorliegenden Frage das folgende Verfahren: Die Kommission arbeitete die entsprechenden Vorschläge aus, das europäische Parlament musste seine Stellungnahme dazu abgeben, und der Rat entschied dann unter Einbeziehung dieser parlamentarischen Meinungsäußerung über die zu ergreifenden Maßnahmen. Hierbei mussten nach dem anzuwendenden Einstimmigkeitsprinzip alle EG-Staaten zustimmen.

(aus: Schmuck, Otto, a. a. O., S. 67)

Seit Juli 1987 gilt in der vorliegenden Frage folgendes Verfahren:

(1) Die Kommission arbeitet einen Vorschlag aus.
(2) Das Parlament gibt hierzu eine Stellungnahme ab („erste Lesung").
(3) In Kenntnis dieser Stellungnahme formuliert der Rat mit Mehrheit einen gemeinsamen Standpunkt.
(4) Das Parlament befasst sich in zweiter Lesung erneut mit der Vorlage: Stimmt das Parlament zu, gilt sie als angenommen, lehnt es ab oder wünscht es Änderungen, so muss
(5) die Kommission innerhalb eines Monats prüfen, ob sie die Vorstellungen des Parlaments übernimmt; daraufhin
(6) entscheidet der Rat abschließend mit Mehrheit, wenn er den von der Kommission übernommenen Positionen des Parlaments zustimmt.
In allen anderen Fällen ist für einen Beschluss Einstimmigkeit erforderlich.

(aus: Schmuck, Otto, a. a. O., S. 266 [leicht verändert])

Art. 148 (Beschlussfassung des Rates)

(1) Soweit in diesem Vertrag nichts anderes bestimmt ist, beschließt der Rat mit der Mehrheit seiner Mitglieder

(2) Ist zu einem Beschluss des Rates die qualifizierte Mehrheit erforderlich, so werden die Stimmen der Mitglieder wie folgt gewogen

Belgien	5
Dänemark	3
Deutschland	10
Griechenland	5
Spanien	8
Frankreich	10
Irland	3
Italien	10
Luxemburg	2
Niederlande	5
Portugal	5
Vereinigtes Königreich	10

Beschlüsse kommen zustande mit einer Mindeststimmzahl von

– vierundfünfzig Stimmen in den Fällen, in denen die Beschlüsse nach diesem Vertrag auf Vorschlag der Kommission zu fassen sind;

– vierundfünfzig Stimmen, welche die Zustimmung von mindestens acht Mitgliedern umfassen, in allen anderen Fällen.

(3) Die Stimmenthaltung von anwesenden oder vertretenen Mitgliedern steht dem Zustandekommen von Beschlüssen des Rates, zu denen Einstimmigkeit erforderlich ist, nicht entgegen.

1 Umweltverbände kritisieren die seit 1992 vorgeschriebenen Vorschriften zu den Abgashöchstwerten als noch immer unzureichend. Tatsächlich sind die US-amerikanischen Vorschriften in mehreren Details strenger. Würdet ihr der Bundesregierung empfehlen, für die Bundesrepublik von den EU-Regelungen abweichende, strengere Vorschriften einzuführen?

2 Würdet ihr einem europäischen Staat, der nicht EU-Mitglied ist, empfehlen, sich an die EU-Vorschriften zu halten?

3 Macht euch das komplizierte Entscheidungsverfahren in der EU klar und versucht dann, dieses Verfahren grafisch darzustellen!

4 Macht euch noch einmal klar, wer in den drei EU-Organen Parlament, Kommission und Rat sitzt und wie die Machtverteilung zwischen diesen drei EU-Organen bezogen auf die Gesetzgebung ist! Inwieweit haltet ihr das Entscheidungsverfahren der EU für sinnvoll und demokratisch? Habt ihr abweichende Vorstellungen?

5 Von vielen Kritikern wird die Machtlosigkeit des europäischen Parlaments bemängelt. Wieweit haltet ihr die Kritik für berechtigt? Berücksichtigt dabei nicht nur die Möglichkeiten des europäischen Parlaments, Regelungen durchzusetzen, sondern auch seine Möglichkeiten, europäische Regelungen zu verhindern!

Mensch und Unternehmen: Gegner oder Partner?

Der Einzelne in der Marktwirtschaft

Im nun folgenden Kapitel zeigen wir euch, welche Rollen und Funktionen ein Wirtschaftsbürger in einer sozialen Marktwirtschaft wahrnimmt, auf welchen rechtlichen Grundlagen und auf welchen Vorstellungen vom Wirtschaftsbürger dies beruht.

Im Erarbeitungsteil werdet ihr mit den Problemen vertraut gemacht, die sich für den rational handelnden Verbraucher und für den wirtschaftlich denkenden Unternehmer auftun. Dann geht es um die Frage der gerechten Entlohnung von Arbeitnehmern und um die Mitbestimmung in einem Automobilwerk. Schließlich sollt ihr arbeitsrechtliche staatliche Regelungen für Unternehmen auf vorgegebene Konfliktfälle anwenden.

Im Übungs- und Vertiefungsteil geht es darum, dass sich Landwirte als Unternehmer ökonomisch und ökologisch richtig verhalten müssen und der Staat gegebenenfalls zur Schaffung neuer rechtlicher Vorgaben gezwungen ist.

Das Kapitel „Soziale Marktwirtschaft in Modell und Realität" baut auf dem vorliegenden Kapitel auf und erweitert es wesentlich.

---

30 Minuten im Leben des Herrn Aschhof

Herr Aschhof ist als Geschäftsführer im Unternehmen Volmer angestellt. In dieser Funktion ist er abhängig beschäftigter Arbeitnehmer. Heute verlässt er etwas früher als sonst seinen Arbeitsplatz. Er fährt auf dem Nachhauseweg noch an seiner Bank vorbei. Dort hebt er eine größere Geldsumme ab, weil er morgen eine teure, private Anschaffung tätigen will. Er ist Aktionär eines Unternehmens, in dem sein Bruder Mitglied des Vorstands ist. Bereits vor 10 Jahren hat Herr Aschhof einige Vorzugsaktien dieses Unternehmens mit einer höheren Gewinnbeteiligung erworben und ist in dieser Funktion als Aktionär Mit-Eigentümer an Produktionsmitteln. Heute hebt er fast die gesamte Dividendenausschüttung zu seinen Gunsten ab. Etwas später als sonst kommt er nach Hause und betritt sein Einfamilienhaus, das er seit 4 Jahren mit der Familie bewohnt, durch die Nebentür von der Doppelgarage. Seine Frau, die eine kleine Boutique betreibt, ist noch nicht da. Doch ihre Haushälterin hat bereits das Essen für ihn vorbereitet. Sie arbeitet nur stundenweise bei den Aschhofs, wäscht, räumt auf und kocht. Heute bekommt sie von Herrn Aschhof, der in dieser Funktion auch Arbeitgeber ist, ihr kleines Monatsgehalt, das für die allein erziehende Mutter von zwei Kindern aber große Bedeutung hat.

Nach dem Essen betritt Herr Aschhof das Wohnzimmer und trinkt gemütlich einen Weinbrand. Danach versorgt er sich aus dem Hochkühlschrank mit Bier, holt sich sein Lieblingsknabberzeug aus dem Schrank und richtet sich auf einen gemütlichen Abend mit seiner Frau vor dem Fernseher ein. Jeden Augenblick wird sie mit dem Bus um 19.25 Uhr an der nächsten Haltestelle eintreffen. Herr und Frau Aschhof sind in diesen Funktionen also auch Verbraucher.

(Autorentext)

Die Geschichte von Herrn Aschhof ist erfunden, aber sie könnte sich so oder ähnlich in jedem Ort der Bundesrepublik abspielen. Der Geschäftsführer Aschhof steht als Beispiel für den Wirtschaftsbürger, wie er in der sozialen Marktwirtschaft vorkommt, allerdings sind dem Herrn Aschhof viele Rollen und Funktionen mitgegeben worden, die sich sonst auf mehrere Personen verteilen.

Damit Herr Aschhof diese Funktionen alle erfüllen kann, sind einige wesentliche Voraussetzungen notwendig:

Auszüge aus dem Grundgesetz:

[Art. 2]

(1) Jeder hat das Recht auf die freie Entfaltung seiner Persönlichkeit, soweit er nicht die Rechte anderer verletzt und nicht gegen die verfassungsmäßige Ordnung oder das Sittengesetz verstößt.

[Art. 9]

(1) Alle Deutschen haben das Recht, Vereine und Gesellschaften zu bilden.
(2) Das Recht, zur Wahrung und Förderung der Arbeits- und Wirtschaftsbedingungen Vereinigungen zu bilden, ist für jedermann und für alle Berufe gewährleistet…

[Art. 11]

(1) Alle Deutschen genießen Freizügigkeit im ganzen Bundesgebiet.

[Art. 12]

(1) Alle Deutschen haben das Recht, Beruf, Arbeitsplatz und Ausbildungsstätte frei zu wählen.

[Art. 14]

(1) Das Eigentum und das Erbrecht werden gewährleistet. Inhalt und Schranken werden durch die Gesetze bestimmt.
(2) Eigentum verpflichtet. Sein Gebrauch soll zugleich dem Wohle der Allgemeinheit dienen.

Aus der Garantie des Eigentums (Art. 14) und des Rechts auf freie Entfaltung der Persönlichkeit (Art. 2) lassen sich die so genannte **Vertragsfreiheit** und die Garantie des **freien Wettbewerbs** ableiten; d. h. das Recht, über sein Eigentum frei verfügen und dazu Kauf- und Verkaufsverträge schließen und als Unternehmer ohne staatliche Einmischung in Konkurrenz zu anderen Unternehmen seine Güter anbieten zu können.

Hinter der Wirtschaftsordnung des Grundgesetzes steht ein spezifisches Bild vom Menschen in seinem wirtschaftlichen Handeln:
Der „homo oeconomicus", ein idealisierter Mensch, der bei einer gegebenen individuellen Bedürfnislage, einer vollkommenen Informiertheit und bei vollkommener Voraussicht alle seine Kaufs- und Verkaufs-, Produktions- und Konsumtionsentscheidungen rational trifft und dabei das Ziel der individuellen Nutzenmaximierung verfolgt!
Auf der Basis der rechtlichen Möglichkeiten

nimmt der einzelne Verbraucher seine Konsumentensouveränität wahr, ohne dass sich irgendjemand in seine Entscheidungen einmischt! Die im Grundgesetz garantierte Konsumfreiheit gibt den Konsumenten das Recht, zu entscheiden, welche ihrer zahllosen Bedürfnisse sie mit ihrem Einkommen befriedigen wollen. Das wirtschaftliche Interesse stellt eine ökonomische Kraft dar, die den Verbraucher zu einem geplanten wirtschaftlichen Verhalten zwingt. Aus diesem Interesse heraus beginnt der Verbraucher Preisvergleiche anzustellen und die Qualität der Ware zu überprüfen. Angesichts des schwer überschaubaren Warenangebots auf dem Markt ist es für den Verbraucher schwierig, ständig ökonomisch sinnvolle und richtige Entscheidungen zu treffen. Er muss sich informieren, um damit eine zutreffende Marktübersicht zu erlangen.

Mit der Garantie des freien Wettbewerbs wird jedem Unternehmer die Chance gegeben, seine Produkte und Dienstleistungen auf dem Markt ungehindert anzubieten. Dem Unternehmer gibt das Recht auf Privateigentum die Möglichkeit, die ihm zur Verfügung stehenden Produktionsmittel so einzusetzen, dass der für ihn höchste Erfolg (Gewinn) entsteht. Das Verlustrisiko zwingt den Unternehmer zum ökonomischen Umgang mit den grundsätzlich knappen Ressourcen. Auf dem Hintergrund dieser Knappheitsverhältnisse sind Angebot und Nachfrage verantwortlich für die freie Preisbildung, wobei die Preise ihrerseits die Produktion beeinflussen. Die Vertragsfreiheit als Bestandteil einer allgemeinen Rechtssicherheit sichert den Unternehmer wie alle Marktteilnehmer vor staatlicher Willkür und ermöglicht die Einhaltung von Verträgen aufgrund von Gesetzen. Für alle Teilnehmer am Wirtschaftsgeschehen gelten die persönliche Freiheit und die Gleichheit aller vor dem Gesetz als zentrale Werte, auf denen die anderen Grundrechte beruhen.

Diese Vorstellungen einer Marktwirtschaft basieren auf der Wirtschaftstheorie von Adam Smith (1723-1790).

… Dagegen ist der Mensch fast immer auf Hilfe angewiesen, wobei er jedoch kaum erwarten kann, dass er sie allein durch das Wohlwollen der Mitmenschen erhalten wird. Er wird sein Ziel wahrscheinlich viel eher erreichen, wenn er deren Eigenliebe zu seinen Gunsten zu nutzen versteht, indem er ihnen zeigt, dass es in ihrem eigenen Interesse liegt, das für ihn zu tun, was er von ihnen wünscht … Nicht vom Wohlwollen des Metzgers, Brauers und Bäckers erwarten wir das, was wir zum Essen brauchen, sondern davon, dass sie ihre eigenen Interessen wahrnehmen. Wir wenden uns nicht an ihre Menschen-, sondern an ihre Eigenliebe, und wir erwähnen nicht die eigenen Bedürfnisse, sondern sprechen von ihrem Vorteil… Der Einzelne ist stets darauf bedacht, herauszufinden, wo er sein Kapital, über das er verfügen kann, so vorteilhaft wie nur möglich einsetzen kann. Und tatsächlich hat er dabei den eigenen Vorteil im Auge und nicht etwa den der Volkswirtschaft. Aber gerade das Streben nach seinem eigenen Vorteil ist es, das ihn ganz von selbst oder vielmehr notwendigerweise dazu führt, sein Kapital dort einzusetzen, wo es auch dem ganzen Land den größten Nutzen bringt…

(aus: Smith, Adam, der Wohlstand der Nationen, 5. Auflage, 1789, übersetzt von H. C. Recktenwald, München, C. H. Beck, 1988, S. 16 und 369)

Der geistige „Vater" der sozialen Marktwirtschaft in Deutschland, Ludwig Erhard, beschrieb die wirtschaftlichen Grundrechte einmal so:
Hier ist… an die Freiheit jedes Staatsbürgers gedacht, das zu konsumieren, sein Leben so zu gestalten, wie dies im Rahmen der finanziellen Möglichkeiten, den persönlichen Wünschen und Vorstellungen des Einzelnen entspricht. Dieses demokratische Grundrecht der Konsumfreiheit muss seine … Ergänzung in der Freiheit des Unternehmens finden, das zu produzieren oder zu vertreiben, was er aus den Gegebenheiten des Marktes … als notwendig und Erfolg versprechend erachtet. Konsumfreiheit und wirtschaftliche Betätigung müssen in dem Bewusstsein jedes Staatsbürgers als unantastbare Grundrechte empfunden werden … Demokratie und freie Wirtschaft gehören … zusammen.

(aus: Erhard, Ludwig, Wohlstand für alle, Düsseldorf, Econ, 1957, S. 14)

Der rationale Wirtschaftsbürger

Konsument und Produzent

Die Eheleute Brockmann kaufen eine Hifi-Anlage

Herr Brockmann sitzt am Sonntagabend mit seiner Frau vor dem Fernseher und ärgert sich mal wieder über das schlechte Programm. „So ein Mist", schimpft er. „In der ARD irgend so ein Serienquark. Im ZDF ein Kulturmagazin und im ‚Dritten' die zweite Wiederholung eines amerikanischen Spielfilms von 1948. Da lege ich uns lieber eine Schallplatte auf, und wir hören richtig schöne Musik." Seine Frau stimmt ihm sofort zu, denn seit sie eisern für den Hausbau sparen, können sie sich eine teure Freizeitgestaltung nicht erlauben. Die beiden Eheleute hören einige Zeit Musik, bis Frau Brockmann schließlich sagt: „Du, Edgar, die Tonqualität ist so schlecht. Die Hifi-Anlage bei den Hussels hört sich wesentlich besser an." „Du hast Recht. Ich glaube, wir sollten für das alte Gerät bald ein neues kaufen. Weißt du was, wir haben das Weihnachtsgeld noch nicht verplant. Lass uns doch einfach dafür in diesem Jahr nicht den üblichen Kram kaufen, sondern eine richtig tolle Hifi-Anlage!" Seine Frau ist ganz begeistert und meint: „Dann nehmen wir eine Superanlage mit allem Schnickschnack, dass den Hussels die Luft wegbleibt! CD-Player und…". Den restlichen Abend verbringen die Brockmanns damit, Werbeanzeigen, Prospekte und den Gebrauchtgerätemarkt am Wochenende zu studieren. Schließlich brummt beiden der Schädel und sie wissen nicht so recht, was sie denn eigentlich kaufen sollen. Denn Experten für Hifi-Technik sind sie beide wirklich nicht.
Am nächsten Nachmittag gehen die Eheleute mit ihrer Tochter in die Innenstadt und lassen sich in einem Fachgeschäft beraten. Da beide Ehepartner unentschlossen sind, gehen sie auf die Vorschläge ihrer Tochter ein, die einen hochwertigen Hifi-Set ausgesucht hat. Als sie aber den Gesamtpreis der Anlage erfahren, erkennen sie, dass ihr Weihnachtsgeld für solch einen Wunsch nicht ausreicht. Sie bummeln anschließend durch die Innenstadt und schauen in die Auslagen verschiedener Geschäfte. Endlich entdecken sie nach einer längeren Fahrt mit der U-Bahn in die Vorstadt in einem großen Verbrauchermarkt eine Anlage, die alle Geräteteile enthält, die sie wünschen. Allerdings erhalten sie hier keine Beratung. Die Geräte sind eingepackt und müssen ohne Probevorführung übernommen werden. Der Gesamtpreis ist für sie erschwinglich, und so entschließen sie sich ganz schnell zum Kauf.
Das Verbraucherverhalten des Ehepaares Brockmann wird euch in einigen Punkten als vernünftig, in einigen anderen Punkten als unvernünftig erscheinen. Ein ausschließlich ökonomisch vernünftiges Verhalten wäre zwar für das Funktionieren einer Marktwirtschaft wünschenswert, in Wirklichkeit zeigen die Verbraucher aber oft ein weniger vernünftiges Verhalten. Wie ihr allerdings im Informationsteil gelesen habt, besteht in Deutschland Konsumfreiheit, sodass jeder Verbraucher so konsumieren kann, wie es seine finanziellen Mittel zulassen und wie es seinen persönlichen Wünschen und Vorstellungen entspricht.

(Autorentext)

1 Arbeitet aus der obigen Geschichte heraus, welche Handlungen der Eheleute Brockmann euch ökonomisch vernünftig und welche euch eher ökonomisch unvernünftig erscheinen! Macht euch dabei auch klar, nach welchen Kriterien ihr ökonomisch vernünftiges Handeln festgelegt habt! Diskutiert eure Einschätzungen zunächst in einer kleinen Arbeitsgruppe und anschließend in der ganzen Klasse! Stellt eure Arbeitsergebnisse tabellarisch dar!

2 Formuliert konkrete Ratschläge für die Familie Brockmann, die sie beim Kauf der neuen Anlage berücksichtigen sollte!

Wie man sich als Verbraucher angemessen über das Angebot informiert!

Wie ihr sicherlich festgestellt habt, ist sachgerechte Information eine ganz wesentliche Voraussetzung für ökonomisches Verbraucherverhalten.

Versucht euch einmal in die Situation solcher Verbraucher wie der Eheleute Brockmann zu versetzen und sucht nach allen für euch erreichbaren schriftlichen Informationen über Hifi-Anlagen! Sammelt dazu Werbebroschüren, Zeitungsartikel, Anzeigen, Katalogausschnitte etc. Ihr könntet den Umfang und die Qualität der Unterlagen erheblich erweitern bzw. verbessern, wenn ihr verschiedene Fachgeschäfte und Fachabteilungen von Kaufhäusern aufsucht und dort um entsprechende Informationsbroschüren bittet. Jede(r) von euch sollte letztendlich eine kleine Informationsbroschüre mit Bild- und Textausschnitten für sich zusammengestellt haben mit mehreren solcher Traum-Hifi-Anlagen, die alles das bieten, was ihr persönlich von einer solchen Anlage erwarten würdet. Einigt euch zuerst in der Klasse auf den Preis, den die Anlage ungefähr kosten darf.

Besprecht das Vorgehen bei einer solchen Markterkundung an eurem Schulort und die Art der Dokumentation ausführlich mit eurem(r) Politiklehrer(in)! Grundsätzlich könntet ihr euch natürlich auf ein anderes Produkt/andere Produkte einigen.

Macht euch also vorab Gedanken über:
- das Produkt/die Produkte, die ihr erkunden wollt;
- die Fachgeschäfte, die ihr aufsuchen wollt. Es sollten auf jeden Fall mehrere Fachgeschäfte in verschiedener Größe in möglichst verschiedenen Stadtteilen sein;
- die Kaufhäuser und Verbrauchermärkte, die ihr aufsuchen wollt. Auch hier gilt, es sollten verschiedene Kaufhäuser verschiedener Kaufhausketten in möglichst verschiedenen Stadtteilen sein.

Mit diesen Maßnahmen soll eine Vielfalt der erkundeten Produkte gewährleistet werden. Gleichzeitig werden auch Preisdifferenzen erfasst, da sich die so wie oben beschriebenen Geschäfte und Kaufhäuser wahrscheinlich an sehr unterschiedliche Kundenkreise wenden werden.

Wir erkunden eine Verbraucherberatungsstelle!

Ihr habt bestimmt schon einmal von den so genannten Verbraucherberatungsstellen gehört. Wenn ihr in einer größeren Stadt lebt, seid ihr wahrscheinlich schon an einer solchen Einrichtung vorbeigekommen. Vielleicht seid ihr auch bereits dabei gewesen, als sich eure Eltern dort haben beraten lassen oder ihr habt sie schon einmal selbst benutzt. Dann wisst ihr sicherlich, dass es für die Eheleute Brockmann sehr wichtig gewesen wäre, eine Verbraucherberatungsstelle aufzusuchen. Sie hätten dort Informationen bekommen über Angebote an Hifi-Produkten, Qualität und Preise der getesteten Produkte und vieles andere mehr, denn alle interessierten Verbraucher können in diesen Einrichtungen die Testberichte der Stiftung Warentest einsehen. Auch ihr hättet ähnliche Informationen bei euren Erkundungen dort einziehen können. Bereitet eine Erkundung in einer Verbraucherberatungsstelle zu den von euch zusammengestellten Traum-Hifi-Anlagen vor!

Es ist wichtig, dass ihr solch eine Erkundung in der Klasse gemeinsam mit eurem(r) Politiklehrer(in) sorgfältig vorbereitet. Auf jeden Fall müsst ihr euch vorher von der Leitung der Verbraucherberatungsstelle einen Termin geben lassen.

Formuliert dann dazu eine Art Leitfaden, in dem ihr alle wichtigen Fragen zu euren Produkten festhaltet, auf die ihr in der Verbraucherberatungsstelle eine Antwort erhalten wollt! Solch ein Leitfaden enthält nicht nur stichwortartig oder auch voll ausformulierte Fragestellungen für die Befragung von Mitarbeitern, sondern auch entsprechende Hinweise auf Probleme, über die ihr durch Beobachtung oder durch Lesen von zur Verfügung gestellten Schriftstücken, Zeitschriften, Broschüren oder Büchern Erkenntnisse sammeln wollt. Hilfreich für die Dokumentation der Erkenntnisse sind tabellarische Zusammen-

Verbraucher-Zentrale Niedersachsen e.V.

VZN

ℹ Infothek
(1. Etage)

Öffnungszeiten: Mo.-Do. 10.00-18.00
Fr. 10.00-16.30

stellungen von z. B. folgenden Informationen: Produktbezeichnung (z. B. CD-Player)/Marke (genaue Artikelbezeichnung) / besondere Ausstattungsmerkmale (technische Daten)/ Leistungen des Geräts/Qualitätsurteile/Bewertung/Preise (Preisvergleiche)/Angaben über evt. Kundendienstleistungen oder besonderen Service des Herstellers/Gerätegarantie etc.

Ihr solltet eine Erkundung zu den gewünschten Produkten in einer Verbraucherberatungsstelle aber zusätzlich nutzen für eine allgemeinere Informationsbeschaffung über Verbraucherberatungsstellen. Versucht doch einmal Antworten auf folgende Fragen herauszubekommen: Wozu dienen sie insgesamt? Welche Ziele und Aufgaben verfolgen sie? Wie kann man die Verbraucherberatungsstellen nutzen? Welchen Service bieten sie an? Welche gesetzlichen Grundlagen bestehen für die Verbraucherberatungsstellen? Wie wird die Arbeit der Verbraucherberatungsstellen finanziert? Wie fördert z. B. das Land NW die Verbraucherberatungsstellen?

Bisher haben wir das Wirtschaftsgeschehen in der sozialen Marktwirtschaft der Bundesrepublik Deutschland nur aus der Perspektive des Verbrauchers betrachtet. In unserem Wirtschaftssystem stehen den Verbrauchern aber die Anbieter von Waren und Dienstleistungen gegenüber. Daher wollen wir jetzt einmal übergehen zur Seite des Anbieters. Dabei müssen wir uns ständig vor Augen führen, wie sehr jeder Wirtschaftsbürger in seinem individuellen wirtschaftlichen Handeln von den gesamtgesellschaftlichen Bedingungen abhängig ist. Versucht euch also jetzt einmal in die Rolle des Anbieters zu versetzen!

Frau Uhlich macht sich selbständig!

Elke Uhlich ist gelernte Schneiderin und hat ihre Meisterprüfung abgelegt. Zurzeit ist sie in einer kleinen Herrenschneiderei beschäftigt. Sie ist mit ihrer beruflichen Position, dem Einkommen und ihrer Arbeitszeit unzufrieden, kann aber wegen des geringen Angebots an geeigneten Stellen in der näheren Umgebung keine andere Beschäftigung finden. Daher hat sie sich seit einiger Zeit mit dem Gedanken beschäftigt, sich selbständig zu machen. Dann hätte sie endlich ihre Unabhängigkeit und könnte sich „etwas Eigenes" schaffen. Mit einer kleinen Schneiderwerkstatt kann sie aber, wie sie annimmt, kaum mit einer soliden Existenz rechnen. Die Auftragslage wäre wahrscheinlich zu unsicher.

Eines Tages liest sie zufällig in ihrer Tageszeitung, dass in der Innenstadt mehrere Ladenlokale gemietet werden können. Das bringt sie auf eine tolle Idee!!! Sie könnte doch eine kleine Boutique mit Damen- und Herrenoberbekleidung eröffnen. Damit hätte sie bestimmt eine gute Existenzgrundlage, und sie bliebe in ihrer Branche! Gleichzeitig könnte sie nämlich ihre Fähigkeiten als Schneiderin bei Änderungsarbeiten einsetzen.

Ein gewisses Startkapital steht ihr auch zur Verfügung, denn sie hat seit Jahren einiges von ihrem Lohn sparen können. Vor kurzem ist ein Sparvertrag zuteilungsreif geworden, und außerdem hat sie das nach dem Tod ihrer Eltern geerbte Geld bei ihrer Sparkasse günstig angelegt, kann es aber in wenigen Monaten zur Verfügung haben.

Elke Uhlich ist fest entschlossen, diese Chance lässt sie sich nicht entgehen! Sie macht sich als Boutiquebesitzerin selbständig und wird ihr eigener Chef!!!

Am Nachmittag schon erkundigt sie sich nach den Bedingungen des Mietvertrags für ein geeignetes Ladenlokal in der Fußgängerzone und ist schockiert: Da werden haushohe Mieten verlangt, von denen sie nicht zu träumen gewagt hätte! Außerdem deutet ihr der Besitzer des Ladenlokals an, sie müsste bei ihren Zukunftsplänen eine Reihe von staatlichen Auflagen erfüllen. Elke Uhlich ist wie vor den Kopf geschlagen, das hatte sie sich alles viel einfacher vorgestellt. Sie hatte immer gedacht, in der Bundesrepublik Deutschland seien die Freiheit der Berufswahl und die Gewerbefreiheit garantiert. Aber so einfach war das doch wohl nicht.

(Autorentext)

1 Könnt ihr Elke Uhlich helfen? Damit ihr der Schritt in die Selbständigkeit gelingt, stellt für Frau Uhlich eine Checkliste von Maßnahmen und Schritten auf, die sie jetzt vornehmen muss! Lest dazu die unten stehenden Texte!

Ihr könntet zusätzlich einmal einen Experten in den Unterricht einladen, der euch Auskünfte zu diesem Problem geben kann.

➡ Bereiten Sie sich gründlich vor!

Bauen Sie Ihre Idee zum Konzept aus. Bohren Sie alle erreichbaren Informationsquellen an, damit Sie wissen, was Sie erwartet, und was Sie erreichen können. Erkunden Sie genau den Markt für Ihr Vorhaben. Prüfen Sie die Standortbedingungen. Überlegen Sie, ob außer einer Betriebsgründung für Sie noch andere Wege zur Selbständigkeit infrage kommen: z. B. Partnerschaft, Betriebsübernahme, Franchising.

Klare Vorstellungen machen Eindruck auf Geldgeber und zukünftige Geschäftspartner. Und sie geben Ihnen persönlich Sicherheit.

➡ Lassen Sie sich beraten!

Gründliche Gründungsberatung ist unverzichtbar. Diskutieren Sie Ihr Geschäftskonzept und ungeklärte Fragen mit Experten in der zuständigen Kammer, in Ihrem Fachverband, mit einem Steuerberater oder einem freien Unternehmensberater, der sich auf Probleme der Existenzgründung spezialisiert hat.

Nutzen Sie die Beratungsförderung des Bundesministeriums für Wirtschaft.

➡ Rechnen Sie mit Gewinn!

Kalkulieren Sie, ob sich die Gründung einer selbständigen Existenz für Sie auszahlt. Machen Sie eine Rentabilitätsvorschau: Schätzen Sie Ihren zukünftigen Umsatz voraus. Und stellen Sie dem die voraussichtlichen Kosten gegenüber.

Überlegen Sie, ob der zu erwartende Gewinn ausreicht. Vergleichen Sie Ihre Kalkulation mit branchenüblichen Umsatzrenditen und anderen Vergleichsmaßstäben. Berücksichtigen Sie Ihren bisher gewohnten Lebensstandard, und rechnen Sie für den Anfang auch mit persönlichen Einschränkungen.

➡ Erledigen Sie die notwendigen Formalitäten!

Treffen Sie alle erforderlichen Vereinbarungen mit Behörden, Kammern, Berufsverbänden und Organisationen. Erkundigen Sie sich, für welche Vorhaben besondere Voraussetzungen und Nachweise, behördliche Zulassung oder Erlaubnis erforderlich sind. Melden Sie Ihr Gewerbe an, und lassen Sie sich – falls erforderlich – ins Handelsregister oder in die Handwerksrolle eintragen. Klären Sie, ob Sie als Freiberufler gelten können. Entwickeln Sie mit Fachleuten der Kammer oder anderen Beratern den Namen für Ihre Firma. Klären Sie alle Rechtsfragen, vor allem im Zusammenhang mit Partnern und Gesellschaftern, rechtzeitig. Formulieren Sie die erforderlichen Verträge mithilfe von Experten.

➡ Rechnen Sie auch mit dem Fiskus!

Stellen Sie sich auf Ihre neuen Pflichten gegenüber dem Fiskus und auf neue Steuern ein. Sichern Sie sich von Anfang an den Beistand eines Steuerberaters. Sammeln und ordnen Sie alle Belege – auch solche für Ausgaben für Vorbereitungen zur Existenzgründung. Achten Sie darauf, dass auf allen Rechnungen die Mehrwertsteuer ausgewiesen ist. Als Händler müssen Sie ein Wareneingangs-/Warenausgangsbuch führen.

➡ Denken Sie an Ihre Sicherheit!

Denken Sie daran, daß Sie sich für den privaten wie für den betrieblichen Bereich neu absichern müssen. Kümmern Sie sich um ausreichenden Versicherungsschutz für Altersversorgung, Krankheit, Unfall, Verdienstausfall. Versäumen Sie nicht, für Ihr neues Unternehmen Sachversicherungen sowie Haftpflicht- und Betriebsunterbrechungsversicherungen abzuschließen. Prüfen Sie die unterschiedlichen Angebote auf dem Versicherungsmarkt.

(aus: Starthilfe. Die entscheidenden Schritte in die berufliche Selbständigkeit, herausgegeben vom Bundesministerium für Wirtschaft , Baden-Baden, 1991, S. 78 f.)

---

1 Nachdem ihr euch nun in den vorhergegangenen Arbeitsschritten sowohl in die Rolle des Verbrauchers als auch in die Rolle des Anbieters versetzt habt, versucht jetzt noch einmal einen Vergleich anzustellen! Wie gehen Verbraucher und wie gehen Anbieter auf dem Markt vor? Vergleicht ihre Ansichten und Handlungsmotive! Was müssen sie jeweils berücksichtigen?

Arbeitgeber und Arbeitnehmer im Produktionsprozess

Im ersten Teil des Erarbeitungskapitels haben wir uns mit den Verhaltensweisen von Konsumenten und Produzenten in der sozialen Marktwirtschaft beschäftigt. Im folgenden Schritt soll es nun um Interessenunterschiede zwischen Arbeitgebern und Arbeitnehmern im Produktionsprozess gehen. Zunächst sollt ihr euch anhand eines Fallbeispiels mit einem Lohnkonflikt auseinander setzen, danach sollt ihr in einem Planspiel den Konflikt um die Einführung einer neuen Arbeitsorganisation, die auch mit dem Entlohnungssystem in Zusammenhang steht, zu lösen versuchen.

Wie erzielt man einen leistungsgerechten Lohn?

Drei von Jugend auf befreundete Krabbenfischer aus Neuharlingersiel, Jürgen, Hermann und Friedhelm, gehen gemeinsam auf Fischfang. Nach einem reichhaltigen Fang, den Elisabeth, die Frau von Friedhelm, schnell und zu guten Preisen auf dem Fischmarkt verkauft hat, sitzen sie alle zusammen und überlegen, wie der Verkaufserlös von 2950,00 DM verteilt werden soll.

Die vier verständigen sich darüber, den Gewinn ihrer Arbeit gerecht untereinander zu teilen. Diese Gewinnverteilung ist aber viel schwieriger als zuvor gedacht. Jeder hat eine andere Meinung und beansprucht für sich selbst besondere Verdienste:

Jürgen, der Kapitän und Navigator, beansprucht den größten Teil des Verkaufserlöses für sich, da er die seiner Meinung nach wichtigsten und verstandesmäßig anspruchsvollsten Arbeiten verrichtet habe. Außerdem habe er bei seiner Arbeit für sie alle die Verantwortung getragen und außerdem auch den Fischkutter mit allen technischen Einrichtungen zur Verfügung gestellt. Daher komme ihm etwa die Hälfte des Gewinnes zu, der Rest solle zu gleichen Teilen unter den anderen aufgeteilt werden.

Hermann widerspricht ihm da aber ganz entschieden, denn er habe als Techniker den Motor in Schwung gehalten und damit das handwerklich größte Geschick von allen bewiesen. Ohne ihn wären sie nicht einmal aufs Meer hinaus und auch nicht lebend zurückgekommen. Deshalb müsse ihm mindestens ein Drittel des Erlöses zufallen. Jürgen könne dann ja ein Drittel erhalten und das letzte Drittel stünde dann dem Ehepaar Friedhelm und Elisabeth gemeinsam zu. Friedhelm ist der Fischer, er hat die körperlich schwere Arbeit verrichtet und die Fische mithilfe der Fangvorrichtungen eingeholt. Zudem hat er mit seiner Frau das Entladen des Schiffes und den Transport zum Fischmarkt besorgt. Deshalb meint er, er müsse das meiste Geld bekommen. Denn schließlich habe er ja die Fische gefangen, die man am Ende verkaufen konnte; und überhaupt habe er sich von allen am meisten bei der Arbeit anstrengen müssen.

Seine Frau Elisabeth widerspricht allen diesen Auffassungen, da sie mit ihrem kaufmännischen Geschick so hohe Verkaufspreise auf dem Markt erzielt habe, dass sie überhaupt einen Verdienst zu verteilen hätten. Deshalb beansprucht sie ein Drittel, der Rest könne dann zu gleichen Teilen unter den drei Männern verteilt werden.

(verändert aus: Zeitlupe 26, Soziale Marktwirtschaft, herausgegeben von der Bundeszentrale für politische Bildung, Bonn, 1990, S. 17)

1 Wie erzielt man in diesem Fall einen leistungsgerechten Lohn? Erarbeitet in Gruppen Vorschläge, wie man den Verkaufserlös gerecht unter den vier Personen aufteilen kann! Legt vorher die je eigenen Interessen der vier Personen im Klassengespräch genau fest!

2 Diskutiert anschließend in der ganzen Klasse eure Vorschläge und versucht, einen gemeinsamen Kompromissvorschlag zu erarbeiten!

3 Versucht jetzt einmal einige allgemeine Regeln aufzustellen, wonach sich die Entlohnung in der Arbeits- und Wirtschaftswelt richten sollte! Benutzt dazu das Material auf der nächsten Seite (S. 90)!

4 Überlegt euch einmal, welche gesellschaftlichen Faktoren neben den individuellen die Höhe des Lohnes beeinflussen können!

Gruppe T 1:
im 1. Berufsjahr 2205,00 DM

Tätigkeitsmerkmale: Angestellte, die vorwiegend schematische Tätigkeit oder eine einfache zeichnerische oder eine andere einfache technische Tätigkeit ausüben, für die keine Berufsausbildung erforderlich ist.

Gruppe T 2:
im 1. Berufsjahr 3108,00 DM

Tätigkeitsmerkmale: Angestellte, die die Tätigkeit eines Bauzeichners, eines Baustoffprüfers oder eines Vermessungstechnikers ausüben. Übliche Berufsausbildung: Abgeschlossene Berufsausbildung als Bauzeichner, Baustoffprüfer, als Vermessungstechniker oder Aneignung der entsprechenden Kenntnisse und Fertigkeiten der Gruppe T 2 durch Einarbeitung und Berufserfahrung.
Beispiele: Zeichnen von Bau-, Verlege-, Schalungs- oder Eisenbiegeplänen; Übertragen von Bauzeichnungen in andere Maßstäbe...

Gruppe T 3:
im 1. Berufsjahr 3837,00 DM

Tätigkeitsmerkmale: Angestellte mit umgrenzten Aufgaben, die nach Anleitung zu erledigen sind und Fachkenntnisse erfordern. Übliche Berufsausbildung: Abgeschlossene Berufsausbildung an einer staatlich anerkannten Technikerschule oder Ausbildung wie T 2 mit mindestens dreijähriger Tätigkeit in dieser Gruppe...
Beispiele: Anfertigen von Eingabe- und Konstruktionsplänen;... Ansetzen und Auswerten von Untersuchungen und Messungen

Gruppe T 4:
im 1. Berufsjahr 4770,00 DM

Tätigkeitsmerkmale: Angestellte mit umgrenzten Aufgaben, die nach Anleitung zu erledigen sind und erweiterte Fachkenntnisse erfordern. Übliche Berufsausbildung: Abgeschlossene Berufsausbildung an einer staatlich anerkannten Fachhochschule... Beispiele: Anfertigen von einfachen statischen Berechnungen; Anfertigung von Eingabe- und Konstruktionsplänen...

Gruppe T 5:
im 1. Berufsjahr 5141,00 DM

Tätigkeitsmerkmale: Angestellte, die schwierige, gründliche Fachkenntnisse erfordernde Aufgaben nach allgemeiner Anweisung selbständig erledigen.
Übliche Berufsausbildung: Abgeschlossene Ausbildung an einer staatlich anerkannten Fachhochschule... oder sonstige Ausbildung nach T4 und mindestens 3 Jahre praktische Berufserfahrung...
Beispiele: Entwerfen, Konstruieren, Berechnen von Bauwerken mit mittlerem Schwierigkeitsgrad...

Gruppe T 6:
im 1. Berufsjahr 6159,00 DM

Tätigkeitsmerkmale: Angestellte, die selbständig und verantwortlich Aufgaben ausführen, die besondere Fachkenntnisse erfordern, wie sie durch langjährige Erfahrung erworben werden. Berufsausbildung: wie Gruppe T5
Beispiele: Entwerfen oder Berechnen von Baukonstruktionen; selbständiges Leiten oder Abrechnen von Bauausführungen

Gruppe T 7:
im 1. Berufsjahr 6700,00 DM

Tätigkeitsmerkmale: Angestellte, die bei der Ausübung der in der Gruppe T 6 beschriebenen Tätigkeiten eine besondere Verantwortung tragen und die über eigene... Weisungsbefugnis verfügen.
Berufsausbildung: wie Gruppe T 5

Gruppe TH:
im 1. Berufsjahr 5809,00 DM

Tätigkeitsmerkmale und Berufsausbildung: Angestellte mit abgelegter Diplomprüfung an einer... Technischen Universität... sofern Tätigkeiten ausgeübt werden, die denen der in der Gruppe T 5 beschriebenen Art entsprechen. Soweit andere Tätigkeiten ausgeübt werden, ist das Gehalt frei zu vereinbaren.

(Auszüge aus: Rahmentarifvertrag für die technischen und kaufmännischen Angestellten des Baugewerbes [1993/94])

Die Geschichte auf S. 89 steht beispielhaft für alle die Konflikte um einen gerechten Lohn, wie sie in unserem System der sozialen Marktwirtschaft ständig zwischen Arbeitgebern und Arbeitnehmern auftauchen und gelöst werden müssen. Um ihre Interessen wirkungsvoll vertreten zu können, haben sich die Arbeitnehmer in Gewerkschaften und die Arbeitgeber in Arbeitgeberverbänden zusammengeschlossen. Gewerkschaften und Arbeitgeberverbände verhandeln selbständig und ohne staatliche Einmischung (Tarifautonomie) miteinander über Lohn, Urlaub, Arbeitszeit, Arbeitsplatzbedingungen, Automatisierung und Rationalisierungsmaßnahmen im Betrieb sowie Personalfragen. In Tarifverträgen werden die Ergebnisse solcher Verhandlungen mit einheitlicher Gültigkeit für alle Arbeitnehmer in einem spezifischen Tarifgebiet fixiert. Im jeweiligen Betrieb nehmen die Gewerkschaften ebenfalls die Interessen der Arbeitnehmer gegenüber dem einzelnen Arbeitgeber wahr. Dort geschieht dies insbesondere durch den Betriebsrat.

Das Fallbeispiel auf der nächsten Seite soll euch zeigen, wie Konflikte in der Wirtschaft der Bundesrepublik Deutschland zwischen Arbeitgebern und Arbeitnehmern entstehen und einvernehmlich zu lösen sind. Während es bisher um die Frage nach dem gerechten Lohn ging, handelt es sich bei dem folgenden Konflikt um den Streit über die Einführung einer völlig neuen Arbeitsorganisation, die allerdings auch das Lohngefüge berührt.

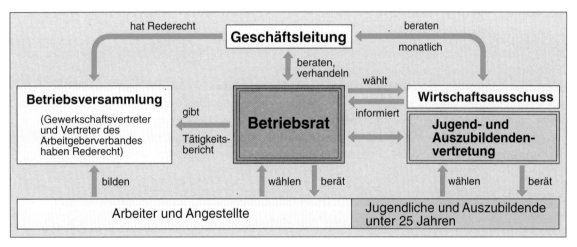

1 Lest zunächst die Arbeitsmaterialien 1 – 6 auf den folgenden Seiten durch und klärt mit eurem Lehrer/eurer Lehrerin offene Fragen! Material 1 vergleicht die Produktivität japanischer Autofabriken (Arbeitsorganisation lean production) mit der von Autofabriken in den USA bzw. in Europa (Fließbandfertigung). Während Material 2 die Merkmale von Fließfertigung/Fließbandfertigung beschreibt, stellen die Materialien 3, 4 und 5 die Charakteristika der lean production dar. Material 6 beschreibt die Mitbestimmungsmöglichkeiten des Betriebsrats, der im realen Unternehmen und auch in unserem Planspiel eine gewichtige Rolle spielt.

2 Wenn ihr diese Materialien durchgearbeitet habt, diskutiert nun in der Klasse über die Auswirkungen der lean production in der gesellschaftlichen Wirklichkeit! Orientiert euch dabei u. a. an folgenden Fragen:
Welche Folgen ergeben sich u. a. für die Sicherheit der Arbeitsplätze, die Einkommensverhältnisse der Arbeitnehmer und der Arbeitgeber, die Art der ausgeübten Tätigkeiten und die Nutzung der Arbeitskraft aus der Sicht der Unternehmer, die Anforderungen an den einzelnen Arbeitnehmer, die sozialen Beziehungen im Betrieb und den psychischen Zustand der Arbeitnehmer.

3 Lest dann die Situationsbeschreibung sowie die Rollenkarten (S. 96/97) und führt das Planspiel wie auf Seite 98 beschrieben durch!

Gruppenarbeit oder Fließbandarbeit in der Henning AG?

Mitbestimmung bei Einführung der „lean production" in der Autoindustrie

Situationsbeschreibung

Die Henning AG ist ein deutsches Unternehmen der Automobilbranche, das wie viele andere deutsche Automobilhersteller vom Export in das Ausland abhängig ist und in den letzten Jahren in zunehmendem Maße von der Konkurrenz japanischer Firmen bedroht wird. Vor allem die Firma Payoto baut ähnliche Kleinwagen wie die Henning AG, stellt diese aber offensichtlich wesentlich kostengünstiger her, entwickelt schneller neue Typen nach den aktuellen Wünschen der Kundschaft und bietet ihre Erzeugnisse preisgünstiger an als die Henning AG. Dort gehen der Umsatz und der Gewinn in den letzten Jahren deutlich zurück. Anders dagegen sieht die Situation für die Henning AG auf dem Nutzfahrzeug-Sektor aus. Da ist es der Firma gelungen, mit der internationalen Entwicklung Schritt zu halten. Die Auftragsbücher sind voll, Umsatz und Gewinne steigen seit Jahren deutlich an. Schon lange brütet die Geschäftsleitung über Konzepten, die technische Entwicklung von neuen Fahrzeugtypen und ihre Produktion schneller und kostengünstiger zu gestalten. Im Laufe des Jahres 1993 aber wird die wirtschaftliche Situation des Betriebs durch weitere Rückgänge beim PKW-Verkauf bedrohlich, die Geschäftsleitung muss endlich handeln!

Eines Tages lädt Herr Henning die Mitglieder der Geschäftsleitung zu einer Konferenz ein und berichtet über die so genannte „lean production".

Nach seinem Vortrag sind die Herren tief beeindruckt, wissen aber nicht, was sie mit den neuen Informationen anfangen sollen. Als ihnen Herr Henning die Umgestaltung der gesamten Henning-Werke nach den Grundsätzen der „lean production" vorschlägt, entfaltet sich eine turbulente Diskussion. Nach langer Aussprache einigt man sich schließlich, diese Pläne zunächst in Ruhe auszuarbeiten und bei entsprechender Gelegenheit mit dem Betriebsrat zu besprechen.

▄1 Produktivität von Autofabriken im Vergleich

Kennzeichen	Japan	USA		Europa
		US-Werke	Jap. Werke	
Montagedauer (Stunden/Auto)	16,8	25,1	21,2	36,2
Montagefehler (pro 100 Autos)	60,0	82,3	65,0	97,0
Lagerbestand (Tage/Teil)	0,2	2,9	1,6	2,0
Vorschläge pro Mitarbeiter und Jahr	61,6	0,4	1,4	0,4
Abwesenheit der Mitarbeiter[1] (%)	5,0	11,7	4,8	12,1
Arbeiter in Teams (%)	69,3	17,3	71,3	0,6
Lohngruppen (Anzahl)	12	67	9	15

[1] Anteil der täglich fehlenden Arbeitnehmer; Quelle: IMVP-World Assembly Survey

_2 Fließfertigung / Fließbandfertigung

Arbeiten alle Maschinen in einem aufeinander abgestimmten Zeitrhythmus, d. h., ist der Durchlauf der Werkstücke durch die einzelnen Arbeitsplätze und Maschinen zeitlich aufeinander abgestimmt und werden die Werkstücke im Fertigungsablauf nirgendwo auch nur kurze Zeit abgelagert, handelt es sich um Fließfertigung. Die Fließfertigung ist dadurch gekennzeichnet, dass jede Fertigungsstelle je Zeiteinheit (z. B. Minute) von der gleichen Teilmenge durchlaufen wird. Dazu kommt in der Regel eine tief gehende Arbeitszerlegung (Spezialisierung). Als **Fließfertigung** bezeichnet man eine Reihenfertigung mit Zeitzwang, die durch zwei Merkmale charakterisiert ist:

a) Bearbeitungsstättenfolge entsprechend der vom Produkt vorgegebenen, notwendigen Operationsfolge und

b) exakte Zeitvorgaben, deren Einhaltung erst den Fluss der Produkte aufrechterhält.

Eine reibungslos funktionierende Fließfertigung setzt eine hoch entwickelte Arbeitsvorbereitung voraus, die neben der Berechnung der Vorgabezeiten je Stück für jeden Arbeitsplatz und neben anderen Aufgaben auch die Anzahl der zu durchlaufenden Arbeitsplätze und die Taktzeit zu berechnen hat. Die Tätigkeiten an den einzelnen Bearbeitungsstationen müssen dabei an die Taktzeit angeglichen sein. Dies bringt dann besondere Schwierigkeiten mit sich, wenn verschiedene Verrichtungen unterschiedliche Zeiten benötigen und eine weitere Arbeitszerlegung (dieser Verrichtungen) nicht möglich ist. In diesem Fall wäre eine Erhöhung der Kapazität, eine Überarbeitung der Produktkonstruktion oder eine Verbesserung der Arbeitsgestaltung zu erwägen.

Vollzieht sich die Fließfertigung in einem Maschinen-System, wobei der Transport der Produkte und Teile von Station zu Station durch ein gleichmäßig (im Takt) laufendes Band erfolgt, so spricht man von **Fließbandfertigung.** Sie ist in vielen Industrien mit Großserien- oder Massenfertigung vorzufinden, z. B. in der Automobilproduktion.

Die Vorteile des Fließbandes kamen besonders bei seiner Einführung zum Tragen: 1911 ließ Henry Ford probeweise Schwungrad-Magneten am Fließband fertigen. Solange ein Arbeiter 1 Magneten alleine fertigte, dauerte die Erstellung 20 Minuten; am Band aber setzten 29 Leute 29 Magneten in nur 13 Minuten und 10 Sekunden zusammen. 1913 stellte Ford die Automobilproduktion ganz auf Fließbandfertigung um. Der tägliche Output stieg von 200 auf über 1000 Autos, wobei sich die Stückkosten derart reduzierten, dass der Preis eines T-Modells von 850 Dollar auf 260 Dollar gesenkt werden konnte. Steigerte man die Bandgeschwindigkeit um nur 1/60, so stieg der tägliche Output um 16 Wagen. Auch die Verdienste am Band waren für damalige Zeiten nicht schlecht, sodass Fords Arbeiter mit zu den Ersten aus der breiteren Volksschicht gehörten, die sich ein Auto zulegen konnten.

(aus: Döhring, Rolf; Keim, Helmut und Steffen, Uwe, Der Betrieb 2. Wirkungsstruktur und Entscheidungsbereich, Köln, Verlag J. P. Bachem, 1978, S. 72 f.)

_3 „lean production"

Organisation der Fertigung, die sich vor allem durch Gruppenarbeit und Automatisierung des Materialflusses auszeichnet. Das US-amerikanische Massachusetts Institute of Technology (MIT, Boston) stellte 1991 fest, dass japanische Firmen gegenüber europäischen und US-amerikanischen durch lean production ihren Zeit- und Kostenaufwand bei der Entwicklung und Produktion von Autos fast halbieren.

Gruppenarbeit: Die Teilfertigung wird von Teams mit bis zu 15 Mitarbeitern durchgeführt, in denen jedes Mitglied alle Arbeiten ausführen kann… ein Großteil der europäischen Hersteller bevorzugte 1992 die klassische Fließbandarbeit mit kleinen, einfach auszuführenden Montageschritten.

Qualitätskontrolle: … Vor der abschließenden Kontrolle liegt die Quote von Montagefehlern in Japan um 20-30% niedriger als in Europa.

Entscheidungsprozesse: Manager und Produktionsteams diskutieren regelmäßig Verbesserungsvorschläge… Die enge Kooperation der unterschiedlichen Ebenen japanischer Betriebe hielt das MIT für die Hauptursache kürzerer Entwicklungszeiten…

Materialfluss: In europäischen Automobilwerken lagert Material rd. zehnmal solange wie in japanischen Fabriken. Das MIT führte die kürzeren Lagerzeiten auf die Vernetzung der Computersysteme von Zulieferer und Fabrik, deren räumliche Nähe und die Planung der Anlieferung bis an den Arbeitsplatz zurück…

(aus: Aktuell '93. Das Lexikon d. Gegenwart, herausgegeben v. Bodo Harenberg, Dortmund, Harenberg, 1992, S. 268 f.)

„lean production" in der Praxis

_4

Nicht zuletzt deshalb werden als mittelfristige Auswirkungen einer gruppenorientierten Arbeitsorganisation u. a.

– die Spaltung der Belegschaft in einen privilegierten Kern (Gruppenarbeit im Stammwerk) und einen diffusen Rand von Beschäftigten mit unsicheren Arbeitsplätzen durch die Vergabe von einzelnen Teilaufgaben an externe Auftraggeber,

– die Auflösung der Grenzziehung zwischen Produktion und Facharbeit und in Verbindung damit

– eine kostengünstige „Rundumnutzung der Arbeitskraft" und ein Abrücken von dem Understatement, den Lohn allein für tariflich festgelegte Operationen zu zahlen,

befürchtet, d. h. eine Gestaltung der betrieblichen Sozialwelt, wie sie aus Japan her bekannt ist…

Mitgetragen wird jedoch die Auffassung, die Gruppe bilde eine gute Basis für erwachsenengemäße Anlern- und Qualifizierungsprozesse, die zur Mobilisierung von Produktionswissen und schließlich auch zur Förderung der individuellen Leistungsfähigkeit beitragen. Sicherzustellen sei daher, dass Gruppenarbeit so organisiert sei, dass sie nicht nur auf dem Papier zu einer Verbesserung der fachlichen Kompetenz der Gruppenmitglieder führe.

Auch die Beteiligung der Gruppen am permanenten Entwicklungs- und Verbesserungsprozess, d. h. die Entfaltung des kreativen Potenzials der Mitarbeiter in der Arbeitstätigkeit, wird als sinnvoll betrachtet. Hier sei besonders darauf zu achten, dass diese Beteiligung in einer Form geschehe, die dem Verfall der individuellen Qualifikation infolge technischer Innovationen entgegenwirke und das Arbeitsvermögen sichern helfe.

Schließlich wird betont, dass Gruppenarbeit die Chance zur Verbesserung einer kooperativen, demokratisch-solidarischen Arbeitskultur einschließe, die durch Arbeitserweiterung (job-enlargement), Arbeitsanreicherung (job-enrichment) und Arbeitswechsel (job-rotation) zugleich der Höherqualifizierung des „ganzen Menschen" sowie dem Abbau einseitiger Belastungen diene.

Damit eröffnet sich die Chance für ein gemeinsames Handeln hinsichtlich der Bewältigung zukünftiger Herausforderungen, sofern Unternehmensleitung und Arbeitnehmervertretung offen und ehrlich miteinander umgehen und gemeinsam an einem Strang ziehen, und zwar nicht an verschiedenen Enden!

Denn es ist offensichtlich: Gruppenarbeit ermöglicht zugleich einen Produktivitätsfortschritt und eine Verbesserung der Arbeitsbedingungen, und gerade deshalb sollten die sensiblen Aufgaben der Vermittlung zwischen beiden Zielkomplexen sowie der inhaltlichen Ausgestaltung des Gruppenkonzeptes nicht ohne Beteiligung eines unabhängigen, externen Beraters angegangen werden.

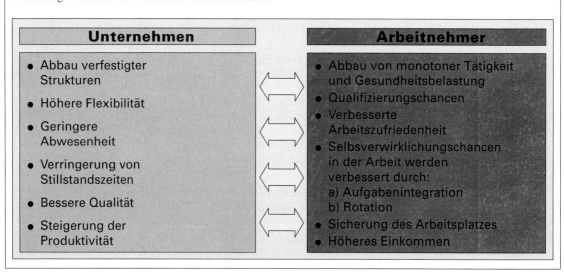

Unternehmen		**Arbeitnehmer**
● Abbau verfestigter Strukturen		● Abbau von monotoner Tätigkeit und Gesundheitsbelastung
● Höhere Flexibilität	⟺	● Qualifizierungschancen
● Geringere Abwesenheit	⟺	● Verbesserte Arbeitszufriedenheit
● Verringerung von Stillstandszeiten	⟺	● Selbsverwirklichungschancen in der Arbeit werden verbessert durch: a) Aufgabenintegration b) Rotation
● Bessere Qualität	⟺	● Sicherung des Arbeitsplatzes
● Steigerung der Produktivität		● Höheres Einkommen

(aus: Stürzl, Wolfgang, Lean production in der Praxis. Spitzenleistungen durch Gruppenarbeit, Paderborn, Junfermann Verlag, 1992, S. 20 ff.)

Merkmale von Gruppenarbeit

_5

Bei all den unterschiedlichen Ansätzen und Varianten, die dabei erprobt werden, haben sich sieben allgemeine Merkmale von Gruppenarbeit etabliert. Sie bilden eine sinnvolle Richtschnur bei der Einführung einer neuen Form der Arbeitsorganisation, die auf das Gruppenarbeits-Konzept setzt.

1. Die in einem Arbeitsbereich tätigen Mitarbeiter werden in einer Arbeitsgruppe zusammengeschlossen, die nunmehr gemeinsam für die Lösung der Gruppenaufgaben verantwortlich ist. Gruppenarbeit ist demzufolge „eine Form der Arbeitsorganisation, bei der die verschiedenen Teilaufgaben eines technisch und/oder organisatorisch bzw. räumlich abgrenzbaren Bereichs nicht starr auf bestimmte Personen zugeordnet, sondern als Teil einer gemeinsamen Gesamtaufgabe verstanden werden".

2. Entgegen dem tayloristischen Prinzip der Zergliederung des Arbeitsprozesses sollen in den Gruppen ausführende und planerische Operationen wieder zu einer ganzheitlichen Tätigkeit integriert werden. Gruppenarbeit soll möglichst die ganze Palette menschlicher Wahrnehmungs-, Beurteilungs- und Entscheidungsleistungen aktivieren und ein abwechslungsreiches wie kreatives Arbeiten ermöglichen. Um einseitige Belastungen und eine monotone Gestaltung des Arbeitstages zu vermeiden, können die Tätigkeiten im Wechsel (job-rotation) erledigt werden. Zudem bietet sie so einen Ansatz für die individuelle Weiterentwicklung im Arbeitsprozess, indem sich die Mitarbeiter untereinander wechselseitig in ihrem Qualifizierungsprozess „on the job" unterstützen.

3. Die Gruppe ist insofern „teilautonom", als sie über einen Spielraum verfügt, was Aufgabenplanung, Arbeitszuweisung, und Personaleinsatz betrifft. Aktionspläne zur Arbeitsabwicklung, zum Qualifizierungsprozess der Gruppenmitglieder sowie die zeitliche Lage der Gruppengespräche sind unter Berücksichtigung von vor- und nachgelagerten Bereichen von ihr selbst festzulegen. Vorgegeben sind hingegen Entscheidungen über die Produktionsmethoden, das herzustellende Produkt, das Produktionsvolumen sowie den Personalbestand, d. h. die Rahmenbedingungen, unter denen die Arbeitsgruppe ihre Tätigkeit aufnimmt.

4. Die Gruppe verfügt über keinen internen Gruppenführer. Alle Mitglieder sind gleichberechtigt. Es gehört zu den markanten Kennzeichen des Konzeptes, dass viele der klassischen Führungsfunktionen wie Planen, Probleme lösen, Entscheidungen treffen, Koordinieren, Organisieren, Motivieren und Kontrollieren zumindest in weiten Teilen auf die Gruppe selbst übergehen. Entscheidungen über die Belange der Gruppe werden in den regelmäßigen Gruppensitzungen, die während der Arbeitszeit stattfinden, gemeinsam getroffen. Die Moderation der Gespräche kann dabei von einem frei gewählten Gruppensprecher wahrgenommen werden. Sofern die Gruppe über einen Sprecher verfügt, kann dieser darüber hinaus die Aufgaben übertragen bekommen, Kontakt zu anderen Arbeitsgruppen sowie zum unmittelbaren Vorgesetzten zu halten.

5. Vorgesetzte sollen den Gruppen als Förderer, Koordinator und Berater zur Verfügung stehen und einen kooperativen Führungsstil pflegen.

6. Die Gruppen arbeiten dauerhaft zusammen.

7. Gruppenarbeit kann grundsätzlich in allen Bereichen erfolgen, d. h. Produktionsbereich, Angestelltenbereich, Sachbearbeiterbereich.

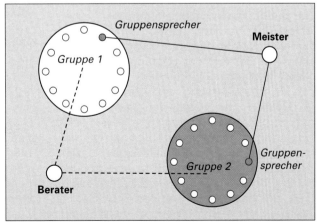

(aus: Stürzl, Wolfgang, a. a. O., S. 77 ff.)

_6 Die abgestuften Rechte des Betriebs-rates

Mitbestimmungsrecht/Initiativrecht Die Gültigkeit einer Entscheidung des Arbeitgebers ist von der Zustimmung des Betriebsrates abhängig; z. B. bei der Anordnung von Mehrarbeit (Überstunden) und Kurzarbeit, in Fragen der Arbeitszeit und der Lohnge-staltung, bei der Festlegung von Sozialplänen etc. (§§ 87 und 112, Betriebsverfassungsgesetz)	**Mitbestimmung im engeren Sinne**	
Zustimmungsverweigerungsrecht/Widerspruchsrecht bei personellen Einzelmaßnahmen Die Zustimmung des Betriebsra-tes ist vor jeder Einstellung, Ein- oder Umgruppierung in Lohn-gruppen und vor betriebsinternen Versetzungen einzuholen. Der Arbeitgeber kann die Maßnahme nur durchführen, wenn das Einverständnis des Betriebsrates vorliegt. (§ 99, Betriebs-verfassungsgesetz)	**Mitwirkungs-rechte des Betriebsrates**	
Beratungsrecht Arbeitgeber und Betriebsrat erörtern eine Angelegenheit in einem gemeinsamen Gespräch. Dies ist z. B. in Fragen der Gestaltung des Arbeitsplatzes, des Arbeitsablaufs und des Arbeitsumfangs der Fall. (§§ 90 und 111 Betriebsverfassungsgesetz)		
Recht auf Anhörung Der Betriebsrat hat das Recht, vor jeder Kündigung gehört zu werden; eine ohne Anhörung ausgesprochene Kündigung ist nichtig. (§ 102, Betriebsverfassungsgesetz)		
Recht auf Information und Einsicht in Unterlagen Der Betriebsrat ist z. B. über die Personalplanung, die wirtschaftliche Lage und Ent-wicklung des Unternehmens etc. zu informieren. (§§ 92 und 106 Betriebsverfassungs-gesetz)		

Tatsächlich sickern die Pläne der Geschäftslei-tung aber schneller durch als erwartet, der Betriebsrat will ausführlich informiert werden und seine Mitbestimmungsrechte geltend machen. In einer Betriebsversammlung legt die Geschäftsleitung deshalb schließlich der Belegschaft ihre Sicht der Probleme dar und erläutert auch die geplanten Umstellungen von der Fließbandarbeit auf die Gruppenar-beit. Während der Versammlung kommt es zu Vorwürfen gegen die Geschäftsleitung, und danach gibt es innerhalb der Belegschaft erhebliche Konflikte. Schließlich kündigt die Geschäftsleitung den Termin für eine Schlich-tungsverhandlung mit dem Betriebsrat der bei-den Henning-Teilwerke an.

Rollenkarte für die Geschäftsleitung

Ihr müsst als Geschäftsleitung dafür sorgen, dass der gesamte Betrieb wirtschaftlich arbeitet, dass ihr Gewinne erwirtschaftet und dass der Bestand der Henning-Werke mög-lichst langfristig gesichert wird. Daher vertre-tet ihr die Auffassung, eine gewinnträchtige Produktion und damit die Sicherung der Arbeitsplätze sei nur durch die konsequente Einführung der lean production möglich. Allerdings fehlt dazu ein schlüssiges Konzept, dass ihr erst erarbeiten müsst. Insbesondere müsst ihr über Zukunft und Produktionskon-zept des PKW-Werks und das Schicksal der Belegschaft des PKW-Werks entscheiden. Entlassungen verursachen Kosten durch So-zialpläne, Einstellungen leistungsfähigerer Arbeiter führen zu relativen Mehrkosten, Umschulungen sind ebenfalls kostenträchtig und unsicher im Ergebnis. Weder die völlige Umrüstung des PKW-Werks noch seine Schließung kommen infrage. Bereits die An-schaffung neuer Maschinen für das Nutzfahr-zeuge-Werk und die Umstellung der Produk-tion auf Gruppenarbeit wird eure finanziellen Möglichkeiten auf Jahre hinaus erschöpfen. Wichtig ist für euch die Zusammenarbeit mit dem Betriebsrat, weil sein Einfluss in der Belegschaft groß ist und ihr von seiner Zustimmung in vielen Dingen abhängig seid. Allerdings ist der Betriebsrat in sich uneins.

Rollenkarte für die Belegschaft des Nutzfahrzeuge-Werks

Ihr als Arbeiter des Nutzfahrzeuge-Werks wäret nicht völlig gegen eine Umstellung der Fertigungsvorgänge, da ihr euch den dann erhöhten Anforderungen der Produktion in Gruppenarbeit gewachsen fühlt. Ihr kritisiert aber die zzt. ungünstigen Arbeitsbedingungen und den vergleichsweise geringen Lohn. Ihr werdet nämlich trotz eurer mehrheitlich besseren Ausbildung als Facharbeiter ähnlich wie die Arbeiter des PKW-Werks bezahlt, da die Geschäftsleitung anfänglich eine möglichst große Einheitlichkeit der Lohnstruktur in den beiden Teilbetrieben haben wollte. Dies war in der ersten Zeit auch annähernd gerechtfertigt, doch durch die Einstellungspolitik der letzten Jahre entstand in dem Nutzfahrzeuge-Werk ein Übergewicht an Facharbeitern, und im PKW-Werk gewannen angelernte Arbeiter zahlenmäßig die Oberhand. Diese Entwicklung wurde in zähen Verhandlungen zwischen Betriebsrat und Geschäftsleitung in den vergangenen Jahren durch betriebsinterne Lohnstaffelungen nur unzureichend aufgefangen.

Ihr verweist als Facharbeiter des Nutzfahrzeuge-Werks auf die gute Auftragslage für euer Werk und die von euch erwirtschafteten Gewinne. Nach eurer Meinung könnten kräftige Investitionen in die technischen Anlagen einerseits die Lärmbelästigung und die Luftverunreinigung erheblich senken und damit die Arbeitsbedingungen verbessern helfen, andererseits würden bessere Maschinen die Produktionsqualität noch erhöhen und eine Vergrößerung der produzierten Stückzahlen ermöglichen. Da die Geschäftsleitung die Gruppenarbeit einführen will, muss ohnehin in die Erneuerung des Maschinenparks investiert werden. Die dann zu erwartenden Gewinnzuwächse würden es erlauben, die von euch geforderten Lohnerhöhungen zu verwirklichen.

Eine Modernisierung des PKW-Werks lehnt ihr ab, weil „damit ja nichts zu verdienen" ist. Einige unter euch vertreten sogar die Meinung, man könne die PKW-Herstellung ganz einstellen und das Werk umrüsten auf Nutzfahrzeugproduktion.

Rollenkarte für die Belegschaft des PKW-Werks

Ihr fürchtet die Umstellung auf die Gruppenarbeit, da eure Gruppe überwiegend aus angelernten Hilfsarbeitern mit niedriger Qualifikation besteht. Eine gruppenarbeitsmäßige Produktion würde auch die Anschaffung neuerer und schwer zu bedienender Maschinen und handwerklich anspruchsvolle Arbeit von euch fordern. Daher habt ihr mit eurer Entlassung und dem Ersatz durch besser qualifizierte Kräfte zu rechnen, zumindest müsstet ihr aber umgeschult werden und hättet Einkommensverluste zu verkraften.

Ihr wisst, dass alle bisherigen Modernisierungsplane letztlich daran gescheitert sind, dass einerseits Entlassungen nur mit teuren Sozialplänen durchsetzbar sind, andererseits der bisher in der Geschäftsleitung diskutierte Ersatz von Arbeitern durch Roboter für den Betrieb zu hohe Investitionskosten nach sich gezogen hätte und deshalb von der Geschäftsleitung Jahr für Jahr aufgeschoben worden ist. Eine maschinelle Umrüstung und Umstellung auf gruppenarbeitsmäßige Produktion würde auch eine höhere Belastung durch besser zu bezahlende Arbeit nach sich ziehen.

Rollenkarte für den Betriebsrat

Ihr als Mitglieder des gemeinsamen Betriebsrats der beiden Henning-Teilwerke geratet dadurch in die Zwickmühle, denn ihr habt die Interessen der gesamten Belegschaft zu vertreten. Die sich widersprechenden Argumentationen könnt ihr der Geschäftsleitung nicht gleichzeitig vortragen. Da bleibt nur die Möglichkeit, ein Kompromisskonzept zu erarbeiten, dem alle Arbeitnehmer zustimmen können. Zusätzlich muss dieses Konzept aber auch die Geschäftsleitung überzeugen, die natürlich nur dann zustimmt, wenn die zukünftig zu erwartenden Kosten möglichst gering und die Gewinne entsprechend hoch sind. Ihr habt also die zentrale Rolle der Entwicklung eines Kompromissvorschlags. Dazu müsst ihr aber auch die Interessen der anderen Gruppen genau kennen und zunächst ihre Rollenkarten lesen.

Arbeitskarte für alle Spielgruppen

a) Lest aufmerksam eure Rollenkarte und die Problembeschreibung durch! Klärt im Gruppengespräch eventuelle Verständnisfragen!

b) Diskutiert eure Situation und überlegt, wie ihr eure Interessen am wirkungsvollsten vertreten könnt! Bedenkt dabei, dass man mit Zugeständnissen manchmal mehr erreichen kann als mit unnachgiebigen Forderungen!

c) Diskutiert in eurer Gruppe besonders folgende Fragen:
– Welche Informationen liegen uns vor und welche sollten wir uns zusätzlich besorgen?
– Welche Forderungen wollen wir stellen? Mit welchen Argumenten können wir sie untermauern?

d) Formuliert nun schriftlich eure Forderungen und ausführliche Begründungen!

e) Nehmt brieflich (alle Nachrichten laufen über den Spielleiter/Politiklehrer) Kontakt zu den anderen Gruppen auf und versucht die Ansichten der anderen Gruppen zu erfahren! Ihr könnt mit ihnen bereits vor dem Schlichtungsgespräch Informationen und Meinungen austauschen, Verhaltensabsprachen treffen und eventuelle Lösungen des Konflikts vereinbaren.

f) Wichtig ist es natürlich, andere Gruppen zu finden, mit denen ihr Gemeinsamkeiten habt und die euch in der Diskussion unterstützen. Mit ihnen lassen sich dann vielleicht gemeinsame Lösungen durchsetzen.

Zum Verlauf des Planspiels:

Teilt die Klasse in Kleingruppen auf und wählt je Gruppe einen Gruppensprecher! Jede Schülergruppe übernimmt die Rolle einer der Interessengruppen
– Herr Henning und die Geschäftsleitung (ca. 5 Personen)
– Betriebsrat (6 Personen je zur Hälfte aus den beiden Werksteilen)
– Belegschaft PKW-Werk
– Belegschaft Nutzfahrzeugwerk
und bereitet das Schlichtungsgespräch vor.

Die Arbeitskarte oben gibt euch Hinweise!
Danach führt ihr das Schlichtungsgespräch als Podiumsdiskussion durch. Teilnehmer sind:
– Herr Henning
– die Geschäftsleitung
– der Betriebsrat.
Die beiden Belegschaftsgruppen bleiben im Hintergrund, beobachten das Geschehen, machen sich Notizen und bereiten sich auf eine Auseinandersetzung mit dem Betriebsrat vor.

Danach kann die Diskussion fortgesetzt werden, bis die Teilnehmer alle ihre Argumente vorgetragen haben. Schließlich ziehen sich die Teilnehmer des Schlichtungsgesprächs gruppenweise zurück und beraten sich.
In dieser Phase können die Gruppen wieder je für sich eine Diskussion führen und eine neue Entscheidung fällen. Während dieser Beratungsphase nehmen die Gruppen untereinander brieflich Kontakt auf, versuchen sich zu beeinflussen, treffen Absprachen etc.
Hier muss nun der Betriebsrat die Entscheidung fällen, welches Kompromisskonzept er gegenüber der Geschäftsleitung vertreten will.
Die Geschäftsleitung beruft erneut das Schlichtungsgespräch ein. Der Betriebsrat und die Geschäftsleitung tragen sich noch einmal ihre aktuellen Meinungen vor.
Zum Schluss sollte die Geschäftsleitung nach einer kurzen Gruppenberatung ihre letztendliche Entscheidung bekannt geben.

1 Versucht danach in der Klasse noch einmal zu diskutieren, welche Folgen diese Entscheidung für die Arbeiter(gruppen) hat und was die Betroffenen nun tun können!

Der Staat schafft arbeitsrechtliche Regelungen für Unternehmungen

1 Lest die folgenden authentischen Fallbeispiele aufmerksam durch! Wer ist nach eurer Meinung im Recht?

Arbeitsschutz/Unfallverhütung

1. Fall: Unfall in der Chemie-Weyer AG

Kai Hartmann, Chemiebetriebsjungwerker in der „Chemie-Weyer AG", beendet zufrieden seine Arbeit und zündet sich eine Zigarette an. In diesem Beruf hat man mit Elektrolyseverfahren zu tun und setzt u. a. galvanische Bäder an. Da durch den elektrischen Strom Säuren, Salze und Laugen chemisch zersetzt werden, muss man bei der Vorbereitung und Überwachung der chemotechnischen Vorgänge höchste Vorsicht walten lassen.

Kai Hartmann ist am Anfang seiner Ausbildung und wird zurzeit an einfachen Beispielen in verschiedene Verfahren der Elektrolyse eingewiesen. Sein Ausbilder ist gerade zur Kantine, um „Nachschub", ein paar Flaschen Bier, zu holen. Kai macht es sich gemütlich und legt die Beine auf den Tisch, während er genüsslich an seiner Zigarette zieht.

Zufrieden betrachtet er sein Werk. Der Tisch ist überfüllt mit Geräten, die er für verschiedene Versuche benötigt hat. Einen Teil der Geräte wird er später in den Schränken abstellen. Die Säuren müssen allerdings noch auf den Tischen bleiben, da die neuen Sicherheitsschränke noch nicht geliefert worden sind.

Zwischen den Geräten befinden sich mehrere Gefäße mit unterschiedlichen Flüssigkeiten. Plötzlich hört Kai ein Geräusch und nimmt seine Beine vom Tisch, weil er seinen Ausbilder zurückerwartet. Da stürzt ein Glas mit Schwefelsäure um, und die Flüssigkeit schwappt über sein Bein. Er schreit vor Schmerz auf, denn einige Spritzer sind auf seine Haut gekommen. Instinktiv lässt er die Zigarette fallen und greift nach dem Knöchel…

(Autorentext)

Lohnfortzahlung/Karenztage

2. Fall: Hermann Meier feiert zu oft krank

„Das darf doch nicht wahr sein, ist der Meier schon wieder krank. Diesmal hat er angeblich Kreislaufprobleme!", schimpft Wolfgang Röhr, der Besitzer des Teppich- und Tapetengroßhandels „Röhr-Markt" in Beckinghofen. „Der hat gestern bestimmt nur zu lange Geburtstag gefeiert. Jetzt fehlt der Mann in diesem Monat zum dritten Mal. Ich weiß beim besten Willen nicht, wer heute den Verkauf in der Teppichbodenabteilung machen soll!" Als Hermann Meier am nächsten Tag pünktlich seine Arbeit wieder aufnehmen will, ruft Herr Röhr ihn in sein Büro und sagt: „Herr Meier, so geht das nicht weiter. Ständig sind Sie wegen irgendwelcher Kleinigkeiten krank und kommen nicht zur Arbeit. Trotzdem bekommen Sie immer Ihren Lohn. Dann muss ich andere Mitarbeiter Ihre Arbeit zusätzlich machen lassen. Das sehe ich nicht mehr ein. Sie bringen nur halbe Leistung, aber ich muss voll zahlen. Wenn Sie demnächst wegen Krankheit fehlen, werden ich Ihnen den Lohn für den ersten Krankentag vom Gehalt abziehen, es sei denn, Sie arbeiten die Fehlzeit als Überstunden ab." Hermann Meier fühlt sich völlig unschuldig, ist durch die barsche Strafpredigt aber so überrascht, dass er wortlos sein ärztliches Attest auf den Schreibtisch legt und das Büro verlässt. Zwei Wochen später wird er grippekrank und fehlt vier Tage in der Firma. Am folgenden Monatsende erhält er seine Gehaltsabrechnung und tatsächlich! Herr Röhr hat ihm bei sieben Krankentagen tatsächlich einen Karenztag berechnet und dafür einen Anteil vom Gesamtgehalt einbehalten! Jetzt wird Hermann Meier aber wütend, dem wird er es jetzt zeigen! Schließlich kann er doch nichts dafür, dass er krank wird. Und als Angestellter hat er einen Vertrag, der ihm festes Monatsgehalt garantiert!

(Autorentext)

3. Fall: Karin will Metallbauerin werden!

„Ja, wirklich, das ist ein toller Beruf. Und in unserer Firma haben wir eine gute Ausbildung zum Metallbauer. Du solltest dich bei ‚VST Anlagen- und Fördertechnik' unbedingt bewerben!", meint Jan. „Ich glaube, das mache ich auch", antwortet Karin. Und ihr Vater ergänzt: „Warum sollen Mädchen so einen Beruf schließlich nicht erlernen können."

In der folgenden Woche gibt Karin Jungmann ihre Bewerbungsunterlagen bei der Firma „VST Anlagen- und Fördertechnik" persönlich ab. Bald bekommt sie eine Einladung zum Einstellungstest und erscheint in der Firma als einziges Mädchen neben 14 Jungen. Etwas komisch wird ihr schon dabei, doch dann klappt alles ganz prima.

Wenige Tage später wird sie schon zu einem Vorstellungsgespräch gebeten, und Karin glaubt sich am Ziel ihrer Wünsche.

Doch im Gespräch erklärt ihr der Personalchef, ihre Zeugnisse seien zwar am besten, sie habe von allen Bewerbern beim Test das drittbeste Ergebnis gehabt und mache auch im Einstellungsgespräch einen wirklich guten Eindruck, aber man stelle doch lieber 3 Jungen ein.

Richtig deprimiert erzählt sie das am Abend ihrem Freund Jan. „Das wollen wir doch mal sehen. Morgen schlage ich Krach in der Firma!", behauptet der. Am nächsten Morgen geht er direkt zum Personalchef und kommt gleich zur Sache. Doch der lässt ihn „abblitzen" und schickt ihn an seinen Arbeitsplatz. In der Mittagspause berät sich Jan mit anderen Auszubildenden und mehreren Metallbauern und Konstruktionsmechanikern über den Fall. Alle sind sich einig, dass Karin unbedingt eingestellt werden müsse, denn schließlich zählten ihre Unterlagen und Prüfungsergebnisse doch eindeutig zu den drei besten von allen Bewerbern. „Wir schalten die Jugendvertretung ein, dann klappt das schon!", fordert Michael Lange, der kurz vor seiner Abschlussprüfung steht.

Doch die Jugendvertreter erleben eine unangenehme Überraschung. „Ich lasse mir von euch nicht in mein Handwerk pfuschen", meint der Personalchef. „Das wäre ja noch schöner, wenn die Jugendvertreter bestimmen könnten, wen ich einstellen darf und wen nicht. Außerdem muss ich zusätzliche sanitäre Anlagen bauen, sobald eine weibliche Mitarbeiterin im Betrieb tätig ist. Habt ihr eine Ahnung, wie viel Geld das den Betrieb kosten würde? Nein! Also, ich stelle 3 Jungen ein, dabei bleibt es!" „Was können wir jetzt noch tun?", überlegen die jungen Männer in der Mittagspause. „Da sehe ich noch eine Möglichkeit… ,", meint Helmut.

(Autorentext)

4. Fall: Stefan soll beim Betonieren aushelfen

„Wir müssen unbedingt noch heute fertig werden", meint Bauleiter Volle. „Wir müssen die drei Sohlenplatten beim Bauvorhaben ‚Reihenhäuser mit Seeblick' und sofort anschließend die Sohlenplatte der Montagehalle im Industriegebiet betonieren. Der Fertigbeton ist für 13.00 Uhr bestellt. Sonst bleibt uns nur noch der morgige Samstag zum Betonieren." „Aber wir haben doch noch ein paar Tage Reserve. Reicht es denn nicht, wenn wir am Ende der nächsten Woche auf diesen Baustellen weiterarbeiten können?", versucht ihn Frau Schlüter, seine Chefin, zu beruhigen. „Nein, auf gar keinen Fall. Das ist mir zu riskant. Wir müssen noch vor dem Wochenende mit den Betonarbeiten fertig sein, damit wir am Montag mit den Maurerarbeiten beginnen können und im Zeitplan bleiben. Dazu brauche ich aber unbedingt noch einen kräftigen Mann, der beim Betonverteilen anpacken kann." So ruft Frau Schlüter den Auszubildenden Stefan Kamann, der im zweiten Ausbildungsjahr als Maurer ist und gerade nach Hause will, in ihr Büro. Sie erklärt ihm die Notlage und gibt ihm den Auftrag, mit Herrn Volle zu den Baustellen hinauszufahren.

„Da bin ich aber nicht einverstanden. Meine Wochenarbeitszeit ist herum, und ich habe heute etwas Wichtiges vor. Außerdem sehe ich nicht ein, dass ich beim Betonieren helfen soll. Das ist eine viel zu schwere Arbeit für mich und gehört auch nicht zu meiner Ausbildung als Maurer", antwortet Stefan ziemlich patzig. „Nun mal ganz ruhig, mein Freund. Du solltest froh sein, bei deinem Schulabschluss überhaupt eine Ausbildungsstelle zu haben", schaltet sich Herr Volle erregt ein. „Auf der Straße steht man schneller als man denkt." „Lassen Sie das, Herr Volle", meint Frau Schlüter. „So kommen wir doch nicht weiter. Stefan, du musst einsehen, dass für uns in dieser Wirtschaftslage jeder Auftrag wichtig ist. Wenn ich diese Bauvorhaben nicht pünktlich abschließe, muss ich hohe Konventionalstrafen zahlen und bekomme unter Umständen vom Generalbauunternehmen Felbers-Bau keine Aufträge mehr. Wenn meine Firma schließt, sieht es mit deiner Ausbildung auch schlecht aus. Wir brauchen wirklich dringend deine Mitarbeit. Allerdings, bis 19 Uhr wird es schon dauern. Aber du bekommst ja auch ordentlich Überstundenlohn. Also?" „Nein, Frau Schlüter, es ist jetzt schon so kalt draußen, und es schneit. Sechs Überstunden allein heute und das bei dem Wetter. Ich mache jetzt Feierabend!" „Das wird dir noch Leid tun", schnaubt Herr Volle. Und tatsächlich, am nächsten Monatsende…

(Autorentext)

1 Für solche Fälle hat der Staat rechtliche Regelungen geschaffen, nach denen im Streitfall Gerichte Recht zu sprechen haben. Stellt euch vor, ihr wärt der Richter und hättet in den obigen Fällen das Urteil zu fällen! Macht euch deshalb genauestens mit den abgedruckten Gesetzestexten vertraut und formuliert für euch in Einzelarbeit schriftlich ein Urteil und eine ausführliche Urteilsbegründung! Lasst dann mehrere Urteile und ihre Begründungen vortragen! Ihr könnt sie miteinander kritisch vergleichen und diskutieren.

Zu Fall 1:
Berufsbildungsgesetz (BBiG)

§ 6 Berufsausbildung
(1) Der Ausbildende hat
1. dafür zu sorgen, dass dem Auszubildenden die Fertigkeiten und Kenntnisse vermittelt werden, die zum Erreichen des Ausbildungsziels erforderlich sind, und die Berufsausbildung in einer durch ihren Zweck gebotenen Form planmäßig, zeitlich und sachlich gegliedert so durchzuführen, dass das Ausbildungsziel in der vorgesehenen Ausbildungszeit erreicht werden kann. …
5. dafür zu sorgen, dass der Auszubildende charakterlich gefördert sowie sittlich und körperlich nicht gefährdet wird.
(2) Dem Auszubildenden dürfen nur Verrichtungen übertragen werden, die dem Ausbildungszweck dienen und seinen körperlichen Kräften angemessen sind.

§ 9 Verhalten während der Berufsausbildung
Der Auszubildende hat sich zu bemühen, die Fertigkeiten und Kenntnisse zu erwerben, die erforderlich sind, um das Ausbildungsziel zu erreichen. Er ist insbesondere verpflichtet,
1. die ihm im Rahmen seiner Berufsausbildung aufgetragenen Verrichtungen sorgfältig auszuführen, …
3. den Weisungen zu folgen, die ihm im Rahmen der Berufsausbildung vom Ausbildenden, vom Ausbilder… erteilt werden.
4. die für die Ausbildungsstätte geltende Ordnung zu beachten.
5. Werkzeug, Maschinen und sonstige Einrichtungen pfleglich zu behandeln…

§ 20 Persönliche und fachliche Eignung
(1) Auszubildende darf nur einstellen, wer persönlich geeignet ist. Auszubildende darf nur ausbilden, wer persönlich und fachlich geeignet ist.

Jugendarbeitsschutzgesetz
§ 22 Gefährliche Arbeiten
(1) Jugendliche dürfen nicht beschäftigt werden
1. mit Arbeiten, die ihre Leistungsfähigkeit übersteigen…
3. mit Arbeiten, die mit Unfallgefahren verbunden sind, von denen anzunehmen ist, dass Jugendliche sie wegen mangelnden Sicherheitsbewusstseins oder mangelnder Erfahrung nicht erkennen…
4. mit Arbeiten, bei denen ihre Gesundheit durch außergewöhnliche Hitze oder Kälte oder starke Nässe gefährdet wird.
5. mit Arbeiten, bei denen sie schädlichen Einwirkungen von Lärm, Erschütterungen, Strahlen oder von giftigen, ätzenden oder reizenden Stoffen ausgesetzt sind. (Nr. 3 bis 5 gelten nicht bei Jugendlichen über 16 Jahren, wenn die Arbeiten zur Erreichung des Ausbildungsziels erforderlich sind und ihr Schutz durch die Aufsicht eines Fachkundigen gewährleistet ist.)

→

Sicherheitslehrbrief für Galvaniseure

10.1 Verzehr, Rauchen und Hygiene

In den Arbeitsräumen für die elektrolytische und chemische Oberflächenbehandlung dürfen die Beschäftigten nicht essen, trinken, rauchen oder schnupfen… Für die Aufbewahrung von Nahrungsmitteln und den Verzehr hat der Unternehmer deshalb entsprechende Räume und Einrichtungen bereitzustellen.

Zu Fall 2:
Bürgerliches Gesetzbuch (BGB)

§ 616 Vorübergehende Verhinderung

(1) Der zur Dienstleistung Verpflichtete wird des Anspruchs auf die Vergütung nicht dadurch verlustig, dass er für eine verhältnismäßig nicht erhebliche Zeit durch einen in seiner Person liegenden Grund ohne sein Verschulden an der Dienstleistung verhindert wird…

Entgeltfortzahlungsgesetz

§ 3. Anspruch auf Entgeltfortzahlung im Krankheitsfall.

(1) Wird ein Arbeitnehmer durch Arbeitsunfähigkeit infolge Krankheit an seiner Arbeitsleistung verhindert, ohne dass ihn ein Verschulden trifft, so verliert er dadurch nicht den Anspruch auf Arbeitsentgelt für die Zeit der Arbeitsunfähigkeit bis zur Dauer von sechs Wochen. Wird der Arbeitnehmer infolge derselben Krankheit erneut arbeitsunfähig, so verliert er wegen der erneuten Arbeitsunfähigkeit den Anspruch nach Satz 1 für einen weiteren Zeitraum von höchstens sechs Wochen nicht, wenn

1. er vor der erneuten Arbeitsunfähigkeit mindestens sechs Monate nicht infolge derselben Krankheit arbeitsunfähig war oder

2. seit Beginn der ersten Arbeitsunfähigkeit infolge derselben Krankheit eine Frist von zwölf Monaten abgelaufen ist.

…

§ 5. Anzeige- und Nachweispflichten.

(1) Der Arbeitnehmer ist verpflichtet, dem Arbeitgeber die Arbeitsunfähigkeit und deren voraussichtliche Dauer unverzüglich mitzuteilen. Dauert die Arbeitsunfähigkeit länger als drei Kalendertage, hat der Arbeitnehmer eine ärztliche Bescheinigung über das Bestehen der Arbeitsunfähigkeit sowie deren voraussichtliche Dauer spätestens an dem darauf folgenden Arbeitstag vorzulegen. Der Arbeitgeber ist berechtigt, die Vorlage der ärztlichen Bescheinigung früher zu verlangen. Dauert die Arbeitsunfähigkeit länger als in der Bescheinigung angegeben, ist der Arbeitnehmer verpflichtet, eine neue ärztliche Bescheinigung vorzulegen. Ist der Arbeitnehmer Mitglied einer gesetzlichen Krankenkasse, muss die ärztliche Bescheinigung einen Vermerk des behandelnden Arztes darüber enthalten, dass der Krankenkasse unverzüglich eine Bescheinigung über die Arbeitsunfähigkeit mit Angaben über den Befund und die voraussichtliche Dauer der Arbeitsunfähigkeit übersandt wird. …

§ 7. Leistungsverweigerungsrecht des Arbeitgebers.

(1) Der Arbeitgeber ist berechtigt, die Fortzahlung des Arbeitsentgelts zu verweigern,

1. solange der Arbeitnehmer die von ihm nach § 5 Abs. 1 vorzulegende ärztliche Bescheinigung nicht vorlegt oder den ihm nach § 5 Abs. 2 obliegenden Verpflichtungen nicht nachkommt;

2. wenn der Arbeitnehmer den Übergang eines Schadensersatzanspruchs gegen einen Dritten auf den Arbeitgeber verhindert.

Zu Fall 3:
Betriebsverfassungsgesetz

§ 60 Errichtung und Aufgabe

(1) In Betrieben mit … mindestens fünf Arbeitnehmern, die das 18. Lebensjahr noch nicht vollendet haben … oder die zu ihrer Berufsausbildung beschäftigt sind und das 25. Lebensjahr noch nicht vollendet haben, werden Jugend- und Auszubildendenvertretungen gewählt.

§ 67 Teilnahme an Betriebsratssitzungen

(1) Die Jugend- und Auszubildendenvertretung kann zu allen Betriebsratssitzungen einen Vertreter entsenden.

(2) Die Jugend- und Auszubildendenvertreter haben Stimmrecht, soweit die zu fassenden Beschlüsse des Betriebsrats überwiegend jugendliche Arbeitnehmer betreffen.

§ 70 Allgemeine Aufgaben

(1) Die Jugend- und Auszubildendenvertretung hat folgende allgemeine Aufgaben.

1. Maßnahmen, die die in § 60 (1) genannten Arbeitnehmern dienen, insbesondere in Fragen der Berufsbildung, beim Betriebsrat zu beantragen.

(3) Anregungen von in § 60 (1) genannten Arbeitnehmern, insbesondere in Fragen der Berufsbildung, entgegenzunehmen und, falls sie berechtigt erscheinen, beim Betriebsrat auf eine Erledigung hinzuwirken…

§ 96 Förderung der Berufsbildung

(1) Arbeitgeber und Betriebsrat haben… die Berufsbildung der Arbeitnehmer zu fördern. Der Arbeitgeber hat auf Verlangen des Betriebsrats mit diesen Fragen der Berufsbildung der Arbeitnehmer des Betriebs zu beraten…

Grundgesetz

Artikel 3: Gleichheit vor dem Gesetz

(1) Alle Menschen sind vor dem Gesetz gleich.

(2) Männer und Frauen sind gleichberechtigt.

(3) Niemand darf wegen seines Geschlechtes, seiner Abstammung, seiner Rasse, seiner Sprache, seiner Heimat und Herkunft, seines Glaubens, seiner religiösen oder politischen Anschauungen benachteiligt oder bevorzugt werden.

Bürgerliches Gesetzbuch (BGB)

§ 611a. [Gleichbehandlung von Männern und Frauen]

(1) Der Arbeitgeber darf einen Arbeitnehmer bei einer Vereinbarung oder einer Maßnahme, insbesondere bei der Begründung des Arbeitsverhältnisses, beim beruflichen Aufstieg, bei einer Weisung oder einer Kündigung, nicht wegen seines Geschlechts benachteiligen. Eine unterschiedliche Behandlung wegen des Geschlechts ist jedoch zulässig, soweit eine Vereinbarung oder eine Maßnahme die Art der vom Arbeitnehmer auszuübenden Tätigkeit zum Gegenstand hat und ein bestimmtes Geschlecht unverzichtbare Voraussetzung für diese Tätigkeit ist. Wenn im Streitfall der Arbeitnehmer Tatsachen glaubhaft macht, die eine Benachteiligung wegen des Geschlechts vermuten lassen, trägt der Arbeitgeber die Beweislast dafür, dass nicht auf das Geschlecht bezogene, sachliche Gründe eine unterschiedliche Behandlung rechfertigen oder das Geschlecht unverzichtbare Voraussetzung für die auszuübende Tätigkeit ist.

§ 611b. [Ausschreibung eines Arbeitsplatzes]

Der Arbeitgeber darf einen Arbeitsplatz weder öffentlich noch innerhalb des Betriebs nur für Männer oder nur für Frauen ausschreiben, es sei denn, dass ein Fall des § 611a Abs. 1 Satz 2 vorliegt.

§ 612. [Vergütung]

(3) Bei einem Arbeitsverhältnis darf für gleiche oder für gleichwertige Arbeit nicht wegen des Geschlechts des Arbeitnehmers eine geringere Vergütung vereinbart werden als bei einem Arbeitnehmer des anderen Geschlechts. Die Vereinbarung einer geringeren Vergütung wird nicht dadurch gerechtfertigt, dass wegen des Geschlechts des Arbeitnehmers besondere Schutzvorschriften gelten. § 611a Abs. 1 Satz 3 ist entsprechend anzuwenden.

Zu Fall 4:

Jugendarbeitsschutzgesetz

§ 8 Dauer der Arbeitszeit

(1) Jugendliche dürfen nicht mehr als acht Stunden täglich und nicht mehr als 40 Stunden wöchentlich beschäftigt werden…

(2a) Wenn an einzelnen Werktagen die Arbeitszeit auf weniger als acht Stunden verkürzt ist, können Jugendliche an den übrigen Werktagen derselben Woche achteinhalb Stunden beschäftigt werden.

§ 11 Ruhepausen, Aufenthaltsräume

(1) Jugendlichen müssen im Voraus feststehende Ruhepausen von angemessener Dauer gewährt werden. Die Ruhepausen betragen mindestens

1. Dreißig Minuten bei einer Arbeitszeit von mehr als viereinhalb bis zu sechs Stunden,

2. Sechzig Minuten bei einer Arbeitszeit von mehr als sechs Stunden…

§ 12 Schichtzeit

Bei der Beschäftigung Jugendlicher darf die Schichtzeit (§ 4 Abs. 2) 10 Stunden, im Bergbau unter Tage 8 Stunden, im Gaststättengewerbe, in der Landwirtschaft, in der Tierhaltung, auf Bau- und Montagestellen 11 Stunden nicht überschreiten.

§ 29 Unterweisung über Gefahren

(1) Der Arbeitgeber hat die Jugendlichen vor Beginn der Beschäftigung über die Unfall- und Gesundheitsgefahren, denen sie bei der Beschäftigung ausgesetzt sind, sowie über die Einrichtungen und Maßnahmen zur Abwendung dieser zu unterweisen. Er hat die Jugendlichen vor der erstmaligen Beschäftigung an Maschinen oder gefährlichen Arbeitsstellen oder mit Arbeiten, bei denen sie mit gesundheitsgefährdenden Stoffen in Berührung kommen, über die besonderen Gefahren dieser Arbeiten sowie über das bei ihrer Verrichtung erforderliche Verhalten zu unterweisen…

Ökonomie oder Ökologie?

Im nun anschließenden Vertiefungsteil werdet ihr mit dem Problem konfrontiert, dass sich westfälische Bauern als Unternehmer mit ihren Unkrautvernichtungsmethoden zwar ökonomisch durchaus richtig verhalten und ihren Ertrag zu optimieren versuchen, dabei aber ökologische Probleme hervorrufen, sodass der Staat zum Eingriff gezwungen ist.

Staatliche Regulierung der Unkrautvernichtungsmethoden von Landwirten im Münsterland

Das Thema Trinkwasser kam Mitte der achtziger Jahre in der Bundesrepublik Deutschland in die öffentliche Diskussion. Dazu führte die Verwendung des Herbizids Atrazin, das von Bauern als Unkrautvertilgungsmittel Verwendung fand. Diese Substanz machte sich schon seit vielen Jahren im deutschen Trinkwasser bemerkbar. Fachleute der Gelsenwasser AG fanden das Herbizid seit Dezember 1985 im Trinkwasser, das aus dem Halterner Stausee gewonnen wurde und zur Versorgung großer Teile des Ruhrgebiets diente. Atrazin wurde vor allem zur Unkrautvernichtung auf Maisfeldern benutzt. Die Landwirte behandelten damals ca. 90% sämtlicher Maisanbauflächen in der Bundesrepublik mit Atrazin. Die Zeit, in der die Hälfte des Wirkstoffes im Boden abgebaut ist, beträgt etwa zwei bis fünf Monate, je nach Temperatur und Boden. Im Wasser dauert der Abbau länger, sodass Atrazinreste noch nach Jahren im Grundwasser auftauchen können. Die damals zur Wirkung von Atrazin gemachten Untersuchungen zeigten, dass geringe Mengen der Substanz die Gesundheit von Menschen nicht akut gefährden können. Allerdings können sie Fische und Pflanzen durchaus beeinträchtigen. Die damaligen Bestimmungen der EG legten einen extrem niedrigen Grenzwert für das noch tolerierte Aufkommen an Pestiziden in Trinkwasser fest, da man der Überzeugung war, dass an Trinkwasser besonders hohe Anforderungen gestellt werden müssten.

(aus: DIE ZEIT, vom 22. 5. 1987, Autor: Henning Engeln)

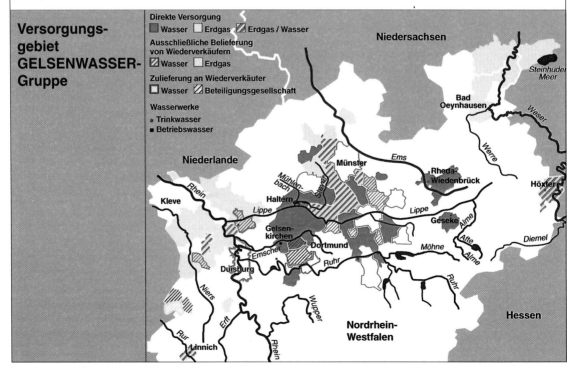

Aufgrund des in dem Zeitungsartikel auf Seite 104 beschriebenen Sachverhalts gerieten die Bauern in Deutschland, besonders die im südlichen Münsterland, in die Kritik der Öffentlichkeit. Als man nämlich im Wasser der Stevertalsperre Haltern Atrazinspuren fand, kam es zu Beschwerden von Verbrauchern bei kommunalen Behörden, so daß schließlich die Regierungspräsidenten von Münster und Arnsberg im April 1987 in je eigenen Verfügungen das Ausbringen von Atrazin durch die Landwirte verboten. Dagegen erhoben vielfältige Landwirte Einspruch beim Oberverwaltungsgericht in Münster und wendeten sich später an den Minister für Umwelt, Raumordnung und Landwirtschaft des Landes Nordrhein-Westfalen mit der Bitte, sich politisch für eine Aufhebung des Atrazin-Verbots einzusetzen.

Konferenzspiel:
Konflikt zwischen Landwirtschaft und Wasserwirtschaft im Münsterland

Diskutiert dieses ökologische und ökonomische Problem und versucht es in einem Konferenzspiel zu regeln. Teilt eure Klasse in Vierer- oder Fünfer-Gruppen ein, die die Rollen a) der Regierung, b) der Fraktion der Regierungspartei A (großer Koalitionspartner), c) der Fraktion der Regierungspartei B (kleiner Koalitionspartner), d) der Fraktion der Oppositionspartei C und e) der Fraktion der Oppositionspartei D übernehmen.

Die Regierung versteht sich als Regierung aller Bürger und will die Interessen aller sozialen Schichten berücksichtigen, wird aber von den Parteien A und B gestellt.

Die Partei A betont ihren Volksparteicharakter und damit die Vertretung aller Bevölkerungsschichten, hat aber insbesondere einen starken politischen Flügel, der die Interessen der Landwirte wahrnimmt.

Die Partei B ist eine ausgeprägte „Unternehmerpartei", in der die Vertreter der Trinkwassergewinnungsunternehmen großen Einfluss haben.

Die Partei C will ebenfalls eine Volkspartei sein, deren Programmatik und politische Ziele aber auf die Bedürfnisse der kleinen Leute und damit auf die Millionen Verbraucher abgestellt sind. Ihre Wähler und ihre Abgeordneten stammen ausschließlich aus den weniger vermögenden Schichten des Volkes.

Die Partei D ist eine radikale Umweltschutzpartei, deren Anhänger, Wähler und Mitglieder vornehmlich junge Leute ohne großes Vermögen sind. Meistens handelt es sich um Schüler, Studenten oder um Menschen aus akademischen Kreisen. Sie sind alle weniger an finanziellen Zielen als einzig an der Erhaltung der Umwelt interessiert.

Wir simulieren nun eine Anfrage im Parlament; d. h. ein oppositioneller Abgeordneter stellt eine Anfrage an die Landesregierung, inwiefern ihr dieses Problem der Verschlechterung der Trinkwasserqualität durch die Atrazinverwendung der Landwirte bekannt ist und wie sie dieses Problem zu lösen gedenkt. Daraufhin hat die Regierung ein Konzept zu entwickeln, dieses dem Parlament vorzutragen und in einer Parlamentsdebatte zu verteidigen.
Ziel dieses Konferenzspiels ist es, das obige Problem zu diskutieren und verschiedene Möglichkeiten zu finden und zu erörtern.

Verfahrt nun folgendermaßen:
– Regierung und Fraktionen der vier Landtagsparteien informieren sich in getrennten Sitzungen anhand der Materialien auf den Seiten 106 bis 108 über das Problem. Diese ausgewählten Materialien geben die Meinungen der Experten wieder. Regierung und Fraktion der Landtagsparteien entwickeln eigene Lösungsansätze.
– Die beiden Oppositionsfraktionen bereiten zusätzlich je eine Anfrage an die Regierung mit konkreten Einzelfragen vor.
– In der anschließenden Landtagsdebatte tragen die Oppositionsfraktionen das obige →

Problem und ihre Kritik an den Beteiligten sowie ihre Fragen an die Regierung vor.

Die Stellungnahmen der Regierungsfraktionen schließen sich sofort an.

Nach einer kurzen Beratungspause nimmt die Regierung zum Problem und zu den Anfragen Stellung. Sie muss in dieser Phase der Landtagssitzung klare Antworten auf die Fragen und eindeutige Lösungsvorschläge darlegen. In der folgenden Debatte sollen die von Opposition und Regierung entwickelten Lösungen in der Form diskutiert werden, dass nacheinander Vertreter von Regierung und der Parteien zu Wort kommen und danach je nach Wortmeldung. Die Vorschläge sollen daraufhin untersucht werden, inwiefern sie das Problem lösen und welche Nebeneffekte sie hervorrufen könnten.

In einer abschließenden Analysephase solltet ihr mit eurem Lehrer/eurer Lehrerin eine Beurteilung der politischen Vorschläge und des Verlaufs des Konferenzspiels versuchen.

Die Landwirtschaft des Kreises Coesfeld

… Auch die Landwirtschaft des Kreises Coesfeld und ihre Betriebe unterliegen dem strukturellen Wandel. Die ständig steigende europäische Produktion… und zunehmende Futter- und Nahrungsmittelimporte aus Übersee zwingen die offizielle Agrarpolitik zu einschneidenden planerischen Maßnahmen, die nicht ohne Einfluss auf die Entscheidung der Landwirte bleiben. Unbestritten ist, dass in jüngster Vergangenheit die Landwirtschaft ganz allgemein, aber insbesondere auch die Veredelungswirtschaft des Kreises Coesfeld, mit wirtschaftlichen Schwierigkeiten zu kämpfen hatte… Der Trend bei den Vollerwerbsbetrieben bestätigt die Tatsache, dass es immer weniger landwirtschaftlichen Unternehmern möglich ist, ihre Existenz allein aus der Landwirtschaft zu sichern.

Pflanzliche Produktion

Von der landwirtschaftlich genutzten Fläche des Kreises wird 1988 noch 18% als Grünland und 82% als Ackerland (AF) genutzt. Auch in absoluten Zahlen hat die Ackerfläche zulasten des Grünlandes … zugenommen.

Stark zugenommen hat der Maisanbau auf nahezu 31% der AF oder 18 397 ha. Aller Unkenrufe zum Trotz ist der Mais in dieser Größenordnung noch immer als eine Bereicherung der Fruchtfolge anzusehen, insbesondere weil andere wertvolle Vorfrüchte zu Getreide bisher keine Bedeutung erlangen konnten.

Tierische Produktion

… Die im Kreis Coesfeld gelegenen landwirtschaftlichen Betriebe erwirtschaften in der Regel ihre Einkommen über eine Kombination von Ackerbaufrüchten gekoppelt mit einer entsprechenden Viehwirtschaft. Das Wachstum und die Existenzsicherung sind in den vergangenen Jahren über den Einstieg und den Ausbau in die Veredelungswirtschaft (Schweine-, Rinder- und Geflügelmast) erfolgt. Im Vergleich zu anderen Kreisen und Regionen ist ein hoher Intensitätsgrad und eine überdurchschnittliche Produktionsdichte in der Veredelung erreicht. Leistungsfähige Dienstleistungsangebote und Verwaltungseinrichtungen sind im Kreis vorhanden: z. B. der landwirtschaftliche Kreisverband. Betriebshilfsdienste und Maschinenringe, Landwirtschaftsschulen… Das Zusammenwirken dieser Faktoren bringt für die Coesfelder Landwirtschaft offensichtlich eine Art Standortvorteil im Vergleich zu weniger günstig strukturierten Gebieten. Die weitere Entwicklung der Veredelungsbetriebe hängt in der Zukunft entscheidend von den Vorschriften für den Umweltschutz ab.

Flächennutzung im Kreis Coesfeld in Hektar mit prozentualer Verteilung

	1977 Fläche	1977 %	1982 Fläche	1982 %	1988 Fläche	1988 %
Landl. genutzte Fläche insgesamt	73 447	100	72 885	100	70 950	100
davon:						
Grünland	22 860	31	17 069	24	12 773	18
Ackerfläche	50 474	69	55 628	76	58 013	82
Die Ackerfläche verteilt sich auf:						
Getreide	44 800	89	39 190	70	38 329	66
Futterbau (überw. Mais)	5 182	10	8 195	15	10 705	18
andere Ackerfrüchte	492	1	8 238	15	8 067	16

(aus: Mantau, Reinhard, Die Landwirtschaft d. Kreises Coesfeld, Maschinenschriftl. Manuskr., Coesfeld, 1989, S. 1 ff.)

Schadursachen für Kulturpflanzen

Legende

1 Unkraut
2 Vögel
3 Spinnmilben
4 Nagetiere
5 Engerling
6 Nematoden
7 Schnecken
8 Raupe
9 Pilze
10 Verletzungen
11 Bakterien
12 Käfer
13 Blattläuse

Maßnahmen der Unkrautbekämpfung

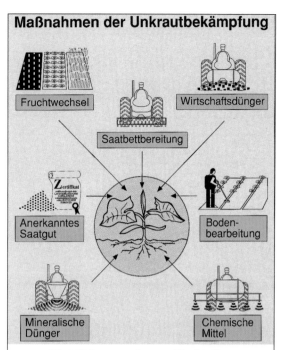

Fruchtwechsel · Wirtschaftsdünger · Saatbettbereitung · Anerkanntes Saatgut · Bodenbearbeitung · Mineralische Dünger · Chemische Mittel

Unkräuter

Unkräuter sind bei starker Verbreitung bedeutende Schädiger der Kulturpflanzen... Über dem Erdboden nehmen sie den Kulturpflanzen Licht und Luft weg, behindern deren freie Entfaltung, bieten gewissen Schädlingen und Krankheitserregern Unterschlupf... Unter der Erdoberfläche machen sie den Kulturpflanzen Konkurrenz um Wasser, Nährstoffe und Raum für die Wurzeln. Die durch Unkräuter weltweit verursachten Ernteeinbußen betragen im Durchschnitt der Regionen 5–15%, im Mittel ca. 10%.

Die Wirkungsweise von Herbiziden

... Kontaktherbizide wirken bei direktem Kontakt mit den grünen Teilen der Pflanzen, welche durch Verätzung oder Störung des Stoffwechsels geschädigt werden... Da die Pflanzenwurzeln durch Kontaktherbizide nicht erreicht werden, treiben mehrjährige Unkräuter wieder aus... Wuchsstoff-Herbizide werden durch Blätter und Stengel aufgenommen und mit dem Saftstrom in der ganzen Pflanze verteilt... Die... Pflanzen gehen schließlich ein... Bodenherbizide werden zur vorbeugenden Unkrautbekämpfung eingesetzt und daher auf den bloßen, noch unkrautfreien Boden gespritzt. Der Wirkstoff wird von den Wurzeln aufgenommen und vernichtet die Pflanze...

Pflanzenschutzmittel und Nahrungsqualität

... Der Landwirt nutzt bei der Nahrungserzeugung die Möglichkeiten des chemischen Pflanzenschutzes, um eine optimale Nahrungsqualität zu sichern... Die landwirtschaftliche Praxis vermag den hohen Ansprüchen des Marktes ohne die Verwendung dieser Stoffe nicht zu entsprechen. Kritiker... glauben aber an eine Beeinträchtigung der inneren Werteigenschaften und eine unvertretbare Belastung mit Rückständen... Beispielhaft sei auf rückläufige Vitamin-C-Gehalte in vom Apfelwickler befallenen Äpfeln verwiesen oder auf die giftigen Stochwechselausscheidungen pilzlicher Mykotoxinbildner. Mykotoxine sind hitze- und säurestabil und vermögen im menschlichen Organismus Krankheitssymptome auszulösen...

Gefährdung des Menschen

... Pflanzenschutzmittel sind zwar für Schaderreger tödlich, nicht aber in gleicher Weise für den Menschen...: die Giftwirkung ist immer abhängig vom Verhältnis der aufgenommenen Menge zum Körpergewicht. Da der Mensch sehr viel schwerer ist als ein Insekt, müsste er entsprechend auch sehr viel mehr von einem Pflanzenschutzmittel aufnehmen, damit eine schädliche Wirkung eintreten könnte... Der Mensch ist als Organismus vom Insekt, vom Unkraut und von den Krankheitserregern so sehr verschieden, dass nicht jedes Pflanzenschutzmittel für ihn giftig sein muss...

(Zeichnungen und Texte aus: Arnold, Gerhard u. a., Ernährung, Pflege und Schutz von Kulturpflanzen, Köln, 1985, S. 97, 100, 124, 127 f., 159 f.)

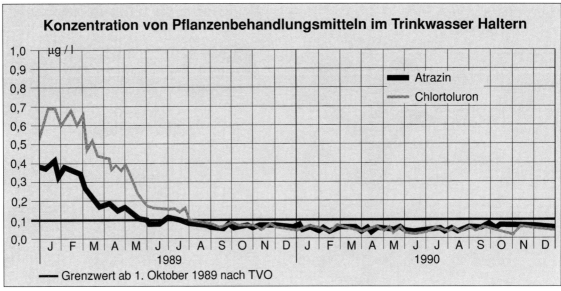

Konzentration von Pflanzenbehandlungsmitteln im Trinkwasser Haltern

Legende: Atrazin, Chlortoluron

Grenzwert ab 1. Oktober 1989 nach TVO

(aus: Scherer, Peter, Strategien zur Lösung der Pflanzenschutzmittelproblematik in Wasserwerken – dargestellt am Beispiel des Wasserwerks Haltern der Gelsenwasser AG, Vortragsmanuskript, o. O., 1990)

… Zum 1. Oktober 1989 gilt ein neuer Trinkwassergrenzwert für Pflanzenbehandlungsmittel (PBSM) von 0,1 Mikrogramm pro Liter für die Einzelsubstanz, das ist ein Gramm in 10 Millionen Litern Wasser bzw. 0,5 Mikrogramm für die Summe der Pflanzenbehandlungsmittel. Dieser Grenzwert, ein Wert von nahezu gleich Null, wurde nicht aufgrund von toxikologischen Erkenntnissen gesetzt, sondern aus einem ökologisch begründeten Vorsorgegedanken… Schon bald zeigte sich allerdings, dass der Verursacher, die Landwirtschaft, nicht zeitgerecht zum 1. Oktober 1989 die Einhaltung des Grenzwertes für Pflanzenbehandlungsmittel im Trinkwasser des Wasserwerks Haltern bewirken konnte. Deshalb entschied sich Gelsenwasser notgedrungen zu weiteren Aufbereitungsschritten. Die zeitlich befristete Lieferung von Trinkwasser mit einem zu hohen PBSM-Wert, was mit einer Ausnahmegenehmigung möglich gewesen wäre, hätte einen Vertrauensverlust aufseiten der Verbraucher verursacht. Das wollten wir nicht hinnehmen. Als Aufbereitungsverfahren bot sich eine Behandlung des Wassers mit Aktivkohle an … Ein auf die Verhältnisse in Haltern abgestimmtes Verfahren wurde entwickelt, um die Pflanzenschutzmittel aus dem Rohwasser zu entfernen. In einer Aufbereitungsanlage wird ein transportfähiges Flüssigkeitsgemisch aus pulverförmiger Aktivkohle und Wasser hergestellt. Dieses wird über Leitungen den Dosierstellen an der Übergangsstelle Nord/Südbecken und im Bedarfsfall den drei Entnahmen im Südbecken zugeführt und dort mit Rohwasser vermischt. Die Aktivkohle saugt die Pflanzenbehandlungsmittel auf und lagert sich auf dem Boden des Südbeckens der Talsperre Haltern bzw. der Versickerungsbecken ab. Nach der Aktivkohle-Behandlung ist das Rohwasser frei von Pflanzenbehandlungsmitteln. Seit Januar 1989 wird PBSM-freies Wasser versickert. Auf diese Weise wird das im Untergrund vorhandene, belastete Grundwasser allmählich herausgespült. Die fristgerechte Einhaltung des PBSM-Grenzwerts für Trinkwasser zum 1. Oktober 1989 wurde erreicht, beispielhaft die Verlaufskurven für Atrazin und Chlortoluron im Jahr 1989. Über die weitere Verwendung der auf dem Boden abgesetzten Aktivkohle ist noch keine abschließende Entscheidung getroffen worden … Ein Sondermüllproblem besteht jedoch unseres Erachtens nicht … Die Investitionsausgaben für die Aktivkohledosieranlage betrugen rd. 3 Mio. DM … Die Aufbereitung des Talsperrenwassers im Wasserwerk Haltern mit Aktivkohlepulver wird als Übergangslösung gesehen. Die Bemühungen dürfen nicht abreißen, eine durchgreifende Verbesserung der Verhältnisse beim Verursacher, der landwirtschaftlichen Produktion, zu erreichen … Während die Entfernung von Atrazin und Chlortoluron … durch Aktivkohle gut funktioniert, gibt es auch eine Reihe von PBSM, bei denen eine Aufbereitung mit Aktivkohle nur unvollständig gelingt … Im Falle der PBSM-Verunreinigung der Gewässer müssen zwingend landwirtschaftliche Sanierungsmaßnahmen im Einzugsgebiet durchgeführt werden, andererseits müssen die Hersteller von Pflanzenbehandlungsmitteln Stoffe entwickeln und anbieten, die nicht zu einer Belastung von Boden und Gewässern führen …

(aus: Scherer, Peter, a. a. O., S. 1 ff. [verändert])

Thema 5:
Soziale Marktwirtschaft: Modell für den Wohlstand?

Der Weg zur sozialen Marktwirtschaft

Alfred Schulze wohnt in Eberswalde, in den neuen Bundesländern. Er hat sich nie besonders für Politik interessiert und war froh, dass er in der ehemaligen DDR als Facharbeiter im VEB (Volkseigenen Betrieb) Metallwarenfabrik Eberswalde ein geregeltes Einkommen und einen sicheren Arbeitsplatz hatte. Schon sein Vater war Dreher im VEB Metallwarenfabrik gewesen. Alfred war in den Betriebskindergarten gegangen; die Wohnung der Eltern war werkseigen. Es war fast selbstverständlich, dass Alfred eine betriebliche Ausbildung im VEB machte und natürlich danach als Facharbeiter übernommen wurde. Nachdem Alfred geheiratet hatte und die zweite Tochter geboren war, hatte der Betrieb der Familie endlich die lange beantragte Wohnung beschaffen können. Es war zwar vorerst nur eine Altbauwohnung, aber besser, als mit der jungen Familie bei den Eltern wohnen zu müssen. Alfred Schulzes Frau arbeitete damals ebenfalls im VEB Metallwarenfabrik. Mit den beiden Löhnen konnte sich die Familie einiges leisten, vor allem, weil Miete und Grundnahrungsmittel sehr billig waren. Die Kinder gingen in den Betriebskindergarten, und auch ihr Leben schien schon vorgezeichnet. Als 1989 die Menschen in der DDR auf die Straße gingen, war Alfred Schulze dennoch mit dabei. Auch ihm gefiel nicht, dass er nicht verreisen durfte, wohin er wollte. Im Fernsehen aus dem Westen konnte die Familie zudem viele Dinge sehen, an die in der DDR nicht so einfach heranzukommen war. Auf ihren Trabi warteten die Schulzes 1989 auch schon 8 Jahre.

Das würde nun alles anders werden. Bei der Vereinigung und dem Übergang zur Sozialen Marktwirtschaft werde es keinem schlechter gehen, hatte Bundeskanzler Kohl versprochen, aber vielen besser. Alfred Schulze und seine Kollegen mussten kurzarbeiten. Zwar bekamen sie mehr Arbeitslosengeld in DM, als sie früher in Mark der DDR verdient hatten, aber die Preise waren auch nicht mehr die alten. Nach einiger Zeit wurde der Betrieb geschlossen, Alfred Schulze war arbeitslos. Er versuchte sich neu zu qualifizieren, jobbte als Versicherungsvertreter. In seinem alten Beruf findet er keine Arbeit. Er hat jetzt eine Stelle als Verkäufer von Gebrauchtwagen. Sein Chef kommt aus Essen. Zwei seiner Kinder sind nach der Ausbildung umgezogen, „in den Westen", wie Alfred Schulze sagt, in die Alten Bundesländer. Er selbst will in Eberswalde bleiben, hofft immer noch darauf, dass die Wirtschaft weiter in Schwung kommt und er irgendwann seinen Beruf wieder ausüben kann. Bisher aber hat sich in Eberswalde kein entsprechender Betrieb angesiedelt.

(Autorentext)

Wie Alfred Schulze stellten viele in den ersten Jahren nach der Vereinigung der beiden deutschen Staaten fest, dass der Übergang in ein neues Wirtschaftssystem für sie nicht nur Vorteile mit sich brachte. Was aber waren eigentlich die Nachteile des damaligen Systems?

Meine Freitagseinkaufstour beginnt regelmäßig beim besten Brotbäcker im übernächsten Dorf. Trotz der Warteschlange an der Landstraße komme ich als redelustiger und beliebter Abonnent vorzugsweise sofort dran. Es sagt auch keiner etwas, jeder will ja wiederkommen! Anschließend der Standardeinkauf im Dorfkonsum: Milch, Bier, Butter, Käse, Zucker, Mehl, Marmelade, Nudeln, Reis, Seife, Zahnpasta, Waschpulver, Weichspüler, Haarwäsche … Unter den abonnierten Milchtüten entdecke ich eine geschlossene Tüte (Preis 8,45 Mark) und bezahle sie, ohne nachzudenken … Zu Hause große Überraschung und Freude: Ein Glas Bienenhonig schlüpft aus der Tütenhülle. Letztmalig vor vier Monaten welchen bekommen. Schöner Erfolg meiner Kaffeespende an die drei Verkäuferinnen zum lieben Weihnachtsfeste! Aus Übermut fahre ich noch zur HO-Verkaufsstelle des nächsten Dorfes. Anderer Bezirk – „andere Warenstreuung"! Dort gutes Wurstangebot. Auch frische Äpfel, Zwiebeln und einen ansehnlichen Rotkohlkopf bekommen! Nachmittags verteile ich die abonnierten frischen Landbrote im Ort: eines für Opa Kopmann, eines für Tante Rita. Beide sind wichtige „Beziehungen". Opa Kopmann ist Zimmerer und hat immer Bretter, Holz, Leisten oder Stangen für uns. Tante Rita ist Fleischverkäuferin.

(aus: Filmer, Werner und Schwan, Heribert [Hrg.], Alltag im anderen Deutschland, Wien, 1985, S. 25 ff.)

In der DDR wurden die Preise besonders für Grundnahrungsmittel niedrig gehalten. So kostete zum Beispiel ein Kilo Roggenmischbrot 0,52 Mark, 1/2 Liter Milch 0,34 Mark, Schweinekotelett 8 Mark pro Kilo usw. Auch die Mieten waren sehr günstig. Für weniger als 100 Mark konnte eine Familie eine Dreieinhalbzimmerwohnung bewohnen. Andere Güter dagegen waren sehr teuer, wie zum Beispiel Kaffee oder Computer.

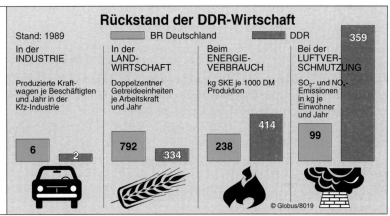

Rückstand der DDR-Wirtschaft

Stand: 1989 — BR Deutschland — DDR

In der INDUSTRIE	In der LANDWIRTSCHAFT	Beim ENERGIEVERBRAUCH	Bei der LUFTVERSCHMUTZUNG
Produzierte Kraftwagen je Beschäftigten und Jahr in der Kfz-Industrie	Doppelzentner Getreideeinheiten je Arbeitskraft und Jahr	kg SKE je 1000 DM Produktion	SO$_2$- und NO$_x$-Emissionen in kg je Einwohner und Jahr
6 / 2	792 / 334	238 / 414	99 / 359

© Globus/8019

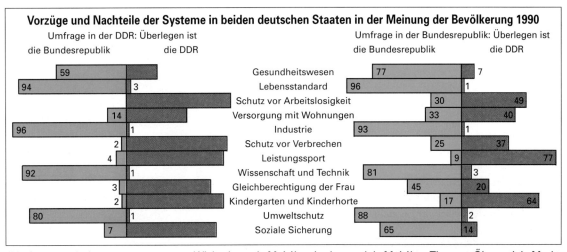

Vorzüge und Nachteile der Systeme in beiden deutschen Staaten in der Meinung der Bevölkerung 1990

Umfrage in der DDR: Überlegen ist			Umfrage in der Bundesrepublik: Überlegen ist	
die Bundesrepublik	die DDR		die Bundesrepublik	die DDR
59		Gesundheitswesen	77	7
94	3	Lebensstandard	96	1
	14	Schutz vor Arbeitslosigkeit	30	49
	14	Versorgung mit Wohnungen	33	40
96	1	Industrie	93	1
	2	Schutz vor Verbrechen	25	37
	4	Leistungssport	9	77
92	1	Wissenschaft und Technik	81	3
	3	Gleichberechtigung der Frau	45	20
	2	Kindergarten und Kinderhorte	17	64
80	1	Umweltschutz	88	2
	7	Soziale Sicherung	65	14

(Umfrageergebnisse entnommen aus: Wicke, Lutz, de Maizière, Lothar und de Maizière, Thomas, Öko-soziale Marktwirtschaft für Ost und West. Der Weg aus Wirtschafts- und Umweltkrise, München, dtv, o. J., S. 15)

Die Einführung der sozialen Marktwirtschaft wurde von vielen Bürgern der ehemaligen DDR begrüßt, ja sogar ausdrücklich gewünscht.

Was erwarteten sich die ehemaligen DDR-Bürger von dem Umstieg auf das andere Wirtschaftssystem?

Zugegebenermaßen: Die sozialistisch-kommunistischen Ideen der Gleichheit aller Menschen und der klassenlosen Gesellschaft sind außerordentlich sympathisch und vom Prinzip her erstrebenswert. Leider bewirken die daraus in sozialistischen Staaten gezogenen Konsequenzen eher das Gegenteil von dem, was die Verfechter des Sozialismus anstreben, nämlich das (wirtschaftliche) Glück aller Menschen. In allen sozialistischen Wirtschaftssystemen wird durch das Fehlen des Privateigentums an Produktionsmitteln und durch die zentrale Planung bei Fehlen von freien Marktpreisen verhindert, dass die stärkste Kraft jeder Wirtschaftsordnung – das Gewinn- und Eigennutzstreben aller Menschen – für eine Steigerung des an alle zu verteilenden Nationaleinkommens bzw. des Bruttosozialprodukt„kuchens" in Form von Waren und Dienstleistungen eingesetzt wird. Wenn es aber nur wenig zu verteilen gibt, dann muss ein sozialistisches Wirtschaftssystem fast zwangsläufig jedem (marktwirtschaftlichen) System unterlegen sein, das wegen der höheren Effizienz schlicht und einfach mehr verteilbaren Bruttosozialprodukt„kuchen" hervorbringt.

Was nützt die schönste sozialistische Gleichheit aller, wenn – außer an die führenden Genossen – an alle anderen gleich viel „sehr wenig" (z. B. die Rentner) bis „wenig" verteilt werden kann?

(aus: Wicke, Lutz; de Maizière, Lothar und de Maizière, Thomas, Öko-soziale Marktwirtschaft für Ost und West. Der Weg aus Wirtschafts- und Umweltkrise, München, dtv, o. J., S. 3 f.)

Sozial ist, was reich macht

Wohlstand wächst und soziale Not schwindet nur dort, wo erfolgreich gewirtschaftet wird. Reichtum ist nicht das Ergebnis sozialer Gesinnung, sondern von Arbeit, Leistung und Wettbewerb. In maroden Unternehmen sind Arbeitnehmer in ihrer sozialen Existenz gefährdet. Wenn Unternehmen Gewinne erwirtschaften, haben in einer sozial verfassten Marktwirtschaft die Arbeitnehmer daran teil. Das sind einfache Wahrheiten, die jedermann täglich erfahren kann …

Nur wenige Länder haben ein so gut ausgebautes Sozialsystem wie die Bundesrepublik. Mehr als ein Drittel des Sozialprodukts wird für soziale Zwecke ausgegeben. Dieses System, das in vierzig Jahren gewachsen ist, wird nun in einer „Anschubhilfe" von vielen Milliarden Mark auf die DDR übertragen. Auch in der DDR wird es Wohngeld, Bafög und Sozialhilfe geben, auf die jeder Bedürftige einen Rechtsanspruch hat. Den DDR-Bürgern werden die Segnungen der modernen Medizin zugänglich gemacht …

Die Teilung könne nur durch Teilen überwunden werden, haben de Maizière und nach ihm die Kirchen einprägsam formuliert. Dieser Satz entspringt christlichem Denken. Als Mahnung an jeden, großzügig zu helfen, hat er einen guten Sinn. Aber zur politischen Handlungsmaxime taugt er nicht. Denn mit Teilen sind die Lebensverhältnisse in der DDR nicht nachhaltig zu verbessern. Die DDR-Bürger wollen und sollen keine Almosenempfänger sein. Wir müssen ihnen helfen, die ideologischen Fesseln der Vergangenheit abzustreifen und ihre eigenen Kräfte zu mobilisieren. Soziale Sicherheit muss verdient werden. Das setzt Leistung voraus.

Daher gilt, dass sozial ist, was reich macht.

(aus: Frankfurter Allgemeine Zeitung vom 30. 7. 1990; Autor: Walter Kannengießer)

„… und ein Boden könnte auch nicht schaden" (Karikatur vom November 1989)

Was sich verändert hat

Von der Kunden abweisenden Tristesse des mageren Alltags im Sozialismus (Anfang 1990) ...

... zur kundenfreundlichen Üppigkeit der freien Wirtschaftsordnung (August 1992).

Einheitsbilanz der Ostdeutschen

Veränderungen seit der Wiedervereinigung (Antworten in Prozent der Befragten)

	Besser geworden	Schlechter geworden
Warenangebot	98	1
Reisen können, wohin man will	95	2
Möglichkeit, sich selbständig zu machen	93	2
Weiterbildungsmöglichkeiten	46	23
Preise für Lebensmittel	35	43
Krankenversorgung	32	39
Frei seine Ausbildung, Beruf wählen können	30	36
Der Zusammenhalt zwischen den Leuten	3	87
Mietpreise	2	94

(aus: Frankfurter Allgemeine Zeitung vom 13. April 1994. Quelle: Institut für Demoskopie Allensbach)

Auf dieser und den drei vorhergehenden Seiten wurden einige Probleme gezeigt, die im Zusammenhang mit der Umstellung der Wirtschaft in den neuen Bundesländern auf die soziale Marktwirtschaft für die Menschen entstanden. Viele zu Anfang gehegte Hoffnungen erfüllten sich nicht, zumindest nicht unmittelbar. Dennoch wurde und wird die Einführung dieses Wirtschaftssystems von der Mehrheit der Menschen nicht ernsthaft infrage gestellt. Sowohl im Osten, aber auch in den alten Bundesländern ist die überwiegende Mehrheit der Menschen von der Leistungsfähigkeit dieses Systems überzeugt. **Wie dieses Wirtschaftssystem funktioniert, ist Gegenstand des nun folgenden Teilkapitels.**

Anschließend soll im Folgenden in einem ersten Erarbeitungsschritt zunächst die Funktionsweise des Marktes untersucht werden. Dabei sollt ihr selbst den Mechanismus der Preisbildung durch Simulation analysieren und Leistungen des Marktes erkennen. Der Wirtschaftskreislauf steht im Mittelpunkt des nächsten Teils, wobei vor allem die Einwirkung von Staatseingriffen betrachtet werden soll.

Im dritten Erarbeitungsteil wenden wir uns dem Problem der Arbeitslosigkeit zu und betrachten Erscheinungsformen, Ursachen und Handlungsmöglichkeiten.

Im Vertiefungsteil geht es zunächst um die Rolle des Geldes im Wirtschaftskreislauf. Als Abschluss wenden wir uns Weiterentwicklungsmöglichkeiten der sozialen Marktwirtschaft zu.

Funktionsweise der sozialen Marktwirtschaft

Leistungen und Gefährdungen des Marktes

Die Freigabe der Preise war nach dem Kriege eine der zentralen Maßnahmen, die zur Errichtung der sozialen Marktwirtschaft in der Bundesrepublik geführt hat. Der Preismechanismus wird von den Theoretikern der Marktwirtschaft für den wichtigsten Regulator der Wirtschaft gehalten. Sehen wir uns deshalb den Prozess der Preisbildung an einem Beispiel an:

> In der Kleinstadt Neustadt ist die Welt noch in Ordnung. Die 5000 Haushalte brauchen jeden Tag etwa 20 000 Brötchen. In der Stadt gibt es 10 Bäcker, die sich den Markt für Brötchen aufteilen. In die „heile Welt" der Kleinstadt will ein Konkurrent der einheimischen Bäcker einbrechen. Zunächst erkundet er den Markt, indem er Menschen aus den Haushalten und Bäcker befragt.

Verbraucher	Anbieter

„Ich möchte auf jeden Fall jeden Morgen Brötchen essen. Brötchen – das gehört einfach dazu, das möchte ich nicht missen, selbst wenn ein Brötchen 2 DM kostet."

„Bei dem jetzigen Preis für Brötchen kommen wir gerade gut zurecht. Wir backen die Brötchen hier nach alter Tradition immer gleich. Da gibt es einen Standard."

„Brötchen sind mir zu teuer. Bei uns gibt es Brot. Aber wenn ein Brötchen nur 10 Pf kosten würde, dann würden wir auch mal welche nehmen."

„Ich bin gezwungen, Brötchen zu verkaufen. Die angeschaffte kleine Maschine muss sich bezahlt machen. Selbst wenn der Brötchenpreis auf die Hälfte sinken würde, müsste ich noch verkaufen, auch wenn mir nur Verlust übrig bliebe."

„Wir essen eigentlich jeden Morgen Brötchen. Aber so versessen sind wir auch nicht. Im Moment sind die Brötchen ja noch günstig (20 Pf), aber wenn sie teurer würden, dann würden wir Brot essen. Außerdem schmecken die Brötchen ja immer gleich."

„Der Brötchenpreis ist derzeit so, dass er auf keinen Fall mehr nachgeben darf. Er reicht gerade so aus. Wenn er allerdings stiege, wäre ich auch zu weiteren Investitionen bereit und würde mehr Brötchen anbieten."

1 Ausgehend von den Aussagen oben wollen wir zunächst ein sprachliches Modell des Brötchenmarktes in Neustadt entwickeln. Beschreibt dazu das Marktverhalten von Anbietern und Nachfragern für Brötchen in vollständigen Sätzen nach dem folgenden Muster: **Wenn der Brötchenpreis niedrig ist, dann wollen viele Nachfrager …**

In den von euch formulierten Sätzen werden Annahmen gemacht, die nicht immer zutreffen müssen. Welche Mengen Brötchen werden zu welchem Preis denn nun wirklich verkauft? Dazu kann man ein grafisches Modell entwickeln.

Dazu müssen bestimmte Annahmen gemacht werden, damit das Modell auch berechnet werden kann. Gehen wir einmal davon aus, der niedrigste Preis, zu dem ein Bäcker bereit wäre, ein Brötchen zu verkaufen, betrage **10 Pf**. Zu diesem Preis könnten sich nur wenige Bäcker vorstellen zu liefern, und zwar eine Menge von **3500 Stück**. Zu einem Preis von **50 Pf** pro Brötchen sind die Bäcker bereit, sehr viele Brötchen zu produzieren, nämlich **50 000 Stück**. Kosten die Brötchen aber so viel, so verzichten die meisten Verbraucher auf Brötchen, zu diesem Preis werden nur **3000 Brötchen** nachgefragt. Kosteten Brötchen dagegen nur **10 Pf**, so würden viele Verbraucher Brötchen kaufen, es wären zu diesem Preis 50 000 Brötchen absetzbar.

1 Modelliert nun für dieses oben genannte einfache Beispiel das Verhalten der Bäcker (Anbieter) und der Brötchenkonsumenten (Nachfrager) entweder mit einem Modellbildungswerkzeug auf dem Computer oder auf dem Papier! Orientiert euch an der folgenden Beispiel-Grafik.

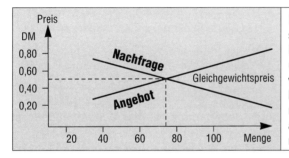

Die Angebots- und die Nachfragekurve schneiden sich in einem Punkt. An diesem Punkt spricht man vom **Gleichgewichtspreis** und der **Gleichgewichtsmenge**. Das heißt, werden genauso viele Brötchen zu diesem Preis angeboten, dann behalten die Bäcker nichts übrig, und es gibt zu diesem Preis auch keine potenziellen weiteren Käufer mehr.

2 Durch Zuzüge in der Stadt Neustadt steigt die Zahl der Brötchenesser plötzlich an. Wie entwickelt sich der Markt für Brötchen? Lasst euer Modell folgende Werte bearbeiten: Anwachsen der Brötchenmenge, die bei einem Preis von 50 Pf gekauft würden, auf 5000 und der Brötchenmenge, die bei einem Preis von 10 Pf gekauft würden, auf 60 000.

3 Sind mehr Brötchen zu einem besseren Preis zu verkaufen, so wird sich die Anbieterstruktur ändern. Zum Beispiel werden die Bäcker ihre Kapazitäten erweitern. Vielleicht treten aber auch weitere Anbieter auf. Untersucht das Verhalten des Marktes unter den folgenden Voraussetzungen: Anwachsen der Brötchenmenge, die bei einem Preis von 15 Pf angeboten würden, auf 6000, der Menge bei einem Preis von 50 Pf angeboten würden, auf 70 000.

In der Befragung wurde deutlich, dass manche Verbraucher auf jeden Fall Brötchen essen wollen, selbst wenn sie sehr teuer sind. Für die Bäcker ist es nicht so einfach möglich, einige hundert Brötchen mehr zu produzieren. Dazu müssen sie evtl. neue Maschinen kaufen oder mehr Bäckergesellen einstellen. Aus diesen und ähnlichen Gründen verlaufen die Angebots- und Nachfragekurve nicht als einfache Geraden, sondern eher anders:

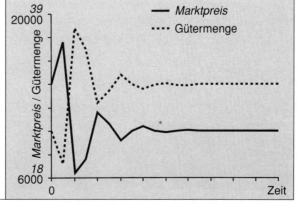

Die Modelle auf S. 115 können der Wirklichkeit immer nur nahe kommen, nie mit ihr völlig deckungsgleich sein. Damit die Preisbildung zumindest annäherungsweise so geschehen kann, wie das Modell sie beschreibt, so müssen doch einige wichtige Voraussetzungen gegeben sein, damit der Marktmechanismus in dieser Weise ablaufen kann.

1 Bestimmt für die unten abgedruckten Beispiele die Voraussetzungen, die ein „reines" Marktmodell macht! Sucht weitere Voraussetzungen und stellt sie in einer Tabelle zusammen!

Frau Mertens wohnt in Neustadt. Ihre Brötchen kauft sie immer bei Bäcker Winkelmann. Sie zahlt den Preis, der von Winkelmanns verlangt wird und kauft jeden Tag im Durchschnitt 6 Brötchen für ihre Familie.

Der Bäcker Hagens will mehr Brötchen verkaufen, da er eine neue Maschine abbezahlen muss. Deshalb senkt er den Preis. Doch die Steigerung der Menge der verkauften Brötchen entspricht nicht seinen Erwartungen.

Die beiden Bäcker Schulze und Fischer wollen demnächst von der alten Backtradition abweichen und eine neue Art von Brötchen backen. Sie erwarten sich dabei auch neue Absatzmöglichkeiten.

Auf einem Fest der Bäckerinnung haben die vollzählig anwesenden Bäcker eine Idee: Sie steigern alle zugleich den Preis für ihre Brötchen um 10 Prozent.

Der größte Arbeitgeber von Neustadt will das Angebot seiner Kantine auf ein Frühstück für alle MitarbeiterInnen ausdehnen. Dazu will er jeden Morgen 10 000 Brötchen von den Bäckern abnehmen. Es werden Verhandlungen geführt, bei denen der Großbetrieb den Preis zu drücken versucht und die einzelnen Bäcker, die alle gerne den sicheren Großauftrag hätten, gegeneinander ausspielt.

Bäcker Feldmann ist zugleich Bürgermeister von Neustadt. Deshalb kaufen viele Bürger immer bei ihm.

---

1 Erläutere anhand des Beispiels die Leistungen des Marktes, die der Wirtschaftstheoretiker Adam Smith in folgenden Sätzen ausdrückt:
„Nicht vom Wohlwollen des Metzgers, Brauers und Bäckers erwarten wir das, was wir zum Essen brauchen, sondern davon, dass sie ihre eigenen Interessen wahrnehmen. Wir wenden uns nicht an ihre Menschen – sondern an ihre Eigenliebe …"

2 Für die meisten Teilnehmer am Wirtschaftsprozess ist der Preis für die Waren vorgegeben. Auch Unternehmer kalkulieren mit einem wahrscheinlich für ein Produkt erzielten Preis. Stellt die Leistungen zusammen, die der Preis den Anbietern wie den Nachfragern bietet!

3 Nehmen wir an, die Produktionskosten für Brötchen steigen um 10 Prozent. Natürlich werden die Anbieter diese Tatsache bei der Kalkulation ihrer Preise berücksichtigen. Spielt im Modell durch, wie sich eine generelle Preiserhöhung auswirkt! Welche Voraussetzungen müssen gegeben sein, wenn eine Steigerung der Produktionskosten nicht zu einem Rückgang des Absatzes an Brötchen führen soll?

4 Spielt in eurem Modell durch, wie sich im Prozess der Preisbildung die nebenstehenden Marktformen auswirken! Stellt dabei zusammen: Welche Bedingungen müssen gegeben sein, damit eine obligatorische Anbieterstruktur nicht zulasten der Verbraucher besteht? Wie wird sich ein monopolistischer Anbieter verhalten (bezieht seine Gewinne ein!)?

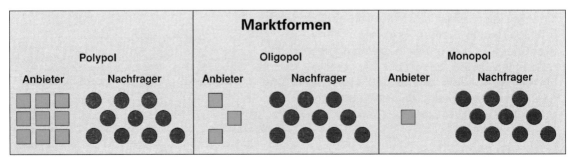

Die Funktionsfähigkeit des Marktes ist eine wichtige Grundlage unseres Wirtschaftssystems. Schon die Begründer der sozialen Marktwirtschaft sahen deshalb eine der wichtigsten Aufgaben des Staates im Wirtschaftsprozess darin, die Funktionsfähigkeit des Wettbewerbs zu sichern. Dieser Aufgabe ist die Bundesrepublik Deutschland in verschiedenen Gesetzen nachgekommen, von denen hier nur Auszüge abgedruckt sind:

Wer im geschäftlichen Verkehr zu Zwecken des Wettbewerbs über geschäftliche Verhältnisse, insbesondere über die Beschaffenheit, den Ursprung, die Herstellungsart oder die Preisbemessung einzelner Waren oder gewerblicher Leistungen oder des gesamten Angebots … irreführende Angaben macht, kann auf Unterlassung der Angaben in Anspruch genommen werden.

Wer in der Absicht, den Anschein eines besonders günstigen Angebots hervorzurufen … wissentlich unwahre und zur Irreführung geeignete Angaben macht, wird mit Freiheitsstrafe bis zu einem Jahr oder mit Geldstrafe bestraft.

(Auszüge aus den §§ 3 und 4 des Gesetzes gegen den unlauteren Wettbewerb)

Verträge, die Unternehmen oder Vereinigungen von Unternehmen zu einem gemeinsamen Zweck schließen, und Beschlüsse von Vereinigungen von Unternehmen sind unwirksam, soweit sie geeignet sind, die Erzeugung oder die Marktverhältnisse für den Verkehr mit Waren oder gewerblichen Leistungen durch Beschränkung des Wettbewerbs zu beeinflussen. Dies gilt nicht, soweit in diesem Gesetz etwas anderes bestimmt ist.

Verträge zwischen Unternehmen über Waren oder gewerbliche Leistungen, die sich auf Märkte innerhalb des Geltungsbereichs dieses Gesetzes beziehen, sind nichtig, soweit sie einen Vertragsbeteiligten in der Freiheit der Gestaltung von Preisen oder Geschäftsbedingungen bei solchen Verträgen beschränken, die er mit Dritten über die gelieferten Waren, über andere Waren oder über gewerbliche Leistungen schließt.

(§§ 1 und 15 des Gesetzes gegen Wettbewerbsbeschränkungen [Kartellgesetz])

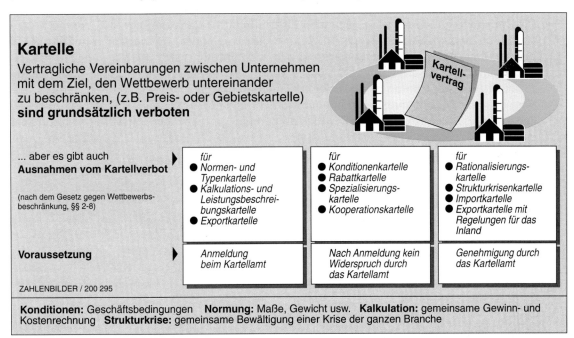

Kartelle

Vertragliche Vereinbarungen zwischen Unternehmen mit dem Ziel, den Wettbewerb untereinander zu beschränken, (z.B. Preis- oder Gebietskartelle) **sind grundsätzlich verboten**

Kartell-vertrag

... aber es gibt auch **Ausnahmen vom Kartellverbot**

(nach dem Gesetz gegen Wettbewerbsbeschränkung, §§ 2-8)

für	für	für
● Normen- und Typenkartelle ● Kalkulations- und Leistungsbeschreibungskartelle ● Exportkartelle	● Konditionenkartelle ● Rabattkartelle ● Spezialisierungskartelle ● Kooperationskartelle	● Rationalisierungskartelle ● Strukturkrisenkartelle ● Importkartelle ● Exportkartelle mit Regelungen für das Inland

Voraussetzung

Anmeldung beim Kartellamt	Nach Anmeldung kein Widerspruch durch das Kartellamt	Genehmigung durch das Kartellamt

ZAHLENBILDER / 200 295

Konditionen: Geschäftsbedingungen   **Normung:** Maße, Gewicht usw.   **Kalkulation:** gemeinsame Gewinn- und Kostenrechnung   **Strukturkrise:** gemeinsame Bewältigung einer Krise der ganzen Branche

1 Welche der von euch zusammengestellten Voraussetzungen eines funktionierenden Marktes sollen die einzelnen Gesetze und Institutionen gewährleisten?

Der Wirtschaftskreislauf

Verbraucher und Anbieter von Waren treffen sich, so das Modell, auf dem Markt. Ihr Verhalten beeinflusst sich, wie wir gesehen haben, gegenseitig. Es soll nun im Folgenden fortschreitend ein Modell für das Funktionieren der Wirtschaft insgesamt entwickelt werden. Doch zunächst sollte man sich der Möglichkeiten und Grenzen eines Modells bewusst werden. Die Endverbraucher von produzierten Gütern, insbesondere von Konsumgütern, werden in der Volkswirtschaftslehre als **Haushalte** bezeichnet. Dazu zählen auch die privaten Haushalte der Unternehmer. Die **Unternehmungen** als Produzierende der von den Haushalten verbrauchten Waren stellen die Gegenseite im Wirtschaftsprozess dar.

Ein Modell ist eine vereinfachende Darstellung eines tatsächlichen oder vorhergesehenen Sachverhalts, die es ermöglichen soll, den gesamten Sachverhalt in seinen wesentlichen Zügen zu verstehen. Zum Beispiel ist ein Stadtplan ein einfaches Modell einer Stadt. Kommt man am richtigen Haus an, so war das Modell der Stadt „richtig". Modelle sollen in der Wirklichkeit überprüfbar sein. Aber kein Modell kann die Wirklichkeit ganz so zeigen, wie sie ist, denn es gehört ja gerade zu den Merkmalen von Modellen, dass sie vereinfachen. Bei der Bildung von Modellen müssen die wesentlichen Merkmale eines Vorgangs erfasst werden. Dabei erweist sich besonders bei Computermodellen schnell, ob sie in sich schlüssig sind, denn nur so können sie „lauffähig" werden. Der wichtige Schritt am Ende ist aber immer wieder die Rückbeziehung des Modells auf die Wirklichkeit und die Erkenntnis, in welchen Aspekten diese vom Modell nicht erfasst werden konnte.

(Autorentext)

1 Stellt die wichtigen Aspekte eines Modells zusammen! (Dazu könnt ihr ein „Modell des Modells" entwickeln, das ihr als Schaubild aufzeichnet!)

2 Ermittelt die Beziehungen zwischen Haushalten und Unternehmungen und stellt sie in einem Modell dar (siehe Grafik unten links)!

3 Die Haushalte geben nicht ihr gesamtes Einkommen für Konsumgüter aus. Vielmehr wird Geld auch gespart, also für einige Zeit dem Kreislauf entzogen. Auf der anderen Seite bleibt das von den Unternehmen eingesetzte Kapital nicht immer gleich.
Unternehmer investieren, um verbrauchte Maschinen zu ersetzen oder um ihre Produktion zu erweitern (Grafik unten rechts) oder sie bilden Rücklagen.
Baut das Sparen und Investieren in euer Modell mit ein! Geht dabei auch von unterschiedlichen Sparquoten (Anteilen des Sparens an den Einkommen) bzw. Investitionsquoten aus!

Der Wirtschaftskreislauf

+ Konto –   + Konto –

+ Konto –   + Konto –

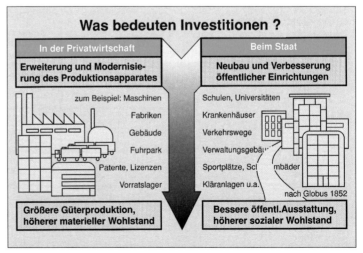

Was bedeuten Investitionen ?

In der Privatwirtschaft	Beim Staat
Erweiterung und Modernisierung des Produktionsapparates	**Neubau und Verbesserung öffentlicher Einrichtungen**

zum Beispiel: Maschinen — Schulen, Universitäten
Fabriken — Krankenhäuser
Gebäude — Verkehrswege
Fuhrpark — Verwaltungsgebäu...
Patente, Lizenzen — Sportplätze, Schwimmbäder
Vorratslager — Kläranlagen u.a.

nach Globus 1852

Größere Güterproduktion, höherer materieller Wohlstand   **Bessere öffentl. Ausstattung, höherer sozialer Wohlstand**

Ebenso wie im Verhältnis zwischen einzelnem Anbieter und einzelnem Nachfrager der Staat gewisse Rahmenbedingungen schaffen bzw. aufrechterhalten muss, damit die Marktmechanismen sich entfalten können, muss er auch für das marktmäßige Funktionieren der gesamten Volkswirtschaft gewisse Voraussetzungen schaffen. Wie weit das Eingreifen des Staates gehen soll, ist freilich streitig. Der Vordenker des marktwirtschaftlichen Modells, Adam Smith, wollte dem Staat nur ganz begrenzte Aufgaben übertragen:

> Gibt man daher alle Systeme der Begünstigung und Beschränkung auf, so stellt sich ganz von selbst das einsichtige und einfache System der natürlichen Freiheit her. Solange der Einzelne nicht die Gesetze verletzt, lässt man ihm völlige Freiheit, damit er das eigene Interesse auf seine Weise verfolgen kann und seinen Erwerbsfleiß und sein Kapital im Wettbewerb mit jedem anderen oder einem anderen Stand entwickeln und einsetzen kann … Im System der natürlichen Freiheit hat der Souverän lediglich drei Aufgaben zu erfüllen, die sicherlich von höchster Wichtigkeit sind, aber einfach und dem normalen Verstand zugänglich: Erstens die Pflicht, das Land gegen Gewalttätigkeit und Angriff anderer unabhängiger Staaten zu schützen, zweitens die Aufgabe, jedes Mitglied der Gesellschaft so weit wie möglich vor Ungerechtigkeit oder Unterdrückung durch einen Mitbürger in Schutz zu nehmen oder ein zuverlässiges Justizwesen einzurichten, und drittens die Pflicht, bestimmte öffentliche Anstalten und Einrichtungen zu gründen und zu unterhalten, die ein Einzelner oder eine kleine Gruppe aus eigenem Interesse nicht betreiben kann, weil der Gewinn ihre Kosten niemals decken könnte …

(aus: Smith, Adam, Der Wohlstand der Nationen, München, dtv, 1978, S. 582)

1 Unter dem „Souverän" versteht Smith den Staat. Welche Rolle weist er dem Staat im Wirtschaftsprozess zu? Welche heutigen Einrichtungen könnten gemeint sein?

2 Bezieht den Staat in euer Modell des Wirtschaftskreislaufs ein! Stellt die Beziehungen mit den Haushalten und Unternehmen her und bezeichnet sie!

3 Bearbeitet die Materialien über den Einfluss des Staates auf die Wirtschaft auf dieser und der folgenden Seite (Mat. 1 bis 6)! Bezieht die Informationen in das Modell ein!

Zur besseren Berechnung bei einem Modellbildungswerkzeug helfen euch die folgenden Werte:

Die **Steuerquote** (der Anteil der Steuern am insgesamt erzeugten Wert aller Güter und Dienstleistungen, dem **Bruttosozialprodukt**) betrug 1994 24%.

Die **Staatsquote** (die Ausgaben des Staates im Verhältnis zum Bruttosozialprodukt) betrug 1994 51%.

Der bundesdeutsche Staat im Wirtschaftsprozess

Der Staat und unser Geld
Staatseinnahmen und -ausgaben 1994 in Mrd. DM

Woher er's nahm

811 Mrd. DM — Steuern

639 — Sozialversicherungsbeiträge / Kreditaufnahme

82 / 56 / 52 — Vermögenseinkommen / sonstige Einnahmen

Staat = Bund, Länder, Gemeinden, Sozialversicherung

© Globus/2693 Quelle: Stat. Bundesamt

Wofür er's gab

640 Mrd. DM — Staatszwecke im engeren Sinne — Erziehung, Verteidigung, Recht, öffentliche Ordnung, Verwaltung u.a.

Sozialleistungen — 619

Schuldzinsen
Subventionen — 114
Investitionen (netto) — 68 / 65
sonstige Ausgaben — 134

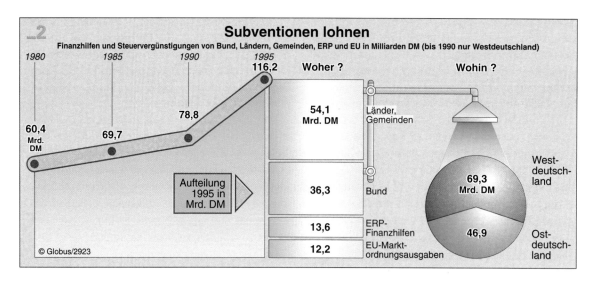

Subventionen lohnen

Finanzhilfen und Steuervergünstigungen von Bund, Ländern, Gemeinden, ERP und EU in Milliarden DM (bis 1990 nur Westdeutschland)

1980 *1985* *1990* *1995*
116,2
60,4 Mrd. DM | 69,7 | 78,8

Woher ? **Wohin ?**

54,1 Mrd. DM — Länder, Gemeinden

Aufteilung 1995 in Mrd. DM

36,3 — Bund

13,6 — ERP-Finanzhilfen
12,2 — EU-Markt-ordnungsausgaben

69,3 Mrd. DM — Westdeutschland
46,9 — Ostdeutschland

© Globus/2923

Der Staat greift nicht nur durch Steuererhebung und Subventionen in die Wirtschaft ein, er vermittelt auch durch gesetzliche Festlegungen eine umfangreiche **Umverteilungspolitik**, d. h., über die Steuern und über Zuwendungen werden Einkommensanteile zwischen verschiedenen Bevölkerungsgruppen umverteilt, z. B. zugunsten der sozial Schwachen.

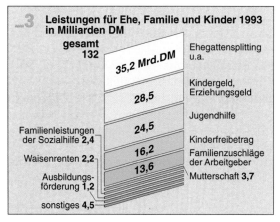

Leistungen für Ehe, Familie und Kinder 1993 in Milliarden DM

gesamt 132

35,2 Mrd.DM — Ehegattensplitting u.a.
28,5 — Kindergeld, Erziehungsgeld
24,5 — Jugendhilfe
16,2 — Kinderfreibetrag
13,6 — Familienzuschläge der Arbeitgeber
— Mutterschaft 3,7

Familienleistungen der Sozialhilfe 2,4
Waisenrenten 2,2
Ausbildungsförderung 1,2
sonstiges 4,5

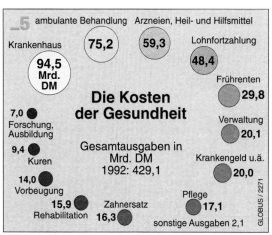

ambulante Behandlung 75,2   Arzneien, Heil- und Hilfsmittel 59,3

Krankenhaus 94,5 Mrd. DM

Lohnfortzahlung 48,4

Frührenten 29,8

Die Kosten der Gesundheit

7,0 Forschung, Ausbildung
9,4 Kuren
14,0 Vorbeugung
15,9 Rehabilitation
Zahnersatz 16,3

Gesamtausgaben in Mrd. DM 1992: 429,1

Verwaltung 20,1
Krankengeld u.ä. 20,0
Pflege 17,1
sonstige Ausgaben 2,1

GLOBUS / 2271

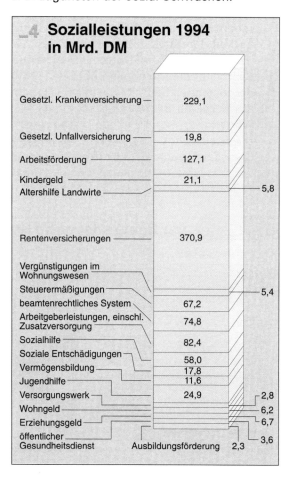

Sozialleistungen 1994 in Mrd. DM

Gesetzl. Krankenversicherung — 229,1
Gesetzl. Unfallversicherung — 19,8
Arbeitsförderung — 127,1
Kindergeld — 21,1
Altershilfe Landwirte — 5,8
Rentenversicherungen — 370,9
Vergünstigungen im Wohnungswesen
Steuerermäßigungen — 5,4
beamtenrechtliches System — 67,2
Arbeitgeberleistungen, einschl. Zusatzversorgung — 74,8
Sozialhilfe — 82,4
Soziale Entschädigungen — 58,0
Vermögensbildung — 17,8
Jugendhilfe — 11,6
Versorgungswerk — 24,9
Wohngeld — 2,8
Erziehungsgeld — 6,2
öffentlicher Gesundheitsdienst — 6,7
Ausbildungsförderung 2,3 — 3,6

In dem von uns bisher entwickelten Modell befindet sich die Wirtschaft immer im Gleichgewicht. Der Vorzug des Modells ist eine einfache Erklärung der Funktionsweise der Marktwirtschaft. Damit ist aber die Realität noch lange nicht erfasst. Es gibt wichtige Bereiche, und Sachverhalte, die von dem Modell ausgeblendet werden.

1 Stellt aus den Materialien auf den Seiten 120 bis 122 die Unterschiede zwischen Modell und Realität der Marktwirtschaft zusammen, welche die einzelnen Autoren aufzeigen!

Erstens haben wird das altbekannte Problem des Monopols. Das Monopol schaltet den Anreizeffekt der Konkurrenz aus, macht den Weg frei für diskriminierende Praktiken gegen Verbraucherklassen, konzentriert Mittel in der Hand weniger und verringert wahrscheinlich den Ansporn zu technischem Wandel.

Ein zweiter, wenn auch damit verbundener Schwachpunkt ergibt sich aus der Ungleichheit der Verhandlungsstärke. Zum Beispiel mag die Hunger leidende Familie, die ohne ausreichend verwertbare Ressourcen nicht überleben kann, in der Lage sein, die endgültige Katastrophe dadurch hinauszuschieben, dass sie ein paar Geschäfte tätigt, aber das lässt den Markt nicht gerade in einem guten Licht erscheinen. Gerade seine Unpersönlichkeit wird in solchen Fällen zu einem Teil des Problems, des Problems nämlich, dass der Markt, vom Status quo ausgehend, die bestehende Einkommensverteilung als gegeben annimmt und dann Grenzabweichungen davon unterstützt, bei denen niemand verliert. Das ist jedoch zu wenig, um denjenigen zu helfen, die durch irgendwelche Umstände in ihrer Fähigkeit, ein Einkommen zu beziehen, beraubt sind.

Eine der wichtigsten Lehren, die die wohlhabenden kapitalistischen Gesellschaften des 20. Jahrhunderts gelernt haben, ist die, dass das Marktsystem nicht stabil ist. Ihren eigenen Mechanismen überlassen und auf der Suche nach ihrem eigenen Vorteil, produzieren die am Markt Beteiligten nicht ein optimales Wirtschaftsergebnis, sondern ein Chaos wirtschaftlicher Auf- und Abschwünge.

Der letzte Punkt, bei dem die Märkte versagen, ergibt sich aus dem Wesen der den Verbrauchern verfügbaren Information. Informiert zu werden, ist immer teuer. Wir haben bereits festgestellt, dass der ideale Markt dazu tendiert, Information wirksam zu organisieren; in der Praxis trifft dies jedoch nicht immer zu. Wenn Märkte unbeständig sind, ist es viel kostspieliger, genug Informationen zu sammeln, um zukünftige Preise und verfügbare Mengen vorauszusagen. Das daraus resultierende höhere Unsicherheitsniveau ist eindeutig ein Versagen des Marktes.

(gekürzt aus: Ward, Benjamin, Die Idealwelten der Ökonomen. Liberale, Radikale, Konservative, Frankfurt/New York, Campus, 1986, S. 33 ff.)

Natürlich stellt das oben kurz skizzierte ökonomische Modell eine radikale Vereinfachung der in der Realität herrschenden Verhältnisse dar. Berücksichtigt man seine außerordentliche Schlichtheit, so muss es zwar wohl erstaunen, dass es doch ansatzweise mit diesem Modell gelingt, wichtige Triebkräfte des wirtschaftlichen Handelns bzw. die Natur wirtschaftlicher Institutionen (z. B. Gewinn-, Nutzenstreben, Konkurrenz, Durchsetzung von Präferenz und Kaufkraft auf dem Markt usw.) in Ansätzen darzustellen. Andererseits kann jedoch kein Zweifel darüber bestehen, dass es für eine unmittelbare wirtschafts- bzw. umweltpolitische Anwendung viel zu grob strukturiert ist …

Die Liste der in der Realität vorzufindenden Unterschiede zu dem oben kurz skizzierten Modell ist lang. Allerdings … sei in diesem Zusammenhang daran erinnert, dass die ökonomische Modellbildung gerade nicht das Ziel hat, die Realität wie ein Foto abzubilden.

Wir wollen uns daher im Folgenden auf die für die Analyse von Umweltproblemen relevanteste Abweichung zwischen Realität und Modell konzentrieren. In der obigen idealtypischen Darstellung war unterstellt, dass von der Produktion des Gutes x lediglich die Produzenten und die Nachfrage … betroffen sind.

Jegliche Nutzungs- oder Kostenwirkung, die mit dem Gut x einhergeht, ist in diesem Modell über Märkte vermittelt: Die Nutzen aus dem Konsum des Gutes x fallen ausschließlich bei den Konsumenten an, die für den Kauf dieses Gutes auf dem Markt für das Gut bezahlen. Die Kosten für die Produktion fallen ausschließlich bei den produzierenden Firmen an … *In dem oben kurz skizzierten Modell für das Gut x existieren keine Beziehungen, die nicht Marktbeziehungen sind.* Dieser Umstand muss angesichts der in der Realität herrschenden Verhältnisse als drastische Vereinfachung gelten. Wir bezeichnen in der Ökonomie über Märkte vermittelte Interdependenzen zwischen Individuen als „interne Effekte".

Ein „externer Effekt" besteht dagegen darin, dass die Nutzensituation (bei Firmen: Gewinnsituation) eines Individuums unmittelbar, d. h. ohne Vermittlung durch den Marktmechanismus, von einer Aktivität abhängt, die von einem anderen Individuum kontrolliert wird. Legt man diese Definition zugrunde, so wird man unmittelbar feststellen, dass die Lebenswelt jedes Einzelnen ein dichtes Gestrüpp externer Effekte enthält…. Ein konsensfähiges Beispiel für einen externen Effekt dürfte in der Staubemission einer Firma bestehen.

(aus: Endres, Alfred, Umweltökonomie. Eine Einführung, Darmstadt, Wiss. Buchgesellschaft, 1994, S. 13 f.)

Eine funktionierende Marktwirtschaft setzte gewisse Tätigkeiten des Staates voraus; manche andere staatliche Tätigkeiten werden ihr Funktionieren unterstützen, und sie kann noch viele andere dulden, vorausgesetzt, dass sie mit einem funktionierenden Markt vereinbart sind. Aber es gibt auch solche, die dem Prinzip, auf dem ein freies System beruht, zuwiderlaufen, und die infolgedessen ganz ausgeschlossen werden müssen, wenn ein solches System funktionieren soll. Es kann daher eine Regierung, die verhältnismäßig inaktiv ist, aber das Falsche macht, die Kräfte des Marktes weit mehr lähmen als eine Regierung, die sich um Wirtschaftsangelegenheiten mehr kümmert, sich aber auf Maßnahmen beschränkt, die die spontanen Kräfte der Wirtschaft unterstützen …

Sofern der Staat nur die Versorgung mit Dienstleistungen unternimmt, die sonst überhaupt nicht bereitgestellt würden… erhebt sich die einzige Frage, ob die Vorteile die Kosten wert sind.

(aus: Hayek, Friedrich von, Wirtschaftpolitik im Rechtsstaat, in: Grundtexte zur sozialen Marktwirtschaft, Stuttgart und New York, 1981, S. 184f.)

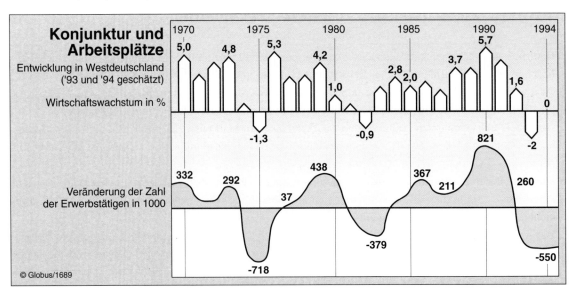

§ 1

Bund und Länder haben bei ihren wirtschafts- und finanzpolitischen Maßnahmen die Erfordernisse des gesamtwirtschaftlichen Gleichgewichts zu beachten. Die Maßnahmen sind so zu treffen, dass sie im Rahmen der marktwirtschaftlichen Ordnung gleichzeitig zur Stabilität des Preisniveaus, zu einem hohen Beschäftigungsstand und außenwirtschaftlichen Gleichgewicht bei stetigem und angemessenem Wirtschaftswachstum beitragen.

(Stabilitätsgesetz)

Das Stabilitätsgesetz von 1969 gibt Ziele für die Wirtschaftspolitik vor. Die vier genannten Ziele bilden das „Magische Viereck". Das Ziel des Wachstums wird gemessen an der Wachstumsrate des Bruttosozialprodukts, d. h. des Geldwerts aller Güter und Dienstleistungen, die in einem Jahr produziert werden. Das Ziel der Preisniveaustabilität wird bestimmt nach der durchschnittlichen Preissteigerungsrate, das Ziel eines hohen Beschäftigungsstands an der Arbeitslosenquote, das Ziel des außenwirtschaftlichen Gleichgewichts am Verhältnis von Ausfuhren und Einfuhren.

(Autorentext)

1 Berechnet: Wie hoch wäre das Bruttosozialprodukt von gegenwärtig ca. 2500 Milliarden DM in Deutschland bei einer Steigerungsrate von jährlich 1%, 2% und 5% nach 5, 10, 20, 50, 100 Jahren? Zur Abkürzung des Rechenvorgangs könntet ihr euch des Computers bedienen.

Das Ziel der Preisniveaustabilität wird gemessen an der durchschnittlichen **Preissteigerungsrate,** das Ziel eines hohen Beschäftigungsstands an der **Arbeitslosenquote,** das Ziel des außenwirtschaftlichen Gleichgewichts am **Außenbeitrag,** dem Verhältnis von Einfuhren und Ausfuhren. Mit diesen Zahlen erhaltet ihr ein Bild vom Erreichen dieser Ziele.

1 Legt ein Koordinatenkreuz an, in dem ihr für jedes Ziel des „Magischen Vierecks" eine Achse vorseht. Tragt nun für ein euch interessant erscheinendes Jahr die Werte ein und verbindet die Punkte!

2 Legt ein weiteres Koordinatenkreuz an, auf dem ihr nochmals jeweils eine Achse für die vier Zielgrößen des „Magischen Vierecks" festlegt! Tragt dann verschiedene Jahre ein und verbindet die jeweiligen Eckpunkte miteinander! Ihr erhaltet verschiedene Vierecke.

3 Diskutiert: Wie sollte ein „Normviereck" aussehen, das realistische Zielvorgaben vermittelt? Im Koordinatenkreuz könnt ihr die Achsen auch bei einem Wert unterschiedlich von Null beginnen lassen, um das „Normviereck" grafisch darzustellen.

Wirtschaftsentwicklung nach den Daten des „Magischen Vierecks"									
Jahr	**Wachstum**	**Arbeitslosenquote**	**Preisanstieg**	**Außenbeitrag**	**Jahr**	**Wachstum**	**Arbeitslosenquote**	**Preisanstieg**	**Außenbeitrag**
1951	9,4	9,1	7,8	11,9	1973	4,7	1,2	7,0	3,0
1952	9,0	8,5	2,1	2,5	1974	0,2	2,5	7,0	4,3
1953	8,5	7,6	1,8	3,8	1975	−1,4	4,7	5,9	2,7
1954	7,1	7,1	0,2	3,4	1976	5,6	4,6	4,3	2,4
1955	11,8	5,2	1,6	2,4	1977	2,7	4,5	3,7	2,3
1956	7,5	4,2	2,5	3,4	1978	3,3	4,3	2,7	2,8
1957	5,9	3,5	2,0	4,1	1979	4,0	3,7	4,1	0,8
1958	4,1	3,6	2,2	3,9	1980	1,5	7,6	5,5	−0,1
1959	7,5	2,5	1,0	3,4	1981	0,0	9,3	6,3	1,0
1960	8,8	1,3	1,4	3,0	1982	−1,0	9,3	5,1	1,4
1961	4,4	0,9	2,3	2,5	1983	1,9	9,4	3,3	2,3
1962	4,7	0,7	2,9	1,2	1984	3,3	9,0	2,4	3,3
1963	2,8	0,9	3,2	1,8	1985	1,9	8,9	2,0	4,2
1964	6,6	0,8	2,1	1,6	1986	2,3	9,0	−0,1	5,8
1965	5,4	0,7	3,2	0,3	1987	1,6	8,9	10,2	5,5
1966	3,0	0,7	3,6	1,6	1988	3,7	8,7	1,3	5,7
1967	−0,1	2,1	1,7	3,6	1989	3,8	7,9	2,8	6,3
1968	5,8	1,5	1,5	3,8	1990	5,7	6,4	2,7	3,1
1969	7,5	0,8	2,1	2,9	1991	5,0	6,7	3,7	−1,1
1970	5,0	0,7	3,3	2,1	1992	2,2	7,7	4,6	−1,1
1971	3,0	0,8	5,4	1,8	1993	−1,1	8,9	3,9	−1,1
1972	4,2	1,1	5,5	1,9	1994	2,8	9,2	3,0	−1,5
zusammengestellt aus: Gutachten des Sachverständigenrates, Monatsberichte der Deutschen Bundesbank)									

Arbeitslosigkeit als Problem der Wirtschaftspolitik

Düstere Wolken über dem Arbeitsmarkt

Erwerbslosigkeit nimmt deutlich zu

Lage am Arbeitsmarkt verschlechtert sich weiter

Von der großen Masse der Menschen wird *Arbeitslosigkeit* nach wie vor als ein *Gewaltakt* empfunden, als ein Anschlag auf die körperliche und seelisch-geistige Integrität, auf die Unversehrtheit der davon Betroffenen. Sie gilt als Raub und Enteignung der Fähigkeiten und Eigenschaften, die innerhalb der Familie, der Schule, der Lehre in der Regel in einem mühsamen und aufwendigen Bildungsprozess erworben wurden und die jetzt, von ihren gesellschaftlichen Betätigungsmöglichkeiten abgeschnitten, in Gefahr sind, zu verrotten und dadurch schwere Persönlichkeitszerstörungen hervorzurufen.

Das ist der *Grundskandal* unserer Gesellschaft. Sie droht an ihrem Reichtum und ihren Überschussprodukten zu ersticken und ist gleichwohl außerstande, Millionen von Menschen das *zivilisatorische Minimum* für eine menschliche Existenzweise zu sichern: nämlich einen Arbeitsplatz, einen konkreten Ort, an dem sie ihre gesellschaftlich gebildeten Arbeitsvermögen anwenden können, um von bezahlter Leistung zu leben.

(aus: Negt, Oskar, Die Krise der Arbeitsgesellschaft, in: Aus Politik und Zeitgeschichte, vom 07.04.1995)

1 Diskutiert die These Oskar Negts und stellt die psychosozialen Wirkungen von Arbeitslosigkeit nach den Grafiken zusammen! Beachtet dabei die Unterschiede zwischen den beiden Studien und zwischen ost- und westdeutschen Arbeitslosen und sucht Erklärungen!

2 Erstellt unter Einbeziehung der Materialien unten und der auf Seite 125 ein Szenario der Entwicklung der Arbeitslosigkeit für die Jahre bis 2030, das u. a. folgende Fragen beantwortet:
- Wie hoch muss 2010 und 2030 die Beschäftigung sein, damit die Arbeitslosigkeit die Zielmarke erreicht?
- In welchen Bereichen wird es 2010 bzw. 2030 voraussichtlich Überschuss, in welchen Mangel an Arbeitskräften geben?

Stellt eure Ergebnisse grafisch dar!

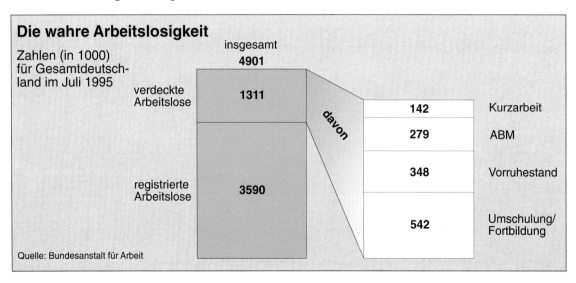

Die wahre Arbeitslosigkeit

Zahlen (in 1000) für Gesamtdeutschland im Juli 1995

insgesamt **4901**

verdeckte Arbeitslose **1311**

davon:
- 142 — Kurzarbeit
- 279 — ABM
- 348 — Vorruhestand
- 542 — Umschulung/Fortbildung

registrierte Arbeitslose **3590**

Quelle: Bundesanstalt für Arbeit

Menschen in Deutschland Bevölkerung in Millionen

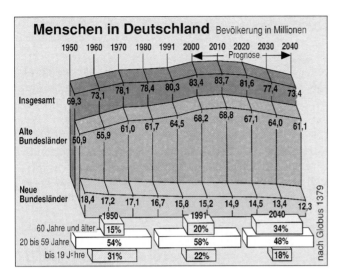

	1950	1960	1970	1980	1991	2000	2010	2020	2030	2040
							Prognose			
Insgesamt	69,3	73,1	78,1	78,4	80,3	83,4	83,7	81,6	77,4	73,4
Alte Bundesländer	50,9	55,9	61,0	61,7	64,5	68,2	68,8	67,1	64,0	61,1
Neue Bundesländer	18,4	17,2	17,1	16,7	15,8	15,2	14,9	14,5	13,4	12,3

	1950	1991	2040
60 Jahre und älter	15%	20%	34%
20 bis 59 Jahre	54%	58%	48%
bis 19 Jahre	31%	22%	18%

nach Globus 1379

Männer- und Frauenerwerbsquote in der Bundesrepublik (1993 einschließlich neue Länder)

(Die Quoten beziehen sich auf die 15-65 Jahre alte Bevölkerung)

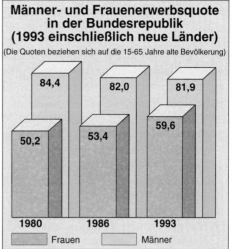

	1980	1986	1993
Männer	84,4	82,0	81,9
Frauen	50,2	53,4	59,6

Frauen   Männer

Entwicklung des Erwerbspersonenpotentials und der Erwerbstätigkeit (Jahresdurchschnitt in 1000)

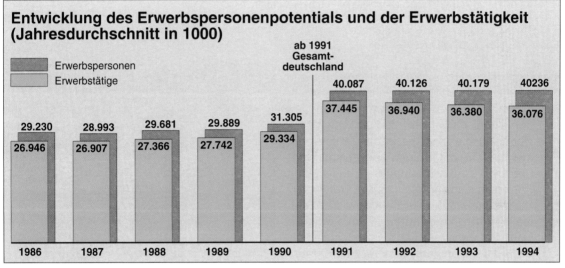

Erwerbspersonen
Erwerbstätige

ab 1991 Gesamt-deutschland

	1986	1987	1988	1989	1990	1991	1992	1993	1994
Erwerbspersonen	29.230	28.993	29.681	29.889	31.305	40.087	40.126	40.179	40236
Erwerbstätige	26.946	26.907	27.366	27.742	29.334	37.445	36.940	36.380	36.076

Erwerbstätige nach unterschiedlichen Anforderungsprofilen der Tätigkeiten 1985 und 2010

(Quelle: IAB / Prognos)

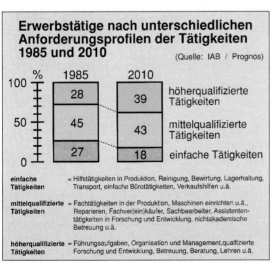

%	1985	2010	
	28	39	höherqualifizierte Tätigkeiten
	45	43	mittelqualifizierte Tätigkeiten
	27	18	einfache Tätigkeiten

einfache Tätigkeiten = Hilfstätigkeiten in Produktion, Reinigung, Bewirtung. Lagerhaltung, Transport, einfache Bürotätigkeiten, Verkaufshilfen u.ä.

mittelqualifizierte Tätigkeiten = Fachtätigkeiten in der Produktion, Maschinen einrichten u.ä., Reparieren, Fachver(ein)käufer, Sachbearbeiter, Assistenten-tätigkeiten in Forschung und Entwicklung, nichtakademische Betreuung u.ä.

höherqualifizierte Tätigkeiten = Führungsaufgaben, Organisation und Management,qualfizierte Forschung und Entwicklung, Betreuung, Beratung, Lehren u.ä.

Erwerbstätige nach Tätigkeitsgruppen 1985 und 2010

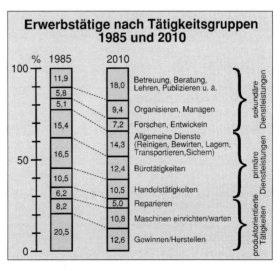

%	1985	2010		
	11,9	18,0	Betreuung, Beratung, Lehren, Publizieren u. ä.	sekundäre Dienstleistungen
	5,8			
	5,1	9,4	Organisieren, Managen	
	15,4	7,2	Forschen, Entwickeln	
		14,3	Allgemeine Dienste (Reinigen, Bewirten, Lagern, Transportieren,Sichern)	primäre Dienstleistungen
	16,5	12,4	Bürotätigkeiten	
	10,5	10,5	Handelstätigkeiten	
	6,2	5,0	Reparieren	produktorientierte Tätigkeiten
	8,2	10,8	Maschinen einrichten/warten	
	20,5	12,6	Gewinnen/Herstellen	

125

Auch der Arbeitsmarkt ist ein Markt. Der Preis der Ware Arbeitskraft ist der Lohn. Die Beschäftigung eines Arbeitnehmers erfolgt in der Bundesrepublik aufgrund eines zwischen Arbeitgeber und Arbeitnehmer abgeschlossenen Arbeitsvertrages. Die Höhe der Entlohnung sowie weitere Regelungen werden in Tarifverträgen festgelegt:

Ein **Tarifvertrag** ist ein Vertrag zwischen einer Arbeitnehmervertretung (Gewerkschaft) und einem Arbeitgeber bzw. einer Vereinigung von Arbeitgebern. Die Tarifpartner schließen den Tarifvertrag ohne staatliche Einmischung ab. Diese **Tarifautonomie** wird aus Art. 9, Absatz III Grundgesetz abgeleitet: „Das Recht, zur Wahrung und Förderung der Arbeits- und Wirtschaftsbedingungen Vereinigungen zu bilden, ist für jedermann und für alle Berufe gewährleistet."
Im Tarifvertrag werden die Lohn- und die Gehaltstarife und sonstigen Arbeitsbedingungen festgelegt. Man unterscheidet zwischen dem längerfristigen Manteltarifvertrag, der die auf längere Zeit festgeschriebenen Regelungen (wie z. B. Grundsätze der Urlaubsgewährung, Mehr-, Spät- und Sonntagsarbeit, Kündigungsschutz für ältere Arbeitnehmer und Ähnliches) enthält, und dem meist kurzfristigen (häufig auf 12 Monate befristeten) Lohn- und Gehaltstarif, der die Vergütungsregelungen enthält.

(aus: Baßeler, Ulrich; Heinrich, Jürgen und Koch, Walter A., Grundlagen und Probleme der Volkswirtschaft, Köln, Bachem, [10] 1988, S. 632 und 634)

1 Baut die in den folgenden (mit 1 bis 6 gekennzeichneten) Materialien vorgeschlagenen politischen Maßnahmen nacheinander in euer Modell ein! Wie wirken sie?

2 Überprüft die Eingriffe in die Tarifautonomie und in die freie Marktpreisbildung! Entsprechen die Maßnahmen den beiden Prinzipien, setzen sie sie außer Kraft?

3 Stellt Regeln auf: Wann und inwiefern sollen Eingriffe in die Tarifautonomie möglich sein? Entsprechend dem Stabilitätsgesetz setzt der Staat verschiedene Instrumente ein, um die Arbeitslosigkeit zu bekämpfen. Die Bundesanstalt für Arbeit regelt einen Großteil des Arbeitsmarkts und die Abwicklung von Arbeitslosengeld und Arbeitslosenhilfe (Mat. 1 und 2):

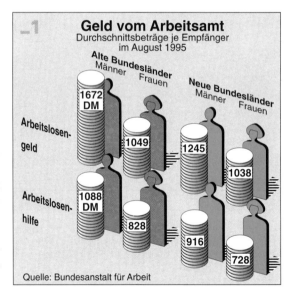

_1 **Geld vom Arbeitsamt**
Durchschnittsbeträge je Empfänger im August 1995

Alte Bundesländer Männer Frauen
Neue Bundesländer Männer Frauen

Arbeitslosengeld: 1672 DM / 1049 / 1245 / 1038

Arbeitslosenhilfe: 1088 DM / 828 / 916 / 728

Quelle: Bundesanstalt für Arbeit

_2 Das Arbeitsförderungsgesetz	Bundesanstalt für Arbeit	9 Landesarbeitsämter — 146 Arbeitsämter
Beschäftigungspolitik	**Erhaltung u. Schaffung v. Arbeitsplätzen**	**Leistungen an Arbeitslose**
● Arbeitsmarkt- und Berufsforschung ● Berufsberatung, ● Arbeitsvermittlung ● Förderung der beruflichen Bildung: Berufl. Aus-, Fortbildung und Umschulung ● Förderung der Arbeitsaufnahme ● Berufsfördernde Leistungen zur Rehabilitation	● Kurzarbeitergeld ● Förderung der ganzjährigen Beschäftigung in der Bauwirtschaft 　Winterbauförderung, 　Schlechtwettergeld ● Maßnahmen zur Arbeitsbeschaffung	● Arbeitslosengeld (Leistungen der Arbeitslosenversicherung) ● Arbeitslosenhilfe ● Konkursausfallgeld ● Beiträge zur Kranken-, Unfall- und Rentenversicherung der Leistungsempfänger

ZAHLENBILDER 153110

_3   Arbeitsmarktpolitik

Wo aber ist eine Erfolg versprechende Strategie zur Bekämpfung der Arbeitslosigkeit … Dringend benötigt werden Dienste im Humanbereich (Bildung, Gesundheit, soziale Dienste) sowie öffentliche Investitionen in den Bereichen Umweltsicherung, Wohnungsbau, Städtesanierung, Verkehrs- und Energiesysteme, Bildungs- und Freizeiteinrichtungen. Finanzschwache Gemeinden bedürfen der finanziellen Hilfe für konkrete Projekte…

Letztlich müssen solche Leistungen über höhere Steuern finanziert werden.

Es ist eine Frage des politischen und gesellschaftlichen Willens, ob Arbeit für alle geschaffen wird. In der Bundesrepublik, das zeigt die Erfahrung der vergangenen Jahre, fehlt… die Bereitschaft aller Beteiligten, die Arbeitslosigkeit energisch zu bekämpfen… Verzicht auf aktive Beschäftigungspolitik aber heißt, bestehende Chancen zur Nachfrageerhöhung und damit zur Vermehrung von Arbeitsplätzen nicht zu nutzen… Ohne Strategien der solidarischen Umverteilung von Arbeit und Einkommen, ohne Überstundenabbau, allgemeine Arbeitszeitverkürzung und einem höheren Angebot an… Teilzeitarbeitsplätzen geht es nicht.

(aus: Cornetz, Wolfgang, Vorbild Amerika, in: DIE ZEIT vom 9.12.1988)

_4   Stabilisierungspolitik

Der Weg, der zum Ziel eines hohen Beschäftigungsstandes zurückführt, ist nach den Erfolgen der letzten Jahre klar vorgezeichnet. Er ist zweispurig und führt zum einen über die Fortsetzung eines von den Investitionen her abgesicherten Wirtschaftswachstums und zum anderen über eine beschäftigungsintensivere Nutzung der Produktionsanlagen. Beides bewirkt eine Ausweitung des Angebots an Arbeitsplätzen. Beides erfordert eine Wirtschaftspolitik, die darauf hinwirkt, dass die Angebotsbedingungen dort, wo sie gut sind, erhalten bleiben und da, wo sie schlecht sind, verbessert werden…

Wichtig ist vor allem, dass Kostendruck die Gefahr inflationärer Verspannungen nicht vergrößert. Damit sind in erster Linie die Tarifparteien angesprochen…

Für Besonnenheit und Augenmaß in der Lohnpolitik zu werben heißt nicht, die stabilisierungspolitische Aufgabe allein den Tarifparteien aufzubürden… Die Tarifparteien müssen darauf vertrauen können, dass alle ihren Beitrag leisten. Anderenfalls wäre der Erfolg einer stabilitätsgerechten Lohnpolitik … unsicher; das Motiv für moderate Lohnerhöhungen entfiele.

(aus: Jahresgutachten 1989/90 des Sachverständigenrates zur Begutachtung der gesamtw. Entwicklung)

„Wie schon unser Gründer vor über 100 Jahren sagte: Die Gewerkschaften mit ihren Lohnforderungen sind…"

„Geht mir doch weg mit eurer grünen Gefühlsduselei! Hauptsache, ich habe Arbeit – oder?"

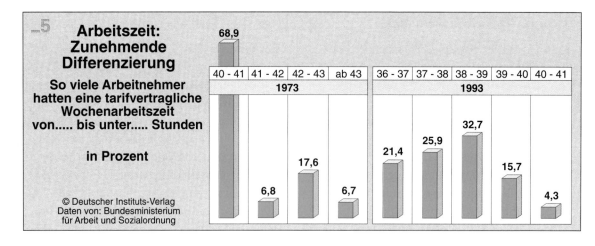

_5 Arbeitszeit: Zunehmende Differenzierung

So viele Arbeitnehmer hatten eine tarifvertragliche Wochenarbeitszeit von..... bis unter..... Stunden

in Prozent

© Deutscher Instituts-Verlag
Daten von: Bundesministerium für Arbeit und Sozialordnung

40 - 41	41 - 42	42 - 43	ab 43	36 - 37	37 - 38	38 - 39	39 - 40	40 - 41
1973				1993				
68,9	6,8	17,6	6,7	21,4	25,9	32,7	15,7	4,3

Die Arbeitgeberverbände waren zu dem Einstieg in die 35-Stunden-Woche nur unter bestimmten Zugeständnissen der Gewerkschaften bereit. Die Arbeitnehmer verzichteten z. T. auf größere Lohnerhöhungen, um den Einstieg in die 35-Stunden-Woche zu erreichen. Mehr noch aber stimmten sie einer Flexibilisierung der Arbeitszeit zu.

_6 Pro und Contra Arbeitszeitverkürzung/Arbeitszeitflexibilisierung

Gewerkschaften	Arbeitgeber
Forderung: • 35-Stunden-Woche mit vollem Lohnausgleich • Vorruhestand	*Reaktion:* • statt Wochenarbeitszeitverkürzung Arbeitszeitflexibilisierung • Teilzeitarbeit • Vorruhestand
Pro-Wochenarbeitsverkürzung • sichert und schafft Arbeitsplätze • geringere Arbeitsbelastung • mehr Zeit für aktive Freizeitgestaltung und Hobbys für sich und die Familie und politische Betätigung • sichert bessere freie Meinungsäußerung und freie Entfaltung der Persönlichkeit • schafft Zeit zur Selbstbestimmung • schafft Zeit für Teilhaber am sozialen, kulturellen und gesellschaftlichen Leben und ermöglicht aktive Mitgestaltung • ermöglicht partnerschaftliche Arbeitsteilung im Haushalt und bei der Kindererziehung	*Contra Wochenarbeitszeitverkürzung* • treibt die Kosten in die Höhe • ist beschäftigungsunwirksam • widerspricht dem Wunsch der Arbeitnehmer • schadet der internationalen Wettbewerbsfähigkeit • ist im Ausland fehlgeschlagen • wird von der Wissenschaft abgelehnt • ist nicht finanzierbar • wird durch Erfahrung der sechziger Jahre nicht gestützt • verschärft Rationalisierungsdruck • ist mit betriebswirtschaftlichen und betriebsorganisatorischen Umsetzungsproblemen verbunden
Contra Arbeitszeitflexibilität • die gegenwärtigen Arbeitszeiten sind z. B. durch Über- stunden, Gleitzeit, Kurz- und Schichtarbeit nicht starr, sondern flexibel • mit Flexibilisierung wollen die Unternehmer soziale Errungenschaften wie, z. B. den freien Samstag beseitigen • unterschiedlich lange Arbeitszeiten spalten die Belegschaft und bewirken noch ungerechtere Einkommensunterschiede • erforderlich ist eine stärkere Mitbestimmung der Arbeitnehmer über Verteilung, Wahl- und Gestaltungs-	*Pro Arbeitszeitflexibilität* Flexible Arbeitszeiten sichern die kostengünstige Nutzung der betrieblichen Anlagen und ermöglichen Arbeitzeiten für die Beschäftigten, die ihnen entgegenkommen. *Für den Betrieb:* Betriebszeit kann optimal gestaltet werden, das heißt • Kostensenkung • Abbau von Leer- und Fehlzeiten • Vermeidung von Überstundenzuschlägen durch Anpassung der Arbeitszeit an den Arbeitsanfall • Erhöhung der Kapitalrentabilität • Verlängerung der Maschinenlaufzeiten *Für den Arbeitnehmer:* ermöglicht unterschiedliche Verteilung der wöchentlichen Arbeitszeit

(aus: Informationen zur politischen Bildung, Nr. 175, Bonn 1990, S. 29)

Banken, Inflation und alternative Konzepte

Das Geld und die Banken im Wirtschaftskreislauf

Einen wesentlichen Teil des Wirtschaftslebens haben wir bisher nur am Rande, bei der Preissteigerung, betrachtet: das Geld. Aus den folgenden Texten geht hervor, welche Funktionen das Geld übernimmt und wie es über die Banken im Wirtschaftsprozess bewegt wird.

1 Ergänzt euer Modell des Wirtschaftskreislaufs auf dem Papier um den Geldkreislauf! Welche Aussagen lassen sich über das Verhältnis von Geld- und Güterkreislauf machen?

2 Bezieht in euer Modell das Bankensystem mit ein! Beschreibt dazu auch die Rolle, die die Bundesbank für den Wirtschaftskreislauf spielt!

Arten von Geld
● Münzgeld
● Papiergeld
● Giralgeld
● Plastikgeld

Halten wir fest, dass Geld, gleich in welcher Form, immer schon ganz bestimmte Funktionen hatte, die uns – mehr oder weniger bewusst – geläufig sind. Zunächst ist es ein allgemein geltendes Tauschmittel, das in seiner Definition als gesetzliches Zahlungsmittel dazu berechtigt, jede Art von Gütern und Dienstleistungen zu erwerben. Gesetzliches Zahlungsmittel bedeutet zugleich, dass dieses nicht nur allgemein anerkannt ist, sondern auch, dass es als Gegenwert nicht abgelehnt werden darf.

Eine weitere – etwas abstrakte – Funktion des Geldes ist die des Wertmessers und der Recheneinheit. Diese Funktionen bewirken, dass überall in einer Volkswirtschaft der gleiche Maßstab bei der Ermittlung des Wertes von Gütern und Dienstleistungen angewendet wird. Dies bedeutet nicht, dass für ein bestimmtes Gut überall der gleiche Preis angenommen wird, sondern nur, dass ein Vergleich des Verhältnisses von Preis und Leistung möglich ist.

Geld ist schließlich auch ein Mittel zur Übertragung von Werten und ihrer Aufbewahrung. Ganz schnell einleuchtend ist dies, wenn z. B. ein Tausender den Besitzer wechselt. Hier wechselt zwar der Verfügungsberechtigte, nicht aber der Wert des Scheines.

(aus: Diedrigkeit, Rüdiger, Atlas Geld und Wertpapiere, Wiesbaden, Gabler, ⁴1988, S. 30)

Banken operieren ähnlich wie andere Unternehmen auch. Sie basieren auf dem Prinzip, für ihre Eigentümer Gewinne zu erwirtschaften. Eine Geschäftsbank stellt den Kunden gewisse Dienstleistungen zur Verfügung und wird dafür in dieser oder jener Form bezahlt. Die Dienstleistungen bestehen z. B. in der Abwicklung von Überweisungen von Konten auf andere Konten, aber auch in der Vergabe von Krediten.

(aus: Samuelson, Paul E. und Nordhaus, William D., Volkswirtschaftslehre, Bd. 1, Köln, Bund, 1987, S. 428)

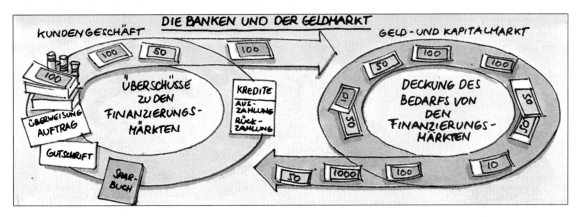

Das Inflationsproblem

1 Ermittelt (vielleicht mit der Hilfe der Verbraucherzentrale oder der Marktberichte der Tageszeitungen) den Preisindex für einzelne Güter, z. B. Brot, über mehrere Wochen hinweg! Welche Schwierigkeiten ergeben sich?

2 Erklärt anhand eures Modells des Wirtschaftskreislaufs, wie es zur Inflation kommen kann! Zeichnet dazu die verschiedenen Wirkungsketten der in den Materialien gegebenen Erklärungen!

> Inflationen treten auf, wenn das allgemeine Preis- und Kostenniveau ansteigt: die Preise für Brot, Benzin und Autos; wenn die Löhne, die Bodenpreise, die Investitionserträge steigen. Unter Deflation verstehen wir eine Zeit allgemein sinkender Preise und Kosten.

(aus: Samuelson, Paul E. und Nordhaus, William D., Volkswirtschaftslehre, Bd. 1, Köln, Bund, 1987, S. 361)

Die Inflation wird in der Bundesrepublik durch den **Preisindex für die Lebenshaltung aller privaten Haushalte** gemessen. Zu seiner Berechnung ermittelt man die Entwicklung der Ausgaben eines Durchschnittshaushalts für einen repräsentativen Warenkorb einer Basisperiode. So gibt dann z. B. der Preisindex für 1991 an, wie viel der Haushalt für den Warenkorb im Vergleich zu 1985 zahlen musste, bezogen auf den Indexwert 100 für 1985.

> ### Lohndruckinflation
> Setzen die Gewerkschaften Lohnerhöhungen durch, obwohl die Wirtschaft insgesamt gerade nicht wächst, so geben sie den Anstoß zu Preissteigerungen. Auf die Lohnerhöhungen reagieren die Unternehmer mit Preiserhöhungen. Die Lohn- und Preiserhöhung führt dazu, dass die Lohn- und die Gewinneinkommen steigen. Arbeitnehmer und Unternehmer sind also in der Lage, ihre Ausgaben für Güter so zu steigern, dass sie bei gleicher Kaufneigung die gleiche Gütermenge nachfragen wie vor der Lohn- und Preiserhöhung. Lediglich das Preisniveau also ist gestiegen. Versuchen es die Gewerkschaften erneut, so wiederholt sich der Prozess…
>
> ### Nachfrageinflation
> Steigt die Nachfrage in einer Volkswirtschaft, ohne dass eine Ausdehnung der Produktion von Gütern sofort möglich wäre, so steigen die Preise. Dieser Mechanismus kann eintreten, wenn auf dem Arbeitsmarkt keine zusätzlichen Arbeitskräfte zu bekommen sind, weil Vollbeschäftigung herrscht. Dann können die Gewerkschaften leicht Lohnsteigerungen durchsetzen… Damit müsste der Inflationsprozess schon zu Ende sein. Doch haben sowohl die Arbeitnehmer- wie die Unternehmerhaushalte ihre Einkommen steigern können und fragen auf den Gütermärkten genauso viel nach wie vorher. Wenn nun auch die Nachfrage der übrigen Haushalte und des Staates nicht wesentlich zurückgeht, kann der Inflationsprozess weiterlaufen: Aus Überschussnachfrage folgt Preissteigerung und Lohnsteigerung…

(aus: Baßeler, Ulrich; Heinrich, Jürgen und Koch, Walter A., Grundlagen und Probleme der Volkswirtschaft, Köln, Bachem, 10 1988, S. 598 f.)

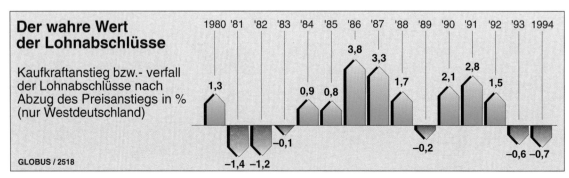

Der wahre Wert der Lohnabschlüsse

Kaufkraftanstieg bzw.- verfall der Lohnabschlüsse nach Abzug des Preisanstiegs in % (nur Westdeutschland)

GLOBUS / 2518

Geldmengensteuerung durch eine Zentralbank

Durch Inflation kann jegliches Vertrauen in die Volkswirtschaft schwinden. In der Bundesrepublik hat die Deutsche Bundesbank die Aufgabe, den Geldwert zu sichern.

Bundenbankgesetz, § 3	Bundesbankgesetz, § 13
Die Deutsche Bundesbank regelt mithilfe der währungspolitischen Befugnisse, die ihr nach diesem Gesetz zustehen, den Geldumlauf und die Kreditversorgung der Wirtschaft mit dem Ziel, die Währung zu sichern und sorgt für die bankmäßige Abwicklung des Zahlungsverkehrs im Inland und mit dem Ausland.	Die Deutsche Bundesbank ist verpflichtet, unter Wahrung ihrer Aufgabe die allgemeine Wirtschaftspolitik der Bundesregierung zu unterstützen. Sie ist bei der Ausübung der Befugnisse, die ihr nach diesem Gesetz zustehen, von Weisungen der Bundesregierung unabhängig.

Als Hüterin der Währung hat die Deutsche Bundesbank beim Münz- und beim Papiergeld scheinbar ein einfaches Mittel, das Geldangebot dem Bedarf anzupassen: Sie kann einfach weniger Papiergeld herausgeben oder die Bundesregierung weniger Münzen prägen lassen. Doch eine bestimmte Menge Münzen oder Banknoten kann vielfach als Geld wirken. Die einzelne Münze oder der einzelne Hundertmarkschein kann zwei-, fünf- oder zwanzigmal im Jahr den Besitzer wechseln. So kann schon beim Bargeld eine Verknappung durch die Bundesbank durch eine Erhöhung der Umlaufgeschwindigkeit des Geldes in der Wirtschaft aufgefangen und ins Gegenteil verkehrt werden.

Doch Münz- und Papiergeld stellen einen immer geringeren Anteil am Geld in der Volkswirtschaft insgesamt. Das Buchgeld bei den Banken kann nicht direkt beeinflusst werden, da es nicht – wie das Bargeld – immer wieder durch die Bundesbank umläuft.

Wenn die Bundesbank sich immer wieder Geldmengenziele steckt, die eine ausreichende Versorgung der Volkswirtschaft mit Geld einerseits und eine möglichst nicht-inflationäre Geldentwicklung andererseits gewährleisten sollen, so besteht keineswegs eine Garantie, dass diese auch verwirklicht werden können. Die Bundesbank legt über ihre Tätigkeit regelmäßig Rechenschaft ab.

Es bedarf deshalb vieler ausgeklügelter Mittel, um die Geldmenge zu steuern, ohne den Marktprozess unnötig zu stören.

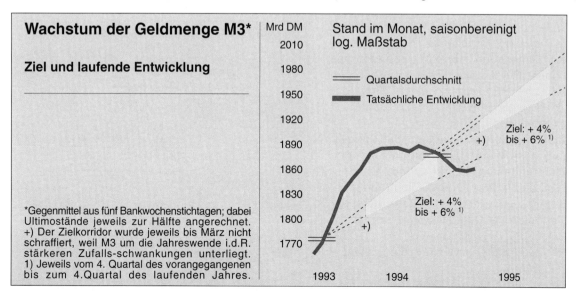

(aus: Deutsche Bundesbank, Monatsbericht Mai 1995)

Ein wichtiges Mittel, das der Bundesbank nach dem Bundesbankgesetz zusteht, ist die Steuerung der Leitzinsen. Banken berechnen ihren Kunden Zinsen für Kredite. Um das Geld für die Vergabe von Krediten ihrerseits zu bekommen, können die Banken neben den Spareinlagen der anderen Kunden auch auf Kredite von der Bundesbank zurückgreifen. Ein Mittel, einen Kredit von der Bundesbank zu erhalten, bildet das Rediskontieren von Wechseln.

Ein Wechsel ist ein Zahlungsversprechen, das ein Verkäufer einer Ware von seinem Kunden „zieht". Der Kunde verspricht, an einem bestimmten Datum einen bestimmten Betrag zu zahlen. Damit das aus dem Verkauf ihm zustehende Geld aber für den Verkäufer schon früher verfügbar ist, kann er den Wechsel bei einer Bank **diskontieren** lassen. Die Bank zahlt ihm, wenn sie sicher ist, dass das Zahlungsversprechen auch wirklich eingelöst wird, für den Wechsel den Betrag, der auf dem Wechselformular ausgewiesen ist, abzüglich eines Zinssatzes, des Diskonts. Für die Bank bedeutet das Wechselgeschäft eine Kreditvergabe, denn das Geld muss sie vorstrecken, solange das Zahlungsversprechen nicht eingelöst ist. Wenn nun die Bank ihrerseits den Wechsel bei der Bundesbank vorlegt, wiederholt sich prinzipiell derselbe Vorgang. Mit der Festsetzung des **Diskontsatzes** legt die Bundesbank fest, zu welchem Zinssatz sie bereit ist, den Banken Wechselkredite zu gewähren. Mit der Festlegung von Rediskontkontingenten legt sie fest, wie viel Geld sie über einen bestimmten Zeitraum für Wechselgeschäfte mit den Geschäftsbanken zur Verfügung stellt.

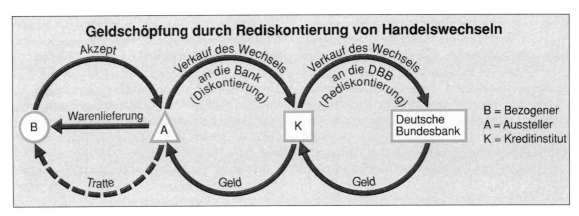

Eine andere Möglichkeit für Banken, Kredite von der Zentralbank zu bekommen, ist das Hinterlegen von Wertpapieren als Pfänder. Für Kredite dieser Art erhebt die Deutsche Bundesbank einen Zins, der Lombard genannt wird. Der Zinssatz heißt entsprechend Lombardsatz.

Daneben kauft und verkauft die Bundesbank auch Wertpapiere auf dem offenen Markt und nimmt damit auf das Marktgeschehen Einfluss. Diese „Offenmarktpolitik" ist zum wichtigsten Instrument der Geldpolitik der Bundesbank geworden.

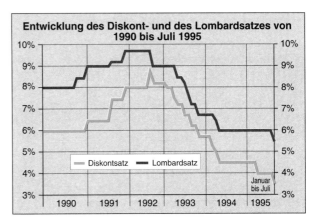

1 Modelliert die Wirkung der Diskont- und Lombardpolitik im System Zentralbank – Geschäftsbanken!

2 In der jüngeren Vergangenheit hat sich die Wirkung der Diskont- und Lombardpolitik als wenig durchschlagend erwiesen. Wie erklärt ihr euch diese Tatsache?

Weiterentwicklung zur öko-sozialen Marktwirtschaft

Die Grundidee der betriebswirtschaftlichen Kostenrechnung ist logisch und einleuchtend: Die Summe der betrieblichen Kosten zuzüglich der Gewinnzuschläge und der Steuern ergibt den Preis; dieser muss am Markt konkurrenzfähig sein, damit das Produkt einen Käufer findet. Der Käufer, Benutzer oder Verbraucher zahlt also im Preis eines Produkts oder einer Dienstleistung die betrieblichen Kosten ebenso wie die Steuern und den Gewinn. Aber sind im Preis wirklich alle Kosten enthalten? Jawohl, sagt die Betriebskalkulation, da sind alle betrieblichen Kosten drin.

Was aber ist mit den volkswirtschaftlichen, den so genannten externen Kosten eines Produktes? Beispielsweise fehlen im Preis der schönen Flasche Zwetschgenschnaps ganz bestimmt die Kosten für den Unterhalt der vielen Trinkerheilanstalten und für die Schadensregulierung nach alkoholbedingten Verkehrsunfällen. Auch die Kosten für die Wiederaufarbeitung der originell geformten Schnapsflaschen tauchen nicht in der betrieblichen Kalkulation auf, zu schweigen von denen der Umweltbelastung durch den Energieumwandlungsvorgang beim Schnapsbrennen. Auch die Entsorgungskosten sind sicherlich nur mit den Deponiekosten in der Rechnung enthalten.

Das Beispiel zeigt, dass ein großer Kostenanteil, obwohl vom Produkt verursacht, diesem nicht zugerechnet wird. Mithin gibt der Preis nur einen zufälligen Teil der tatsächlichen Herstellungs-, Nutzungs- und Beseitigungskosten wieder.

Wer bezahlt aber die restlichen Kosten? Nun, bislang werden die Kosten für die Umweltbeanspruchung nur mangelhaft bezahlt. Da haben wir bei Mutter Natur erhebliche Schulden auflaufen lassen und auf Pump gelebt. Um aber bei dem genannten Beispiel zu bleiben: Die Betriebskosten der Trinkerheilanstalten und die Behandlungskosten der bei Verkehrsunfällen Geschädigten zahlt die gesetzliche Krankenversicherung. Die Regulierung der Sachschäden übernimmt die Kraftfahrzeugversicherung. Die Kosten von Verkehrspolizei und Gericht trägt die Staatskasse, die wiederum von den Steuern lebt, die alle bezahlen.

(aus: Laistner, Hermann, Ökologische Marktwirtschaft, Ismaning, Hueber, 1986, S. 166 f.)

Die rechenbare „ökologische Schadensbilanz" Deutschlands Mitte der 80er Jahre

Schadenspositionen	Schadenskosten (in Mrd. Mark pro Jahr)
Luftverschmutzung – Gesundheitsschäden – Materialschäden – Schädigung der Freiland- vegetation – Waldschäden	rund 48,0 Mrd. Mark – über 2,3–5,8 – über 2,3 – über 1,0 – über 5,5–8,8

Gewässerverschmutzung
– Schäden im Bereich Flüsse
  und Seen
– Schäden im Bereich Nord- und
  Ostsee
– Schäden im Bereich
  Grundwasser
	weit über 17,6 Mrd. Mark
	
	– über 14,3
	
	– weit über 0,3
	
	– über 3,0

Bodenzerstörung
– Tschernobyl und
  „Tschernobyl-Vermeidungs-
  kosten"
– Altlastensanierung
– Kosten der Biotop-
  und Arterhaltung
– „Erinnerungsposten" sonstige
  Bodenkontaminationen
	weit über 5,2 Mrd. Mark
	
	– über 2,4
	– über 1,7
	
	– über 1,0
	
	– weit über 0,1

Lärm – Wohnwertverluste – Produktivitätsverluste – „Lärmrenten"	über 32,7 Mrd. Mark – über 29,3 – über 3,0 – über 0,4
Summe der Schäden	weit über 103,5 Mrd. Mark

(aus: Wicke, Lutz, Die ökologischen Milliarden, München, Kösel, 1986, S. 123)

Aktualisierte „ökologische Schadensbilanz" Deutschlands Ende der 80er Jahre

Luftverschmutzung	rund 30 Mrd. DM
Gewässerverschmutzung	rund 20 Mrd. DM
Bodenbelastung	rund 10 Mrd. DM
Lärm	rund 35 Mrd. DM
sonstige Umweltbelastungs- und Zerstörungskosten: „Psychosoziale Kosten" (Umweltärger, Stress), Art-, Biotop-, Landschaftszerstörung, Beitrag der Bundesrepublik Deutschland zur Ozonschichtzerstörung, zur Aufheizung der Atmosphäre und zur Zerstörung des Naturerbes unserer Kinder und Kindeskinder und weitere Schadensarten	mindestens: 25 Mrd. DM
Umweltschäden insgesamt	120 Mrd. DM

(aus: Wicke, Lutz; de Maizière, Lothar und de Maizière, Thomas, a. a. O., S. 68)

Wäre es nicht richtiger, wenn den Produkten in der sozialen Marktwirtschaft alle Kosten, auch die externen, aufgeladen würden?

Der britische Umweltökonom David Pearce hat als private und gesellschaftliche (Folge)Kosten der Produktion benannt:
1. die direkten Kosten (einzelwirtschaftliche Kosten),
2. die Zukunfts- und Nutzungskosten,
3. die negativen externen Effekte der Nutzung von Ressourcen und
4. einen Erwartungswert von zusätzlichen Kosten aufgrund unerwarteter katastrophaler Entwicklungen.

(zusammengefasst nach: Leipert, Christian, Die heimlichen Kosten des Fortschritts, Frankfurt a. M., Fischer, 1989, S. 93 f)

Die tatsächlichen externen Kosten können nur abgeschätzt werden. Wie etwa soll man veranschlagen, dass durch weitere Umweltverschmutzung eine Tierart ausstirbt? Trotzdem wird es immer wichtiger, die externen Kosten mit zu beachten.

1 Versucht die tatsächlichen Kosten einmal abzuschätzen für die folgenden Produkte:
1 Liter Benzin
1 Kugelschreiber-Mine
1 Batterie (Monozelle)
1 Busfahrt (Kurzstrecke)
Ermittelt dazu zunächst einen durchschnittlichen derzeitigen Preis und erkundigt euch nach der Zusammensetzung des Preises. Überlegt dann die externen Kosten und zieht Informationen über die Kosten für Müllbeseitigung etc. ein! Schätzt die restlichen Kosten ab!

2 Wie sollen die tatsächlichen Kosten erhoben werden? Sammelt Vorschläge! Wie könnte das Geld sinnvoll angelegt werden, damit auch für Katastrophenfälle vorgesorgt würde?

3 Welche Effekte würden auf den Märkten eintreten, wenn die externen Kosten mitbezahlt werden müssten? Überlegt dies zum Beispiel für den Markt für Personentransport (Auto, Bus, Bahn etc.) oder für den Markt für kleine Energieträger (Batterien, Akkus etc.).

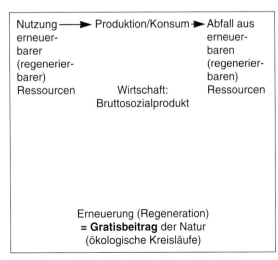

Bild einer traditionellen Wirtschaft auf der Basis erneuerbarer Ressourcen

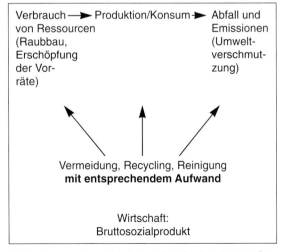

Bild einer modernen Wirtschaft mit eingebauter Ressourcenbewirtschaftung u. integriertem Umweltschutz

Thema 6:
Einheit in der Vielfalt? – Multikulturelle Gesellschaft

Wanderungsbewegungen von und nach Deutschland

Die Geschichte der Menschheit ist geprägt von Wanderungs- und Fluchtbewegungen. Infolge seiner geografischen Lage in der Mitte Europas ist Deutschland im Laufe der Geschichte sowohl Ziel- als auch Ausgangspunkt solcher Strömungen gewesen und ist es immer noch.

Auswanderung aus Deutschland
Die russische Zarin Katarina II. förderte gleich am Beginn ihrer Amtszeit (1762) die Besiedelung menschenarmer Gebiete, indem sie Ausländer aus wirtschaftlich fortgeschrittenen Ländern nach Russland einlud. Zahlreiche deutsche Bauern nahmen die zugesicherte Steuerfreiheit gern an und ließen sich in erster Linie an der Schwarzmeerküste und an den Ufern der Wolgau nieder. Das bevorzugte Auswanderungsziel der Deutschen im 19. und im frühen 20. Jahrhundert war Nordamerika. Zwischen 1820 und 1930 wanderten 5,9 Millionen Deutsche in die Vereinigten Staaten aus. Die Auswandererfamilien gründeten in ihrer neuen Heimat zahlreiche Gemeinden. Die Ursachen dieser Massenbewegung reichen vom Ausbruch aus dem engen Muff der deutschen Kleinstaaterei bis zum Versuch, in der Neuen Welt die eigene wirtschaftliche Position zu verbessern.

Zur größten Wanderungsbewegung kam es zur Zeit des Nationalsozialismus. Mehr als 800 000 Deutsche suchten im Ausland Schutz vor der Diktatur des Faschismus. Zu den wichtigsten Exilländern deutscher Politiker gehörten zunächst Frankreich und Spanien, später Großbritannien, die Sowjetunion und Schweden. Der 1992 verstorbene langjährige SPD-Vorsitzende Willy Brandt zählte zu jenen, die der Verfolgung in Nazideutschland durch die Flucht nach Norwegen und Schweden entgehen konnten. Norwegen wurde für den 1938 von den Nazis ausgebürgerten Brandt zur zweiten Heimat. Erst 1946 kehrte er nach Deutschland zurück und setzte hier sein politisches Wirken fort.

Einwanderung nach Deutschland
Gegen Ende des 16. Jahrhunderts kamen aus Frankreich die Hugenotten als Glaubensflüchtlinge nach Deutschland und fanden Asyl in Schönau, Frankenthal, Hamburg, Berlin. Unter den Einwanderern befanden sich viele Intellektuelle (Pfarrer, Gelehrte, Literaten) und hoch

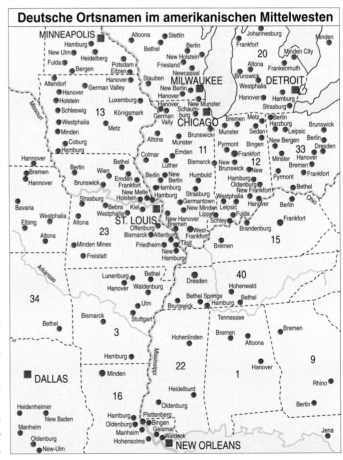

Deutsche Ortsnamen im amerikanischen Mittelwesten

spezialisierte Handwerker und Manufakturisten, die in ihren Gastgeberstaaten für einen merklichen Modernisierungsschub in der Wirtschaft sorgten. Durch ihr Wissen und ihre Arbeitskraft wuchs das Ackerstädtchen Berlin zu einer europäischen Metropole.

Im Zuge der fortschreitenden Industrialisierung Deutschlands kam es gegen Ende des 19. Jahrhunderts zu einer verstärkten Einwanderung polnischer Arbeitskräfte in das Ruhrgebiet. Bei den „Ruhrpolen" handelte es sich zum größten Teil um preußische Staatsbürger, die jedoch erst seit kurzer Zeit zu Preußen gehörten und überwiegend polnisch sprachen. Sie lebten zunächst isoliert von der einheimischen Bevölkerung und gründeten ihre eigenen Vereine. Im Laufe der Zeit vermischten sie sich mit der örtlichen Einwohnerschaft deutscher Abstammung z. B. durch Heirat und glichen sich in Sprache und Kultur immer mehr an. Heute wird dieses polnische Element im Ruhrgebiet nur noch an den überlieferten polnischen Namen sichtbar.

Nach dem 2. Weltkrieg setzte sich die Migration im großen Ausmaß fort, denn zwischen 1945 und 1950 strömten 12 Millionen Flüchtlinge und Vertriebene aus dem Osten in die vier Besatzungszonen. Hinzu kamen bis heute drei Millionen Aussiedler aus der früheren Sowjetunion, Polen und Rumänien. Aus der ehemaligen DDR übersiedelten bis zur Wiedervereinigung 1990 ca. 15 Millionen Vertriebene, Flüchtlinge, Übersiedler und Aussiedler nach Westdeutschland. Seit Mitte der 50er Jahre kamen Millionen von angeworbenen Gastarbeitern in die Bundesrepublik Deutschland, da man Produktionsengpässe durch Arbeitskräftemangel fürchtete. Ging man anfangs noch von einem kurzfristigen Aufenthalt der Arbeitskräfte aus, so änderte sich die Situation spätestens 1973, als die Bundesregierung einen Anwerbestopp erließ. Die Tendenz zum Daueraufenthalt und zum Familiennachzug verstärkte sich und schuf ein Einwanderungsproblem. Die Gastarbeiter wurden zu Einheimischen mit fremdem Pass.

In den achtziger Jahren kamen vor allem aus Osteuropa und der Dritten Welt immer mehr Zuwanderer. Diese Gruppen unterscheiden sich voneinander durch ihren unterschiedlichen rechtlichen Status, der für das Zusammenleben in Deutschland eine wichtige Bedeutung hat. Die Aufstellung auf der Seite 138 dient zu eurer Orientierung über die Zuwanderergruppen.

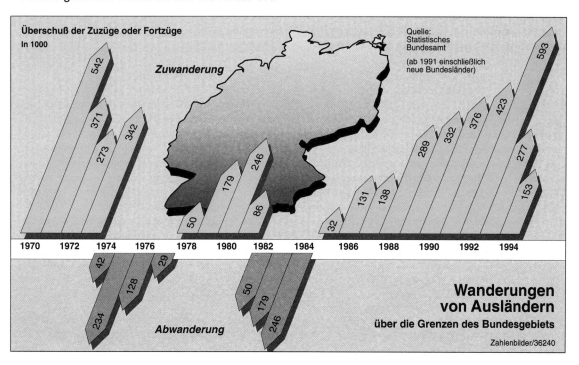

Überschuß der Zuzüge oder Fortzüge
In 1000

Zuwanderung

Quelle:
Statistisches
Bundesamt

(ab 1991 einschließlich
neue Bundesländer)

Abwanderung

**Wanderungen
von Ausländern**
über die Grenzen des Bundesgebiets

Zahlenbilder/36240

Asylbewerber:

Flüchtlinge, die einen Asylantrag an der Grenze oder bei einer Ausländerbehörde gestellt haben (§ 7 Asyl-VFG), so lange bis ihr Asylbegehren rechtskräftig entschieden ist. Sie unterliegen einer Reihe von Auflagen, haben beispielsweise keinen Anspruch, in ein bestimmtes Bundesland oder einen bestimmten Ort gewiesen zu werden oder dort zu bleiben. Asylbewerber genießen keine Freizügigkeit. Der Aufenthalt ist nur in dem Ort gestattet, bei dessen Ausländerbehörde der Asylbewerber einen Asylantrag gestellt hat. Er macht sich strafbar, wenn er den Bezirk ohne Erlaubnis verlässt. Die Wahl der Wohnung steht dem Asylbewerber auch nicht frei: Nach dem Asylverfahrensgesetz sollen Asylbewerber in der Regel in Gemeinschaftsunterkünften untergebracht werden. Seit dem 1. 7. 1991 können Asylbewerber eine Arbeitserlaubnis erhalten, wenn die Lage des Arbeitsmarktes dies zulässt (§ 19 Arbeitsförderungsgesetz). Ansonsten haben sie Anspruch auf Sozialhilfe, die auf ein Minimum beschränkt werden kann. In mehreren Bundesländern wird die Sozialhilfe nicht als Geldleistung, sondern als Sachleistung (Verpflegung, Kleidung) gewährt.

Asylberechtigte:

Personen, die vom Bundesamt für die Anerkennung ausländischer Flüchtlinge oder von einem Gericht als politisch Verfolgte im Sinne des Grundgesetzes rechtskräftig anerkannt worden sind. Asylberechtigte dürfen in Deutschland arbeiten oder eine Ausbildung aufnehmen. Sie erhalten eine Reihe von Leistungen wie Sprachkurse, Sozialhilfe, Leistungen nach dem Bundesausbildungsförderungsgesetz und nach dem Arbeitsförderungsgesetz. Sie haben auch Anspruch auf Wohngeld. Im Gegensatz zu Asylbewerbern dürfen sie ihren Wohnort frei wählen und unterliegen keinen räumlichen Beschränkungen wie Asylbewerber.

Aussiedler:

Aussiedler sind nach § 1 Abs. 2 Nr. 3 BVFG (Bundesvertriebenen- und Flüchtlingsgesetz) deutsche Staatsangehörige oder Volkszugehörige, die vor dem 8. Mai 1945 ihren Wohnsitz in den ehemaligen deutschen Ostgebieten bzw. in Polen, der ehemaligen Sowjetunion, der ehemaligen Tschechoslowakei, Ungarn, Rumänien, dem ehemaligen Jugoslawien, Danzig, Estland, Litauen, Bulgarien, Albanien oder China gehabt und diese Länder nach Abschluss der allgemeinen Vertreibungsmaßnahmen verlassen haben oder verlassen.

Übersiedler:

Bis zur Vereinigung der beiden deutschen Staaten am 3. Oktober 1990 aus der ehemaligen DDR regulär in die Bunderepublik Deutschland verzogene Deutsche.

De-facto-Flüchtlinge:

Sie haben entweder keinen Asylantrag gestellt, oder ihr Asylantrag ist abgelehnt worden. Aus rechtlichen, politischen und humanitären Gründen werden sie jedoch nicht abgeschoben. Ihr Bleiberecht ergibt sich aus der Allgemeinen Erklärung der Menschenrechte oder der Genfer Flüchtlingskonvention. De-facto-Flüchtlinge unterliegen einer Reihe von Beschränkungen, auch wenn sie bereits lange Zeit in Deutschland leben. Auf Integrationshilfen wie Sprachkurs, BAFöG oder Arbeitsförderung haben sie keinen Anspruch. Nach dem Ausländergesetz vom 1. 1. 1991 dürfen sie jedoch arbeiten, sobald sie eine Aufenthaltsbefugnis erhalten.

Flüchtlinge:

Im Sinne des Abkommens der Vereinten Nationen über die Rechtsstellung der Flüchtlinge vom 28. 7. 1951 (Genfer Konvention, Art. 1 Nr. 2) ist ein Flüchtling: „Jede Person, die infolge von Ereignissen, die vor dem 1. Januar 1951 eingetreten sind, und aus der begründeten Furcht vor Verfolgung wegen ihrer Rasse, Religion, Nationalität, Zugehörigkeit zu einer bestimmten sozialen Gruppe oder wegen ihrer politischen Überzeugung sich außerhalb des Landes befindet, dessen Staatsangehörigkeit sie besitzt, und den Schutz dieses Landes nicht in Anspruch nehmen kann oder wegen dieser Befürchtungen nicht in Anspruch nehmen will, oder die sich als staatenlos infolge solcher Ereignisse außerhalb des Landes befindet, in welchem sie ihren gewöhnlichen Aufenthalt hatte, und nicht dorthin zurückkehren kann oder wegen der erwähnten Befürchtungen nicht dorthin zurückkehren will."

Kontingentflüchtling:

Sie gehören auch zu den De-facto-Flüchtlingen. Sie haben jedoch aufgrund des Gesetzes über Maßnahmen für im Rahmen humanitärer Hilfsaktionen aufgenommene Flüchtlinge vom 22. Juli 1980 einen eigenen Rechtsstatus. Diese Flüchtlinge werden aus humanitären Erwägungen in bestimmter Zahl (Kontingent) aufgenommen. Nach Erschöpfung des Kontingents wird niemand mehr aufgenommen. Am bekanntesten waren in diesem Zusammenhang die vietnamesischen Boatpeople. Bei rund 3000 Albanern, die sich im Sommer 1990 in die deutsche Botschaft in Tirana geflüchtet hatten, konnten sich Bund und Länder nicht darauf einigen, sie als Kontingentflüchtlinge zu behandeln. Die Anerkennung als Asylbewerber bestätigte ein Sprecher des Bundesinnenministeriums im Januar 1991.

(gekürzt entnommen aus: Bade, Klaus, J., Ausländer, Asyl in der Bundesrepublik Deuschland, herausgegeben von der Niedersächsischen Landeszentrale für politische Bildung, Hannover, 1992, S. 196. Exklusiv-Bericht Nr. 338, Verlag Das junge Wort, Wiesbaden, 1991)

Das aktuelle Problem: Die multikulturelle Gesellschaft

Die Vorstellung einer multikulturellen Gesellschaft entstand vor dem Hintergrund der internationalen Wanderungsbewegung ... Mittlerweile ist Deutschland faktisch zum Einwanderungsland geworden, in dem in einem zahlenmäßig erheblichen Umfang Bevölkerungsgruppen mit unterschiedlichen ethnischen, sprachlichen und kulturellen Identitäten nicht mehr nur vorübergehend, sondern dauerhaft beheimatet sind. Die Frage nach der Entwicklung einer multikulturellen Gesellschaft besteht immer dringender. Es besteht aber nicht mehr nur die Frage, ob wir mit den Ausländern zusammenleben wollen, sondern nur noch, wie wir mit ihnen zusammenleben können. Besonders an diesem „WIE" entzündet sich die Diskussion um die multikulturelle Gesellschaft. Dazu gehören folgende Fragen:

Wie halten wir es mit der Staatsbürgerschaft? Soll Deutschland eine doppelte Staatsbürgerschaft anbieten oder auf der alleinigen deutschen Staatsbürgerschaft bestehen? Welche Schutzrechte sollen wir den Minderheiten gewähren? Soll der Minderheitenschutz zu einem Staatsbürger mit besonderen Vorrechten führen? Sollen wir auf einer Integration der Ausländer bestehen mit allen Konsequenzen, oder genügt eine Assimilation, d. h. deren Bereitschaft, unser Rechts- und Kultursystem zu akzeptieren? Wie gehen wir mit Konflikten mit Ausländern um, wenn sie vor allem auf ihren andersartigen Kulturanschauungen begründet sind? Wie verändern wir unser Ausländerrecht? Erhalten die Ausländer die gleichen Rechte und Pflichten wie die Deutschen, z.B. auch das Wahlrecht?

Diejenigen, die die multikulturelle Gesellschaft vertreten und verwirklichen wollen, müssen deutlich sagen, welche Bedingungen dazu notwendig sind, damit die entsprechenden Rahmenbedingungen geschaffen werden können. Denn sonst wird sich innerhalb der Einheimischen eine Ablehnungsfront auftun, die kaum zu überbrücken sein wird. Rund 6,5 Millionen Ausländer leben zwischenzeitlich in Deutschland. Die größte Gruppe sind die Türken mit fast 1,9 Mio. Beinahe jedem vierten Ausländer ist Deutschland mittlerweile Heimat geworden, da mehr als die Hälfte schon 15 Jahre und länger bei uns lebt. Viele Ausländerkinder kennen das Herkunftsland ihrer Eltern nur noch von kurzen Urlaubsbesuchen. Die Konsequenz der vielfältigen Ausländerbevölkerung ist in manchen Städten, dass an den Schulen mehr als 6 verschiedene Spachen unterrichtet werden müssen.

Elemente der multikulturellen Gesellschaft:

Politik der offenen Grenzen
Bisher verläuft die Zuwanderung über die Asylgesetzgebung bzw. den Familiennachzug wenig kontrolliert. Im Rahmen einer Politik der offenen Grenzen ... wird eine Zuwanderungsregelung erforderlich sein, die mit den EU-Staaten abzustimmen ist. Eine unkontrollierte Zuwanderung würde die Möglichkeiten der Bundesrepublik sowie die Toleranz der deutschen Bevölkerung überstrapazieren. Die radikale Gegenposition der Grünen: Wir treten dafür ein, dass jeder an dem Ort leben kann, für den er sich entscheidet – unabhängig von der Nationalität. Begründet wird die Zuwanderung mit der Notwendigkeit einer Regeneration unserer Bevölkerungsstruktur: Überalterung, zu geringe Kinderzahl, Vergreisung der Deutschen, Sicherung der Renten, Bedarf an ausländischen Arbeitskräften für geringwertige Jobs usw.

Politik der kulturellen Vielfalt und Integration
Danach sind die alten Kulturen und Traditionen der Einwanderer grundsätzlich als gleichberechtigt und politisch förderungswürdig anzusehen. Dies mag als selbstverständlich gelten, jedoch im Verlauf der Geschichte wurde allzu oft alles Fremde ausgerottet bzw. unterdrückt. So ist die Akzeptanz des Fremden ein hoher Zivilisationsgewinn. Dieses multikulturelle Konzept legt allerdings Grenzen fest, an denen die Toleranz gegenüber anderen Kulturen endet. Dies sind die Grenzen der Menschenrechte und demokratischen Grundwerte. So verlangen Vertreter dieses Konzeptes, dass die Zuwanderer wenigstens die deutsche Sprache erlernen. Eine Integration der Zuwanderer in unser republikanisches System gilt als erfolgt, wenn diese unser Politik-System akzeptieren und an ihm partizipieren, ohne dass sie sich kulturell integrieren müssen.

Kritik an der multikulturellen Gesellschaft

Ablehnende Stimmen beurteilen die multikulturelle Gesellschaft in der Regel als Bedrohung für die nationale Identität und politische Integration. Außerdem behaupten sie, dass der Aufnahme von verschiedenen Ethnien bestimmte Grenzen gesetzt sind, die durch ökonomische und gesellschaftliche Faktoren bestimmt sind: Zahl der Arbeitsplätze, Konkurrenz um die Entlohnung, Wohnraumbeschaffung. Sie befürchten, dass es vor allem zu einer Abschottung gegenüber dem Fremden kommen wird, zu Überfremdungsängsten. Die kulturelle Selbständigkeit der Zugewanderten wird mit den Grundwerten unserer demokratischen Verfassung unweigerlich in Konflikt geraten. Als republikanisches Modell fördert die multikulturelle Gesellschaft die politische und soziale Einheit, als Kulturmodell fördert es die ethnischen Differenzen und birgt somit die Gefahr, dass die Gesellschaft in eine Vielfalt von Gruppen und Gemeinschaften auseinander strebt.

Diese Gratwanderung zwischen verbindenden und trennenden Kräften erfordert einen großen Regelungsbedarf. Solange die Bedingungen für eine multikulturelle Gesellschaft nicht formuliert sind, lässt sie sich kaum verwirklichen. Es müssen Einrichtungen geschaffen werden, die zum Teil parallel zu denen der Aufnahmegesellschaft bestehen: Kirchen neben Moscheen und Hindutempeln, Koranschulen neben christlichem Religionsunterricht, deutsche neben ausländischen Zeitungen, Vereine neben ausländischen Kulturvereinen usw. Neben aller Selbständigkeit muss jede Volksgruppe offen sein für die Begegnung mit anderen Gruppen. Es darf nicht zur Entwicklung von Parallelgesellschaften kommen. Die Zugewanderten müssen die gleichen politischen Rechte bekommen wie die Einheimischen. Dies erfordert aber eine wohl dosierte Einwanderungspolitik und die Antwort auf die Frage, wie viele wollen wir überhaupt aufnehmen und integrieren.

Konflikte

Das multikulturelle Konzept erfordert einen hohen Regelungsbedarf ... Beispiele für Konflikte sind: Wenn die Politik sich gegen Frauendiskriminierung und für Gleichberechtigung von Mann und Frau einsetzt, darf sich dann das Recht gegen einen Ehemann wenden, der seine Frau aus seiner Tradition heraus als Eigentum betrachtet? Wenn die Tradition die Blutrache vorschreibt, darf sich dann das Rechtssystem gegen denjenigen wenden, der sich ihr verpflichtet fühlt und seiner Sitte folgt? Wenn ein Vater sein Kind nicht zur Schule schickt, weil er Sorge hat, dass es gegen seine Traditionen dort unterrichtet wird, so stellt sich die Frage, ob der Staat seine Schulpflicht durchsetzen muss, kann oder darf. Wenn die

Tradition die Vielehe erlaubt, kann unser Rechtssystem das übernehmen? Wäre das arabische Ausgehverbot für Frauen nach deutschem Recht Freiheitsberaubung oder Ausdruck einer schützenswerten ethnischen Tradition? Müssten Koranschulen den gleichen Rang haben wie staatlich anerkannte und finanzierte christliche Konfessionsschulen? Dürfte Deutsch noch Pflicht-Unterrichtssprache in den staatlichen Schulen bleiben, oder müsste nicht an seiner Stelle der muttersprachliche Unterricht erteilt werden? Wie weit soll überhaupt der Minderheitenschutz gehen? Hat Vorrang das deutsche Rechtssystem, oder hat die ethnische Tradition Vorrang?

Multikulturelles Europa

Das Europa des Binnenmarktes und der damit verbundenen Freizügigkeit wird dazu führen, dass jemand in der Bundesrepublik Deutschland aufwächst, in Großbritannien studiert, später in Frankreich arbeitet, um dann wieder zu Hause oder vielleicht auch in Italien sein aktives Alter zu verbringen ... Dies sind die Merkmale einer werdenden Wirklichkeit, nämlich einer wachsenden europäischen multikulturellen Gesellschaft.

Diese multikulturelle Gesellschaft hat auch ihre Grenzen. Sie stoßen in einer freiheitlichen Gesellschaft an die immanenten Schranken einer modernen Verfassung, die die Menschenrechte garantiert. Es sind nicht die Ausländer, wenn sie diese Verfassung respektieren, die in dieser europäischen Gesellschaft keinen Platz haben, sondern die Rechtsradikalen, die die Menschenwürde gering schätzen und uns weismachen wollen, wir würden die Opfer kraushaariger Diebe und Mörder.

(Heiner Geißler, Mitglied der CDU-Bundestagsfraktion)

(Entnommen aus: Politik – Aktuell für den Unterricht, Nr. 11, 1994, S. 1f)

Grundgesetz, Art. 116

Deutscher im Sinne des Grundgesetzes ist vorbehaltlich andersweitiger gesetzlicher Regelungen, wer die deutsche Staatsangehörigkeit besitzt oder als Flüchtling oder Vertriebener deutscher Volkszugehörigkeit oder als dessen Ehegatte oder Abkömmling in dem Gebiet des Deutschen Reiches nach dem Stande vom 31. Dezember 1937 Aufnahme gefunden hat.

Ausländergesetz, § 1

Ausländer ist jeder, der nicht Deutscher im Sinne des Artikels 116 Absatz 1 GG ist.

Die Einbürgerung junger Ausländer und die Eingliederung von Ausländern, die bereits für lange Zeit in der Bundesrepublik Deutschland leben, ist ab dem 1. 1. 1991 im Ausländergesetz vereinfacht worden. Voraussetzung ist eine gewisse Dauer des gewöhnlichen Aufenthaltes im Bundesgebiet, die Fähigkeit, für den eigenen Lebensunterhalt und den der unterhaltsberechtigten Familienangehörigen aufkommen zu können sowie der Umstand, nicht vorbestraft zu sein. Außerdem wird verlangt, die bisherige Staatsangehörigkeit aufzugeben.

Was ist eigentlich „deutsch" an meinem deutschen Alltag? Ist es das Ergebnis deutscher Kultur, wenn ich morgens den Wasserhahn aufdrehe und mich dusche? Ist es ein Ergebnis deutscher Kultur, wenn ich eine Seidenbluse anziehe, Tee trinke und dabei die Rosen oder Narzissen auf meinem Balkon betrachte?

Ist es ein Ergebnis deutscher Kultur, wenn ich während meiner Kaffeepause die Zeitung lese, mein Mittagessen einnehme, bestehend aus Gulasch, Kartoffeln, dazu einen Tomatensalat, angemacht mit Essig und Öl und Zwiebeln? Dazu ein Glas Wein trinke?

Alle Produkte, die eben genannt wurden und mit denen wir uns täglich umgeben, oder sie verzehren, sind nicht deutschen Ursprungs. Die Wasserleitung brachten die Römer, Seide und Tee kamen aus Indien, Rosen und Narzissen aus dem Orient. Den Kaffee brachten die Türken, Kartoffeln und Tomaten sind Produkte Amerikas, das Gulasch hat seinen Ursprung in Ungarn, Papier, Wein und Öl kamen aus Arabien und Zwiebeln aus Asien.

(Beate Winkler)

Im nun folgenden Erarbeitungsteil dieses Kapitels geht es um das friedliche Zusammenleben von In- und Ausländern in der Bundesrepublik Deutschland. Da diesem Ziel recht häufig Vorurteile im Wege stehen, beschäftigt sich der erste Erarbeitungsschritt mit Möglichkeiten, vom Vorurteil zum Urteil zu gelangen.

Im dann folgenden Teil soll anhand der Stadt Düsseldorf untersucht werden, welche Folgen ein Wegzug aller Ausländer hätte. Im dritten Erarbeitungsschritt sollt ihr in einem Planspiel selbst erfahren, welche Probleme das Zusammenleben von Einheimischen und Fremden erschweren und Möglichkeiten der Problemlösung entwickeln.

Im Übungs- und Vertiefungsteil sollen konkrete Vorschläge für das Miteinander in einer multikulturellen Gesellschaft entwickelt werden.

Wir und andere

Von der Schwierigkeit, anders zu sein!

In den folgenden Materialien werden die Meinungen von Menschen über andere zum Ausdruck gebracht. Aus diesen Materialien wird deshalb deutlich, wie schwer es sein kann, anders zu sein als andere. Dabei wird auch ersichtlich, dass Vorurteile das Zusammenleben von Menschen aus unterschiedlichen Kulturen ganz erheblich behindern. Zunächst wollen wir uns deshalb das Wesen von Vorurteilen genauer ansehen.

1 Lest euch die Materialien auf der folgenden Seite zunächst aufmerksam durch! Sie enthalten (Vor)-Urteile von Deutschen über die Menschen aus anderen Staaten und von Menschen aus anderen Staaten über uns Deutsche. Vergleicht dann diese Aussagen mit den unten abgedruckten Thesen über Vorurteile und entscheidet, ob diese Thesen richtig sind!

2 Tragt danach weiterhin Beispiele aus eurem eigenen Umfeld (Klasse, Wohnviertel, Clique, Verein etc.) für Außenseiter, Gruppenrivalitäten und Vorurteile gegenüber Nationalitäten zusammen! Ihr könnt dies in arbeitsteiliger Gruppenarbeit tun.

3 Versucht, diese eigenen Erfahrungen in Bildern, Texten und Ausrissen aus Zeitungen, Zeitschriften etc. als Collagen an einer Pinwand in eurer Klasse darzustellen!

Thesen zu Vorurteilen

Mit Vorurteilen lässt man Dampf ab. So Schüler, wenn sie über Lehrer reden, oder umgekehrt. Schon etwas drastischer machen es Parteien im Wahlkampf; aber der Gegner kann sich wehren, zahlt oft mit gleicher Münze heim.

Vorurteilen gegenüber Gruppen, Völkern, Nationen haftet ein Doppelfehler an: Hier werden einer Gruppe von Menschen Eigenschaften zugesprochen. Begegnet man einem Einzelnen dieser Gruppe, werden diese Eigenschaften auf ihn übertragen.

Mit Vorurteilen ist es wie mit einer einfachen Waage. Werten Deutsche eine Gruppe von Ausländern ab, indem sie diesen schlechte Eigenschaften zusprechen, dann werten sie sich selbst damit auf. Ein Skinhead, in der eigenen Umgebung eher ausgestoßen, wertet sich automatisch auf, wenn er auf Ausländer herabsieht.

Vorurteile können verhängnisvoll werden, wenn kein „Gleichgewicht der Kräfte" besteht. Das gilt z. B. für den Außenseiter in einer Gruppe, das gilt für Minderheiten in einer Gesellschaft. Für alle Fremden, die anders aussehen oder andere Gewohnheiten haben, kann das im Extremfall bedrohlich werden.

(aus: Redwanz, Wolfgang, „Halt! Keine Gewalt!", in: Arbeitsgemeinschaft Jugend und Bildung e.V. (Hrg.), Universum Verlagsanstalt, 1993, S. 8f.)

Mit der Geschichte nichts am Hut

200 Gymnasiasten zwischen 14 und 17 Jahren in fünf polnischen und vier deutschen Städten schrieben für das polnische FOCUS-Partnermagazin „wprost" auf, was sie von ihren Nachbarn halten.

Nein, mit der Geschichte haben Deutschlands Schüler ganz offensichtlich nichts am Hut. „Nenne positive Ereignisse in der deutsch-polnischen Geschichte" lautete eine Aufgabe: Die meisten deutschen Jugendlichen ließen an dieser Stelle ein weißes Feld. …

Ratlosigkeit löste die Frage nach der gemeinsamen Geschichte auch bei den polnischen Gymnasiasten aus. Sie gaben sich zwar Mühe, mussten aber weit ins Mittelalter ausholen, bis sie auf Positives stießen. … Leichter fiel es den Jugendlichen in beiden Ländern, die negativen Eigenschaften der Nachbarn aufzulisten. Die Polen seien „schmutzig, betrunken, rauflustig", meinen die meisten jungen Deutschen. Oder aber: „Die verdrecken unsere Straßen." Für Werner aus Bielefeld sind Polen in erster Linie „faul, versoffen und verschwenderisch, das heißt, sie können nicht wirtschaften", andererseits bescheinigt er ihnen „Toleranz, Gastfreundschaft und Herzlichkeit".

Auffällig dabei ist: Wer keinen Polen kennt, hat die größten Vorurteile.

Die polnischen Schüler kreiden ihren deutschen Altersgefährten Aggressivität, großspuriges, lautes Auftreten, Nationalismus und Pedanterie an. Sie würden sich einbilden, etwas Besseres zu sein. Krzystof aus Warschau: „Die Deutschen klassifizieren andere Menschen allzusehr nach ihrer Nationalität. Wenn sie als Gruppe auftauchen, ja dann kommen sie sich stark vor und bilden sich ein, sie könnten sich alles erlauben. Stehen sie aber allein da, sind sie so klein mit Hut und kuschen." Joasia aus Warschau kennt „persönlich keinen einzigen Deutschen", betont aber: „Meine Einstellung zu ihnen ist ganz bestimmt kühl." Jacek aus Gizycko (Lötzen) findet, dass es die Deutschen „zwar verstehen zu arbeiten und Ordnung lieben", doch andererseits „sich allzuleicht ihrer Obrigkeit beugen und sich über ihr eigenes Handeln kaum den Kopf zerbrechen". Die Schülerin Ania aus Warschau schwimmt gegen den Strom: „Ich kenne keinen einzigen Deutschen und halte es für unangebracht, von Vertretern anderer Nationen in Klischees zu denken. Für mich ist ein Deutscher ein Mensch wie jeder von uns. Ich werde die in Polen gepflegten Stereotypen nicht nachbeten." Wer ist wem auf welchem Gebiet über- oder unterlegen? Die polnischen Schüler meinen, die westlichen Nachbarn seien ihnen in ihrer Wirtschaftsentwicklung, ihrem Fleiß, im Lebensstandard, im Techniknivau, in ihrer Reinlichkeits- und Schönheitsliebe überlegen und würden sich stärker um den Umweltschutz kümmern. „Wir Polen sind dafür weltoffener, toleranter und Ausländern gegenüber freundlicher eingestellt", meint Basia aus Warschau. „Wir können schlechter wirtschaften, sind ärmer, leben kürzer, sind dafür aber hübscher, klüger und trinkfester", bringt ein anderer Schüler die Unterschiede auf einen Nenner. Fast gleich lauten erstaunlicherweise die Einschätzungen der deutschen Teenager: „Disziplin, wirtschaftliche Erfolge, Militärwesen, Autoindustrie, Technik und Umweltschutz" seien die Bereiche, in denen Deutschland den Polen voraus sei. Nicht mithalten könnten die Deutschen beim „Schnapstrinken, Sich-zu-helfen-wissen, Autoklauen, bei Toleranz und Gastfreundschaft". Rainer aus Nürnberg meint, „wir Deutschen sind den Polen in nichts unterlegen. Das ist historisch bedingt!" Dagegen lobt Gabi, dass „Polen Situationen meistern, in denen ein Deutscher längst die Flinte ins Korn geworfen hätte".

(aus: Focus, Nr. 19, 1995, S. 330 f., Autoren: Maria Graszyk/Piotr Gywinski)

Fremdenangst – Faszination des Fremden

Das Bild dessen, was fremd ist, entsteht schon sehr früh, fast gleichzeitig mit dem Bild dessen, was uns am vertrautesten ist, der Mutter. In seiner primitivsten Form ist das Fremde die Nicht-Mutter, und die bedrohliche Abwesenheit der Mutter lässt Angst aufkommen. Angst wird immer ... mit dem Fremden assoziiert bleiben, und es bedarf stets einer Überwindung der Angst, um sich dem Fremden zuzuwenden. Die Kraft zur Überwindung der Angst stammt aus der Faszination, die das Fremde ausübt, und in gewissen Situationen ist diese Faszination auch lebensnotwendig. Das Kind ist ja nicht einzig und allein auf die Mutter fixiert – wäre es das, so wären seine Überlebensmöglichkeiten stark eingeschränkt; würde der Mutter etwas zustoßen, müsste auch das Kind sterben. Das Bild des Fremden – die Fremdenrepräsentanz – bietet eine Alternative an, indem es dem Kind ermöglicht, eine Beziehung zu der Person aufzunehmen, die nicht seine Mutter ist. Die Fremdenrepräsentanz erhöht somit die psychische Anpassung, und es eröffnet die Chance, sich beim Fremden das zu holen, was zum Beispiel die Mutter nicht geben kann.

(aus: Thema: Gewalt. 36 Arbeitsblätter für einen fächerübergreifenden Unterricht Gymnasium/Realschule, Ernst Klett Schulbuchverlag, Stuttgart, Düsseldorf, Berlin, Leipzig, 1993, M 1, A 10).

Fremd sein = Mängel haben

Während Einheimische das Fremde oft als Abweichung, als Abwesenheit von Normalität wahrnehmen, ist der Begriff für Betroffene ebenfalls negativ besetzt. Fremd sein heißt: angestarrt werden, (unangenehm) auffallen und dabei nicht wissen, was gleich auf mich zukommt ... Die Frage, wie Kinder mit Fremden umgehen, ist kaum zu trennen von der Frage, wie wir als Pädagoginnen und Pädagogen ihre Wahrnehmung des Fremden gestalten ... Begegnung mit dem Fremden sollte eine Chance für alle sein, die eigenen Möglichkeiten zu entfalten ... Kann es nicht spannend sein, miteinander umzugehen und Gelegenheit zu finden, sich anderen Menschen zu öffnen? An jeder Stelle des Schullebens bzw. im Unterricht ergeben sich Ansatzpunkte, um zu zeigen, wie jede/r Welt anders erlebt, wie wir aber auch von außen unterschiedlich geprägt sind ...

(aus: Posselt, Ralf-Erik und Schumacher, Klaus, Projekthandbuch: Gewalt und Rassismus, Mülheim, Verlag an der Ruhr, 1993, Seite 301 f.)

Der Fremde als Projektionsobjekt

Das Bild des Fremden ist nicht festgelegt. Es liegt zwischen Freund und Feind und hat positive und negative Aspekte, löst Angst, Unsicherheit aus oder Neugier, Interesse.
Der Umgang mit dem Fremden war offensichtlich nie einfach, und alle Kulturen haben ein Set von Regeln geschaffen, um Sicherheit zu vermitteln. Das gilt für Staatsbesuche wie für Privatbesuche in gleichem Maße, z. B. Einladung, Gastgeschenk, Empfang im eigenen „Herrschaftsbereich". Wie gut der Einzelne mit dieser Verunsicherung durch den Fremden umgehen kann, wird durch seine frühkindliche oder pubertäre Sozialisation entschieden. Ob ich auf den Fremden mit Angst, Abwehr und Aggression reagieren muss, oder ob ich ihm mit neugierigem Interesse begegnen kann, hat in erster Linie etwas mit mir, meinem Selbstwertgefühl, meiner Ich-Stärke zu tun, weniger mit dem Fremden und seinem Verhalten. Dem Freund oder Feind gegenüber kann ich mich klar verhalten. Weil der Fremde nicht eindeutig festgelegt ist, lässt sich das Bild in unterschiedlicher Weise füllen, von ganz negativ bis ganz positiv. So eignet es sich gut als Projektionsobjekt. Der Fremde stellt durch seine andere Kultur, Religion, Normen und Verhaltensmuster mich und meine Traditionen infrage. Ist meine Kultur, mein Glaube „richtig"? Je unsicherer ich bin, desto mehr muss ich meine eigenen

Werte und meinen Glauben aufwerten. Damit habe ich gleichzeitig den Gewinn, mich meiner eigenen Gruppe, Religion und Kultur zurechnen zu können und mich stärker und besser zu fühlen. An den Fremden als Störenfried kann ich dann einen Großteil meiner Ängste, denen ich mich ausgeliefert fühle und denen ich mich oft nicht stellen kann, binden und so eine weitere Erleichterung erfahren: „Wenn es diese Fremden nicht mehr gibt, dann muss ich keine Angst mehr haben. Dann ist das Problem gelöst." Diese eindeutige Schuldzuschreibung macht den Schritt zu Aggressionen leicht ... Der Fremde als Projektionsobjekt lässt sich mit allen Eigenschaften füllen, die ich bei mir und meiner Gruppe abwehren und leugnen muss. Adorno sagt dazu: „Der Balken im eigenen Auge ist das beste Vergrößerungsglas für den Splitter im Auge des anderen."

(aus: Ostermann, Änne, Ausländerfeindlichkeit, Fremdenhass, Rechtsextremismus. Gedanken zur gegenwärtigen Situation in Deutschland, zitiert nach: Interkultureller Antirassismuskalender 1996. Hrsg. von der Arbeitsgruppe SOS-Rassismus NRW, Schwerte, 1995, S. 9)

Definition von Vorurteil

Vorurteil, für die Einstellung und das Verhalten gegenüber Gegenständen, Sachzusammenhängen, Personen, Personengruppen verbindlich und damit starres, längerfristig Orientierung gebendes Urteil, ohne dass der urteilenden Person die objektiv bereits vorhandenen Informationen und Erklärungen über die beurteilten Phänomene ausreichend bekannt sind bzw. von ihr entsprechend berücksichtigt werden. Nicht die Tatsache, dass das Vorurteil immer ein falsches, in seinem Wahrheitsanspruch relativ leicht abweisbares sowie voreiliges und unzulässig generalisierendes Urteil ist, sondern dass gegenüber rationaler Erfahrung und angebotener Information an ihm festgehalten wird, hat es zu einem erstrangigen Forschungsproblem der Soziologie werden lassen.

(aus: Hartfiel, Günter und Hillmann, Karl-Heinz, Wörterbuch der Soziologie, Stuttgart, Kröner-Verlag, 1982, S. 795)

1 Nachdem ihr eine Reihe von Vorurteilen kennen gelernt habt, untersucht einmal die obigen Texte und versucht zu erklären, wie und warum Vorurteile überhaupt zustande kommen und welche Bedeutung sie für die Menschen haben!

2 Untersucht nun die obigen Texte unter dem Gesichtspunkt dessen, welche verschiedenen Funktionen die Begegnung mit dem Fremden für die Menschen hat/haben kann! Stellt eure Untersuchungsergebnisse grafisch und/oder tabellarisch dar!

Antworten auf die vielen Fragen, die das Zusammenleben von Menschengruppen verschiedener Herkunft aufwerfen, können nur durch ein Hinterfragen gefunden werden. Sicher werden Unverständnis und Misstrauen nicht vollkommen in Harmonie der verschiedenen Kulturen aufgehen. Aber einige mutige Fragen stellen, sich trauen, auf den „Fremden" zuzugehen, ist zumindest eine Chance, miteinander besser zu leben.

Die deutsch-türkische Gruppe „Die Bahnbrecher" (sie gründete sich nach dem Vorbild einer jüdisch-arabischen Jugendgruppe in Israel) führte 1992 in der Stadt Ahlen eine Umfrage besonderer Art durch. In Ahlen, wo u. a. viele Bergleute leben, wohnen deutsche und vor allem Bürger türkischer Nationalität zusammen. Trotz der Tatsache, dass die Menschen dem Anschein nach friedlich nebeneinander leben – Vorurteile gab es genug. Um diese abzubauen, sammelten sie Fragen, um zu erfahren: **„Was Deutsche schon immer über Türken und Türken über Deutsche wissen wollten"** – und sie versuchten, Antworten zu finden.

Ihr sollt nun die Erfahrungen der „Bahnbrecher" nutzen und eine Umfrage durchführen, um zu erfahren: „Was Deutsche schon immer über ausländische Mitbürger und diese über Deutsche wissen wollten (sich aber nie zu fragen trauten)." Ihr findet in der linken Spalte unten und auf der nächsten Seite jeweils Anregungen für euer eigenes Vorgehen. In der rechten Spalte sind die Erfahrungen der „Bahnbrecher" beschrieben, die ihr beim Fragen sammeln, Antworten suchen sowie Diskutieren und Präsentieren der Ergebnisse nutzen könnt.

1. Arbeitsschritt: Fragen sammeln

Zugelassen sind die einfachsten, möglicherweise von Vorurteilen belasteten, als auch politische Fragen.
Achtung: Noch keine Fragen stellen, sondern sammeln!

Teilt Arbeitsgruppen ein, die Fragen in folgenden Bereichen sammeln sollen:
● Alltagsleben
● Kultur (Sitten und Gebräuche, Religion, Ernährung)
● nachbarschaftliches Zusammenleben, Familienbindung, Kindererziehung, Frauen und Beruf ...
● Sprache
● Politik
● Sport

Überlegt, welche Arbeitsgruppe wo, bei wem, welche Fragen sammelt! Legt dies vorher genau fest!
Vorschläge:
Wo?
● in eurer Stadt
● in eurer Klasse
● in eurer Schule
● Wohnungen, in Vereinen, Kneipen, Teestuben, Jugendklubs, Geschäften, Fußgängerzonen usw.

An wen könnt ihr euch wenden, um Fragen zu sammeln?
● an ausländische und deutsche
  – Mitschüler, Freunde, Eltern
  – Lokalpolitiker, Journalisten
  – Sozialarbeiter, Vertreter von kulturellen Einrichtungen ...
  – Mitarbeiter religiöser Gemeinschaften
  – Mitglieder von Vereinen

Welche Erfahrungen haben die „Bahnbrecher" gesammelt?
Auszüge aus ihrem Buch, in dem sie ihre Umfrage beschreiben und auswerten.
(Herausgegeben von R. Blauth „Was Deutsche über Türken und Türken über Deutsche schon immer wissen wollten." Marino Verlag 1992)
Fragen zu stellen ist gar nicht so einfach:

„Vielen ist gar nicht bewusst, dass sie Vorurteile, dass sie Fragen haben. Sie leben einfach so, es ist okay. Man lebt ganz bequem mit seinen Vorurteilen."

„Wenn wir die Deutschen gefragt haben, wurde meistens geantwortet:
„Erstens habe ich nichts gegen Türken, und zweitens habe ich keine Fragen an sie. Wenn man sich aber etwas länger mit den Leuten unterhalten hat, kam doch sehr schnell heraus, dass sie doch einige Probleme mit der anderen Kultur haben.
Die Fragen, die dann kamen, wurden oft sehr versteckt vorgebracht. Wahrscheinlich wären sie als direkte Fragen nie so formuliert worden. Z. B. erzählte einer, dass türkische Kinder immer so frech seien. Er wusste aber nicht, warum das so ist.
Daraus ergab sich die Frage:

„Warum sind türkische Kinder eigentlich immer frecher als andere ausländische Kinder, z. B. italienische?"

2. Arbeitsschritt: Antworten finden

- Lasst nun die gesammelten Fragen, die eure ausländischen Interviewpartner an Deutsche hatten, von Deutschen beantworten!
- Auch die von euren deutschen Gesprächspartnern gestellten Fragen sollen nun von ausländischen Mitbürgern beantwortet werden, die sich in dem jeweiligen Bereich auskennen!
- Sortiert die Fragen der einzelnen Arbeitsgruppen!
- Teilt erneut Arbeitsgruppen ein. Jede Gruppe muss wissen, mit welchen Fragen sie an welche Person herantritt.
- Sucht die Antworten bei möglichst vielen Menschen verschiedener Herkunft.

Falls ihr mal keine Ansprechpartner vor Ort habt, könnt ihr die Anfragen auch schriftlich formulieren und an die entsprechenden Auskunftszentren schicken. Telefonbücher stellen dafür eine gute Quelle dar.)

Erfahrungen der Bahnbrecher

In einem türkischen Restaurant wurde ein heißes Thema angesprochen: „Würdest du deine Tochter mit einem Deutschen verheiraten?"

Dann sagte der Türke, mit dem wir uns eben noch unterhalten hatten: „Ich verstehe nichts."
Frage aus dem Bereich Sprache:
„Warum sprechen deutsche Verkäuferinnen immer laut und in gebrochenem Deutsch, wenn sie mit Türken zu tun haben? (‚Du nix anfassen dies Obst, oder so ähnlich.')
Antwort von Nicole Stock, Verkäuferin: „Die meisten Türken sprechen nur gebrochenes Deutsch. Deshalb antwortet man automatisch in derselben gebrochenen Art ..."

3. Arbeitsschritt: Diskutieren

- Führt die Arbeitsgruppen zusammen und wertet die gesammelten Fragen aus! Welche Erfahrungen habt ihr während dieses 1. Arbeitsschrittes gemacht?
- Diskutiert die Erfahrungen, die ihr während der Befragung und Antwortsuche gemacht habt!

Dazu ergab sich in der Gruppe eine Diskussion, in der sich ein Deutscher äußerte: „Die Deutschen verreisen ja bekanntlich sehr viel. Ich möchte mal erleben, dass mir jemand in den USA oder in England folgendermaßen den Weg erklärt: „Bridge?

Right. Then: Left. House. Yellow. Right. 100 m. Railwaystation. Understand? Railwaystation. Left. Okay." Wenn mich ein Amerikaner so ansprechen würde, dann würde ich mir doch vollkommen verarscht vorkommen."

Die wichtigste Erfahrung der Bahnbrecher: „Wer fragt, der sucht eine Antwort. Um diese Antwort zu bekommen, muss man den persönlichen Kontakt suchen. Doch das macht Mühe und ist nicht immer bequem."

4. Arbeitsschritt: Präsentieren

- Nutzt auch die öffentlichen Einrichtungen der Stadt, wie Rathäuser, Wohlfahrtsverbände, deutsch-ausländische Begegnungszentren, Freundschaftsgesellschaften ...!
- Veröffentlicht Fragen als Leserzuschrift, formuliert in der Presse, nutzt lokale Rundfunksender, Bürgerfunk und Bürgerfernsehen!

Zum Abschluss präsentierten die Bahnbrecher in einer gemeinsamen Diskussion mit Jugendbanden im Ahlener Osten ihre Ergebnisse und entfachten wiederum eine sehr lebhafte Diskussion.

Ausländer raus?

Berufsberater Cogelmann glaubt seinen Ohren nicht trauen zu können. Aber Pira nickt mit dem Kopf und erzählt die Geschichte noch einmal: Er ist Schüler der Klasse 10b in einer Düsseldorfer Realschule und bemüht sich zurzeit wie alle seine Mitschüler der Klasse 10 um eine Lehrstelle. Vor einigen Tagen hat es auf dem Schulhof gewaltigen Streit gegeben. Jochen, ein großer und kräftiger Schüler aus einer Parallelklasse, hat ihn auf dem Schulhof angerempelt und laut gegrölt: „Was willst du eigentlich hier? Ausländer haben hier nichts zu suchen, die nehmen uns nur die Arbeitsplätze weg!" Mehrere von Jochens Freunden scharten sich um ihn und schubsten ihn hin und her, bis schließlich Piras Freund Sebastian zu Hilfe kam. Aber auf dem Heimweg wurde Pira von Jochen und seinen Freunden wiederholt angepöbelt und beschimpft. Herr Cogelmann setzt sich mit dem Klassenlehrer und mit der Schulleiterin in Verbindung. Sie beschließen, die Angelegenheit müsse unbedingt in den Klassen 10 besprochen werden. Als Herr Faber der Klasse 10b die Geschehnisse berichtet, wollen alle Pira helfen. Aber wie? „Es reicht nicht, dass die Klassenlehrer mit den Klassen 10 über diese Sache sprechen. Wir müssen alle Schüler unserer Schule und die Eltern informieren, dass wir unsere wirtschaftlichen Probleme nicht lösen, wenn alle Ausländer weg sind", meint Lena, die Klassensprecherin. Die Klasse beschließt, ein Informationsblatt über die Situation von Düsseldorf und die Bedeutung der Ausländer für die Stadt zusammenzustellen und in der Schule zu verteilen. Schließlich einigt man sich, eine Stellwand in der Eingangshalle der Schule mit entsprechenden Texten, Statistiken, Fotos und dergleichen aufzubauen. Gerold schlägt sogar ein Pressegespräch vor, um die Öffentlichkeit zu informieren. Aber welche Informationen soll man der Öffentlichkeit mitteilen? Die Klasse 10b plant ein Projekt über Ausländer in der Stadt Düsseldorf und macht sich mithilfe der Düsseldorfer Stadtverwaltung sachkundig. Unter anderem trägt sie Zahlenmaterial aus einer Studie des Düsseldorfer Sozialdezernenten Paul Saatkamp mit dem Titel „Die Stunde Null" zusammen und trifft nun die Entscheidungen darüber, welche Informationen sie auswählen und wie sie diese in die Öffentlichkeit tragen will.

(Autorentext)

1 Stellt euch vor, ihr wäret die Schülerinnen und Schüler der Klasse 10b und hättet diese Entscheidungen zu fällen! Lest dazu zunächst die folgenden Materialien aufmerksam durch!

_1 Steuern und Sozialabgaben

Sozialversicherungspflichtige Arbeitnehmer in Düsseldorf:

Arbeitnehmer insgesamt	davon Ausländer
353.241	32.844 (9,30 %)

Ausgehend von einem monatlichen Durchschnittsbruttoeinkommen einer ausländischen Familie in Höhe von 3100,– DM (1 Kind), Lohnsteuer 20 %, Rentenversicherungsbeiträge 17,7 %, kann für Düsseldorf folgende Hochrechnung aufgestellt werden:

Anzahl	mtl. Bruttoeinkommen	Rentenversicherung
32.844	101.186.400,00	18.021.502,80

Lohnsteuer 20 % (Mittelwert)

_2 Export Düsseldorfs

Die Gelder, die nicht auf direktem Wege in den Düsseldorfer Wirtschaftskreislauf fließen, gelangen über den Umweg „Import" nach Düsseldorf. Ausländische Arbeitnehmer überweisen einen erheblichen Teil ihres Einkommens an ihre Heimatländer. Mithilfe dieses Geldtransfers sind ausländische Staaten häufig erst in der Lage, Aufträge an deutsche Firmen zu erteilen. In Nordrhein-Westfalen (für Düsseldorf liegen keine Zahlen vor) wies der Exportanteil 1990 in die Entsendeländer (klassische Anwerbeländer) die folgenden Beträge aus:

Land	DM
Türkei	1.548.397.000
Jugoslawien (1990)	1.758.301.000
Spanien	5.796.870.000
Italien	12.805.372.000
Portugal	1.502.862.000
Griechenland	1.330.800.000
Tunesien	297.900.000
Marokko	305.494.000

_3 Berufsgruppe	Beschäftigte Insgesamt	davon Ausländer	Arbeitslose Deutsche	Offene Stellen
Chemie-/ Kunststoffverarbeitung	3.552	609	311	25
Papierhersteller	1.582	399	130	8
Metallbearbeiter	3.045	998	893	213
Verkehrsberufe	9.796	1.187	930	228
Gästebetreuer	4.984	1.401	1.107	94
Reinigungsberufe	10.114	3.065	1.167	62
Hauswirtschaft	2.132	505	1.107	550

_4 Einstellungshindernisse

Die häufigsten Gründe für die Ablehnung von Bewerbern
Ergebnisse einer Arbeitgeberbefragung im Sommer 1993

ungelernte oder angelernte Arbeiter/-innen		Facharbeiter/ Facharbeiterinnen	
fehlende persönliche Eignung	66%	fehlende Kenntnisse	47%
zu hohe Einkommensvorstellungen	50%	fehlende oder ungeeignete Ausbildung	33%
fehlende Kenntnisse	30%	zu wenig Berufserfahrung	32%
unvereinbare Arbeitszeitwünsche	29%	fehlende persönliche Eignung	31%

Mehrfachnennungen: Die Summen ergeben daher mehr als 100%; Quelle: IAB

ZAHLENBILDER, 258330

_5 Ausländer im Job oft chancenlos

df. Hamburg. **Trotz vielfacher staatlicher Hilfs- und Förderprogramme ist die wirtschaftliche Kluft zwischen ausländischen und der einheimischen Bevölkerung in Deutschland und anderen EU-Ländern nach wie vor groß.**

Ausländer verlieren häufiger ihre Stelle und sind länger arbeitslos als Einheimische – und die Tendenz ist steigend. In Deutschland, Frankreich und Schweden sind etwa doppelt, in Holland sogar dreimal so viele Ausländer wie Einheimische ohne Beschäftigung.

Die Gründe für diese Entwicklung haben jetzt Wissenschaftler der Berliner Humboldt-Universität und der Bundesanstalt für Arbeit analysiert. …

Dabei zeigte sich, dass ausländische Arbeitnehmer aus Mitgliedsstaaten der EU jeweils bessere Chancen hatten als Menschen aus so genannten Drittländern. In Deutschland beispielsweise stehen Türken auf der beruflichen Skala zumeist ganz unten.

(aus: Welt am Sonntag, v. 23. 7. 1995)

_6 Bevölkerungsstatistik Düsseldorfs

Altersstufe	Einwohner Insgesamt	davon Ausländer Anzahl	%
unter 3	16.673	3.615	21,68
3 – 5	9.822	2.198	22,38
5 – 6	4.519	1.005	22,24
6 – 10	17.719	4.247	23,97
10 – 15	21.194	5.678	26,79
15 – 16	4.320	1.285	29,75
16 – 18	8.846	2.477	28,00
18 – 21	17.454	3.880	22,23
21 – 25	36.743	5.741	15,62
25 – 30	53.822	7.836	14,56
30 – 35	47.559	7.380	15,52
35 – 40	40.012	7.210	18,02
40 – 45	38.394	8.067	21,01
45 – 50	40.879	6.044	14,79
50 – 55	48.227	5.329	11,05
55 – 60	37.439	3.503	9,36
60 – 63	21.452	1.302	6,07
63 – 65	13.109	595	4,54
65 – 70	29.588	998	3,37
70 – 75	20.368	509	2,50
75 – 80	22.089	398	1,80
80 – 85	15.986	246	1,54
85 und mehr	9.466	142	1,50
Insgesamt:	575.679	79.685	13,84

_7 Beschäftigungsstruktur im Bereich Herstellung/ Fertigung in Düsseldorf (Ende 1990)

Bereich	Gesamt- arbeitnehmer	davon Ausländer
Herst. v. Kraftwagen und Motoren	1.170	1.045
Herst. von Kraftfahrzeugteilen	2.071	835
Papierherstellung	1.919	265
Nährmittelherstellung	1.179	216
Hochbau/Tiefbau	4.854	1.295

Berufe	Gesamt- arbeitnehmer	davon Ausländer
Chemiearbeiter	3.552	609
Metallverformer	2.373	748
Metallschleifer	672	250
Schweißer, Löter	2.268	790
Papierhersteller	1.582	399
Textilverarbeiter	1.241	288
Köche	5.207	1.630
Maurer	3.234	897
Zimmerer	1.568	288
Straßen-Tiefbauer	1.736	507
Bauhilfsarbeiter	1.437	409
Schlosser	9.331	1.017
Maschinisten	3.214	564
Transportarbeiter	6.529	1.183

_8 Beschäftigungsstruktur im Bereich Dienstleistung/ Infrastrukturaufgaben in Düsseldorf

Einrichtung	Gesamt- arbeitnehmer	davon Ausländer
Städt. Krankenanstalten	1.143	154
Städt. Altenheime	503	74
Universitätskliniken	2.200	820
Insgesamt	3.836	1.048

Bereich	Gesamt- arbeitnehmer	davon Ausländer
Deutsche Bundesbahn	1.159	306
Deutsche Bundespost	5.097	400
Personenbeförderung	4.686	790
Luftfahrt/Flugplätze	6.272	642
Hotels/Gasthöfe	2.620	675
Gastwirtschaften	8.251	2.873

Berufe		
Schaffner	2.295	351
Kfz-Führer/ Straßenwärter	7.501	836
Kellner/Gästebetreuer	4.984	1.401
Hauswirtsch. Berufe	2.132	505
Reinigungsberufe	10.114	3.065

1 Berechne die Höhe der Lohnsteuer, die der Staat jedes Jahr verlöre, wenn alle Ausländer zum gleichen Zeitpunkt Düsseldorf verließen (Material 1, S. 148 unten links).

2 Zeige auf, welche Kettenreaktion der Kaufkraftverlust von mindestens 50 Millionen DM jährlich für die Wirtschaft der Stadt Düsseldorf hervorriefe und überlege, inwiefern auch die Stadtkasse Einbußen zu verkraften hätte (Material 1, S. 148 unten links)!

3 Überlegt, welche deutschen Firmen Aufträge aus dem Ausland erhalten und im Ausland bzw. für das Ausland tätig werden! Unterscheidet davon aber Produktionsverlagerungen ins Ausland zur Verringerung der Lohnkosten! Lest dazu einige Tage den Wirtschaftsteil eurer Tageszeitung (Material 2, S. 148 unten rechts)!

4 Angesichts einer hohen Arbeitslosenquote, so wird manchmal behauptet, böte ein Wegzug der ausländischen Arbeitnehmer eine Chance, frei werdende Arbeitsplätze mit deutschen Bewerbern zu besetzen. Untersuche anhand der Materialien 3 – 5, ob diese Behauptung den realen Verhältnissen entspricht! Berücksichtigt neben den Zahlenverhältnissen auch die Art der von den Ausländern ausgeübten Tätigkeiten, die Beschäftigungswünsche der deutschen Arbeitnehmer und ihre Qualifikationen (Materialien auf S. 149)!

5 Ermittelt anhand der Tabelle, in welchen Altersstufen Ausländer besonders stark vertreten sind! Für welche Bereiche wären demnach durch einen Wegzug der Ausländer (kurzfristig) finanzielle Vorteile möglich und inwiefern würden (langfristig) durch eine veränderte Altersstruktur der Bevölkerung finanzielle Nachteile entstehen? Denkt dabei u. a. auch an das Sozialversicherungssystem (Material 6, S. 149 unten rechts)!

6 Ermittelt den prozentualen Anteil der Ausländer im Bereich Herstellung/Fertigung! In welchen Bereichen ist der Ausländeranteil besonders hoch (Material 7, S. 150 unten links)?

7 Ermittelt den prozentualen Anteil ausländischer Arbeitnehmer in den Bereichen „Dienstleistung/Infrastrukturaufgaben" und notiert die Ergebnisse! In welchen Einrichtungen bzw. Bereichen ist der Ausländeranteil besonders hoch (Material 8, S. 150 unten rechts)?

8 Fasst eure Ergebnisse zusammen! Welche Bereiche der Gesellschaft wären von einem Wegzug aller Ausländer stark betroffen und welche negativen Folgen wären zu erwarten?

9 Versucht nun, die von euch erarbeiteten Ergebnisse in Form einer Informationsbroschüre und/oder an einer Informationsstellwand in eurer Schule in geeigneter Weise (schriftliche Darstellung, Fotos, Statistiken, Diagramme etc.) zu verbreiten!

Abdullah soll in Deutschland bleiben!

„Aber das können die doch nicht machen! Das ist doch geradezu unmenschlich!", ruft Desiree empört aus. „Man kann dich und deine Familie doch nicht einfach in die Türkei abschieben, wenn ihr das nicht wollt. Dann muss dein Vater doch gleich ins Gefängnis, wenn nicht sogar Schlimmeres passiert! Vielleicht wird auch deine ganze Familie wegen Beihilfe bestraft!" Abdullah nickt und senkt den Kopf. „Ja, wahrscheinlich wird mein Vater viel schlimmer bestraft, als es damals erst vorgesehen war. Aber was sollen wir denn dagegen tun, wenn man uns alle aus Deutschland abschiebt?" „Das geht nicht so einfach", meint Thomas. „Wir brauchen dich doch als Torwart in der Schulmannschaft. Nächsten Monat ist das Endspiel in der Fußball-Kreismeisterschaft für Schulmannschaften. Ohne dich haben wir gegen den Endspielgegner keine Chance."

„Ich sehe kaum noch eine Möglichkeit, in Deutschland bleiben zu können. Mein Vater hat alles versucht, was rechtlich möglich ist. Dabei könnte ich doch wenigstens hier bei meinem Onkel in Deutschland bleiben. Aber wir werden alle in die Türkei abgeschoben, wahrscheinlich wieder in unsere Heimatstadt Erzurum. Mein Vater hat dort vor fünf Jahren den Wehrdienst in der Armee verweigert, das ist in der Türkei nicht erlaubt. Es gibt dort auch keinen Ersatzdienst oder Zivildienst wie hier in Deutschland. Die Behörden haben ihm sogar vorgeworfen, er sei ein Verbrecher oder Terrorist und haben ihn der Polizei übergeben. Beweisen konnte man ihm nichts, trotzdem musste er ins Gefängnis und ist gefoltert worden. Er konnte auch nicht das Gegenteil beweisen, wie soll man das schon? Die Polizei hat behauptet, wir drei Söhne hätten ihm bei seinen Straftaten geholfen, dabei stimmt von alledem nichts! Als mein Vater vorübergehend freigelassen wurde, sind wir damals geflohen. Schließlich mussten wir damit rechnen, dass wir alle wieder verhaftet worden wären." Abdullah ist bei diesen Sätzen auf seinen Stuhl gesunken.

Für einen Moment wird es im Klassenraum der Klasse 9b der Dietrich-Bonhoeffer-Realschule ganz still. Desiree, Abdullahs Freundin, setzt sich zu ihm und legt den Arm um ihn. „Mensch, Abdullah ist unser Klassensprecher. Ohne seinen Einsatz gegenüber dem Schulleiter dürften wir doch gar keine Studienfahrt nach England machen. Wie soll das denn hier ohne dich weitergehen?", meint plötzlich Lars.

„Die nächste Schülerfete können wir glatt vergessen, ohne Abdullah als DJ ist das alles nur noch öde", stöhnt Susanne.

„Mein Gott, ihr denkt nur an euch selbst", schimpft Desiree. „Abdullah hat ganz andere Probleme. Stellt euch vor, er und seine ganze Familie müssen sofort ins Gefängnis, wenn sie in der Türkei eintreffen, und das ohne etwas Böses getan zu haben! Lasst uns lieber überlegen, wie wir ihm helfen können!"

„Sag mal, kannst du eigentlich noch deine Muttersprache?", fragt Christian. Abdullah antwortet: „Ich habe vieles vergessen, aber verständigen kann ich mich schon noch. Bloß an die Sitten und Gebräuche werde ich mich nur schwer wieder gewöhnen können."

„Also, wenn ihr mich fragt, wir müssen alles tun, damit Abdullah hier in Deutschland bleiben darf, am besten auch seine Familie. In solch einer Situation ist es doch niemandem zuzumuten, in das Heimatland abgeschoben zu werden", meint Matthias. „Das lässt sich doch moralisch nicht rechtfertigen."

(Autorentext)

1 Stellt euch vor, ihr wärt die Schülerinnen und Schüler der Klasse 9b und hättet vor, euch für Abdullah einzusetzen! Dazu solltet ihr euch zunächst über die politische Situation in der Türkei informieren, vor allem bezüglich des Wehrdienstes.

2 Seht euch die obige Geschichte von Abdullah noch einmal genau an! Wenn auch alle rechtlichen Möglichkeiten ausgeschöpft sind, gibt es nicht trotzdem menschliche und moralische Gründe, die für ein Verbleiben Abdullahs und seiner Familie in Deutschland sprechen? Diskutiert diese Fragestellung in Kleingruppen und tragt solche Argumente zusammen, sofern ihr euch dieser Meinung anschließt! Diskutiert diese Argumentensammlungen danach in der Klasse!

3 Stellt euch vor, die Klasse 9b schreibt einen Brief an die ZASS (Zentrale Entscheidungsstelle für Asylangelegenheiten in Zirndorf), um sich für Abdullah einzusetzen. Formuliert einmal solch einen Brief in Gruppenarbeit und verwendet entsprechende menschlich-moralische Begründungen! Vergleicht und diskutiert eure Brief-Entwürfe anschließend im Klassenplenum!

Planspiel: Die Insel

Es gibt irgendwo eine Insel, auf der Leute wohnen, die Inselbewohner. Seit zwanzig Jahren leben dort auch Fremde,
Deutsche, die sich inzwischen eingerichtet haben. Das
Zusammenleben funktioniert eigentlich, … man kommt miteinander aus. Die Inselbewohner sagen zwar, die Deutschen
würden nach Bier und Kohl riechen, sehr geschäftstüchtig
und gelegentlich verklemmt sein, aber man lässt sie in Ruhe.
Doch nach einer ökologischen Katastrophe sind auf einmal
sehr viele Deutsche gezwungen, ihre Heimat zu verlassen und
auf die Insel zu fliehen. Als der Flüchtlingsstrom immer un-
überschaubarer zu werden scheint, eskaliert die Situation auf
der Insel. Gruppen bilden sich; die einen wollen alle Deutschen sofort wieder loswerden, andere vermitteln. Die
Flüchtlinge lassen nicht länger nur über sich reden, sie greifen ein, die Presse drängt in den Vordergrund und macht Meinungen.
Als die Regierung der Insel keine Lösung mehr sieht, beruft
sie eine Versammlung der Bürger ein. Sie soll über das Bleiberecht der Deutschen entscheiden. Angst, Vorurteile und
Gewalt drohen die Insel zu beherrschen, ein Ausweg muss
gefunden werden.

Was ist zu tun? Das „Spiel" kann beginnen.

*(aus: Die Insel. Ein Planspiel zur Gewaltprävention, herausgegeben von den regionalen Arbeitsstellen für Auslän-
derfragen e. V., Brandenburg und Berlin 1993)*

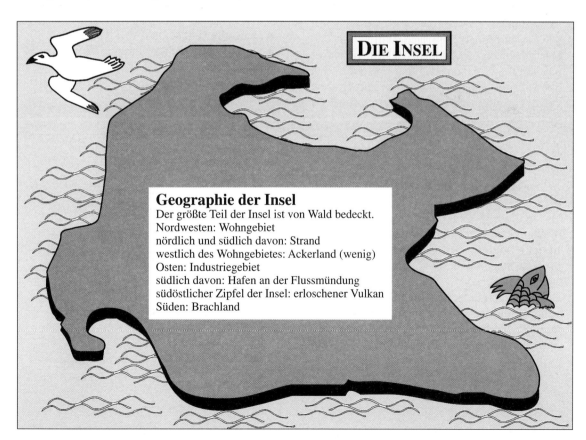

DIE INSEL

Geographie der Insel
Der größte Teil der Insel ist von Wald bedeckt.
Nordwesten: Wohngebiet
nördlich und südlich davon: Strand
westlich des Wohngebietes: Ackerland (wenig)
Osten: Industriegebiet
südlich davon: Hafen an der Flussmündung
südöstlicher Zipfel der Insel: erloschener Vulkan
Süden: Brachland

Bevölkerungsstruktur

Auf der Insel wohnen 4 Millionen Menschen. Die Einheimischen stellen 90% der Bevölkerung und sind überwiegend in der Industrie beschäftigt. Der geringere Teil arbeitet als Bauer, Handwerker oder Kaufmann.
Die Deutschen stellen 10% der Inselbewohner und sind als Arbeiter, Techniker und Ingenieure beschäftigt. Einige wenige arbeiten in der Gastronomie und führen Spezialitätenrestaurants.
Als Reaktion auf die katastrophale ökologische Situation in Deutschland strömen massenhaft deutsche Flüchtlinge ins Land.

Wirtschaft

Der Haupterwerbszweig auf der Insel ist der Export von Industriegütern. Agrarerzeugnisse müssen weitgehend eingeführt werden.
Die Wirtschaftskraft der Insel ist im hohen Maße abhängig von den Verkaufserfolgen auf den ausländischen Absatzmärkten.
Das technische Know-how in der Industrieproduktion wird hauptsächlich von deutschen Spezialisten geliefert, die aus diesem Grunde von der Inselregierung vor Jahren auf die Insel geholt worden sind.

Politische Struktur

Das politische Oberhaupt der Insel ist der durch das Volk gewählte Präsident.
In der Regierung befinden sich ferner Minister und Staatssekretäre in unterschiedlichen Verantwortungen.
Bei wichtigen Entscheidungen werden Volksversammlungen einberufen und Volksabstimmungen durchgeführt.
Die Deutschen auf der Insel haben jedoch kein Wahlrecht.

Soziale Organisation

Die Inselbewohner leben in Großfamilien mit Großeltern, Eltern und Kindern unter einem Dach und pflegen intensive verwandtschaftliche Beziehungen.
Die Frauen spielen in der Gesellschaft eine dominierende Rolle. So geht z. B. die Initiative zu Liebesbeziehungen von Frauen aus.
Der Alkoholgenuss ist den Einheimischen strengstens verboten.

Urteile – Vorteile über die Deutschen

- Deutsche tragen die Schuld an der Vernachlässigung der Landwirtschaft
- Deutsche sind schuld an fehlenden Ausbildungsplätzen für unsere Kinder
- Deutsche bringen unsere Kultur in Gefahr
- Deutsche stinken nach Bier
- Deutsche passen sich nicht an
- Deutsche überweisen ihr Geld nur nach Hause
- Deutsche sind sexuell verklemmt
- Deutsche betrachten Frauen als ihr Eigentum
- Deutsche laufen immer in Trainingsanzügen herum

Informationen über die Gruppen auf der Insel

Gruppe „Bürgerinitiative Solidarität mit den Deutschen"
– gehören nicht alle zur deutschen Minderheit
– deutscher Gastwirt hat Angst vor der Ausweisung
– deutscher Jugendlicher ärgert sich über das Vorurteil, er „mache nur die Mädchen der Insel an"
– deutsche Eltern lehnen teilweise die einheimischen Sitten ab, wollen auch ihre eigenen Bräuche bewahren können
– die Inselbewohner in der Gruppe finden, dass es von Vorteil für die Insel ist, wenn auf ihr auch Deutsche leben
– junges „gemischtes" Liebespaar leidet unter dem Fremdenhass

Gruppe „Deutsche Flüchtlinge"
– Gruppe besteht aus Deutschen, die erst vor kurzem auf die Insel kamen
– eine Rückkehr ist für sie undenkbar; die ökologische Situation in Deutschland lässt dies nicht zu
– Flüchtlinge werden in Sammelunterkünften untergebracht
– ihr Status ist ungeklärt, sie kämpfen um das Bleiberecht
– eine Arbeit auf der Insel ist ihnen im Augenblick nicht möglich, sie versuchen, sich ihren Lebensunterhalt „irgendwie" zu sichern

– sind mit einer ausgesprochenen Fremdenfeindlichkeit konfrontiert

Gruppe „Initiative – Deutsche raus"
– Ziel ist die Ausweisung aller Deutschen
– einheimischer Bauer meint, die Deutschen gehen nur ihren Geschäften nach und kümmern sich nicht um die Landwirtschaft
– Einheimische haben Angst um ihre Jobs, die Deutschen nehmen sie ihnen – nach ihrer Meinung – weg
– Jugendliche finden es „bescheuert, dass die deutschen Jungs ihnen die Mädchen wegnehmen"

Gruppe „Presse und Fernsehen"
– berichtet kritisch über die Aktivitäten aller Gruppen
– Umfragen und Interviews
– aktuelle Ereignisse werden kommentiert
– veröffentlicht Presseerklärungen
– produziert Nachrichtenvideos und eine Zeitung
– beeinflusst mit ihrer Berichterstattung die Diskussion

Gruppe „Präsident und Regierung"
– sind allen Bürgerinnen und Bürgern verpflichtet
– berufen Bürgerversammlung ein
– sind an Beschlüsse der Bürgerversammlung gebunden
– sorgen sich um die Sicherheit auf der Insel
– leiten und versachlichen die Diskussion

Durchführung des Rollenspiels

Ihr habt nun einen ersten Eindruck von dem Leben auf der Insel bekommen. Findet euch in fünf Gruppen zusammen, die etwa die gleiche Anzahl von Schülern aufweisen sollten. Die jeweiligen Gruppenmitglieder legen untereinander ihre bestimmte Rolle fest. So wählen beispielsweise die Mitglieder der Gruppe „Präsident und Regierung" ihren Regierungschef und entscheiden darüber, wer als Minister für bestimmte Aufgaben verantwortlich ist. In der Gruppe „Presse und Fernsehen" gilt es, die Verantwortlichkeiten für die einzelnen Medienbereiche festzulegen. Die Mitglieder der drei anderen Gruppen wählen jeweils ihre individuelle Rolle, indem sie sich einen Namen geben und Bestimmungen über ihre berufliche und persönliche Situation treffen. Die einzelnen Gruppen bereiten anschließend Argumente für die Bürgerversammlung vor. Dabei ist es wichtig, dass unter den Gruppen ein ständiger Gedanken-, Informations- und Meinungsaus-

tausch stattfindet. Insbesondere die Arbeit der Pressegruppe ist hier gefragt.
In der Kommunikation der Gruppen untereinander kann es dann zu Demonstrationen, Beschwerden beim Präsidenten, Flugblättern, der Gestaltung von Wänden mit Plakaten, Diskussionen über Zeitungs- und Videoberichte, Treffen von Gruppensprechern beim Präsidenten und anderem kommen.
Die zweite Phase des Spiels besteht aus der Bürgerversammlung, die durch eine Schülerin und einen Schüler moderiert wird (sie können pädagogischen Beistand erhalten).
Die Versammlung entscheidet über das Verbleiben der Deutschen auf der Insel. Meinungen der Gruppen werden vorgestellt und diskutiert, eine Abstimmung beendet das Spiel. Während der Diskussion ist es sinnvoll, Probleme in „Körbe" zu gliedern, also zum Beispiel: Vorurteile/Arbeitsmarktsituation/Gleichbehandlung/Beteiligung am öffentlichen Leben.

Die Zuwanderung – ein ungelöstes Problem

Der unten abgedruckte satirische Aufruf enthält eine Reihe von Vorbehalten, die immer wieder ins Spiel gebracht werden, um eine Zuwanderung von Fremden zu verhindern.

1 Stellt die in dem Aufruf enthaltenen Vorbehalte gegen eine Zuwanderung von Fremden zusammen! Welcher Methoden bedient sich der Aufruf?

Das Katholikenproblem lösen!

Um es gleich vorweg zu sagen: Wir haben nichts gegen Katholiken. Im Gegenteil, jeder Katholik, der sauber ist und hier seit Jahren Steuern zahlt, ist uns willkommen. Wir wehren uns nur dagegen, dass wir Norddeutschen durch den Zustrom von schwarzen Schafen und ihren bischöflichen Hirten unsere kulturelle Identität verlieren.

Leider ist es den meisten Katholiken aufgrund ihrer fundamentalistischen Einstellung bisher nicht gelungen, ihre naturreligiöse Vorstellung von Sexualität, nach der sexuelle Handlungen nur zum Zwecke der Fortpflanzung ausgeübt werden dürfen, abzulegen. Das führt dazu, dass diese Bevölkerungsgruppe, die wir einst als Gäste in unser Land riefen, sich vermehren wie die Karnickel in der Geest. Sind es nicht jene Katholiken, die durch ihre beharrliche Ablehnung jeder Form von Empfängnisverhütung in erheblichem Umfang zur Verschärfung von Problemen wie Wohnungsnot und Arbeitslosigkeit beigetragen haben und damit die Stabilität der D-Mark in Gefahr bringen?

Nach Untersuchungen des Landeskriminalamtes Bayern wurde eindeutig nachgewiesen, dass **78,47% aller bayerischen Straftäter Katholiken sind.** Allein diese Zahl macht schon deutlich, dass der dramatische Anstieg der Kriminalität in den letzten Jahren nicht unabhängig vom Katholikenproblem betrachtet werden darf. Noch stellen die Katholiken in unserem Norddeutschland eine Minderheit dar, doch alleine in der Zeit von 1961 bis 1987 hat sich die Zahl um mehr als 22% auf 1 570 000 erhöht. Schon das Symbol, das die Katholiken anbeten, das Bildnis eines Gefolterten am Kreuz, ist beredtes Zeugnis einer latenten Gewaltbereitschaft dieser Gruppe. Muss es erst so weit kommen, dass sich keine norddeutsche Frau mehr aus Angst vor Katholiken auf die Straße traut? Nach wie vor stehen eine Vielzahl der **Rituale der Katholiken** in eklatantem Widerspruch zum Grundgesetz der Bundesrepublik Deutschland. Hierzu nur zwei Beispiele: Während das Grundgesetz Ehe und Familie unter den besonderen Schutz der Gemeinschaft stellt, verbietet die katholische Kirche ihren Priestern kategorisch die Eheschließung und Familiengründung.

Während nach dem Grundgesetz Männer und Frauen gleichberechtigt sind, ist es Frauen in der katholischen Kirche verboten, Priesterin zu werden. Muss es erst so weit kommen, dass der Erzbischof von Köln die Macht an sich reißt, um das Grundgesetz außer Kraft zu setzen und seinen so genannten Gottesstaat ohne demokratische Legitimation zu errichten?

Besonders Besorgnis erregend ist für Fachleute die Tatsache, dass zwischen der Einführung des Bundessozialhilfegesetzes im Jahre 1961 und dem Anstieg der Katholikenzahl in Norddeutschland direkte Zusammenhänge vermutet werden können. Hier ruhen sich **Katholiken** ganz offensichtlich **in der Hängematte unseres Wohlfahrtsstaates aus.** Zwar sind wir noch eines der reichsten Länder der Erde, aber wie lange können wir uns diesen Missbrauch durch die Katholiken noch leisten? Bereits jetzt sind die negativen Einflüsse auf die deutsche Wirtschaft erkennbar. Die hohe Anzahl ihrer religiösen Feiertage führt zu Produktionsausfällen in Milliardenhöhe. Dies hat die Konkurrenzfähigkeit zum Beispiel zur japanischen Industrie, in der so gut wie keine Katholiken arbeiten, erheblich beeinträchtigt.

Muss die deutsche Wirtschaft erst völlig am Boden liegen, bis die Katholikenflut eingedämmt wird?

Die Katholiken haben ihren eigenen Staat, eine Heimat, in der sie nicht unterdrückt und verfolgt werden. Wenn sie zu uns kommen, geschieht das in der Regel nur aus wirtschaftlichen Gründen, obwohl der Vatikan das höchste Pro-Kopf-Einkommen der Welt hat. Müssen wir am Ende alle 900 Millionen Katholiken der Erde bei uns aufnehmen?

Nein, wir können das Katholikenproblem dieser Welt nicht alleine lösen, und die zunehmende Katholikenfeindlichkeit in Norddeutschland erfordert sofortiges Eingreifen und Handeln.

Wir schlagen deshalb vor:

Abweisung aller Katholiken an der Grenze Norddeutschlands!
Sofortige Abschiebung aller kriminellen Katholiken in den Vatikan!
Erteilung einer befristeten Aufenthaltsgenehmigung nur bei Nachweis eines Arbeitsplatzes!
Abschaffung des Wahlrechts für Katholiken!
Ausweisung aller Katholiken bei Sozialhilfebezug und Arbeitslosigkeit!
Ausweisung aller Katholiken bei verfassungsfeindlichen Aktivitäten!

(zitiert aus: Posselt, Ralf-Erik und Schumacher, Klaus, Projekthandbuch: Gewalt und Rassismus, Mülheim, Verlag an der Ruhr, 1993, S. 258 f.)

Streit über Einwanderung

(dpa). Trotz scharfer Kritik des Koalitionspartners hält der FDP-Vorsitzende Kinkel an seiner Forderung nach einem Einwanderungsgesetz fest. Die Bundesrepublik sei mit ihrer künftigen Bevölkerungsstruktur auf Zuwanderer angewiesen, sagte Kinkel gestern. Während die SPD den Vorschlag begrüßte, sprach CDU-Generalsekretär Hinze von einem „falschen Signal zur falschen Zeit".

Kinkel unterstrich, es habe keinen Sinn, die Augen vor den Fakten zu verschließen, dass die Bundesrepublik ein Einwanderungsland geworden sei. Die Reaktion von Bundesinnenminister Kanther, der die Forderung nach einem Einwanderungsgesetz zum gegenwärtigen Zeitpunkt als „geradezu töricht" bezeichnet hatte, sei ihm „nicht ganz verständlich", so der FDP-Vorsitzende. Er betonte, es gehe ihm nicht darum, „mehr Leute hereinzulassen", sondern den Zustrom zu begrenzen.

Dagegen erklärte Hinze, es gebe „zum gegenwärtigen Zeitpunkt keinen zwingenden Anlass, eine die Bürger verunsichernde und beunruhigende Diskussion vom Zaun zu brechen". Wer jetzt ein Einwanderungsgesetz fordere, erwecke den Eindruck, als solle ein weiteres Tor für die Einwanderung aufgestoßen werden. In erster Linie müsse nun die unkontrollierte, illegale Zuwanderung eingedämmt werden.

Bayerns Ministerpräsident Stoiber betonte, mit seiner Partei werde es kein Einwanderungsgesetz geben. Er sagte, die Bundesrepublik als eines der dicht besiedelsten Länder Europas sei „nicht unbeschränkt aufnahme- und integrationsfähig". Wer die Diskussion über das Einwanderungsland wieder aufnehme, laufe angesichts hoher Arbeitslosigkeit und Wohnungsnot Gefahr, erneut „Fremdenängstlichkeit" hervorzurufen. „Und gerade die wollen wir abbauen, weil daraus leicht Fremdenfeindlichkeit werden kann".

(aus: Westfälische Nachrichten, vom 4. 8. 1993)

„Es gibt keine Gesellschaft auf der Welt, in der Einwanderung nicht auch zu Problemen und Konflikten führen würde. Gerade deswegen ist es notwendig, dass ein Einwanderungsland sich Spielregeln gibt: Ohne solche Spielregeln lauert in Konflikten bedrohliches Potenzial. Ich halte es in einer Demokratie für eine Selbstverständlichkeit, dass die Gesellschaft die Formen der Zuwanderung selbst regelt."

(Daniel Cohn-Bendit, ehemaliger ehrenamtlicher Dezernent im „Amt für multikulturelle Angelegenheiten" in Frankfurt/M.)

1 Setzt euch in Gruppen zusammen und versucht, Spielregeln für eine Zuwanderung aufzustellen!

Auf der folgenden Seite (S. 158) findet ihr eine Zusammenstellung, wie in anderen Ländern die Zuwanderung geregelt ist. Diese Regeln sollen eine Hilfestellung bieten. Bezieht bei der Gestaltung eures Zuwanderungsgesetzes auch die Übersicht über die Zuwanderergruppen aus dem Informationsteil in eure Überlegungen mit ein!

USA

Die Vereinigten Staaten von Amerika sind noch immer das Gelobte Land für Freiheit und Reichtum. Doch die Chancen, in den USA aufgenommen zu werden, sind geringer als in den meisten Staaten, die nicht Einwanderungsländer sind.

Eine Quote regelt seit 1992 den Zustrom. 714 000 in den ersten Jahren, ab 1995 nur noch 675 000. Flüchtlinge sind darin nicht enthalten. Ihre Zahl wird jährlich den Erfordernissen und der internationalen Lage entsprechend festgelegt. US-Bürger kann werden, wer 18 Jahre alt ist, mindestens fünf Jahre gesetzestreu in den USA gelebt hat, Englisch versteht, guten Charakter beweist, die US-Verfassung achtet und Wissen über die Geschichte und die Regierung der USA nachweist.

Eine Lotterie verteilt zudem jährlich 40 000 „Green Cards", ständige Aufenthaltsgenehmigungen. 1993 haben sich nach Schätzungen etwa acht Millionen beworben.

Wer mindestens eine Million Dollar in den USA (in unterentwickelten US-Staaten die Hälfte) investiert und Arbeitsplätze schafft, bekommt die US-Staatsbürgerschaft am sichersten.

Die möglichst vielfältige Einwanderung sichert nach einer verbreiteten Meinung der Amerikaner die Zukunft der Vereinigten Staaten.

(aus: Focus, Nr. 19, vom 10. 5. 1993, S. 44)

Australien

Der fünfte Kontinent erschwert bei weltweit anschwellenden Flüchtlingsströmen die Einwanderung immer mehr. In dem am 30. Juni ablaufenden Haushaltsjahr sind gerade noch 80 000 Einwanderer vorgesehen. Im Jahr zuvor waren es noch 107 000.

Hauptgründe für die Restriktion sind die hohe Zahl von einer Million Arbeitslosen (10,3 Prozent), die Krise der öffentlichen Haushalte und damit fehlende Mittel für Investitionen in die Infrastruktur.

Langfristige Perspektiven fehlen zwar. Doch geht Australien davon aus, dass es in 40 Jahren optimal 25 Millionen Einwohner verkraften kann (1993: 17,3 Millionen).

Die jährlichen Aufnahmequoten richten sich nach den Bedürfnissen. Zurzeit haben jüngere Bewerber mit gesuchten Berufen und guten Englischkenntnissen günstige Chancen. In „Self Assessment Kits" ist nachzulesen, welche Kriterien gerade zugrunde gelegt werden. Rigoros geht Australien gegen illegale Einwanderer vor (derzeit vermutlich 80 000).

(aus: Focus, Nr. 19, vom 10. 5. 1993, S. 45)

Frankreich

Die französische Staatsangehörigkeit kann durch Abstammung und Geburt, Aufenthalt oder Einbürgerung erworben werden.

Franzose ist das eheliche oder anerkannte nichteheliche Kind, wenn wenigstens ein Elternteil die französische Staatsangehörigkeit besitzt.

Jeder, der in Frankreich von ausländischen Eltern geboren wurde, erwirbt bei Erreichung der Volljährigkeit die französische Staatsangehörigkeit, sofern er sich zu diesem Zeitpunkt in Frankreich aufhält und während der fünf vorangegangenen Jahre in Frankreich gelebt hat.

Die Einbürgerung eines Ausländers kann auf seinen Antrag hin nur bewilligt werden, wenn er in den letzten fünf Jahren in Frankreich gelebt hat. Diese Wartezeit verringert sich auf zwei Jahre:

1. für einen Ausländer, der mit Erfolg zwei Jahre lang höhere Studien durchgeführt hat, um ein Universitätsdiplom oder das Diplom einer französischen Anstalt des höheren Schuldienstes zu erwerben;
2. für Personen, die Frankreich wichtige Dienste geleistet haben oder leisten können.

Ohne Wartezeit kann u. a. eingebürgert werden:

1. der Ehegatte und das volljährige Kind einer Person, die die französische Staatsbürgerschaft erwirbt;
2. ein Ausländer, der Frankreich außergewöhnliche Dienste geleistet hat.

(aus: Merkblätter für Auslandfähige und Auswanderer, Nr. 53, herausgegeben vom Bundesverwaltungsamt)

Schweiz

Schweizer Bürger kann man werden durch Geburt, Heirat oder Einbürgerung.

Das Schweizerbürgerrecht kann auf Antrag erworben werden, wenn der Antragsteller insgesamt zwölf Jahre in der Schweiz gelebt hat. Von diesen zwölf Jahren müssen mindestens drei Jahre in den der Antragstellung vorausgegangenen Zeitraum von fünf Jahren fallen.

Für die Frist von zwölf Jahren wird die Zeit, während welcher der Antragsteller zwischen seinem vollendeten 10. und 20. Lebensjahr in der Schweiz gelebt hat, doppelt gerechnet; ebenso die Zeit, während welcher er in ehelicher Gemeinschaft mit einer gebürtigen Schweizerin in der Schweiz gelebt hat.

Die ausländische Ehefrau kann nur mit dem ausländischen Ehemann zusammen eingebürgert werden. Sie wird in seine Einbürgerung einbezogen, wenn sie schriftlich zustimmt. Die unmündigen ausländischen Kinder werden in der Regel in die Einbürgerung des ausländischen Vaters einbezogen.

Mit der Gewährung des Schweizerbürgerrechts wird gleichzeitig ein Kantons- und Gemeindebürgerrecht erworben.

Gewöhnlich sind für die Einbürgerung beträchtliche Gebühren zu entrichten, die einige hundert Franken, bei entsprechend begüterten Antragstellern auch mehrere tausend Franken betragen können.

(aus: Merkblätter für Auslandfähige und Auswanderer, Nr. 45)

Thema 7:
Frieden schaffen – aber wie?

Krieg und Frieden – was ist das?

Köln am Ende des 2. Weltkriegs

Der Krieg macht Menschen obdachlos.

Soldaten im ehemaligen Jugoslawien

Kinder im Lager, 2. Weltkrieg (kurz nach der Befreiung)

Kain tötete Abel, Romulus tötete Remus. Nach einer Untersuchung der norwegischen Akademie der Wissenschaften fanden seit 3600 v. Chr. bis 1960 14 513 Kriege statt. Dabei kamen mehr als 3,5 Milliarden Menschen ums Leben. In den rund 5600 Jahren war der Krieg der Normalzustand, und der Frieden blieb die Ausnahme. Nur 292 Jahre in dieser langen Periode verblieben ohne Krieg. Die Reihenfolge der am Krieg beteiligten Länder sieht England mit ca. 80 Kriegsbeteiligungen vorn, gefolgt von Frankreich mit 71, Spanien mit 64 und Russland mit 61. Deutschland war an 24 Kriegen beteiligt, jedoch an den beiden schrecklichsten nicht nur dieses Jahrhunderts, sondern auch der gesamten Menschheitsgeschichte. Die Zerstörungskraft der in den Kriegen eingesetzten Waffen wurde ständig erhöht, wie aus der folgenden Tabelle zu entnehmen ist:

Die Entwicklung der Zerstörungskraft von Waffen			
Waffe	**Tödlichkeitsindex***	**Waffe**	**Tödlichkeitsindex***
Wurfspieß	18	Jabo 2. Weltkrieg (8 MG, 2 Bomben)	3 000 000
Schwert	20	Hiroshima-Bombe	
Pfeil und Bogen	20	(15 Kilotonnen TNT)	49 000 000
Armbrust	32	Kurzstreckenrakete	
Flinte mit Steinschloss 18. Jh.	47	(Lance: 20 kt Sprengkopf)	170 000 000
Hinterlader-Gewehr 19. Jh.	230	Taktische Rakete	
Magazin-Gewehr 1. Weltkrieg	780	(Pluton: 20 kt Sprengkopf)	830 000 000
Maschinengewehr 1. Weltkrieg	13 000	Phantom Jagdbomber	
Maschinengewehr 2. Weltkrieg	18 000	(1 Bombe B-61, 350 kt Sprengkopf)	6 200 000 000
Tank 1. Weltkrieg (2 MG)	68 000	Mittelstreckenrakete	
Flugzeug (1. Weltkrieg) 1 MG, 2 Bomben	230 000	(1 Mt Sprengkopf)	18 000 000 000
V-2-Rakete 2. Weltkrieg	860 000	Interkontinentalrakete	
Panzer 2. Weltkrieg (1 Kanone, 1 MG)	2 200 000	(25 Mt Sprengkopf)	210 000 000 000

* Der Tödlichkeitsindex wurde aufgrund folgender technischer Daten berechnet:
– höchstmögliche Feuergeschwindigkeit pro Stunde
– Zahl der möglichen Ziele pro Einsatz

(verändert nach: Dupuy, N., Quantification of factors related to weopons lethality)

Auch die verheerenden Auswirkungen des 2. Weltkrieges mit Millionen von Toten haben nicht dazu geführt, den Krieg abzuschaffen. Wie die folgende Tabelle zeigt, nahmen die kriegerischen Auseinandersetzungen seit 1945 ständig zu:

Nach Ansicht zahlreicher Wissenschaftler und Politiker folgt der Krieg jedoch keinem Naturgesetz, sondern ist das Ergebnis menschlichen Handelns. Dabei spielen geschichtliche Hintergründe eine große Rolle, wie der Krieg im ehemaligen Jugoslawien zeigt. Nachdrücklich weist der Historiker Imanuel Geiss auf die Bedeutung der Geschichte hin: *„Der Versuch zur Erklärung zeitgeschichtlicher ... Konflikte führt stets in die Vergangenheit, weit über den modernen Imperialismus hinaus, oft um Jahrhunderte, im Extremfalle gar um Jahrtausende zurück.“*
Der Ausbruch eines Krieges hat in der Regel mehrere Gründe, der Ausbau von Feindbildern trägt dazu bei, Kriegsbegeisterung zu schüren. Die wirklichen Ursachen werden jedoch oft von der Kriegspropaganda der herrschenden Politiker und Militärs verschleiert.

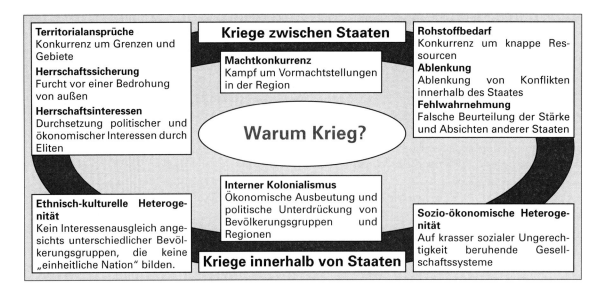

	Kriege zwischen Staaten	
Territorialansprüche Konkurrenz um Grenzen und Gebiete **Herrschaftssicherung** Furcht vor einer Bedrohung von außen **Herrschaftsinteressen** Durchsetzung politischer und ökonomischer Interessen durch Eliten	**Machtkonkurrenz** Kampf um Vormachtstellungen in der Region	**Rohstoffbedarf** Konkurrenz um knappe Ressourcen **Ablenkung** Ablenkung von Konflikten innerhalb des Staates **Fehlwahrnehmung** Falsche Beurteilung der Stärke und Absichten anderer Staaten
	Warum Krieg?	
Ethnisch-kulturelle Heterogenität Kein Interessenausgleich angesichts unterschiedlicher Bevölkerungsgruppen, die keine „einheitliche Nation" bilden.	**Interner Kolonialismus** Ökonomische Ausbeutung und politische Unterdrückung von Bevölkerungsgruppen und Regionen	**Sozio-ökonomische Heterogenität** Auf krasser sozialer Ungerechtigkeit beruhende Gesellschaftssysteme
	Kriege innerhalb von Staaten	

Der Krieg kann auch ein profitables Geschäft sein: Die Weltrüstungsausgaben nähern sich einem Zehntel des Weltnettosozialprodukts. Nach einer Studie der UNO haben die USA 1992 weltweit die meisten Waffen verkauft. Die sechs größten Rüstungsexporteure USA, Russland, Deutschland, Großbritannien, Frankreich und China teilen sich zusammen 85% des Marktes. Die steigenden Militärausgaben in den Ländern der Zweidrittel-Welt verschärfen deren Finanzprobleme und tragen somit zu Hunger, Armut und Verelendung bei.

Vergleich: Militärische Ausgaben und die Alternativen

Betrag	Rüstungsmaterial	Alternativen
20 Mio. Dollar	20 Antiraketen-Raketen	Impfstoff gegen Tetanus für alle Frauen in Afrika
65 Mio. Dollar	1 Kampfflugzeug	Gesamtkosten aller ausländischen Gelder, die 1990 zur Bekämpfung von Aids in Afrika ausgegeben wurden (Schätzung).
6,9 Mio. Dollar	1 Armee-Hubschrauber	Ausgaben des „Save the Children"-Flüchtlingsprogramms von UNICEF in Indonesien und Thailand (Betreuung von 25 000 Menschen)
350 Mio. Dollar	Zwei Tage Luftkampf	Zwei Jahresetats von UNICEF
20 000 Dollar	1 Flugabwehr-Rakete	Medizinische Ausstattung und Baumaterial für eine Säuglingspflegestation in Mali

(aus: Launer, Ekkehard, Datenhandbuch Süd-Nord, Göttingen, Lamuv, 1992, S. 157)

Mit dem Ende des Kalten Krieges zu Beginn der 90er Jahre hatte man auf eine friedlichere Welt gehofft. Das atomare Gleichgewicht des Schreckens schien durch Abrüstungsverträge, gegenseitige Rüstungskontrolle und nicht zuletzt durch die Auflösung des Warschauer Paktes beendet zu sein. Doch die Hoffnung auf eine friedvollere Welt trog. Nicht erst seit dem Golfkrieg und dem Bürgerkrieg im ehemaligen Jugoslawien wissen wir, wie schwer es ist, den Frieden als Ernstfall zu gestalten, „in dem wir alle uns zu bewähren haben", wie es der verstorbene Bundespräsident Gustav Heinemann formuliert hat. Dabei muss Frieden mehr sein als nur die Abwesenheit von Krieg. Zu einem dauerhaften Frieden gehören auch der Abbau von Not und Gewalt und die Verwirklichung der Menschenrechte. Krieg und Frieden bilden keine absoluten Größen an sich, sondern sind als Eckpunkte in einem Zusammenhang von Erscheinungen zu betrachten, die zum Teil ineinander übergehen.

Elemente eines umfassenden Friedensverständnisses

Keine organisierte, offene Gewalt

Kein Krieg ist erste und grundsätzliche Voraussetzung eines Friedens. Doch kein Krieg bedeutet noch nicht, dass Frieden ist, denn es gibt auch da, wo kein Krieg ist, Unfrieden in Form offener organisierter Gewalt. Folter und offene Unterdrückung von Minderheiten sind Beispiele dafür. Die Beseitigung solcher Gewalt ist Voraussetzung für den Frieden.

Keine strukturelle Gewalt

Gewalt kann nicht nur offen, sondern auch heimlich, schleichend, aber nicht minder tödlich, vorhanden sein. Überall dort, wo Menschen Lebensrechte vorenthalten werden, wo Menschen durch gesellschaftliche Strukturen an ihrer Entwicklung gehindert werden, spricht man von struktureller Gewalt. Wo es strukturelle Gewalt gibt, kann kein Friede sein.

Soziale Gerechtigkeit verwirklichen

Die Verwirklichung der Menschenrechte, und die damit verbundene Verwirklichung von sozialer Gerechtigkeit sind Schritte zum Frieden.

Selbstbestimmung und Mitbestimmung verwirklichen

Zu den Grundbedürfnissen des Menschen gehört es, dass er an den Entscheidungen über sein Leben und seinen Alltag mitbestimmen kann. Wo die Möglichkeit und die Befähigung zur Selbstorganisation und Mitbestimmung verhindert wird, kann nicht von Frieden gesprochen werden.

Gewaltfreie Konfliktlösungen praktizieren

Ein Leben und Zusammenleben ohne Konflikte ist undenkbar, da verschiedene Menschen und Gruppen unterschiedliche Interessen haben. Konflikte sollen deshalb nicht verschleiert und unterdrückt, sondern offengelegt und gewaltfrei ausgetragen werden.

Solidarisch leben

Persönliche Friedensfähigkeit setzt die Fähigkeit zur Solidarität, zu Toleranz und Gesprächsbereitschaft voraus; ebenso den Verzicht auf gewalttätige Verhaltensweisen, auf Vorurteile und Feindbilder.

Ökologisch leben

Frieden ist nur durch ein Leben in und mit der Natur möglich. Friede ist nicht vereinbar mit der Ausbeutung und Zerstörung der natürlichen Lebensgrundlagen.

Alle Menschen einbeziehen

Frieden kann nicht als Seelenfrieden oder persönlicher Friede auf Kosten anderer verwirklicht werden. Friede ist unteilbar, muss tendenziell die Interessen aller umfassen, muss die Sorgen, Ängste, Nöte der anderen ernst nehmen.

Friede ist kein Zustand, sondern ein Weg

Friede ist also kein anzustrebender Zustand, der in ferner Zukunft erreicht wird, sondern ein Prozess, bei dem es darum geht, Gewalt in allen ihren Ausformungen abzubauen und Menschlichkeit zu verwirklichen.

Frieden macht Lust…

„Frieden ist kein steriler Stachelginster,

keine Schneeflocke oder fade Taube;

er ist ein sattes Fest.

Lasst die Herren mit ihrem Kriegsspielzeug

nicht alles in Beschlag nehmen,

Feuer, Glanz und Abenteuer.

Frieden ist für Leute, die Sterne suchen,

und solche, die feste Wurzeln haben.

Macht keine faulen Tricks,

geht ran mit aller Kraft.

Frieden ist nicht Reinheit, schlaff, adrett und trocken:

Frieden macht Lust.

(Gedicht aus der amerikanischen Friedensbewegung)

(aus: Birckenbach, Hanne, Abschied von der „heilen Welt", in: Vogt, Wolfgang R., (Hrg.), Mut zum Frieden, Darmstadt, Wissenschaftliche Buchgesellschaft, 1990, S. 136)

In diesem Kapitel soll zunächst am Beispiel der deutsch-französischen Beziehungen untersucht werden, wie Begegnungsprogramme und die Kooperation zwischen Staaten der Friedenssicherung dienen können. Anschließend geht es um die Frage, inwieweit sich Frieden durch Waffen und regionale Militärbündnisse sichern lässt. Im dritten Erarbeitungsteil wird untersucht, welche Rolle die Bundesrepublik Deutschland im Rahmen der Vereinten Nationen bei der weltweiten Sicherung des Friedens spielen soll. Im Vertiefungsteil geht es um Möglichkeiten für den Einzelnen, sich für den Frieden einzusetzen.

Wege zum Frieden

Von der Feindschaft zur Freundschaft

Eine wechselvolle Geschichte verbindet die Deutschen mit ihrem Nachbarland Frankreich. Es war ein weiter Weg, bevor aus ehemaligen Kriegsgegnern Freunde wurden. Die Aussöhnung war jedoch niemals Selbstzweck, sondern ein wichtiger Meilenstein auf dem Weg zu einem vereinten Europa. Der Zusammenschluss von Staaten kann nur auf der Grundlage des menschlichen Miteinanders gedeihen. In diesem Teil des Kapitels sollt ihr euch mit den Fragen des Jugendaustausches befassen. Doch zunächst folgt ein kurzer Rückblick auf die Geschichte der deutsch-französischen Beziehungen.

Robert Schumann 1950:

„Europa lässt sich nicht mit einem Schlage herstellen und auch nicht durch eine einfache Zusammenfassung; es wird durch konkrete Tatsachen entstehen, die zunächst eine Solidarität der Tat schaffen. Die Vereinigung der europäischen Nationen erfordert, dass der jahrhundertealte Gegensatz zwischen Frankreich und Deutschland ausgelöscht wird. Das begonnene Werk muss in erster Linie Deutschland und Frankreich erfassen."

**Gemeinsame Erklärung von Bundeskanzler Helmut Kohl
und dem französischen Staatspräsidenten François Mitterrand
auf den Schlachtfeldern von Verdun:**

„Der Krieg hat unseren Völkern Trümmer, Leid und Trauer hinterlassen. Die Bundesrepublik Deutschland und Frankreich haben aus der Geschichte ihre Lehre gezogen. Europa ist unsere gemeinsame kulturelle Heimat, und wir sind Erben einer großen europäischen Tradition. Deshalb haben wir – Deutsche und Franzosen – vor nahezu 43 Jahren den brudermörderischen Kämpfen ein Ende gesetzt und den Blick auf eine gemeinsame Gestaltung der Zukunft gerichtet.

Wir haben uns versöhnt. Wir haben uns verständigt. Wir sind Freunde geworden.

Heute, am 22. September 1984, sind der Bundeskanzler der Bundesrepublik Deutschland und der Präsident der Französischen Republik in Verdun zusammengekommen, um sich vor den Gräbern der gefallenen Söhne Frankreichs und Deutschlands zu verneigen. Mit ihrer gemeinsamen Ehrung der Toten vergangener Kämpfe setzen sie an historischer Stätte ein Zeichen dafür, dass beide Völker unwiderruflich den Weg des Friedens, der Vernunft und freundschaftlicher Zusammenarbeit eingeschlagen haben."

(aus: Informationen zur Politischen Bildung, Heft 186, 1986, S. 42)

1 Informiert euch (z. B. im Geschichtsbuch) darüber, welche geschichtlichen Ereignisse, insbesondere welche militärischen Auseinandersetzungen die deutsch-französischen Beziehungen im 19. und 20. Jahrhundert prägten! Warum wird von einer „Erbfeindschaft" gesprochen?

2 Bewertet vor dem geschichtlichen Hintergrund die gemeinsame Erklärung von Helmut Kohl und François Mitterrand!

Das Deutsch-Französische Jugendwerk

Das Deutsch-Französische Jugendwerk wurde am 5. Juli 1963 durch ein von den Außenministern unterzeichnetes Abkommen errichtet. Das DFJW erhielt den Auftrag, Begegnung und Zusammenarbeit der Jugend beider Länder in großem Umfang anzuregen und zu fördern.

Seit 1963 haben über 4 Millionen junge Deutsche und Franzosen an mehr als 90 000 vom Deutsch-Französischen Jugendwerk geförderten Veranstaltungen in der Bundesrepublik Deutschland und in Frankreich teilgenommen. Im Jahre 1985 nahmen 130 000 deutsche und französische Jugendliche an 5300 Austauschprogrammen teil. Die Formen des Austauschs sind vielfältig und reichen von Gruppenbegegnungen von Schülern, Studenten, Auszubildenden und Arbeitnehmern bis zu Studien- und Arbeitsaufenthalten im anderen Land. Die Arbeit des DFJW umfasst auch die außerschulische Sprachförderung, pädagogische Ausbildung und Forschung sowie die Information über den Austausch und das andere Land. Das Deutsch-Französische Jugendwerk verfügt für seine Arbeit über einen gemeinsamen Fonds, zu dem die beiden Regierungen zu gleichen Teilen Beiträge leisten. 1986 betrugen die Regierungsbeiträge zusammen 38 Millionen DM.

Der politische Wille, der 1963 zur Gründung des DFJW geführt hat, wurde nicht nur von der deutschen und der französischen Jugend unterstützt und lebendig gemacht, er führte auch zu einer Vermehrung der deutsch-französischen Städtepartnerschaften (1985 mehr als 1200) und zu einer Vielzahl von Partnerschaften allgemein- und berufsbildender Schulen (1985 mehr als 2000).

20 Jahre nach Gründung des DFJW ist der deutsch-französische Austausch zu einem wesentlichen Faktor für das interkulturelle Lernen junger Menschen in Frankreich und in der Bundesrepublik Deutschland geworden, er hat die Kenntnisse über das Leben im Nachbarland vertieft und zu einer größeren deutsch-französischen Solidarität beigetragen.

(aus: Informationen zur Politischen Bildung, Heft 186, 1986, S. 42)

Partnerschaftskomitee wird gegründet
Francophile Saerbecker gesucht

Saerbeck. Viele Partnerschaften zwischen französischen und deutschen Städten und Gemeinden sind ein lebendiger Beweis für enge Freundschaften mit Menschen aus dem Nachbarland Frankreich. Die Partnerschaften haben dazu beigetragen, persönliche Kontakte zu knüpfen und vielfältige Beziehungen zwischen Vereinen, Verbänden und Schulen herzustellen. Die Saerbecker Gesamtschule hat erstmals im Jahre 1993 einen Schüleraustausch mit einer Schule in der Gemeinde Ferriéres (Nachbarort von Montargis) durchgeführt.

Der Rat der Gemeinde hat sich nach einem Besuch einer Saerbecker Delegation entschieden, eine offizielle Partnerschaft mit der französischen Gemeinde Ferriéres vorzubereiten. Aus diesem Grunde soll nunmehr ein Partnerschaftskomitee gebildet werden. In diesem Komitee können alle Bürgerinnen und Bürger, die an Beziehungen zu Menschen in der französischen Gemeinde Ferriéres interessiert sind, mitarbeiten. Die Beziehungen sollen besonders zwischen den Vereinen und Verbänden der Gemeinde gefördert und gepflegt werden. Wir möchten über den Besuch in der Gemeinde Ferriéres berichten und nach einer allgemeinen Aussprache zu einer Gründung eines Partnerschaftskomitees kommen. Die Versammlung findet am Dienstag, dem 26. Oktober 1993, um 20.00 Uhr im Bürgersaal des Bürgerhauses statt. Wir laden dazu freundlich ein.

(aus: Unser Detten, Nr. 42, vom 21. 10. 1993)

1 Einige von euch haben sicher schon einmal an einem Jugendaustausch teilgenommen. Berichtet über eure Erfahrungen!

2 Erkundigt euch beim Deutsch-Französischen Jugendwerk nach Möglichkeiten von Austauschprogrammen!

Deutsch-Französisches Jugendwerk, Rhöndorfer Str. 23, 53604 Bad Honnef
Tel.: 0 22 24/18 08-0

„Jugend baut Brücken": Franzosen und Russen zu Gast

Kierspe (Brü) – „Jugend baut Brücken": Dieses Motto soll ab der nächsten Woche in Kierspe tiefere Bedeutung bekommen. Ab Montag nämlich steht ein Deutsch-Französisch-Russisches Experimentalprojekt mit dem Einsatz verschiedener Medien an, dass, so Gesamtschullehrer Peter Meier, bislang in Europa einzigartig ist. Gastgeber in Kierspe ist die Jazz/Rock-AG der Gesamtschule mit dem neuen Namen „Schtaak" – die Gäste sind eine Schüler-Künstlergruppe aus dem französischen Lons-le-Saunier und die jugendlichen Mitglieder des „Theaters der Plastik" aus dem russischen Wolgograd.

Alle wollen in den nächsten beiden Wochen an einem ehrgeizigen Projekt arbeiten: Aus den Kunstrichtungen Musik – Fotografie/Bühnenbild – Theater soll ein multikulturelles Projekt entstehen, gleichzeitig wollen die Jugendlichen aus den unterschiedlichen Kulturkreisen einander besser kennen und verstehen lernen.

Damit allein dieses Treffen zustande kommt, hatten sich das Deutsch-Französische Jugendwerk, die Rheinisch-Westfälische Auslandsgesellschaft und zwei weitere französische Organisationen als Initiatoren des interkulturellen Lernens mühevoller Organisationsarbeit unterzogen, besonders das Verhandeln mit den russischen Behörden erwies sich als recht langwierig.

Im Vorfeld dieser Aktion wurden auch die Ziele klar gesteckt: Ein ganz „normaler" Schüleraustausch soll das Experimentalprojekt nämlich nicht werden. Vielmehr soll – trotz der unterschiedlichen Sprachen – eine Verständigung allein durch den Umgang miteinander in den drei künstlerischen Bereichen erreicht werden. Zahlreiche Begleiter der oben erwähnten Organisationen sowie Dolmetscher sind ebenfalls gespannt dabei …

Für den August 1994 ist dann ein Besuch der Kiersper und der Franzosen in Wolgograd vorgesehen. Und so wird der Ablauf der nächsten beiden Wochen aussehen: Nach dem Eintreffen der Gruppen am Montagabend (gegen 19.30 Uhr) teilt man sich zunächst auf die Gastfamilien auf. Begrüßung und ein kleiner Imbiss stehen ebenfalls auf dem Programm. Am Dienstagmorgen werden dann die Teilnehmer vorgestellt, danach steht eine Besichtigung des PZ und der Arbeitsräume an.

Auch eine Foto-Ausstellung der französischen Jugendlichen wird dann aufgebaut. Am Dienstagabend ab 19.30 Uhr (Einlaß 19.00 Uhr) steht der erste Höhepunkt des Projektes auf dem Programm: Beim „Tri-Kulti-Abend" zeigen alle drei beteiligten Gruppen ihr Können.

Neben der bereits erwähnten Fotoausstellung wird dann auch das Theaterstück „Apokalypse" (nach Edvard Munck) der Wolgograder Gruppe gezeigt…

Nach der kleinen Abschiedsfeier am Samstagabend startet die Gruppe dann nach Paris, wo der Sonntag und Montag mit Besichtigungen verbracht wird. Am Montagabend starten die Teilnehmer dann zum Reiseziel Lons-le-Saunier.

Auch dort werden die Kiersper, Russen und Franzosen wieder gemeinsame Ausflüge unternehmen und Theateraufführungen besuchen. Am Samstag, 10. Juli, steht dann die vorläufige Auswertung des Projektes an, gleichzeitig soll auch der Gegenbesuch in Russland geplant werden.

Nach der Abschiedsfeier geht es am Sonntag dann zum Frankfurter Flughafen, wo die russische Gruppe verabschiedet wird…

(aus: Meinerzhagener Zeitung vom 26. 3. 1993)

1 Was haltet ihr von der Ausweitung des Deutsch-Französischen Jugendwerkes? Welche Probleme brächte ein Austausch mit russischen Jugendlichen mit sich?

2 Erkundigt euch, welche Partnerschaften, Hilfsaktionen oder Begegnungsprogramme mit Menschen in Europa in eurer Stadt oder Gemeinde bestehen!

3 Bildet Gruppen und sucht euch eine Initiative heraus, sei es in der Kirchengemeinde, der Stadt/Gemeinde, der Schule oder einem Verein! Beschreibt die Situation des europäischen Partners, der Stadt, der Schule oder des Vereins und stellt die Ergebnisse in Form einer Reportage oder einer Wandzeitung dar! Dabei könnt ihr folgende Fragen berücksichtigen:
   – Wer hat die Partnerschaft ins Leben gerufen? Von wem wird sie getragen? Welche Aktivitäten werden und wurden begonnen? Was ist das Ziel der Partnerschaft?
   – Welche Schwierigkeiten mussten auf dem Weg der Partnerschaft überwunden werden?
   – Welche Bedeutung könnte die Partnerschaft für das friedliche Zusammenleben in Europa haben?

Friedensdenktage

Januar 1991

1.1. Weltfriedenstag der Katholischen Kirche.

2.1. 35 Jahre: Die ersten Einheiten neuer deutscher Streitkräfte werden ... aufgestellt.

9.1. 50 Jahre: Geburtstag der Pazifistin und Folksängerin Joan Baez.

18.1. 35 Jahre: Die DDR-Volkskammer nimmt das Gesetz über die Schaffung der „Nationalen Volksarmee" an.

Februar 1991

3.2. 25 Jahre: Japan verzichtet auf Kernwaffen.

11.2. 20 Jahre: Die USA, die Sowjetunion, Großbritannien und 96 weitere Staaten unterzeichnen einen Vertrag über die Freihaltung des Meeresbodens von Nuklearwaffen.

21.2. 75 Jahre: Deutsche Truppen greifen Verdun an. Bis Anfang Juli fallen auf französischer und deutscher Seite hunderttausende von Soldaten.

21.2. 25 Jahre: Präsident de Gaulle kündigt den Austritt Frankreichs aus der militärischen Integration der NATO an.

März 1991

20.3. 80 Jahre: Geburtstag des mexikanischen Diplomaten und Rüstungskritikers Alfonso Garcia Rubles (Friedensnobelpreisträger 1982).

April 1991

6.4. 50 Jahre: Beginn des deutschen Angriffs auf Jugoslawien und Griechenland.

9.4. 125 Jahre: Die Civil Rights Act verleiht allen in den USA geborenen Schwarzen das Bürgerrecht, nicht jedoch den Indianern.

24.4. 40 Jahre: Der Bundestag verbietet eine Volksbefragung zur Wiederaufrüstung: Trotzdem sammeln Friedensbewegungen und KPD fast sechs Millionen Unterschriften.

Mai 1991

1.5. 75 Jahre: Auf dem Potsdamer Platz in Berlin findet eine der größten Antikriegsdemonstrationen gegen den Ersten Weltkrieg statt. Verhaftung von Karl Liebknecht.

9.5. 70 Jahre: Geburtstag der 1943 hingerichteten Widerstandskämpferin Sophie Scholl („Weiße Rose").

15.5. Internationaler Tag der Kriegsdienstverweigerung.

15.5. 80 Jahre: Geburtstag des schweizerischen Schriftstellers Max Frisch (Preisträger des Friedenspreises des Deutschen Buchhandels 1976).

Juni 1991

21.6. 40 Jahre: Die BRD wird in die UNESCO aufgenommen.

22.6. 50 Jahre: Beginn des deutschen Angriffs auf die Sowjetunion (Unternehmen „Barbarossa").

Juli 1991

7.7. 35 Jahre: Der Bundestag beschließt das Gesetz zur Einführung der allgemeinen Wehrpflicht.

10.7. 15 Jahre: Umweltkatastrophe in Seveso: Aus einer chemischen Fabrik strömt Giftgas aus und verseucht die Umgebung.

August 1991

6.8. Jahrestag des Atombombenabwurfs über Hiroshima („Hiroshima-Tag").

13.8. 30 Jahre: Mauerbau in Berlin.

14.8. 50 Jahre: Der polnische Priester Maximilian Kolbe wird in Auschwitz ermordet.

14.8. 15 Jahre: In Belfast demonstrieren 10 000 „Mütter des Friedens" gegen die kriegerischen Auseinandersetzungen in Nordirland.

September 1991

1.9. „Anti-Kriegstag".

1.9. 50 Jahre: Von der Reichsregierung ergeht der Befehl zum Tragen des Judensterns sowie zum Führen jüdischer Vornamen.

8.9. 50 Jahre: Beginn der 900 Tage dauernden „Hungerblockade" der Stadt Leningrad durch die deutsche Wehrmacht. 641 803 Menschen finden dabei den Hungertod; mehr als 17 000 sterben infolge der Bombardements und des Artilleriefeuers.

Oktober 1991

10.10. 10 Jahre: 300 000 Menschen beteiligen sich an der bis dahin größten Friedensdemonstration in der Geschichte der Bundesrepublik.

29.10. 10 Jahre: Die Abgeordnetenkammer des spanischen Parlaments beschließt den Beitritt Spaniens zur NATO.

November 1991

4.11. 35 Jahre: Sowjetische Truppen beginnen mit der Niederschlagung des ungarischen Aufstandes.

12.11. Tag des Zivilisten.

Dezember 1991

10.12. 20 Jahre: Dem damaligen Bundeskanzler Willy Brandt wird in Oslo der Friedensnobelpreis überreicht.

(aus: Birckenbach, Hanne; Jäger Uli; Wellmann, Christian (Hrg.), Jahrbuch Frieden 1991, München, 1990, S. 273)

1 Versucht, eine gemeinsame Zusammenstellung von Friedensdenktagen für das nächste Kalenderjahr anzufertigen! Ihr könnt euch bis zum Ende der Unterrichtsreihe über Frieden Zeit dafür nehmen und die Zusammenstellung langsam wachsen lassen.

Mit militärischen Mitteln zum Frieden?

Auf den ersten Blick hin scheint es absurd zu sein, ausgerechnet mit Waffen Frieden sichern zu wollen. Und doch unterhält nahezu jeder Staat dieser Erde eine Waffen tragende (und ziemlich teure) Armee. Die weltweit angelegten Waffenarsenale reichen aus, unseren ganzen Planeten mehrfach zu zerstören. In diesem Teil des Kapitels sollt ihr euch mit dem Dilemma um Rüstung, Abschreckung und Abrüstung beschäftigen.

Jede Regierung steht theoretisch täglich vor der Wahl, entweder weiterzurüsten oder den andern zu vertrauen und abzurüsten. Diese Situation und die ihr innewohnende Logik kann mit einem Modell der Spieltheorie … einleuchtend erfasst und erklärt werden. Wenn man einmal nur zwei Parteien berücksichtigt, so ergeben sich 2 x 2 = 4 mögliche Kombinationen. Jede besitzt in der Sicht jeder Partei je einen unterschiedlichen Wert; diese Werte oder Nutzen sind als rein ordinal gedachte Ziffern in der Grafik rechts eingetragen (Werte für Land A jeweils rechts oben, Werte für Land B jeweils links unten).

Der höchste Nutzen ist 4, denn wenn man selber weiterrüstet, während der andere abrüstet, so wäre das für die … nun absolut überlegene Partei … die günstigste Lösung. Die zweitbeste Lösung mit dem Nutzen 3 ist ein beiderseitiger Rüstungsstopp; die drittbeste mit dem Nutzen 2 ist die beiderseitige Weiterrüstung, und das Schlimmste, was einer Partei passieren könnte, wäre eine Situation, in der sie selber abrüstet, die Gegenseite aber weiterrüstet (= Nutzen 1).

Die Logik gebietet in einer solchen Situation den Gebrauch der so genannten „Minimax"-Strategie, d. h. jede Partei strebt danach, für den Fall, dass die Gegenpartei die schlimmste („mini") Lösung wählt, für sich wenigstens noch die relativ beste („maxi") Lösung vorzuziehen. Sie nimmt also … „zur Sicherheit" an, die andere Seite sei nicht bereit abzurüsten. Also empfiehlt es sich, selbst auch … nicht auf das Weiterrüsten zu verzichten. So denkt auch die andere Seite. Ergebnis: Es wird weitergerüstet …

Die eiserne Logik der Situation … trifft … auch dann zu, wenn statt nur zwei Parteien realistischerweise viele Parteien ins Auge gefasst werden. Dies lässt sich ebenso einleuchtend mit dem so genannten Paradigma der „öffentlichen Güter" erklären, denn die Weltsicherheit bildet gewissermaßen ein universales öffentliches Gut. Dieser Theorie zufolge sind öffentliche oder kollektive Güter (im Gegensatz zu privaten Gütern) Dinge und Dienstleistungen, von deren Genuss 1. niemand ausgeschlossen werden kann, wenn sie einmal hergestellt sind …, und deren Angebot 2. nicht verringert wird, wenn mehr Konsumenten daran teilhaben als ursprünglich vorgesehen … Als Illustration dafür nennt die Literatur etwa den Dammbau, der ja allen zugute kommt, auch jenen, die keine Steuern zahlen, und der nicht schlechter wird, wenn viele durch diesen Damm geschützt werden; andere häufig zitierte Beispiele sind ferner der Umweltschutz, die öffentliche Straßenbeleuchtung usw. Die Haupthypothese der Theorie der kollektiven Güter lautet: Der Einzelne zieht es vor, an Leistungen, die ja ohnehin zustande kommen und deren Genuss niemandem etwas wegnimmt, freiwillig keinen Beitrag zu leisten, also ein so genannter „Trittbrettfahrer" zu werden – sei es denn, man zwinge ihn zu einer Beitragsleistung, beispielsweise durch Steuer- und Gebührenpflicht. Und die zweite, noch fatalere Hypothese lautet: Gerade weil jeder sich so verhält und deshalb erwartet, dass die anderen sich ebenso verhalten, gerade darum kommt ein öffentliches Gut auf freiwilligem Weg gar nicht erst zustande …

	Land A	
	abrüsten	weiterrüsten
Land B abrüsten	A : 3 / B : 3	A : 4 / B : 1
weiterrüsten	A : 1 / B : 4	A : 2 / B : 2

(aus: Frei, Daniel, Sicherheit – Grundfragen der Weltpolitik, Stuttgart, 1977, S. 47 ff.)

1 Das Sicherheitsdilemma setzt eine **individuelle** Vernunft voraus (Ziel ist die Sicherheit des eigenen Staates). Eine **kollektive** Vernunft setzt sich als Ziel die Sicherheit aller Staaten. Überprüfe anhand der Matrix, wie groß jeweils die Summe der Gewinne ist, die beide Seiten zusammen erzielen, wenn sie sich **individuell** vernünftig bzw. **kollektiv** vernünftig verhalten!

2 Welche individuellen Überlegungen, die in diesem Modell der Spieltheorie nicht enthalten sind, könnten dazu führen, dass es trotz der von allen Beteiligten verfolgten „Minimax-Strategie" nicht bei der gegenseitigen Abschreckung bleibt, sondern Krieg ausbricht? (vgl. dazu auch die Grafik auf S. 162 oben!)

Solange jedoch Sicherheitspolitik auf militärische Mittel nicht verzichten kann, muss sie sich an vier elementaren Imperativen orientieren, wenn sie in den Dienst gemeinsamer Sicherheit treten soll:

– Rüste so, dass du, wenn dein potenzieller Gegner ebenso rüsten würde, dich nicht bedroht fühlen würdest.

– Rüste so, dass der Einsatz von Waffen nicht mit hoher Wahrscheinlichkeit die sozialen Institutionen zerstört, deren Schutz durch sie bewirkt werden soll.

– Rüste so, dass die Folgen deiner Rüstung nicht die menschenwürdige Existenz deiner Nachkommen und der Nachkommen deines Gegners aufs Spiel setzen.

– Rüste so, dass du die Aufwendungen für deine Rüstung vor den Hungernden der Erde verantworten kannst.

(aus: Huber, Wolfgang und Reuter, Hans-Richard, Friedensethik, Stuttgart, 1990, S. 326 f.)

In den vergangenen Jahren hat es in verschiedenen Teilen der Welt eine Reihe von Unglücksfällen mit z. T. katastrophalen sozialen und ökologischen Folgen gegeben, die aus fehlerhaftem Umgang mit modernen Produktions- und Verteilungstechnologien resultierten. Technologien, die heute für das Funktionieren unserer industriellen Zivilisation eine entscheidende Rolle spielen, letztlich zu deren alltäglichem Erscheinungsbild gehören und insbesondere in den europäischen (sowie nordamerikanischen und zunehmend auch ostasiatischen) Industriestaaten außerordentlich weit verbreitet sind. Alle diese Unglücksfälle stellten die davon betroffenen Regionen bzw. Staaten vor soziale, humanmedizinische, ökologische und wirtschaftliche Probleme, die im Hinblick auf ihre Lösung immenser menschlicher, finanzieller und technologischer Anstrengungen bedurften, die z. T. nur über internationale Kooperation überhaupt zu realisieren waren bzw. – wie im Falle von Tschernobyl – an die Grenzen dessen heranreichten, was selbst Gesamtgesellschaften heute an Bewältigung derartiger zivilisationsbedingter Katastrophen zu leisten in der Lage sind.

Vor diesem Hintergrund stelle man sich vor, solche Ereignisse würden im außerordentlich dicht besiedelten Europa mit seiner hohen Konzentration entsprechender ziviler Produktions- und Verteilungseinrichtungen nicht vereinzelt, sondern gehäuft und in weit größeren Dimensionen als in den skizzierten Fällen, nicht in weit voneinander entfernten Gebieten und regional mehr oder weniger begrenzt, sondern „flächendeckend" und in Kombination solcher Faktoren wie Freisetzung radioaktiver und giftiger chemischer Substanzen, wie Ausfall der Elektroenergieversorgung, Großbrände u. a. ausgelöst. Das mag auf den ersten Blick als eine unter normalen Bedingungen, und das heißt im Zusammenhang mit unserer Themenstellung: bei friedlichen zwischenstaatlichen Beziehungen, zwar apokalyptische, aber realitätsferne Vorstellung erscheinen – nicht jedoch unter der Annahme eines raumgreifenden militärischen Konflikts ... in Europa, ...

Die seit dem Ende des Zweiten Weltkrieges sich vollziehende und bisher weiter beschleunigende wissenschaftlich-technische Revolution hat sowohl im zivilen wie auch im militärischen Bereich zu einem Qualitätssprung im Hinblick auf die zu erwartenden Folgen eines erneuten raumgreifenden Krieges in den Größenordnungen der vorangegangenen beiden Weltkriege (und wahrscheinlich auch bei kleineren Kriegen) geführt: Ein derartiger Krieg wäre für die heutigen hoch technisierten und sozial hoch organisierten Industriegesellschaften ... als funktionierende Organismen nicht mehr überlebbar, würde vielmehr zur Vernichtung der europäischen Zivilisation führen ... Unsere Industriegesellschaft ist daher strukturell kriegsuntauglich.

(aus: Knies, Gerhard und Schwarz, Wolfgang, Zivile Verwundbarkeit und strukturelle Kriegsuntauglichkeit moderner Industriegesellschaften, in: antimilitarismus information, Nr. 3, 1990, S. 241 ff.)

1 Inwieweit stimmt ihr der Einschätzung zu, die Bundesrepublik Deutschland sei in besonderem Maße zivil verwundbar und strukturell kriegsuntauglich?

2 Stellt euch vor, der Bundesverteidigungsminister hätte euch um ein paar Ratschläge zur Rüstung gebeten! Formuliert ein paar (höchstens 8) Imperative, die sich nicht untereinander widersprechen: „Rüste so, dass ..."

„Seit uns der Gegner total im Stich läßt, müssen wir eben alles alleine machen!"

Zeichnung: Haitzinger

„Londoner Erklärung" der NATO

2. Das Nordatlantische Bündnis ist das erfolgreichste Verteidigungsbündnis der Geschichte.
Beim Eintritt in sein fünftes Jahrzehnt richtet unser Bündnis den Blick in ein neues Jahrhundert. Es muss auch künftig die gemeinsame Verteidigung gewährleisten. Dieses Bündnis hat viel zur Schaffung des neuen Europa geleistet. Niemand kann jedoch die Zukunft mit Gewissheit voraussagen; wir müssen solidarisch bleiben, um den langen Frieden, dessen wir uns in den vergangenen vier Jahrzehnten erfreuten, auch künftig zu bewahren. Unser Bündnis muss noch stärker eine treibende Kraft des Wandels sein. Es kann am Bau der Strukturen eines einigeren Kontinents mitwirken und Sicherheit und Stabilität durch die Kraft unserer gemeinsamen Überzeugung von den Werten der Demokratie, der Rechte des Einzelnen und der friedlichen Beilegung von Streitigkeiten festigen.
Wir bekräftigen, dass Sicherheit und Stabilität nicht allein in der militärischen Dimension liegen; wir beabsichtigen, die politische Komponente unserer Allianz zu stärken.

3. Mit der Vereinigung Deutschlands wird auch die Teilung Europas überwunden. Das geeinte Deutschland im Atlantischen Bündnis freiheitlicher Demokratie und als Teil der wachsenden politischen und wirtschaftlichen Integration der Europäischen Gemeinschaft wird ein unentbehrlicher Stabilitätsfaktor sein, den Europa in seiner Mitte braucht. Die Entwicklung der Europäischen Gemeinschaft zu einer politischen Union, einschließlich des Entstehens einer europäischen Identität im Bereich der Sicherheit, wird auch zur atlantischen Solidarität und zur Schaffung einer gerechten und dauerhaften Friedensordnung in ganz Europa beitragen.

4. Wir wissen, dass in dem neuen Europa die Sicherheit eines jeden Staates untrennbar mit der Sicherheit seiner Nachbarn verbunden ist. Die NATO muss zu einem Forum werden, in dem Europäer, Kanadier und Amerikaner zusammenarbeiten, nicht nur zur gemeinsamen Verteidigung, sondern auch beim Aufbau einer neuen Partnerschaft mit allen Ländern Europas. Die Atlantische Gemeinschaft wendet sich den Ländern Mittel- und Osteuropas zu, die im Kalten Krieg unsere Gegner waren, und reicht ihnen die Hand zur Freundschaft.

5. Wir bleiben ein defensives Bündnis und werden das gesamte Gebiet aller unserer Mitglieder auch künftig schützen. Wir haben keinerlei aggressive Absichten und verpflichten uns zur friedlichen Lösung aller Streitigkeiten. Wir werden niemals und unter keinen Umständen als Erste Gewalt anwenden …

23. Mit dem heutigen Tag leitet unser Bündnis eine umfassende Neugestaltung ein. Wir sind entschlossen, in Zusammenarbeit mit allen Staaten Europas dauerhaften Frieden auf diesem Kontinent zu schaffen.

(aus: NATO-Brief, Nr. 4, 1990, S. 33 ff.)

1 Vergleicht die Aussagen der Karikatur mit denen der Londoner Erklärung! Inwiefern gibt es dabei Widersprüche bzw. Gemeinsamkeiten?

2 Was leistet das Verteidigungsbündnis NATO als ein regionales System kollektiver Sicherheit heute für den Frieden?

„Waffen im Überfluss"

ZEIT: Steht Platz zwei für Deutschland nicht im Widerspruch zur offiziellen Bonner Rüstungsexport-Politik, deren Restriktionen ja von der Rüstungsindustrie so vehement beklagt werden?

Wulf: Da die deutschen Exportbeschränkungen ausdrücklich nicht für Lieferungen in Nato-Länder und andere befreundete Industriestaaten gelten, die meisten Exporte aber in solche Länder erfolgt sind, besteht insofern kein Widerspruch. Die Rüstungsindustrie hat zu dieser Exportpolitik allerdings ein sehr ambivalentes Verhältnis. Einerseits drängt die Industrie auf eine Lockerung der Restriktionen, andererseits tritt die Bundesregierung mit den Lieferungen aus Beständen der Bundeswehr und der früheren DDR-Armee auf den enger gewordenen Märkten als Konkurrent der Rüstungsindustrie auf. Denn der größere Teil der gemeldeten Exporte besteht ja weitgehend aus gebrauchtem Gerät, das nach dem Abrüstungsvertrag abgerüstet hätte werden müssen.

ZEIT: Das heißt also, dass Abrüstung bei uns über den Export mit Aufrüstung in anderen Ländern erkauft wird?

Wulf: Im Vertrag über die Abrüstung in Europa von 1992 wurde für den Export von Überschussmaterial, das eigentlich abgerüstet werden muss, ein Schlupf-

Die größten Waffenexporteure

	USA	Deutschland	Frankreich	Tschech. Rep.	Ukraine
Panzer	764	384	5	40	50
gepanzerte Fahrzeuge	1 717	1188	72	177	16
Artillerie	302	546	23 490	–	–
Kampfflugzeuge	258	26	16	110	–
Schiffe	12	18	–	–	–
Minen	24 530	1020	60	–	74

Quelle: 1995 UN-Waffenregister (freiwillige Basis, Russland meldet nicht)

loch gelassen. Exporte von Waffen sind neben der Verschrottung ausdrücklich zugelassen, wenn diese Waffen vor Abschluss des Vertrages für den Export deklariert worden sind. Davon haben viele Länder Gebrauch gemacht. Und in der Tat findet sowohl in der Türkei als auch in Griechenland praktisch eine Modernisierung der Armeen statt, weil in Zentraleuropa abgerüstet wird.

ZEIT: Hätte man Abrüstung ernst gemeint, hätte dann nicht das überschüssige Kriegsmaterial eigentlich komplett vernichtet werden müssen?

Wulf: ... Diese Überschussbestände zu verschrotten kostet Geld, und deshalb wenden viele Regierungen lieber die Methode an, Waffen zu exportieren.

(aus: DIE ZEIT, vom 10. 11. 1995, das Gespräch führte W. Hoffmann)

Truppen-Reduzierung trifft Arbeitsmarkt der Region hart
Von MARION BERGK

KÖLN. – „Wer auf die Idee kommt, sämtliche frei werdenden militärischen Liegenschaften zuzubauen, den müsste man erschlagen. Schließlich sollen auch unsere Enkel noch sehen können, wie Natur aussieht." Deutliche Worte des Kölner Regierungspräsidenten (RP) Dr. Franz-Josef Antwerpes zu der Frage, was nach Abzug der ausländischen Truppen und der Verkleinerung der Bundeswehr mit den zurückbleibenden Grundstücken und Gebäuden passieren soll.

Zwei Drittel der ausländischen Streitkräfte werden bis Mitte nächsten Jahres aus der Bundesrepublik zurückgezogen, die Bundeswehr auf 370 000 Soldaten verkleinert. Betroffen von dieser Veränderung sind allein 40 Gemeinden im Regierungsbezirk Köln. Die Vertreter dieser militärischen Standortgemeinden trafen sich jetzt mit dem RP, um die daraus resultierenden Folgen zu diskutieren.

„Mit einem so breit gefächerten Problem sind wir in den vergangenen Jahren noch nicht konfrontiert worden", so Antwerpes. Schließlich gehe es nicht nur um die Liegenschaften, sondern in erster Linie um die dort beschäftigte Zivilbevölkerung.

Die Prognose stimmt nachdenklich: Rund 3500 versicherungspflichtige Zivilbeschäftigte – das sind 1,3 Prozent aller Versicherungspflichten im Regierungsbezirk – werden nicht mehr benötigt, fallen in den großen Topf der Arbeitslosen. Und das in Gemeinden, die ohnehin wenig Beschäftigte im produzierenden und im Dienstleistungsgewerbe haben. Besonders hart treffe das die zahlreichen nicht qualifizierten Arbeitskräfte, die bekanntlich schwer zu vermitteln seien …

(aus: Aachener Nachrichten, vom 23. 9. 1990)

---

1 Erläutert den problematischen Zusammenhang zwischen Rüstungsexport, Rüstungsindustrie, Truppenreduzierung und Abrüstung!

2 Was sollte eurer Meinung nach mit dem durch Abrüstung überschüssig gewordenen Kriegsmaterial gemacht werden?

3 Erläutert, wie sich eine Truppenreduzierung bzw. der Abzug ausländischer Streitkräfte a) auf die betroffenen Gemeinden und b) auf die Bundesrepublik insgesamt auswirkt!

Die Vereinten Nationen als Weltpolizei?

In diesem Teil des Kapitels sollt ihr euch mit der supranationalen Institution beschäftigen, die versucht, ausgebrochene Kriege zu beenden oder wenigstens einzudämmen. Den Vereinten Nationen stehen dazu verschiedene Methoden zur Verfügung. Allerdings sind sie bei ihren Aktionen auf die Hilfe einzelner Staaten angewiesen. In diesem Zusammenhang soll die Rolle Deutschlands bei der Unterstützung der Vereinten Nationen untersucht werden.

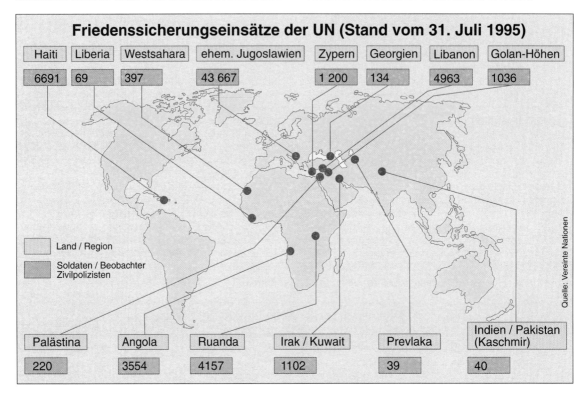

Friedenssicherungseinsätze der UN (Stand vom 31. Juli 1995)

Haiti	Liberia	Westsahara	ehem. Jugoslawien	Zypern	Georgien	Libanon	Golan-Höhen
6691	69	397	43 667	1 200	134	4963	1036

Land / Region

Soldaten / Beobachter
Zivilpolizisten

Palästina	Angola	Ruanda	Irak / Kuwait	Prevlaka	Indien / Pakistan (Kaschmir)
220	3554	4157	1102	39	40

Quelle: Vereinte Nationen

Die Gründung der Vereinten Nationen

Franklin Delano Roosevelt (amerikanischer Präsident, d. V.) – von 1933 bis 1945 im Amt – beauftragte bereits in den ersten Kriegsjahren seine Administration mit der Planung für eine neue und wirksame Weltorganisation …

Unter der Führung der USA, der UdSSR, Großbritannien und China verpflichteten sich … insgesamt 26 alliierte Staaten, die gegen die Achsenmächte – insbesondere das Deutsche Reich, Italien und Japan – im Krieg standen, zur Fortsetzung des Kampfes mit allen Mitteln bis zum vollständigen Sieg (21 weitere Staaten traten der Erklärung noch während des Krieges bei). Gleichzeitig bekannten sich die Unterzeichner – die Vereinten Nationen also – zu der von Roosevelt und dem britischen Premierminister Churchill ausgearbeiteten, am 14. August 1941 verkündeten Atlantik-Charta, in der die Grundzüge und Ziele einer weltweiten Nachkriegsfriedensordnung umrissen und die Errichtung eines „umfassenden und dauerhaften Systems allgemeiner Sicherheit" proklamiert wurde.
… Anfang März 1945 luden die vier Hauptmächte jene Staaten, die bis dahin die Erklärung der Vereinten Nationen vom Januar 1942 unterschrieben hatten, zu einer Konferenz zwecks Gründung „einer allgemeinen internationalen Organisation zur Aufrechterhaltung des Weltfriedens und der internationalen Sicherheit" ein.
Noch vor Beendigung des Krieges, am 25. April 1945, … begann im Opernhaus in San Francisco die „United Nations Conference on International Organization" (UNCIO), an der schließlich 50 Länder teilnahmen.
Die endgültige Satzung (Charta) der Organisation, die den Namen „Vereinte Nationen" (United Nations Organization – UNO) erhielt, wurde vom Plenum der Konferenz am 25. Juni 1945 einstimmig angenommen;…

(aus: Unser, Günther, Die UNO, München, Beck/dtv, 1992, S. 19 ff.)

Wachsende Bedeutung der UNO

In den ersten 20 Jahren der Weltorganisation waren die Friedenshüter der Vereinten Nationen nur zu zehn Einsätzen ausgeschickt worden, obwohl in der UNO-Charta als oberste Aufgabe das anspruchsvolle Ziele formuliert war, „den Weltfrieden und die internationale Sicherheit zu wahren" … Bei ihrer Beratung, auf der Konferenz von San Francisco im Jahre 1945, schienen Ost und West noch weitgehend einig in der Absicht, der Welt künftig jegliches Blutvergießen zu ersparen. Doch schon bald begann die Ära des Kalten Krieges … und der Ost-West-Gegensatz blockierte jeglichen Konsens … unter den fünf Ständigen Mitgliedern des Sicherheitsrates – USA, Frankreich, Großbritannien, Sowjetunion und China –, ohne deren Zustimmung kein einziger Blauhelm in Marsch gesetzt werden kann.

(aus: Der Spiegel, Nr. 30, 1992, S. 24)

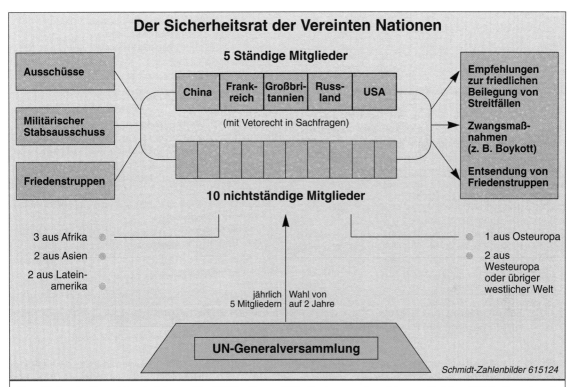

Der Sicherheitsrat der Vereinten Nationen

Schmidt-Zahlenbilder 615124

Der Sicherheitsrat besteht aus fünf Ständigen Mitgliedern – den Atommächten USA, Russland, Großbritannien, Frankreich und China – und aus zehn Nichtständigen Mitgliedern, von denen die Generalversammlung jährlich fünf für eine Dauer von zwei Jahren wählt. Unter den Nichtständigen Mitgliedern sind jeweils 3 afrikanische, 2 asiatische, 2 lateinamerikanische, 1 osteuropäischer und 2 westeuropäische oder andere westliche Staaten. Jedes Mitglied des Sicherheitsrats hat eine Stimme. Alle Beschlüsse zu politischen Sachfragen bedürfen der Zustimmung von neun Mitgliedern, unter denen sich die fünf Ständigen Mitglieder befinden müssen. Der Einspruch (das Veto) eines Ständigen Mitglieds kann also eine Beschlussfassung verhindern.

1 Analysiert die Zielsetzung und Funktionsweise der Vereinten Nationen! Berücksichtigt dabei auch Art. 1 der Charta der Vereinten Nationen (siehe nächste Seite)!

2 Wie ist es eurer Meinung nach zu erklären, dass in den ersten 20 Jahren der Vereinten Nationen insgesamt nur 10 Friedensmissionen zum Einsatz kamen, während am 31. Juli 1995 allein 14 Friedensmissionen im Einsatz waren?

Charta der Vereinten Nationen

Artikel 1

Die Vereinten Nationen setzen sich folgende Ziele:
1. den Weltfrieden und die internationale Sicherheit zu wahren und zu diesem Zweck wirksame Kollektivmaßnahmen zu treffen, um Bedrohungen des Friedens zu verhüten und zu beseitigen, Angriffshandlungen und andere Friedensbrüche zu unterdrücken und internationale Streitigkeiten oder Situationen, die zu einem Friedensbruch führen könnten, durch friedliche Mittel nach den Grundsätzen der Gerechtigkeit und des Völkerrechts zu bereinigen oder beizulegen;
2. freundschaftliche, auf der Achtung vor dem Grundsatz der Gleichberechtigung und Selbstbestimmung der Völker beruhende Beziehungen zwischen den Nationen zu entwickeln und andere geeignete Maßnahmen zur Festigung des Weltfriedens zu treffen …

Artikel 39

Der Sicherheitsrat stellt fest, ob eine Bedrohung oder ein Bruch des Friedens oder eine Angriffshandlung vorliegt; er gibt Empfehlungen ab oder beschließt, welche Maßnahmen aufgrund der Artikel 41 und 42 zu treffen sind, um den Weltfrieden und die internationale Sicherheit zu wahren oder wiederherzustellen.

Artikel 41

Der Sicherheitsrat kann beschließen, welche Maßnahmen – unter Ausschluss von Waffengewalt – zu ergreifen sind, um seinen Beschlüssen Wirksamkeit zu verleihen; er kann die Mitglieder der Vereinten Nationen auffordern, diese Maßnahmen durchzuführen. Sie können die vollständige oder teilweise Unterbrechung der Wirtschaftsbeziehungen, des Eisenbahn-, See- und Luftverkehrs, der Post-, Telegrafen- und Funkverbindungen sowie sonstiger Verkehrsmöglichkeiten und den Abbruch der diplomatischen Beziehungen einschließen.

Artikel 42

Ist der Sicherheitsrat der Auffassung, dass die im Artikel 41 vorgesehenen Maßnahmen unzulänglich sein würden oder sich als unzulänglich erwiesen haben, so kann er mit Luft-, See- oder Landstreitkräften die zur Wahrung oder Wiederherstellung des Weltfriedens und der internationalen Sicherheit erforderlichen Maßnahmen durchführen. Sie können Demonstrationen, Blockaden und sonstige Einsätze der Luft-, See- oder Landstreitkräfte von Mitgliedern der Vereinten Nationen einschließen.

Artikel 43

(1) Alle Mitglieder … verpflichten sich, zur Wahrung des Weltfriedens und der internationalen Sicherheit dadurch beizutragen, dass sie nach Maßgabe eines oder mehrerer Sonderabkommen dem Sicherheitsrat auf sein Ersuchen Streitkräfte zur Verfügung stellen, Beistand leisten und Erleichterungen einschließlich des Durchmarschrechts gewähren, soweit dies zur Wahrung des Weltfriedens und der internationalen Sicherheit erforderlich ist.
(2) Diese Abkommen haben die Zahl und Art der Streitkräfte, ihren Bereitschaftsgrad, ihren allgemeinen Standort sowie die Art der Erleichterungen und des Beistands vorzusehen.

Neben den in der Charta oben genannten Zwangsmaßnahmen gibt es noch folgende Möglichkeiten für die Vereinten Nationen:

Schlichtung

Als Formen der Schlichtung, die den Vereinten Nationen zur Verfügung stehen, müssen zunächst die „guten Dienste" und „die Vermittlung" unterschieden werden. Gute Dienste erschöpfen sich darin, dass von einem unbeteiligten Dritten Verhandlungen vorgeschlagen werden und ein günstiges Klima dafür geschaffen wird, ohne aber an den Verhandlungen selbst teilzunehmen. Der Vermittler nimmt demgegenüber direkten Einfluss auf die Verhandlungen: So kann er z. B. selbst Vorschläge zur Sache machen, um Kompromissformeln zur Zusammenführung von entgegengesetzten Interessen und Vorstellungen zu ermöglichen …
Das Angebot der guten Dienste bzw. der Vermittlung kann sowohl erbeten als auch unerbeten erfolgen, es besteht jedoch keine Pflicht, konkrete Angebote anzunehmen. Die Konfliktparteien dürfen indessen Vermittlungsangebote nicht als Einmischung in ihre inneren Angelegenheiten oder als unfreundlichen Akt brandmarken.

Aufstellung von Friedenstruppen

Die Aufstellung von Friedenstruppen, die grundsätzlich keinen Auftrag zum Waffeneinsatz, außer zur Selbstverteidigung haben, vollzieht sich außerhalb des Wortlautes der Charta der Vereinten Nationen. Der Zweck solcher Aktionen ist, bewaffneten Konflikten durch die „Installierung einer Pufferzone" vorzubeugen oder im Falle ihres Ausbruches ein schnelles Ende, in der Regel auf der Basis des „status quo ante", zu ermöglichen. Eine nicht unwichtige Funktion solcher Aktionen kann auch – im Einzelfall – darin liegen, dass eine oder mehrere Großmächte sich von dem Zwang, einzugreifen, befreit fühlen …

(aus: Rittberger, Volker, Zwischen Weltregierung und Staatenanarchie, in: Opitz, Peter J., Forum der Welt, Stuttgart, 1986, S. 88)

_3 Bereits während der Suez-Krise 1956 entwickelte Generalsekretär Dag Hammarskjöld die Konzeption der so genannten friedenssichernden Operationen (peace-keeping operations), die in der Charta gar nicht vorgesehen waren. Aufbauend auf dem Konsens der Sicherheitsratsmitglieder, der jeweiligen Streitparteien und der Truppen stellenden Staaten traten militärische Operationen mit politischer Zielsetzung an die Stelle militärischer Zwangsmaßnahmen. Die Aufgabe der Friedenstruppen sind u. a. die Beobachtung eines Waffenstillstandsgebietes (z. B. UNTSO und UNDOF im Nahen Osten), die Schaffung einer Pufferzone zur Erhaltung der Waffenruhe (z. B. UNFICYP in Zypern sowie UNEF I und II im Nahen Osten) sowie die Aufrechterhaltung von Recht und Ordnung innerhalb eines im Bürgerkrieg liegenden Staates (z. B. ONUC im Kongo, UNIFIL im Libanon, UNFICYP in Zypern). Die UN-Truppen sind zur Anwendung von Gewalt nicht befugt, es sei denn zur Selbstverteidigung oder zur Verteidigung ihres Mandats.

(aus: Schäfer, Michael, Die Rolle der Vereinten Nationen im Rahmen der Friedenssich., in: Opitz, Peter J., a. a. O., S. 136)

_4 Im Kern steckt in diesen Vorschlägen eine grundsätzliche Forderung, nämlich die Fortentwicklung beziehungsweise Ergänzung des traditionellen Peace-keeping zu einem robusten Peace-keeping… Die Gründe für die Notwendigkeit der Entwicklung eines robusten Peace-keeping liegen auf der Hand: In Bosnien, Somalia, Angola, Kambodscha und der Westsahara sind die traditionellen Blauhelm-Einsätze in massive Schwierigkeiten geraten. So genannte Regierungen, Konfliktparteien, regionale und lokale Warlords, ja sogar marodierende Banden spielen mit den VN Katz und Maus. Waffenstillstände, gerade vereinbart, werden reihenweise gebrochen … Die VN-Präsenz selbst wird zum Problem. Humanitäre Transporte, ebenfalls vereinbart, werden nach Belieben beschossen und zur Umkehr gezwungen. Der Leiter einer internationalen Hilfsaktion in Somalia wurde kürzlich sogar von genau den „Wächtern" erschossen, die er zur Durchführung der Transporte angeheuert hatte. Sie fanden ihre Bezahlung unzureichend.

Anstatt ein kraftvolles Instrument der Friedenssicherung zu sein, sind die VN angesichts der Welle turbulenter Konflikte in Gefahr, Komplize in einem zynischen Spiel mit doppeltem Boden zu werden. Die Konfliktparteien können sich mit ihrer Hilfe das Mäntelchen der Verhandlungsbereitschaft und der Humanität umhängen, während sie gleichzeitig ihre Ziele ohne Rücksicht auf Verluste weiterverfolgen.

(aus: Kühne, Winrich, Friedenssicherung durch die Vereinten Nationen in einer Welt ethno-nationaler Konflikte, in: Aus Politik und Zeitgeschichte, vom 9. 4. 1993, S. 15)

_5 Besondere Aufmerksamkeit erregten zu diesem Zeitpunkt auch die recht detaillierten Vorschläge von Richard N. Gardener, einer der außenpolitischen Berater Bill Clintons. Im Sommer 1992 veröffentlichte er einen Aufsatz, in dem er entschieden für die Aufstellung von UN-stand-by-forces eintritt. Alle ständigen Mitglieder des SR sollten sich gemäß Art. 43 der Charta verpflichten, jeweils eine Brigade (ca. 2000 Soldaten) zum schnellen Einsatz bereitzuhalten. Eine Zahl von ungefähr 30 weiteren VN-Mitgliedern, die dazu in der Lage sind, sollten jeweils ein Bataillon (600–700 Soldaten) zusagen. Das würde eine Streitmacht von bis zu 30 000 Soldaten ergeben. Sie würden durch gemeinsame Ausbildung, entsprechend angeglichene Ausrüstung und gemeinsame Manöver auf ihre Einsätze vorbereitet. Die ständigen Mitglieder des SR wären aufgefordert, die notwendigen Luft- und Seetransportkapazitäten zur Verfügung zu stellen.

(aus: Kühne, Winrich, a. a. O., S. 17)

1 Beschreibt anhand der Materialien _1 bis _5 die Maßnahmen, die die Vereinten Nationen zur Friedenssicherung ergreifen können! Grenzt hierbei insbesondere die Aufstellung von Friedenstruppen gegen die möglichen Zwangsmaßnahmen ab!

2 Sammelt Informationen aus der Tagespresse über einen aktuellen, internationalen Konfliktherd! Welche Maßnahmen sollte der Sicherheitsrat eurer Meinung nach ergreifen, um diesen Konflikt beizulegen? Auf welche Hindernisse könnte euer Vorschlag bei einer Abstimmung im Sicherheitsrat stoßen?

3 Bisher gibt es keine Eingreiftruppe der Vereinten Nationen. Sollte eine solche eurer Meinung nach aufgestellt werden?

4 Sollte der Sicherheitsrat eurer Meinung nach anders zusammengesetzt werden als bisher? Sollten die Abstimmungsmodalitäten des Sicherheitsrates geändert werden? Wie?

Die Rolle Deutschlands in der UN

Niemand wünscht, dass die Deutschen im Konzert der Mächte die erste Geige spielen. Doch sie werden nun dringend ermuntert, ihren Platz im Orchester einzunehmen, in der zweiten oder dritten Reihe. Seit dem Ende des Kalten Krieges sind die Vereinten Nationen wieder handlungsfähig. In den vergangenen vier Jahren hat der UN-Sicherheitsrat dreizehn Friedensmissionen beschlossen, genauso viele wie zuvor in vier Jahrzehnten. All die neuen Operationen bedeuteten für die Weltorganisation, schrieb Butros-Ghali, „dass ihre Mittel bis an ihre Grenzen strapaziert sind".

Ist es da unbillig, auch von Deutschland einen personellen Beitrag zu verlangen? Jene Länder, die traditionell Blauhelme entsenden – wie die Skandinavier, Österreich und Kanada – fühlen sich zunehmend überfordert. Anders als früher beteiligen sich nach den Briten und den Franzosen inzwischen auch die drei anderen ständigen Mitglieder des Sicherheitsrates mit eigenen Soldaten …

Aber sind die Vereinten Nationen überhaupt für Bürgerkriege zuständig? Immer mehr Völkerrechtler bejahen diese Frage, wenn Menschenrechte systematisch verletzt werden, bei Völkermord etwa, oder wenn ein Staat in anarchischer Gewalt versinkt …

Natürlich können die Vereinten Nationen nicht überall militärisch eingreifen, wo Menschen verfolgt werden. Unweigerlich wird die Weltorganisation deshalb immer wieder den Vorwurf der Doppelmoral auf sich ziehen. Aber soll sie, weil sie nicht alles tun kann, gar nichts tun? …

(aus: Naß, Mathias, Nicht Großmacht, sondern Nothelfer, in: DIE ZEIT, vom 9. 4. 1993, stark gekürzt)

Vier Jahrzehnte lang hatte das NATO-Bündnis eine einzige Aufgabe: die Sowjetunion vor einem Angriff auf die Mitgliedsstaaten abzuschrecken und, falls es doch zu einer Aggression kommen sollte, „die Sicherheit des nordatlantischen Gebiets wiederherzustellen". Artikel 5 des Nordatlantikpaktes begrenzte das Verteidigungsareal auf das Territorium der Nato-Länder. Kein Gedanke daran, darüber hinauszugreifen und mit Einsätzen jenseits der Bündnisgrenzen zu liebäugeln. Der *eigene* Frieden sollte bewahrt und notfalls wiederhergestellt werden – nicht der fremde Frieden in mehr oder weniger fernen Zonen.

Nach dem Ende des Kalten Krieges erweiterte die Allianz ihr Pflichtenheft. Beiträge zu weltweiter Stabilität und weltweitem Frieden wurden auf dem Nato-Gipfel Ende 1991 beschlossen, außerdem die Bereitstellung von Streitkräften für UN-Missionen. Die Nato wurde damit entgrenzt. *Out of area or out of business* hieß nun die Parole: Erweiterung des Einsatzgebietes oder Schließung des Geschäfts. Als Friedensdienstleister im früheren Jugoslawien schlüpfte das Bündnis zum ersten Mal in die neue Rolle, bislang eingegliedert in den Instanzenzug und die Befehlskette der Vereinten Nationen. Jetzt indessen übernimmt es selber die Regie. Ein Mandat des UN-Sicherheitsrates wird nur den papierenen Paravent (spanische Wand) abgeben, hinter dem die Nato in eigener Zuständigkeit, auf eigene Rechnung und Gefahr handelt.

Ist Bosnien die erste in einer langen Reihe künftiger Nato-Friedensexpeditionen rund um den Globus? Seitdem das Bundesverfassungsgericht deutscher Beteiligung an derlei Unternehmen grünes Licht gegeben hat, bewegt diese Frage hierzulande die Gemüter. Blüht uns eine Militarisierung unserer Außenpolitik? Oder erhält nun die Menschenrechtspolitik, bisher weithin eine Sache der Überzeugung und des Mundwerks, endlich eine gepanzerte Faust? Wie viele „Kriege für den Frieden" soll die Nato führen? An wie vielen muss die Bundesrepublik sich beteiligen …

In der Wirklichkeit unserer konfliktgeschüttelten Welt sind dem Interventionismus Schranken gesetzt …

Es gibt zu viele Krisen. Das Eingreifen ist kostspielig. Und die Wirkung der Interventionen bleibt fragwürdig oder flüchtig – siehe Somalia.

Am Ende bleibt nur ein brauchbarer Maßstab: das Interesse – das nationale, das europäische, das atlantische Interesse. Es mag geographisch durch Nähe begründet sein, politisch durch Sympathie, wirtschaftlich durch Abhängigkeit. In jedem Fall bedarf es der Übereinkunft. Konsens jedoch fällt im westlichen Bündnis schwer, wo nicht Hass oder Furcht den Kitt der Gemeinsamkeit liefern, sondern widersprüchliche moralische Regungen oder subjektive Nützlichkeitserwägungen walten.

(aus: Sommer, Theo, Bündnis ohne Grenzen, in: DIE ZEIT, vom 1. 12. 1995)

1 Debattiert die Rolle der Bundeswehr, insbesondere, ob (und unter welchen Bedingungen) deutsche Soldaten eventuell außerhalb des Nato-Gebietes eingesetzt werden sollen!

Grundgesetz, Artikel 24

(1) Der Bund kann durch Gesetz Hoheitsrechte auf zwischenstaatliche Einrichtungen übertragen.

(2) Der Bund kann sich zur Wahrung des Friedens einem System gegenseitiger kollektiver Sicherheit einordnen; er wird hierbei in die Beschränkungen seiner Hoheitsrechte einwilligen, die eine friedliche und dauerhafte Ordnung in Europa und zwischen den Völkern der Welt herbeiführen und sichern.

Grundgesetz, Artikel 87a

(1) Der Bund stellt Streitkräfte zur Verteidigung auf. Ihre zahlenmäßige Stärke und die Grundlage ihrer Organisation müssen sich aus dem Haushaltsplan ergeben.

(2) Außer zur Verteidigung dürfen die Streitkräfte nur eingesetzt werden, soweit dieses Grundgesetz es ausdrücklich zulässt.

Positionen zur Rolle der Bundeswehr

Nur „Blauhelm"-Aktionen: Ergänzung des Grundgesetzes

1. Außer zur Verteidigung des Bundesgebietes dürfen bewaffnete Streitkräfte des Bundes nur zur Verteidigung von Staaten eingesetzt werden, mit denen der Bund vertragliche Verpflichtungen zur gemeinsamen Verteidigung (NATO) eingegangen ist …

2. Zum Einsatz bei friedenserhaltenden Operationen kann der Bund den Vereinten Nationen auf deren Ersuchen hin unter Zustimmung der am Konflikt beteiligten Staaten Truppen zur Verfügung stellen, die nur mit leichten Waffen zum Selbstschutz ausgerüstet sind.

3. Für humanitäre Hilfeleistungen außerhalb des Bundesgebietes können unbewaffnete Einheiten und Ausrüstungen der Bundeswehr zur Verfügung gestellt werden, wenn die Zustimmung des auswärtigen Staates vorliegt, auf dessen Gebiet sie eingesetzt werden sollen.

Auch Kampfeinsätze: Grundgesetzänderung

„Streitkräfte des Bundes können unbeschadet des Artikels 87a eingesetzt werden

1. bei friedenserhaltenden Maßnahmen gemäß einem Beschluss des Sicherheitsrates oder im Rahmen von regionalen Abmachungen im Sinne der Charta der Vereinten Nationen, soweit ihnen die Bundesrepublik Deutschland angehört,

2. bei friedensherstellenden Maßnahmen aufgrund der Charta der Vereinten Nationen gemäß einem Beschluss des Sicherheitsrates,

3. in Ausübung des Rechtes zur kollektiven Selbstverteidigung gemeinsam mit anderen Staaten im Rahmen von Bündnissen und anderen regionalen Abmachungen, denen die Bundesrepublik Deutschland angehört. Diese Einsätze bedürfen in den Fällen der Nummern 1 und 2 der Zustimmung der Mehrheit, im Fall der Nummer 3 von zwei Dritteln der Mitglieder des Bundestages."

1 Sollte eurer Meinung nach der Artikel 24 des Grundgesetzes geändert werden? Seht euch die zwei abgedruckten Vorschläge zur Änderung an! Vielleicht formuliert ihr einen eigenen Vorschlag! Ihr könntet in der Klasse über einen Änderungsvorschlag abstimmen. Für Verfassungsänderungen braucht man 2/3 Mehrheiten, sonst bleibt alles beim Alten.

2 Damit der Sicherheitsrat Zwangsmaßnahmen verhängen kann, müssen vorher Sonderabkommen mit einzelnen Staaten abgeschlossen werden. Das ist bisher nicht geschehen. Deshalb ist der Sicherheitsrat bisher immer auf freiwillige Leistungen einzelner Staaten angewiesen gewesen. Debattiert, ob Deutschland eurer Meinung nach nun ein Sonderabkommen gemäß Art. 43 der Charta (vgl. S. 174) abschließen sollte!

Was kann der Einzelne zum Frieden beitragen?

Im Übungsteil wollen wir uns nun der Problemfrage zuwenden, welchen Beitrag das Individuum zur Friedenssicherung leisten kann und muss. In der öffentlichen Diskussion der vergangenen Jahre tauchten immer wieder die Begriffe Wehrdienst, Zivildienst und das soziale Pflichtjahr für Frauen und Männer als mögliche alternative Beiträge zur Friedenssicherung auf. Im Folgenden sollen Interviews mit verschiedenen Personen geplant und durchgeführt werden. Diese Personen könnten z. B. der örtliche Pfarrer, ein Jugendoffizier der Bundeswehr, Zivildienstleistende, der Bundestagsabgeordnete des Wahlkreises, in dem euer Schulort liegt, usw. sein.

Diese Interviews könnten in den Amtsräumen der genannten Personen oder in der Schule stattfinden. Eine entsprechende Kontaktaufnahme müsste euer Politiklehrer aber bereits einige Zeit vor dieser Unterrichtsreihe vornehmen! Es ist auch möglich, dass ihr den zu interviewenden Personen einen Fragebogen vorlegt und um schriftliche Beantwortung bittet.

Auf diese Interviews müsst ihr euch sorgfältig vorbereiten. Dieses Vorhaben wäre besonders gelungen, wenn ihr in den folgenden Tagen über diese Interviews in der örtlichen Presse berichten könntet. Das erfordert eine frühzeitige Kontaktaufnahme mit den Lokalredaktionen der Tageszeitungen eures Schulortes bzw. einer örtlichen Rundfunkstation. Die Berichterstattung kann in der Form des sachlichen Berichts, der reinen Wiedergabe des Interviews oder des Kommentars erfolgen, aber auch pointiertere Meinungsäußerungen durch Glossen, Satiren und Karikaturen sind möglich! Doch zuerst müsst ihr das folgende Informationsmaterial durcharbeiten und einen Interviewleitfaden entwickeln.

Arbeitsplan

Bei der Vorbereitung und der Durchführung der Interviews/der Diskussion, aber auch bei der Berichterstattung über euer Projekt solltet ihr immer die Problemfrage „Wie kann das Individuum zur Friedenssicherung beitragen?" im Auge behalten!

1. Teilt die Klasse in mehrere Arbeitsgruppen ein und ordnet ihnen je mehrere Texte zu! Jede Gruppe arbeitet dann „ihre" Texte durch und informiert anschließend die ganze Klasse über die Inhalte.

2. Überlegt euch in den Gruppen Interviewfragen zu den sich aus den Texten ergebenden Zusammenhängen und schreibt sie auf!

3. Tragt eure Interviewfragen in der Klasse zu einem Interviewleitfaden zusammen und korrigiert ihn noch einmal gemeinsam!

4. Bei der Durchführung des Interviews/der Diskussion sollten alle über den kompletten Bogen verfügen. Es ist erfahrungsgemäß hilfreich, wenn man sich vorher die Fragen untereinander aufteilt, sodass möglichst viele Schülerinnen und Schüler mit „ihrem" Spezialgebiet zum Zuge kommen. Auch muss vorher geklärt sein, wer die Antworten protokolliert.

5. Nach vorheriger Absprache mit der lokalen Tagespresse gelingt es euch vielleicht, einen oder sogar mehrere eigene Texte in der/den lokalen Zeitung(en) unterzubringen. Sollte euch das nicht gelingen, so eignen sich eure Arbeiten sicherlich als Beiträge für die Schülerzeitung/Schulzeitung.

Das Grundgesetz legt in Artikel 12a fest:

(1) Männer können vom vollendeten achtzehnten Lebensjahr an zum Dienst in den Streitkräften, im Bundesgrenzschutz oder in einem Zivilschutzverband verpflichtet werden.

(2) Wer aus Gewissensgründen den Kriegsdienst mit der Waffe verweigert, kann zu einem Ersatzdienst verpflichtet werden. Die Dauer des Ersatzdienstes darf die Dauer des Wehrdienstes nicht übersteigen. Das Nähere regelt ein Gesetz, dass die Freiheit der Gewissensentscheidung nicht beeinträchtigen darf und auch eine Möglichkeit des Ersatzdienstes vorsehen muss, die in keinem Zusammenhang mit den Verbänden der Streitkräfte und des Bundesgrenzschutzes steht.

(3) Wehrpflichtige, die nicht zu einem Dienst nach Absatz 1 oder 2 herangezogen sind, können im Verteidigungsfall durch Gesetz oder aufgrund eines Gesetzes zu zivilen Dienstleistungen für Zwecke der Verteidigung einschließlich des Schutzes der Zivilbevölkerung in Arbeitsverhältnisse verpflichtet werden...

Grundsatzurteil des Bundesverfassungsgerichts von 1978:

„Die allgemeine Wehrpflicht findet ihre Rechtfertigung darin, dass der Staat, der Menschenwürde, Leben, Freiheit und Eigentum als Grundrecht anerkennt und schützt, dieser verfassungsrechtlichen Schutzverpflichtung gegenüber seinen Bürgern nur mithilfe eben dieser Bürger und ihres Eintretens für den Bestand der Bundesrepublik Deutschland nachkommen kann."

Der ehemalige Bundespräsident von Weizsäcker stellte 1989 fest:

„... Es gilt, wie bisher, so auch in Zukunft, den Krieg zu verhindern. Dazu haben wir unseren Wehrdienst, und – wenn ich mir die Bemerkung erlauben darf – es wäre klarer, wenn im Grundgesetz vom Recht zur Verweigerung nicht des Kriegsdienstes, sondern des Wehrdienstes die Rede wäre. Er ist kein Kriegsdienst, sondern ein Kriegsverhinderungsdienst. Das sollte jeder wissen, der sich legitimerweise prüft, ob er aus Gewissensgründen von seinem verfassungsmäßigen Recht der Verweigerung Gebrauch machen soll."

Der Auftrag der Streitkräfte

Gemeinsam mit den Streitkräften der NATO-Partner ist es Aufgabe der Bundeswehr, im Frieden durch Einsatzbereitschaft andere von Einschüchterung und Anwendung militärischer Gewalt gegen die Bundesrepublik Deutschland und das NATO-Bündnis abzuhalten. Ein möglicher Angreifer soll erkennen: Es lohnt sich nicht, ich riskiere meine eigene Existenz. Oberstes Auftragsziel ist darum Kriegsverhinderung. Bei einem Angriff, also im Kriegsfall, müssen die Streitkräfte zusammen mit den alliierten Truppen unverzüglich den Verteidigungskampf zusammenhängend und grenznah aufnehmen, um den Schaden so gering wie möglich zu halten und um den Angreifer zu zwingen, den Angriff aufzugeben und zu verhandeln.

(aus: Kriegsdienstverweigerung – Zivildienst, herausgegeben vom Presse- und Informationsamt der Bundesregierung, Bonn, 1993, S. 2 ff.)

Wehrdienst

Kreiswehrersatzamt

Einberufung zum Wehrdienst

Wehrpflichtiger

Dauer des Wehrdienstes	Monate	Alter
Grundwehrdienst + Verfügungsbereitschaft (2 Monate)	10	18–25/28

Wehrübungen	Im Regelfall bis zu ... Tagen
für Mannschaften	24
für Unteroffiziere	45
für Offiziere	84

Ende der Wehrüberwachung	
für Mannschaften	mit **32** Jahren
für Unteroffiziere	mit **45** Jahren
für Offiziere	mit **60** Jahren
für Berufssoldaten	mit **65** Jahren

Auf dem Weg zur Berufsarmee

Als … 1956 die Wehrverfassung beschlossen wurde, hatte man eine Bundeswehr geschaffen, die sich als eine „Armee des Volkes" verstand. Sie war daher von Anfang an als Wehrpflichtarmee konzipiert, in die sich jeder junge männliche Staatsbürger eingebunden fühlen sollte – und musste. Der Begriff der Wehrgerechtigkeit wurde geboren, der zum Ausdruck bringen sollte, dass sich niemand ungestraft vor dem Dienst in der Truppe herumdrücken dürfte. Allerdings: die Voraussetzung dafür konnte nur sein, dass die jeweiligen Geburtsjahrgänge in etwa mit den Anforderungen der Bundeswehr harmonierten. Davon aber kann schon lange keine Rede mehr sein. Mit der schrumpfenden Truppenstärke wächst die Zahl derer, die mit einer Einberufung zum Wehrdienst nicht mehr zu rechnen brauchen. Das Prinzip der Wehrgerechtigkeit gerät aus den Fugen. Man wird kaum einen zum Dienst beorderten jungen Mann, dessen Nachbar „davongekommen" ist, mit der Bemerkung trösten können: „Da hast du halt Pech gehabt, Junge!" Was also ist zu tun? Nach englischem und amerikanischem Beispiel eine Berufsarmee schaffen! An jungen Männern, die freiwillig Soldaten werden möchten, dürfte es keinen Mangel haben. Mit 200 000 (oder ein paar mehr) motivierten und gut ausgebildeten Profi-Soldaten lassen sich alle erdenklichen Aufgaben lösen. Und das leidige Problem der Wehrgerechtigkeit wäre aus der Welt geschafft.

Es ist kein Geheimnis, dass die Zahl derer, die den Wehrdienst prinzipiell ablehnen … in den letzten Jahren sprunghaft angestiegen war. Sie werden in aller Regel zu zivilen Diensten herangezogen … Um ein Höchstmaß an Gerechtigkeit zu schaffen und zu garantieren, wird schon seit langem die Einrichtung einer allgemeinen Dienstpflicht für alle (auch für junge Frauen?) diskutiert, die der Allgemeinheit zugute kommen könnte – und sollte. Man hat in diesem Zusammenhang etwas boshaft von einer Art „Reichsarbeitsdienst" gesprochen und geschrieben. Aber so oder so: Man kann einer Entwicklung nicht tatenlos zusehen, die einen Teil unserer jungen Generation benachteiligt – und zwar in aller Regel den, von dessen Dienst und Einsatz wir alle letztendlich profitieren.

(aus: Die Welt vom 20. 9. 1993. Autor: Willi Weiskirch, ehemaliger Wehrbeauftragter des Bundestages)

In den Armeen vieler demokratischer Staaten der Welt erfüllen Frauen ihre Pflicht als Soldatinnen. In Deutschland sieht das Grundgesetz eine allgemeine Wehrpflicht nur für Männer vor. Frauen dürfen auf keinen Fall, sowohl im Frieden als auch im Krieg, Dienst mit der Waffe leisten. Dagegen dürfen sie einen freiwilligen Wehrdienst im Sanitäts- und Militärmusikdienst leisten. Im Verteidigungsfall können sie zu zivilen Dienstleistungen im zivilen Sanitäts- und Heilwesen sowie in der ortsfesten militärischen Lazarettorganisation herangezogen werden.

„Es gibt heute wie früher nicht nur diejenigen, die den Wehrdienst aus prinzipiellen Gründen verweigern. Daneben steht vielmehr eine gewachsene Schwächung des Gedankens, unbequeme Dienste im Rahmen des Gemeinwesens zu übernehmen. … Dies führt auch zur Abneigung gegen den Wehrdienst, obwohl sie sich oft gar nicht gegen die Bundeswehr als solche richtet, diese aber unmittelbar betrifft …

Die Befürworter einer dauernden Wehrpflicht denken vor allem an eine feste Verwurzelung der Streitkräfte im Volk. Die Bundeswehr hat mit den Grundwehrdienstleistenden einen für sie prägenden Kontakt mit der ganzen Bevölkerung, zumal der jungen Generation. Auch rekrutiert sich fast die Hälfte der Zeit- und Berufssoldaten aus den Teilnehmern am Wehrdienst; er ist also für den Nachwuchs der Streitkräfte nach Qualität und Umfang von großer Bedeutung.

Die Wehrpflicht wurde in Deutschland erstmals 1814 mit dem erklärten Ziel eingeführt, die Sache des Staates zu jedermanns Sache zu machen. Auch wenn wir heute in ganz anderen Zeiten als in den Befreiungskriegen leben, so behält diese Begründung doch ihr Gewicht. …

Es lohnt sich allerdings die Suche nach Möglichkeiten einer Anpassung. Zweck der Wehrpflicht ist letztlich die Sicherung von Frieden, Freiheit und eigener, rechtsstaatlicher Lebensform. Wenn wir heute an ein erweitertes Sicherheitserfordernis angesichts veränderter, keineswegs nur auf Waffengewalt beruhender Gefahren für diese Sicherheit denken und dabei die zunehmende Bedeutung nichtmilitärischer Mittel betonen, so liegt es nahe, die jungen Bürger für entsprechend angepasste, breiter angelegte Aufgabenfelder in die Pflicht zu nehmen."

(Der damalige Bundespräsident von Weizsäcker vor der Kommandeurstagung der Bundeswehr in Mainz am 5.10.1993)

Grundgesetz Art. 4 (Glaubens-, Gewissens- und Bekenntnisfreiheit)

(1) Die Freiheit des Glaubens, des Gewissens und die Freiheit des religiösen und weltanschaulichen Bekenntnisses sind unverletzlich.

(2) Die ungestörte Religionsausübung wird gewährleistet.

(3) Niemand darf gegen sein Gewissen zum Kriegsdienst mit der Waffe gezwungen werden. Das Nähere regelt ein Bundesgesetz.

Das Zivildienstgesetz vom 29. September 1983 legt in der Neufassung vom 30. Juni 1989 u. a. fest:

– „Im Zivildienst erfüllen anerkannte Kriegsdienstverweigerer Aufgaben, die dem Allgemeinwohl dienen, vorrangig im sozialen Bereich." (§ 1)

„Zivildienst leisten Dienstpflichtige, die das achtundzwanzigste Lebensjahr noch nicht vollendet haben. … Bei Dienstpflichtigen, die wegen eines Anerkennungsverfahrens nach den Vorschriften des Kriegsdienstverweigerungsgesetzes nicht mehr vor Vollendung des achtundzwanzigsten Lebensjahres … einberufen werden konnten, verlängert sich der Zeitraum, innerhalb dessen Zivildienst zu leisten ist, um die Dauer des Anerkennungsverfahrens, nicht jedoch über die Vollendung des zweiunddreißigsten Lebensjahres hinaus." (§ 24, Abs. 2) …

„Der Zivildienst dauert um 3 Monate länger als der Grundwehrdienst. …" (§ 24 Abs. 2).

Durch administrative Regelung wurde die Altersgrenze vom 28. Lebensjahr auf das 25. Lebensjahr herabgesetzt.

Aufteilung der Zivildienstplätze (ZDP) auf die Tätigkeitsgruppen
Stand: Dezember 93

	ZDP	belegte ZDP*
Pflegehilfe	80 364	53 102
handwerkliche Tätigkeiten	22 446	16 719
gärtnerische u. landwirtschaftliche Tätigkeiten	4 579	2 975
kaufmännische u. Verwaltungstätigkeiten	1 156	580
Versorgungstätigkeiten	8 139	6 029
Umweltschutz	5 040	3 594
Kraftfahrdienst	3 263	2 501
Krankentransport/Rettungsdienst	11 403	8 192
MSHD (Mobiler Sozialer Hilfsdienst)	20 058	13 774
ISB (Individuelle Schwerstbehindertenbetreuung)	8 301	4 124
ISB von Kindern in integrativen Einrichtungen	889	574
Gesamt	**165 638**	**112 164**

*durch die Möglichkeit, einen ZDP vorübergehend mit 2 Zivildienstleistenden (ZDL) zu belegen, ist die Zahl der ZDL (15. 12. 93: 122 456) ca. 10% höher als die Zahl der belegten Plätze

(Daten von: Bundesamt für den Zivildienst)

Allgemeine Dienstpflicht statt Wehrdienst?

Ja

Florian Gerster

Der 44-jährige Diplompsychologe ist Minister für Bundesangelegenheiten und Europa in Rheinland-Pfalz. Der Oberstleutnant der Reserve und ehemalige Bundestagsabgeordnete zählt zum rechten SPD-Flügel

„Spätestens bei der nächsten Reduzierung der Truppenstärke der Bundeswehr ist eine Reform des Wehrdienstes unumgänglich. Wenn nur noch die Minderheit eines Jahrgangs damit rechnen muss, zum Dienst mit der Waffe herangezogen zu werden, wird Wehrungerechtigkeit zur Regel, und der Ruf nach einer Berufsarmee wird zwangsläufig lauter.

Mit der völligen Abschaffung der Wehrpflicht würde ein wichtiges Element gesellschaftlicher Einbindung der Streitkräfte verloren gehen. Der relativ breite Grundkonsens über Sinn und Nutzen der Bundeswehr wäre gefährdet.

Die Lösung könnte die Einführung einer allgemeinen Dienstpflicht für Männer sein, in deren Rahmen der Wehrdienst als gleichberechtigte Wahlmöglichkeit neben anderen Diensten im Sozialwesen, Umweltschutz oder der Entwicklungshilfe angeboten würde.

Die Politik müsste die Attraktivität des Wehrdienstes in dieser Konkurrenzsituation erhöhen. Von der unwürdigen Befragungspraxis für die Kriegsdienstverweigerer könnte – nach einer Grundgesetzänderung – Abstand genommen werden. Die Dauer des Dienstes sollte zwischen sechs und zwölf Monaten liegen.

Dass ich die Dienstpflicht auf Männer beschränken möchte, hat seinen Grund. Die Benachteiligung in Beruf und Gesellschaft ist für Frauen noch immer derart, dass jungen Männern durch die allgemeine Dienstpflicht kein unzumutbarer Nachteil entsteht. Für weibliche Freiwillige muss dieser Dienst jedoch offenstehen."

Nein

Margret Funke-Schmitt-Rink

Die 47-jährige Oberstudienrätin aus Wiesbaden sitzt seit 1990 im Bundestag und ist dort bildungs- und jugendpolitische Sprecherin der FDP. Sie ist stellvertretende Vorsitzende der „Liberalen Frauen"

„Die Einführung einer allgemeinen Dienstpflicht für Männer und Frauen wird es mit der FDP nicht geben. Der Gedanke einer Dienstverpflichtung widerspricht liberalem Gedankengut, außerdem Artikel 12 Abs. 2 Grundgesetz sowie dem Verbot von Zwangs- und Pflichtarbeit nach Art. 4 der Konvention der Vereinten Nationen.

Soziale Hilfsdienste würden kaum Nutzen davon haben, wenn dort wenig motivierte dienstverpflichtete Helfer arbeiteten. Zwar ist die Lage bei den sozialen Diensten äußerst gespannt, aber die desolate Situation kann nicht durch Zivildienstleistende, sondern nur durch ausgebildete hauptamtlich Kräfte beseitigt werden. Verstärkte Anreize durch bessere Verdienstchancen, flexiblere Arbeitszeiten, bessere Aufstiegsmöglichkeiten sind dringend nötig.

Von den Befürwortern der Dienstpflicht wird stets betont, dass sie von einer freiwilligen Entscheidung für einen der zur Wahl stehenden Dienste ausgehen.

Indessen steht zu befürchten, dass in der Praxis eine Quotierung unumgänglich und damit die Wahlfreiheit zwischen den einzelnen Diensten aufgehoben sein wird. Womöglich gäbe es dann auch nicht mehr genügend Bewerber für die Bundeswehr!

Die Diskussion über eine allgemeine Dienstpflicht ist überflüssig. Legitim ist aber, über die Abschaffung der Wehrpflicht nachzudenken. Denn die Wehrpflicht wird verletzt, wenn ein immer kleiner werdender Teil eines Jahrgangs zum Wehrdienst herangezogen wird."

(aus: FOCUS, Nr. 43, 1993, S. 68)

Erste Welt – Dritte Welt: eine Welt für alle?

Wie viele Welten gibt es?

„Dritte Welt" – ein fragwürdiger und schwieriger Begriff. Er bezeichnet die Gruppe von Staaten auf der Südhalbkugel der Erde, die weder den westlichen Industriestaaten noch den früheren sozialistischen Staaten angehörten. Dass mit dem Begriff „Dritte Welt" vorwiegend eine ökonomische Unterentwicklung verbunden wurde, lag vor allem daran, dass sich die Entwicklungspolitik in verschiedenen multilateralen Organisationen institutionalisierte. Um die Vergabe von Entwicklungshilfe zu objektivieren, führten sie Länderklassifikationen ein, die sich vorwiegend am Pro-Kopf-Einkommen orientierten. Die Weltbank z. B. unterteilt die Staaten gemäß dem Kriterium des Pro-Kopf-Einkommens in Länder mit niedrigem, mittlerem und hohem Einkommen. Die Analogie der

Dritten Welt als „globale Unterschicht" im internationalen System drängte sich dabei geradezu auf. Wie schwierig es ist, Kriterien für ein Entwicklungsland festzusetzen, zeigt z. B. die Tatsache, dass unterschiedliche „Listen von Entwicklungsländern" existieren.

Vieles spricht dafür, eine Neudefinition der Welten zu finden, doch ein ideologiefreies Äquivalent für den Begriff „Dritte Welt" wurde bisher nicht gefunden.

„Dritte Welt" oder „Entwicklungsländer" sind auch deshalb problematische Begriffe, weil sie Sammelkategorien für eine große Zahl von höchst unterschiedlichen Ländern darstellen. Dahinter stehen höchst unterschiedliche soziale Lebensverhältnisse von Menschen und fast gegensätzliche ökonomische Realitäten.

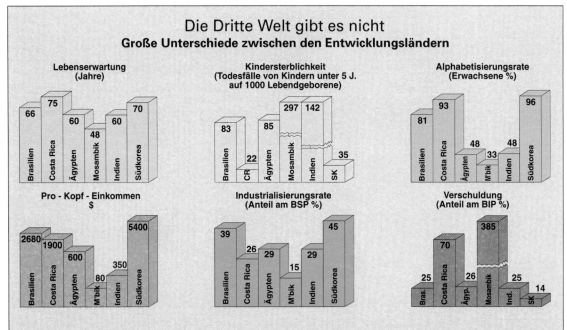

Die Dritte Welt gibt es nicht
Große Unterschiede zwischen den Entwicklungsländern

„Angesichts solcher Unterschiedlichkeiten stellt sich die Frage . . ., mit welch differenziertem Instrumentarium Entwicklungspolitik arbeiten müsste, wenn man der Situation in den einzelnen Ländern gerecht werden will."

(aus: Atlas der Weltverwicklungen, Dritte Welt Haus Bielefeld, Wuppertal, Peter Hammer Verlag, 1992, S. 14 f.)

Es wird zunehmend spürbarer, dass wir alle in **einer** Welt leben. Ob Tropenwald gerodet wird, ob die Armut der Menschen im Süden wächst, ob Kriege geführt werden – alles hat Auswirkungen auf den Rest der Welt: auf das Klima, auf die Zahl der Asylsuchenden und auf vieles mehr. Und umgekehrt: Ob die Industrieländer Zölle weiter abbauen, ob Waffen exportiert werden, ob wir die Umweltbelastungen verringern – alles hat Auswirkungen auf den Süden. Viele Probleme lassen sich nicht mehr regionalisieren. Es sind Weltprobleme, die nur gemeinsam gelöst werden können. Die Problemlösungsstrategien, die wir brauchen, um die Weltprobleme zu lösen, sind andere als die, die wir bis jetzt haben. Es geht um faire Interessenausgleiche. Ziel muss ein Entwicklungsweg sein, der die Lebenschancen der Menschen dauerhaft erhält, und zwar der heute lebenden wie der kommenden Generation. Das bedeutet eine Absage an alle Strategien nachholender Entwicklung, die das Modell westlicher Konsumgesellschaften auf die ganze Welt für übertragbar hielten und ohnehin meist nicht besonders erfolgreich waren. Nicht nur die Entwicklungsländer müssen eine Chance haben, sich weiterzuentwickeln, sondern auch die wohlhabenden Länder müssen eine Wandlung durchmachen, die in mancherlei Hinsicht genauso schmerzhaft sein wird.

(aus: Atlas der Weltverwicklungen, Dritte Welt Haus Bielefeld, Wuppertal, Peter Hammer Verlag, 1992, S. 194)

Ein Ausweg aus den Weltproblemen verlangt konkrete Schritte im Sinne einer Weltinnenpolitik. Weltinnenpolitik ist ein Konzept, in dessen Rahmen alle Länder entscheidende Kompetenzen an einen neuen UNO-Sicherheitsrat oder irgendeine Art von Weltregierung abtreten sollten. Die ersten Ansätze, z. B. Weltverträge zum Schutz der Ozonschicht und der Antarktis, scheinen diesen Kurs zu bestätigen. Doch bei all diesen Eingriffen mussten die Industriestaaten wenig aufgeben, und die Mehrheit der Dritte-Welt-Länder war nicht betroffen.

(aus: Hauchler, Ingomar [Hrsg.], Globale Trends 93/94, Daten zur Weltentwicklung, Frankfurt a. M., Fischer, 1993, S. 36)

In diesem Kapitel werden wir uns im ersten Erarbeitungsfall mit einem Problem beschäftigen, das sich nicht regional lösen lässt: der ökologischen Gefährdungslage am Beispiel des brasilianischen Tropenwaldes. Anschließend werden wir verschiedene Strategien kritisch betrachten, die zur Bekämpfung des Hungers in Afrika angewendet werden. Im dritten Erarbeitungsteil beschäftigen wir uns mit der Rolle der internationalen Organisationen bei der Zusammenarbeit zwischen Nord und Süd. Im Vertiefungsteil setzen wir uns in einem „Experiment" mit ganz persönlichen Möglichkeiten zu helfen auseinander.

Umwelt – Hunger – Verschuldung

Brasiliens Regenwald droht Vernichtung

Der tropische Regenwald, ein Naturraum mit unschätzbaren Reichtümern und einer bedeutenden Funktion für das Klima in aller Welt, steht vor der Vernichtung. Welche Auswirkungen dies auf den Lebensraum des Planeten Erde hat, kann heute nur vermutet werden. Doch ökonomischer und sozialer Druck treiben die Zerstörung voran. Die günstigsten Schätzungen zeigen, dass ein großer Teil der tropischen Wälder am Ende des ersten Viertels des 21. Jahrhunderts bis auf wenige zerstreute Überreste zerstört sein wird, wenn nicht bald etwas dagegen unternommen wird.

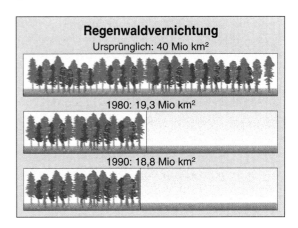

Der größte Teil des tropischen Regenwaldes in Brasilien konzentriert sich auf den Großraum Amazonien, dem etwa 60 Prozent der gesamten Staatsfläche zugerechnet werden. Im Hinblick auf den Tropenwald ist Brasilien mehrfacher Spitzenreiter: Das Land besitzt das größte Tropenwaldvorkommen der ganzen Welt. Und: In keinem anderen Land der Welt wird Jahr für Jahr so viel Regenwald zerstört wie eben in Brasilien. 42 Prozent der Gesamtfläche des Landes sollen 1980 mit geschlossenen tropischen Wäldern bedeckt gewesen sein, bilanzierte die FAO, die Ernährungs- und Landwirtschaftsorganisation der Vereinten Nationen. Wie viel heute davon noch übrig ist, weiß niemand ganz genau. Schätzungen gehen davon aus, dass jährlich allein in Brasilien etwa 50000 bis 80000 Quadratkilometer Regenwald vernichtet werden. Sicher ist, dass die Zerstörung im letzten Jahrzehnt dramatisch zugenommen hat: Bei anhaltendem Trend könnte dies die Gesamtvernichtung aller Tropenwälder in Brasilien in zwei bis drei Jahrzehnten bedeuten.

(aus: Brasilien, eine Länderinformation der Kindernothilfe e.V., S. 21)

Auf das Medienspektakel um die Erhaltung des tropischen Regenwaldes konzentriert sich ein großer Teil unserer Aufmerksamkeit in Sachen Entwicklungshilfe. Die Anomalien des Wetters der letzten Jahre haben die deutsche Öffentlichkeit zugunsten der Tropenwälder sensibilisiert. Die Einsicht in die wichtige Rolle der Tropenwälder für das Weltklima ist jedoch keineswegs neu, sondern ist bereits seit Anfang der siebziger Jahre hinreichend vorhanden gewesen. Trotzdem ist man bisher zu keiner Problemlösung gelangt, im Gegenteil, die Zerstörung spitzt sich dramatisch zu. **Anlass genug für den Radiosender Bonn-Rhein-Sieg,** **dieses Problem zum Thema seiner Sendung „Streitgespräch" zu machen. Die Sendung „Streitgespräch"** hat eine Dauer von 20 Minuten. Die eingeladenen Gäste dürfen nur kurze Statements abgeben. Nach einer Minute ertönt ein Gong, die Gesprächszeit ist zu Ende, und ein Gast gegensätzlicher Ansicht erhält das Wort. **Eingeladene Gäste sind:** deutsche Umweltschützer, die die Erhaltung der tropischen Wälder unbedingt fordern, und Entwicklungshelfer, die auf die Probleme Brasiliens und seiner Menschen aufmerksam machen und dabei besonders die Interessen brasilianischer Landbauern vertreten.

1. Aufteilung der Klasse in Arbeitsgruppen

a) Die Redakteure des Radiosenders: 2 Schüler
b) Die Umweltschützer (**Material: 4, 5, 6, 7, 8**)
c) Die Entwicklungshelfer (**Material: 1, 2, 3, 4, 5**)

2. Erarbeitungsphase

Die Gruppen „Umweltschützer" und „Entwicklungshelfer" teilen sich in kleinere Arbeitsgruppen auf. Die Materialien werden nach Aspekten auf die Kleingruppen verteilt und bearbeitet. Ihr könnt auch Rollen innerhalb eurer Gruppe verteilen: So könnte z. B. Ines Caicara Neves zu Besuch in der Sendung sein. Alle Gruppen haben die Aufgabe, die wichtigsten Statements aus ihren speziellen Materialien herauszuarbeiten und schriftlich festzuhalten. Dabei sollte berücksichtigt werden, welche Gegenargumente angeführt werden könnten und wie man diesen am besten begegnet. Aus jeder Kleingruppe wird ein Schüler bestimmt, der an der Radiosendung teilnimmt. Die schriftlichen Notizen dienen ihm als Grundlage für das Streitgespräch. Die übrigen Schüler beobachten die Radiosendung.

Die **Redakteure** sind die Gesprächsleiter der Radiosendung. Diese Funktion erfordert, dass man sich einen Überblick über das Thema anhand der Materialien verschafft. Aufgabe der Redakteure ist es, in das Thema der Sendung einzuführen und das Problem kurz zu formulieren. Als Grundlage dient hier der Einleitungstext. Während der Sendung übernehmen sie die Gesprächsleitung. D. h., sie müssen darauf achten, dass die Gesprächszeit nicht überschritten wird (Gong), dass auf jede Darstellung eine Gegendarstellung folgt, dass möglichst alle Aspekte in der Sendung angesprochen werden und dass alle Teilnehmer zu Wort kommen. Nach 20 Minuten wird die Sendung durch eine kurze Kommentierung des Gesprächs beendet.

3. Durchführung der Sendung „Streitgespräch"

In der Sendung sollten folgende Aspekte angesprochen werden:

Ökologie,   Fortschritt,   Wasserkraft
die Situation der Kleinbauern,   das Problem der Landverteilung

Die Schüler, die nicht an der Sendung teilnehmen, haben die Aufgabe, den Abgesandten ihrer Gruppe zu beobachten: Kann er alle Argumente in das Gespräch einbringen? Welche Argumente sind besonders schlagkräftig, welche sind besonders schwach? Macht euch hierzu bitte schriftliche Notizen.

4. Nachbesprechung

Zunächst erhalten die Teilnehmer an der Radiosendung die Möglichkeit, ihre Rolle zu kommentieren. Dann berichten die Beobachter von ihren Beobachtungen.

5. Diskussion

Diskutiert in eurer Klasse folgende Fragen. Warum ist es so schwierig, das Problem der Erhaltung des brasilianischen Tropenwaldes zu lösen? An welchen Stellen müsste eurer Ansicht nach eine sinnvolle entwicklungspolitische Strategie zur Erhaltung des Tropenwaldes und zum Schutz der Umwelt ansetzen, die die unterschiedlichen Interessen berücksichtigen will?

1 *Ein deutscher Geistlicher, der seit 20 Jahren in den brasilianischen Favelas lebt, berichtet: Eines der größten Probleme in Brasilien ist die ungleiche Landverteilung:*
„Zehn Prozent der landwirtschaftlichen Betriebe in Brasilien verfügen über etwa 80 Prozent der landwirtschaftlich nutzbaren Fläche. Die zehn größten unter ihnen können auf eine Fläche zurückgreifen, die der alten Bundesrepublik Deutschland entspricht. Auf der anderen Seite müssen sich die Hälfte aller Betriebe mit nur 2,5 Prozent der Fläche begnügen.

Zwölf Millionen Landarbeiter haben überhaupt kein Land, das sie bebauen könnten. Für viele weitere Millionen reicht ihre Parzelle nicht aus, um das Überleben dauerhaft zu sichern. Großgrundbesitz dagegen ist oft unproduktiv. Knapp die Hälfte des gesamten Großgrundbesitzes wird überhaupt nicht genutzt, liegt brach. Seit Jahren versprechen brasilianische Regierungen, diesen Missstand abzustellen. Gegen die mächtige politische Einflussnahme der Großgrundbesitzer lassen sich Reformen aber offenbar nicht durchsetzen. Eine Landreform sollte Brasilien 1988 ein neues Gesicht geben. Großgrundbesitz, der nicht von seinen Besitzern genutzt werde, sollte enteignet und an landlose Bauern verteilt werden. Vorgesehen war, unproduktives Land für eine Landumverteilung zu nutzen. Kaum ein Großgrundbesitzer muss die Landreform fürchten, denn als produktive Nutzung gilt bereits das Land, über das einmal im Jahr eine Herde Vieh getrieben wird.

Tausende von **Kleinbauern ohne Land** haben sich zur Landlosen-Bewegung („Movimento Sem Terra") zusammengeschlossen, um sich gemeinsam Besitzrechte zu erkämpfen. Mehrfach kam es dabei zur Besetzung großer landwirtschaftlicher Betriebe (40-mal im Jahre 1989). Verbunden sind diese Landbesetzungen oft mit blutigen Konflikten. Sie haben in den letzten Jahren hunderte von Menschenleben gefordert. Zumeist handelt es sich bei den Opfern um Kleinbauern und deren Interessenvertreter (Priester, Bauernführer usw.), die von angeheuerten „pistoleiros" im Auftrag der Großgrundbesitzer ermordet wurden. Auslöser: Familien siedeln zum Teil seit Generationen auf Land, für das sie keine Dokumente besitzen, in der Hoffnung, es entsprechend dem brasilianischen Recht in fünf Jahren ersitzen, das heißt, als Eigentum erwerben zu können."

(aus: Brasilien, eine Länderinformation der Kindernothilfe e. V., S. 9)

Um die Agrarexporte auszudehnen, vergab die brasilianische Regierung in großem Umfang Kredite an exportorientierte landwirtschaftliche Betriebe, z. B. an die Sojaproduzenten.

Hunderttausende von Kleinbauern verloren ihre Pachtverträge, weil es für die Großgrundbesitzer lukrativer wurde, den Boden selbst mit Soja zu bestellen. Folge dieser Politik bis heute: Während die Landwirtschaft nicht genügend Lebensmittel für die eigene Bevölkerung produziert, wird Soja in alle Welt exportiert und unter anderem als Futtermittel an bundesdeutsches Vieh verfüttert. Das Interesse der Regierung, landwirtschaftliche Produkte zu exportieren, liegt darin begründet, Devisen für gestiegene Importpreise sowie für Zinsen und Tilgung der Auslandsschulden zu erhalten."

(aus: Misereor [Hrsg.], Brasilien, S. 33)

2 *Ein Entwicklungshelfer, der ein Jahr bei Kleinbauern in Amazonien gelebt hat:*
„Menschen, die sich um die Grundlagen für das tägliche Überleben sorgen müssen, liegen weltweite Umweltgefahren fern. Viele fragen sich, was die Bewohner der reichen Industriestaaten der brasilianische Tropenwald überhaupt angeht. Wo werden denn durch Menschenhand globale Probleme geschaffen? Von den Landarbeitern, die brandroden? – oder von den Industrienationen, deren Reaktoren ganze Landstriche zu verwüsten drohen, die sich gegenseitig mit Atomwaffen vernichten können, die ein Ozonloch verursachen, das das Klima global zu verändern droht – kurzum Menschen, die auch für ihre eigene Zukunft keine Patentrezepte haben. Die Industriegesellschaften sollten erst einmal die Umweltzerstörung in ihren eigenen Ländern in den Griff kriegen. Kümmern sich etwa die Brasilianer um den kranken Schwarzwald? Mit der gleichen Notwendigkeit könnten die Brasilianer für eine Umweltstiftung Europa sammeln, die für die Erhaltung der Nordsee sorgt, nachdem sie durch die Verklappung von Giftmüll verseucht wurde. Die Folgen sind heute ebenfalls nicht abzuschätzen."

3 Ines Caicara Neves erzählt, wie ihre Familie ihr Land verlor:

„Mein Vater ist Kleinbauer. Meine Familie lebte und arbeitete viele Jahre lang auf einem Stück Land in Südbrasilien, in Parana, das es heute nicht mehr gibt: Es wurde am 13. Oktober 1982 überschwemmt. Wir mussten einem riesigen Projekt weichen: dem Staudamm Itaipu, dem zurzeit größten Wasserkraftwerk der Welt. Der Itaipu-Damm am Grenzfluss Parana staute einen See auf, der 1460 Quadratkilometer Land überschwemmte. … 40 000 Menschen, vorwiegend Kleinbauern, verloren ihr Land, unter ihnen auch meine Familie.

Unser Leben in Parana war schwer, aber sorgenfrei. Unsere Familie besaß ein schönes Stückchen Land, etwa 25 Hektar, drei Häuser, einen Traktor, 30 bis 40 Stück Vieh und viele Fruchtbäume. Und das Schöne war: Alles war bezahlt! Wir hatten jahrelang abbezahlt und keine Schulden mehr. Wir hatten alles, was ein Bauer sich wünschen kann. Es war gutes Land. Wir pflanzten Reis, Mais, Bohnen, Sojabohnen und vieles andere. Was wir ernteten reichte vollständig für uns zum Leben. Und dann plötzlich wurden die Markierungen für Itaipu gesetzt, und das bedeutete das Ende von allem, was wir während so vieler Jahre mit Anstrengung und Liebe errichtet hatten. Wir wurden zum Verkauf gezwungen, sonst hätte man uns ohne Entschädigung enteignet. Den viel zu niedrigen Preis setzte die Regierung fest. Alles, unser ganzer Besitz, wurde gänzlich durch Itaipu überschwemmt, so wie die Ländereien vieler anderer. Der Staudamm hat unser Leben zerstört. Mein Großvater, ein alter Mann, starb aus Kummer darüber, dass alles verloren war. Was sollten wir tun? Wir wollten nicht wie viele Landflüchtlinge vor uns in die Großstädte ziehen. Dort gibt es keine Arbeit, keine Zukunft. Die Menschen landen in riesigen Elendsvierteln (Favelas) am Rande der Großstädte. Weil sie nicht wissen, wovon sie leben sollen, werden viele Menschen kriminell, nehmen Drogen. … Deshalb gingen wir nach Amazonien, um dort wie viele andere vertriebene Bauern ein Stück Land zu finden. Wir wollten nur ausreichend Lebensmittel für unsere Familie. Das Leben hier ist viel schwerer als in Parana. Es ist schwierig, den Wald niederzubrennen. Der Boden ist nicht gut. Man sagt, das liegt an den wenigen Nährstoffen und an den starken Regenfällen. Nach zwei oder drei Ernten müssen wir weiterziehen, ein neues Stück Regenwald roden und alles beginnt von vorn.

(aus: Brasilien, eine Länderinformation der Kindernothilfe e. V., S. 23)

4 Tropenwaldzerstörung im Namen des Fortschritts:

Großflächige Tropenwaldzerstörungen geschehen vorzugsweise im Namen des „Fortschritts". Seit mehr als 20 Jahren treibt die brasilianische Regierung die „Erschließung" des Amazonasgebietes voran, das heißt: Schaffung von Infrastruktur (z. B. Straßen), Förderung von Rohstoffen, Ansiedlung von Wasserkraftwerken. Dieser Faktor wird als eine wichtige Ursache für die Zerstörung des Regenwaldes eingestuft. Der Reichtum an Bodenschätzen in Amazonien wird für Mensch und Natur dieser Region zum Fluch: Zur Ausbeutung der riesigen Vorkommen an Bodenschätzen wie Erzen, Gold oder Öl müssen die immergrünen Wälder fallen. Straßen und Eisenbahnen fressen sich immer tiefer ins Amazonasgebiet. Stauseen überschwemmen täglich neue Flächen, um Strom für den wachsenden Rohstoffabbau zu liefern. Hochöfen verbrennen Tropenholzkohle, damit die Erze gleich vor Ort verhüttet werden können.

(Quelle: Brasilien, Eine Länderinformation der Kindernothilfe e. V., S. 22 f.)

Dass Industrieländer wie die BRD in ihrer finanziellen und technischen Zusammenarbeit Großprojekte fördern, hat wenig mit Entwicklungshilfe zu tun: Auf diese Weise wird der Zugang zu Rohstoffen gesichert und ein Absatzmarkt für die eigenen Technologie-Unternehmen geschaffen. Deutsche Firmen werden im Rahmen des Rohstoffsicherungsprogramms des Bundeswirtschaftsministeriums großzügig unterstützt, wenn sie sich an Bergbau- und Industrieprojekten in Entwicklungsländern beteiligen.

(aus: Wochenschau, Eine Welt für alle, Nr. 4/5, 1992, S. 173)

„Ferro Carajas" – ökonomischer Nutzen, ökologische Katastrophe

1967 wurde im Hügelland Carajas (Bundesstaat Para) das größte Eisenerzlager der Welt entdeckt – inmitten eines dicht bewachsenen Regenwaldgebietes. Seine Vorräte könnten den gesamten Weltbedarf an Eisenerz für mehrere Jahrzehnte, nach großzügigen Schätzungen sogar für mehrere Jahrhunderte, allein abdecken. ... Die Eisenerzmine „Ferro Carajas" produziert seit 1983. Die Investition von fünf Milliarden Dollar wurde unter anderem durch Kredite der Weltbank und der Europäischen Gemeinschaft finanziert. Zum Projekt gehört außer der Mine selbst noch eine Eisenbahn ... sowie ... Seehäfen, um die Rohstoffe in alle Welt zu verschiffen: Japan bezieht 15 Jahre lang über 50 Prozent der Produktion, die Europäische Gemeinschaft 33 Prozent. Auch bundesdeutsche Unternehmen ordern Eisenerz aus Carajas. Seit 1983 trägt das Projekt zur Steigerung der Exporte bei, erwirtschaftet also Devisen. Rein ökonomisch gesehen ist das Projekt „Ferro Carajas" ein erfolgreiches und auch langfristig sinnvolles Projekt: Die reichhaltigen Bodenschätze können noch viele Jahrzehnte lang im eigenen Land verbraucht oder gegen dringend benötigte Devisen im Ausland verkauft werden. Allerdings verursacht „Ferro Carajas" zurzeit katastrophale ökologische Folgen: Es trägt massiv zur Vernichtung des Regenwaldes bei. Außerdem bedroht die „Erschließung" des Gebietes ... Zehntausende eingesessener Kleinbauern und, nicht zuletzt, die Existenz mehrerer Indianervölker. ...

(aus: Brasilien, eine Länderinformation der Kindernothilfe e. V., S. 24)

5 Was gehen uns die tropischen Wälder Brasiliens an? – Stellungnahme deutscher Umweltschützer

Spätestens im Bereich der Ökologie müssen wir erkennen, dass die Erde ein globales Ganzes ist, dass nationalstaatliche Grenzen nicht zählen, wenn es um die lebenswichtigen Dinge der Menschheit geht. Die Vernichtung der tropischen Regenwälder gehört zu den augenfälligsten ökologischen Zerstörungsprozessen. Ausmaß und Tempo der Vernichtung sind ganz besonders Besorgnis erregend. Die tropischen Wälder spielen eine wichtige Rolle für das Weltklima. Raubbau muss verhindert werden.

Auswirkungen der Regenwaldvernichtung: Weltweite Klimaveränderung

Der tropische Regenwald beeinflusst das Weltklima in vielfacher Hinsicht. Beispiel: Die Reduzierung der Regenwaldfläche durch Brandrodung setzt CO_2 frei, das jetzt in der lebenden Biomasse gebunden ist. Damit trägt die Zerstörung des Waldes zum so genannten Treibhauseffekt bei: Die CO_2-Schicht lässt die von der Erde reflektierte Sonnenstrahlung nicht voll in den Weltraum zurück. Ergebnis ist ein weltweiter Temperaturanstieg. Diese bereits festzustellende Entwicklung kann verheerende Folgen haben, so z. B. ein Abschmelzen der Eispole, damit ein Anstieg des Meeresspiegels.

Allerdings ist die Regenwald-Zerstörung ein Faktor unter vielen: Der größte Teil des weltweiten CO_2-Ausstoßes wird in den Industrieländern verursacht (z. B. durch Industrie, Straßenverkehr und Raumheizung). Der negative Effekt auf das Treibhausproblem wird aber noch dadurch verstärkt, dass der Regenwald erheblich weniger Sonneneinstrahlung reflektiert, als z. B. Grasland. D. h.: Verschwindet der Wald, wird mehr Sonneneinstrahlung reflektiert und der Temperaturanstieg in der Atmosphäre damit unterstützt. Eine weitere Funktion des Regenwaldes: Er ist verantwortlich für den Transport von Wärme und Niederschlägen aus dem äquatorialen Raum nach Norden und Süden. Sollten die Regenwälder verschwinden, könnten sich in Europa bislang unbekannte Klimaverschiebungen, etwa in Form von Dürrekatastrophen, ereignen.

Klimaveränderungen in Brasilien: In den letzten Jahren sind deutliche klimatische Veränderungen in Brasilien festgestellt worden. Teils werden Niederschläge geringer (Folge: Trockenheiten), teils kommt es zu stärkeren Überschwemmungen, wenn es regnet.

Artenvernichtung: In den lateinamerikanischen Tropenwäldern leben mit Sicherheit mehr als 300 000 verschiedene Tierarten, möglicherweise sind es bis zu einer Million verschiedene. Viele dieser Arten sind der Wissenschaft nicht einmal bekannt. Entsprechendes gilt für die Pflanzenwelt. Etwa die Hälfte dieses Reichtums ist von der Ausrottung bedroht, wenn das Regenwaldsterben weitergeht. Die Pflanzen- und Tierarten bilden auch für die Industrieländer ein bedeutendes genetisches Potential. Beispielsweise stammen Grundstoffe vieler Arzneimittel aus den tropischen Wäldern. Verschwinden diese, verschwinden mit ihnen auch diese Pflanzen- und Tierarten. Die Menschheit ähnelt einem Passagier, der während eines Fluges alle Instrumente aus dem Cockpit reißt, deren Funktion er nicht erkennen kann.

Vernichtung von Lebensraum: Der Regenwald bietet hunderttausenden von Menschen Lebensraum, verschiedenen brasilianischen Indianervölkern z. B., oder, um ein anderes Beispiel zu nennen, den Kautschuk-Zapfern, die seit Generationen im und vom Regenwald leben. Die Lebensgrundlage dieser Menschen wird zerstört. . . .
Den Menschen in der Dritten Welt kann letztlich eine sinnvolle Nutzung ihres Waldreichtums nicht versagt werden. Es muss jedoch verhindert werden, dass große Flächen unwiederbringlich zerstört werden. . . .

6 Deutscher Umweltschützer, der als Entwicklungshelfer ein halbes Jahr in Brasilien war
Ein . . . Schutz der natürlichen Lebensgrundlagen ist ohne aktive Mitwirkung der Ressourcen-Nutzer nicht möglich. Man muss das Verhalten von Bauern . . . etc. positiv beeinflussen. Ein positives Beispiel: Ökologisches Beratungs- und Förderungsprogramm für Kleinbauern in Sinop, Brasilien. Sinop liegt im nordwestlichen Mato Grosso und ist zu rund zwei Dritteln mit Regenwald bedeckt. Durch etwa 500 Sägewerke und durch Brandrodung, mit der sich landlose Bauern neue Wirtschaftsflächen zu erschließen versuchen, ist dieses Regenwaldgebiet jedoch sehr gefährdet. Aufforstungsprogramme existieren nicht, . . . Um den Kleinbauern einen ökologisch vertretbaren Weg aus ihrer unproduktiven Wirtschaftsweise aufzuzeigen, hat die . . . Vereinigung zur Entwicklung von Arbeit, Bildung und Kultur schon 1987 mit einem ökologischen Beratungs- und Kreditprogramm begonnen. . . . Zunächst mussten die Bauern davon überzeugt werden, die ständigen Zusatzrodungen aufzugeben und ihre Bewirtschaftungsmethoden zum Beispiel auf Mist- und Gründung oder die Einführung von Fruchtfolgen umzustellen. Inzwischen haben die Beteiligten jedoch Vertrauen gewonnen, und es ist gelungen, 175 Kleinbauernfamilien zur ökologischen Umstellung zu bewegen, zumal sie damit letztlich auch ihre Erträge verbessern konnten. Mehr als die Hälfte der Familien hat die Brandrodung eingeschränkt und setzt nun organische Düngemittel ein. Sie achten auf Fruchtfolgen ... Außerdem haben rund zwei Drittel der Familien inzwischen mit der Haltung von Kleinvieh (Geflügel und Schweine) begonnen und schaffen so auch die Grundlage für eine Mistdüngung. Die Möglichkeiten zur Steigerung der landwirtschaftlichen Produktivität sind in tropischen Regenwaldgebieten jedoch begrenzt. ... Dies liegt zum einen an den Wetterextremen und zum anderen an den armen Böden.
(aus: Eine Welt – eine Umwelt, herausgegeben vom Bundesministerium für wirtschaftliche Zusammenarbeit, März 1992, S. 23)

7 Meinung eines Entwicklungshelfers:
Zahlreiche Wissenschaftler gehen davon aus, dass die Wälder des Amazonas eine wichtige Schutzfunktion für die Erhaltung des Klimas auf unserer Erde haben. Die weitere Schädigung dieser Wälder muss daher zumindest so lange als eine Bedrohung der Menschheit und damit als ein krimineller Akt betrachtet werden, der z. B. ebenso harte Sanktionen der Vereinten Nationen auslösen müsste wie die Einverleibung Kuweits durch Saddam Hussein. Aber wie im Fall Saddam Husseins bräuchten wir erst gar keine UNO-Truppen einsetzen, wenn wir unsere eigenen Exportfirmen und Geldgeber rechtzeitig davon abhielten, kriminelle Handlungen durch unsere Lieferungen und Finanzierungen zu ermöglichen. Die Bevölkerung Brasiliens kann sich ohne weiteres während der nächsten 50 Jahre ernähren, ohne die Amazonaswälder wirtschaftlich zu nutzen. Die Bevölkerungsdichte (ohne das Amazonasgebiet) liegt derzeit bei 30 Einwohnern pro km². Auch ihr gegenwärtiger Lebensstandard ist durch die Schonung des Gebiets überhaupt nicht infrage gestellt. Im Gegenteil: Die Existenz des Amazonasbeckens hat die Einsicht der brasilianischen Eliten und ihrer Bevölkerung, endlich Verantwortung zu übernehmen, lediglich um 20 bis 30 Jahre verzögert. Das Amazonasbecken lässt sich selbstverständlich in gewissen Grenzen ökonomisch nutzen, ohne seine Klima und Pflanzen erhaltende Funktion zu beeinträchtigen. In engen Grenzen und mit geregeltem Waldschutz ließe sich sogar Holzkohle zur Eisenverhüttung gewinnen, ebenso tropische Edelhölzer für Hausbau und Möbelindustrie, ebenso könnten in Grenzen Wasserkraftwerke entstehen, . . .

Problemlösungsansätze

Oberndörfer Gutachten:

Im Auftrag der Bundesregierung legte der Wissenschaftler Dieter Oberndörfer eine Studie zum Thema „Schutz der tropischen Regenwälder durch Entschuldung" vor. Darin finden sich folgende Ergebnisse:

„Da die Erhaltung und der Schutz der Regenwälder bedeutende Investitionen erfordern und den Verzicht auf erhebliche kurzfristige politische und wirtschaftliche Vorteile bedeuten (z. B. aus Besiedlung, Holzexport oder Monokulturen), haben sie nur eine Chance bei ausreichenden wirtschaftlichen Kompensationen. Dies gilt insbesondere für den Verzicht auf die wirtschaftliche Nutzung der noch vorhandenen intakten Regenwälder. Dabei muss unverzüglich und mit hohem Mitteleinsatz gehandelt werden. . . . Der Schuldentausch für Umweltschutz würde für die Entwicklungsländer attraktiv, wenn mit ihm eine ins Gewicht fallende Kompensation verbunden wäre. Diese Kompensation kann durch Hilfe zur Entschuldung gewährt werden . . . Fazit: Nur bei massiven wirtschaftlichen Kompensationen durch das Ausland hat die Erhaltung der noch verbleibenden Tropenwälder eine Chance."

Der brasilianische Wissenschaftsminister Jose Goldenberg hat diese Kompensation 1990 quantifiziert und verlangte 2,2 Milliarden Dollar jährlich zum Schutz des Regenwaldes.

(zitiert aus: Alexander, Paul, a. a. O., S. 87)

Dazu Paul Alexander, Entwicklungshelfer:

Bei der Lektüre solcher Nachrichten hat man zunächst das Bedürfnis, sich kühlende Kompressen auf die Schläfen zu legen. Nach deren Einwirken auf den Organismus kommt man dann etwa zu folgenden Überlegungen: Irgendjemand, sei er Brasilianer oder Ausländer, dafür eine Kompensation zu zahlen, dass er auf eine weitere Schädigung dieser Wälder verzichtet, hieße einen Einbrecher durch Zahlung einer Rente davon abzuhalten, weitere Einbrüche zu verüben . . .

Eine schonende Nutzung setzt eben eine private, existenzielle Verbundenheit mit dem Produktionsfaktor Tropenwald voraus. Sie ist von vornherein auf Dauer angelegt und nicht auf ein Ausweichen nach kurzfristigem Raubbau. Wären die Eliten Brasiliens auf sich selbst gestellt, hätten sie längst ein solches, auf Verantwortung beruhendes, Verhältnis zu ihrem eigenen Land entwickelt . . . Der Schutz des Regenwaldes, der unsere Gemüter seit vier Jahren so erregt, ist also ein Paradebeispiel dafür, in welchem Umfang billiges Geld die Entwicklung nicht nur in der Dritten Welt, sondern für uns alle geschädigt hat. Anstatt ihre direkten Hilfsgelder für jene Projekte rechtzeitig zu streichen, mit denen dieser Regenwald während der letzten Jahre massiv geschädigt wurde, finanziert die Bundesregierung nunmehr beide Seiten des Kriegsschauplatzes: Sie unterstützt weiterhin die Hilfsorganisationen mit jährlichen Budgetzuweisungen. Diese finanzieren mit großer Selbstverständlichkeit sowohl die Zerstörung als auch die Rehabilitierung des Regenwaldes, denn ihr Ziel ist es, massiv Geld in Projekten auszugeben und dabei vor allem westlichen Exportinteressen zu dienen. Erst werden die Bulldozer finanziert, die den Wald wegschieben, und dann die Hubschrauber und die teuren Experten, die den Wald rehabilitieren sollen. Beides läuft gleichzeitig nebeneinander her, und die Tatsache, dass man vier Milliarden ausgeben muss, um am Ende den Zustand zu erreichen, den man von vornherein durch die Nichtausgabe von einer Milliarde erreicht hätte, bereitet ihnen eine große Genugtuung.

Bevor es Entwicklungshilfe gab, mussten sich Menschen überall dort, wo ihnen ein Ausweichen vor aufkommenden Problemen nicht möglich war, diesen Problemen stellen und sie meistern. Z. B. die fortgeschrittenen Landnutzungsmethoden im dicht besiedelten Kisii-Distrikt Kenias . . . Das Ausweichen auf andere weniger dicht besiedelte Standorte war dem Stamm der Kisii aus politischen Gründen nicht möglich. Die Kisii waren vielmehr gezwungen, Fleiß und Erfindungskraft einzusetzen, um auf ihrem Land, mit dem sie existenziell verbunden waren, zu leben. Sie entwickelten ohne fremde Hilfe Bodennutzungssysteme, die permanente intensive Bewirtschaftung ohne Raubbau an der Bodenfruchtbarkeit erlaubten . . .

(aus: Alexander, Paul, a. a. O., S. 87 ff.)

1 Arbeitet die Kernaussagen der Problemlösungsansätze heraus. Vergleicht diese beiden Ansätze mit euren Lösungsvorschlägen. Welchen Ansatz findet ihr am sinnvollsten im Hinblick auf eine dauerhafte Lösung des Problems?

Hunger in der Dritten Welt – warum?

Uns ist der Hunger in der Welt aus den Nachrichten bekannt. Solche Meldungen gehören zu unserem Alltag. Dabei wird Afrika in den Medien besonders häufig genannt. Ein ganzer Kontinent, zum Überleben offenbar angewiesen auf Hilfe von außen.

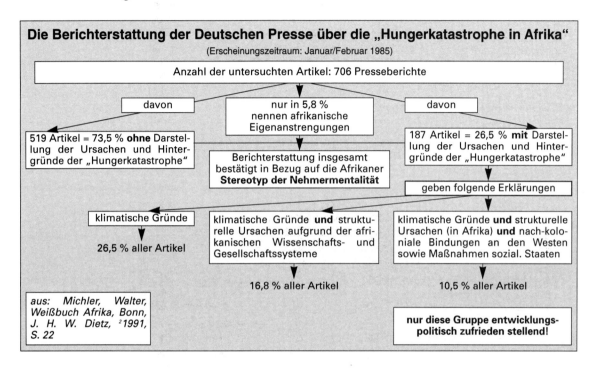

Die Berichterstattung der Deutschen Presse über die „Hungerkatastrophe in Afrika"
(Erscheinungszeitraum: Januar/Februar 1985)

Anzahl der untersuchten Artikel: 706 Presseberichte

davon — nur in 5,8 % nennen afrikanische Eigenanstrengungen — davon

519 Artikel = 73,5 % **ohne** Darstellung der Ursachen und Hintergründe der „Hungerkatastrophe"

Berichterstattung insgesamt bestätigt in Bezug auf die Afrikaner **Stereotyp der Nehmermentalität**

187 Artikel = 26,5 % **mit** Darstellung der Ursachen und Hintergründe der „Hungerkatastrophe"

geben folgende Erklärungen

klimatische Gründe

26,5 % aller Artikel

klimatische Gründe **und** strukturelle Ursachen aufgrund der afrikanischen Wissenschafts- und Gesellschaftssysteme

klimatische Gründe **und** strukturelle Ursachen (in Afrika) **und** nach-koloniale Bindungen an den Westen sowie Maßnahmen sozial. Staaten

16,8 % aller Artikel

10,5 % aller Artikel

aus: Michler, Walter, Weißbuch Afrika, Bonn, J. H. W. Dietz, ²1991, S. 22

nur diese Gruppe entwicklungspolitisch zufrieden stellend!

Der Hunger in Afrika, genauer in Afrika südlich der Sahara, wird von den Medien in der Regel und fälschlicherweise als das Ergebnis von Dürren und Überbevölkerung bewertet. Die Wirtschaftsdaten geben ein genaueres Bild:

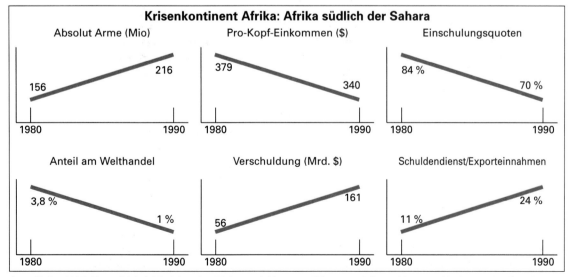

Krisenkontinent Afrika: Afrika südlich der Sahara

Absolut Arme (Mio): 156 (1980) → 216 (1990)
Pro-Kopf-Einkommen ($): 379 (1980) → 340 (1990)
Einschulungsquoten: 84 % (1980) → 70 % (1990)
Anteil am Welthandel: 3,8 % (1980) → 1 % (1990)
Verschuldung (Mrd. $): 56 (1980) → 161 (1990)
Schuldendienst/Exporteinnahmen: 11 % (1980) → 24 % (1990)

(aus: Dritte Welt Haus Bielefeld, Atlas der Weltverwicklungen, Wuppertal, Peter Hammer Verlag, 1992, S. 64)

Die wirtschaftlichen Probleme des Kontinents werden durch politische Krisen und Kriege noch verschärft. Die Experten sprechen von „men-made-disaster".

> 1974 proklamierte die Welternährungskonferenz vollmundig, „dass innerhalb eines Jahrzehnts kein Kind mehr hungrig zu Bett gehen wird, keine Familie mehr um das Brot für den nächsten Tag zittern muss, und dass kein Mensch mehr seine Zukunft und seine Fähigkeiten durch Unterernährung verkümmern sieht".
> Von diesem knalligen Optimismus ist wenig geblieben. 18 Jahre später, im Dezember 1992, trafen sich 160 Regierungsdelegationen zur nächsten Welternährungskonferenz wieder in Rom, und in deren Abschlusserklärung heißt es lediglich noch leicht verbissen: „Hunger und Unterernährung sind nicht hinnehmbar in einer Welt, die das Wissen und die Ressourcen hat, diese menschliche Katastrophe zu beenden."

(aus: Launer, Eckehard, Hunger, Göttingen, Lamuv, 1993, S. 7)

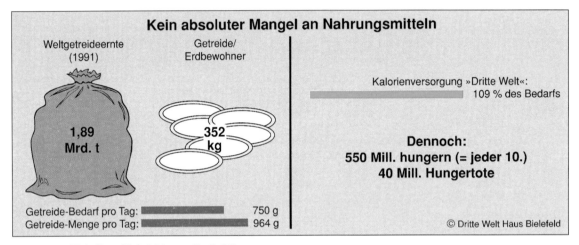

(aus: Dritte Welt Haus Bielefeld, a. a. O., S. 86)

Da der Hunger in der Welt nicht überall dieselben Ursachen hat, kann man ihn nicht an allen Orten mit den gleichen Mitteln beseitigen. Nahrungsmangel entsteht hier vor allem durch Krieg, dort vor allem durch Dürre, anderswo hauptsächlich durch Überbevölkerung oder durch falsche Politik, aber nirgendwo aus einem dieser Gründe allein. Man kann es vereinfacht auf einen Nenner bringen: Hunger ist häufig die Folge von Armut.

Armut in den Entwicklungsländern						
Region	Prozentsatz der Bevölkerung unterhalb der Armutsgrenze			Zahl der Armen (Millionen)		
	1985	1990	2000	1985	1990	2000
Alle Entwicklungsländer	30,5	29,7	24,1	1 051	1 133	1 107
Südasien	51,8	49,0	36,9	532	562	511
Ostasien	13,2	11,3	4,2	182	169	73
Subsahara-Afrika	47,6	47,8	49,7	184	216	304
Nahost/Nordafrika	30,6	33,1	30,6	60	73	89
Osteuropa (ohne ehem. UdSSR)	7,1	7,1	5,8	5	5	4
Lateinamerika/Karibik	22,4	25,5	24,9	87	108	126

(aus: Stiftung Entwicklung und Frieden, Globale Trends '93/94, Daten zur Weltentwicklung, Frankfurt a. M., Fischer, 1993, S. 60)

Das Problem, den Hunger in der Welt zu beseitigen, haben die politisch Verantwortlichen bisher nicht gelöst. Wir wollen uns anhand einiger Beispiele ansehen, welche Strategien zur Bekämpfung des Hungers in Afrika von den Hilfsorganisationen angewendet werden.

Dabei werden wir uns mit folgenden Fragen auseinander setzen: Worin liegen die Vor- und Nachteile der einzelnen Hilfsmöglichkeiten? Welche Hilfsmöglichkeiten sind sinnvoll im Hinblick auf eine dauerhafte und menschenwürdige Beseitigung des Hungers?

Fallbeispiele

Beispiel 1: Tansania

In den siebziger Jahren unterstützte die Kanadische Entwicklungsbehörde CIDA ein Projekt, mit dem Tansania dabei geholfen werden sollte, seinen Weizenbedarf aus heimischer Produktion zu decken. Die kapitalintensiven Produktionsmethoden der westlichen Agrarwirtschaft in Kanada sollten auf Afrika übertragen werden. Dazu verkauften kanadische Firmen dem Projekt teure landwirtschaftliche Maschinen, Ersatzteile und technische Hilfe. Die landwirtschaftlichen Methoden wurden von Leuten vermittelt, die mit den speziellen Problemen der Landwirtschaft in den Tropen oder der Kleinproduktion nicht vertraut waren. Der intensive Einsatz komplizierter Technik hatte zur Folge, dass man die 250 tansanischen Mitarbeiter nur aus den gebildeten Englisch sprechenden – und somit wohlhabenderen – Mittelschichten rekrutieren konnte. Davon wurden 70 Prozent zu einer technischen Ausbildung nach Kanada geschickt. Als sie zurückkamen, fanden sie bei dem Projekt keine Anstellung mehr. Inzwischen wurde ein Großteil der manuellen Arbeit von Maschinen erledigt … Zur Erntezeit konnten nur 100 Männer eingestellt werden, zu einem Tageslohn von einem Dollar und fünfzig Cent! Ihre Frauen, die hinter den Mähdreschern herliefen und Ähren aufsammelten, verdienten fast das Doppelte. Das Hauptproblem des Projekts war, dass man das Versprechen nicht einlösen konnte, viel und dabei kosteneffizient zu produzieren. Die sechs Farmen … machten Anfangsinvestitionen für Ausrüstung von jeweils 1,5 Millionen Dollar erforderlich. Später kamen Ersatzteile für die Mähdrescher und 100 000 Liter Diesel pro Jahr für die Farm hinzu. Die Kosten erwiesen sich als schwere Belastung – aber sie mussten aufgebracht werden, wenn der Betrieb weiterlaufen sollte. Bis Mitte der achtziger Jahre waren … für das Projekt bereits 44 Millionen Dollar ausgegeben worden. Da Selbstversorgung ein ferner Traum blieb, musste das verarmte Tansania erhebliche Getreidemengen für teures Geld aus Kanada und den Vereinigten Staaten importieren.

(aus: Wochenschau, Nr. 6, 1990, S. 224)

Beispiel 2: Alto Hama, Angola

In Alto Hama, einem halb zerstörten Dorf mitten in Angola, sind etwa 500 ärmlich gekleidete Landarbeiter auf einem kleinen Feld versammelt. Sie schnappen sich leere Säcke, Körbe und Schüsseln. Folgsam bilden sie zwei lange Reihen, die an behelfsmäßig eingerichteten, mit jungen Europäern besetzten Kontrollpunkten enden. Vier lange Lastzüge stellen sich inzwischen auf der anderen Seite der Kontrollpunkte in Reihe auf, sodass angeworbene Tagelöhner die kostenlose Lebensmittelspenden entladen können. Das komplexe Verfahren der Übergabe von Lebensmitteln beginnt: Jede Person übergibt den Rot-Kreuz-Mitarbeitern ein blaues Ticket an den Kontrollpunkten und geht dann zu den Lastwagen, um dort ihre Ration einzusammeln. Der lange, heiße Tropentag schleicht dahin, die beiden Reihen von Menschen rücken fast nicht wahrnehmbar vor. …Wenn man genau hinschaut, sieht man hinter den schmalen Bändern, die als Barrieren dienen, die stets gegenwärtigen Schwarzhändler stehen. Sie versuchen, den Menschen ihre Rationen abzukaufen oder zu stehlen. Die Kehrseite der guten Tat. „Die Nahrungsmittelhilfe richtet mehr Schaden an, als dass sie Gutes tut", meint ein Mitarbeiter der britischen Hilfsorganisation Oxfam. „Sie zerstört das Wirtschaftsleben auf dem Lande. Wenn Sie gespendeten Mais auf den Markt geben, führt das zu einer Senkung der Abnahmepreise für die Farmer – bis hin zu dem Punkt, dass es für die Bauern uninteressant wird, weitere Nahrungsmittel anzubauen." →

… Die Menschen, die direkt in der Entwicklungshilfe arbeiten, haben die unzähligen Desaster der gut ge-
meinten, aber unkontrollierten Wohltaten aus dem Westen (für den Nahrungsmittelhilfe ein großes Geschäft
ist) miterlebt … Opfer dieser Irrtümer sind die Empfänger: Menschen, die entweder bereits tot oder aber nicht
mehr in Lebensgefahr sind, wenn sie die Nahrungsmittel bekommen; Menschen, die Lebensmittel in einer
Menge bekommen, die in keinem Verhältnis zu ihren sonstigen täglichen Rationen oder ihrer körperlichen
Verfassung stehen; Menschen, die im Hilfe-Abhängigkeitskreislauf gefangen sind, nicht willens oder nicht
fähig, wieder ihre eigenen Nahrungsmittel anzubauen.

(aus: Launer, Ekkehard, Hunger, Göttingen, Lamuv, 1993, S. 91 ff.)

Beispiel 3: Mosambikaner in Malawi

1986 begann die Flucht von Mosambikanern in das kleine Land Malawi. Die Menschen flohen vor dem bru-
talen Terror eines Bürgerkrieges. Bis heute sind eine Million Menschen nach Malawi geflüchtet, das sieben
Millionen Einwohner hat. Im südlichen Malawi übertrifft die Zahl der mosambikanischen Flüchtlinge die Zahl
der Einheimischen um das Dreifache. Da es den Mosambikanern verboten ist, in Malawi Landwirtschaft zu
betreiben, erhalten sie ihre Nahrungsmittel ausschließlich von den Hilfsorganisationen. Mitarbeiter von Hilfsorganisationen in Malawi bestätigen, dass dort im Vergleich zu den meisten anderen Ländern weniger Regie-
rungsmitarbeiter an den Spenden bedienen. Deshalb sind weitaus mehr Lebensmittel vorhanden, die die Flüchtlinge verkaufen können. Sie machen das auch so häufig, dass Malawis Händlervereinigung sich bei der Regierung über den „starken und illegalen Wettbewerb" beschwert. Eine besondere Schwachstelle ist das Speiseöl
… Weil Flüchtlinge es überall im Land billig anbieten, schrumpft die einheimische Speiseölindustrie. Das
Welternährungsprogramm WEP hat beschlossen, die Speiseölration zu reduzieren. Aber letztlich nimmt das
WEP den Standpunkt ein, dass die Lebensmittel ein Geschenk sind und die Flüchtlinge damit tun können, was
sie wollen. Darüber hinaus sind die Lebensmittel Eigentum der malawischen Regierung, und deren Aufgabe
sei es, die illegalen Erkäufe einzuschränken oder zu überwachen. Die Regierung überprüft die Straßenverkäu-
fe jedoch nur sporadisch … Der malawische Staat, der weder durch Steuern noch durch Zölle an den tausenden von Tonnen Nahrungsmittelspenden verdienen kann, profitiert in anderer Weise von der organisierten
Hilfe … Die französische Organisation „Ärzte ohne Grenzen" zum Beispiel ist in Malawi mit einem Jahres-
budget von drei Millionen US-Dollar vertreten – und jede größere Hilfsorganisation der Welt ist in irgendeiner
Form für die Flüchtlinge aus Mosambik tätig. Sie stellen Arbeitskräfte ein, stiften Fahrzeuge, bauen Schulen
und Hospitäler. Nicht vorhersehbar war der „Wohlstand" bestimmter Flüchtlingsgruppen, zum Beispiel von
denen, die in Camps entlang des Ntcheu-Ddza-Highways leben. Die Autostrecke, die diese beiden kleinen
Städte verbindet, markiert zugleich die Grenze zwischen Malawi und Mosambik. Dichte Ansammlungen von
Flüchtlingshütten umsäumen den Highway auf malawischer Seite. Auf mosambikanischer Seite erstreckt sich
über Meilen Farmland, auf dem die Flüchtlinge während des Tages arbeiten. „Sie verkaufen ihre Produkte in
Malawi, sodass sie besser als die Malawis selbst leben", erklärt ein Mitarbeiter einer Hilfsorganisation …

Beispiel 4: Burkina Faso

Nachdem vor ungefähr zwanzig Jahren Nonnen den Mädchen in der Hauptstadt Ougadougou Weben mit ver-
besserten Webstühlen beigebracht hatten (in Verkennung der für Westafrika gültigen geschlechtsspezifischen
Arbeitsteilung, derzufolge Weben Männersache ist), versuchen seither viele Frauen, mit diesem Handwerk
Geld zu verdienen. Je nach Vermarktungsmöglichkeit liegt ein Tagesverdienst zwischen 0,55 DM und – in seltenen Fällen – 9,00 DM. Vor allem die Konkurrenz der aus Europa und Amerika importierten Altkleider, die
alle Märkte bis ins letzte Dorf überschwemmen, hat die Absatzmöglichkeiten der Textilhandwerker und -hand-
werkerinnen immer mehr reduziert.
Die Situation verbesserte sich schlagartig, als die Regierung Sankara im Zuge ihrer Politik zur Förderung

einheimischer Produkte das Tragen von Kleidung aus handgewebten Stoffen für gewisse Berufs- und Gehaltsgruppen zur Pflicht machte. Der Umsatz der Weberinnen nahm einen ungeahnten Aufschwung. Um in den Genuss der für Kooperativen vorgesehenen Fördermaßnahmen zu kommen, beschlossen sie, sich zu einer Weberinnenkooperative zusammenzuschließen. Nach Sankaras Sturz 1987 ging der Umsatz allerdings zurück …

(aus: Pilz, Brigitte, Selbsthilfe, Göttingen, Lamuv, 1992, S. 73 ff.)

Beispiel 5: Ost-Pokot, Kenia

Die Ost-Pokot sind ein Nomadenvolk Kenias und leben von der Viehhaltung und den Produkten ihrer Herden, die sich aus Rindern, Ziegen, Schafen und Kamelen zusammensetzen. Milch spielt dabei die wichtigste Rolle und ist während der Regenzeit häufig die einzige Nahrung. Produktionsgrundlage der Ost-Pokot ist die Naturweide. Über Jahrhunderte haben die Ost-Pokot … eigene traditionelle Strategien zur Existenzsicherung entwickelt, die allerdings vor dem Hintergrund gravierender Veränderungen in der volkswirtschaftlichen Entwicklung Kenias und eines erheblichen Bevölkerungszuwachses mit stark ausgedehnter Landnutzung an Wirkung verlieren. Letztlich trug eine mehrjährige Trockenheit zur akuten Hungersnot der Pokot bei. In Zusammenarbeit mit ihrer kenianischen Partnerorganisation konzipierte deshalb die deutsche Welthungerhilfe ein „Food for work programm".

Um das Überleben der Ost-Pokot kurzfristig zu sichern, wurden in erster Linie Maismehl, Bohnen und Speiseöl verteilt. Als Gegenleistung beteiligte sich die arbeitsfähige Bevölkerung an Gemeinschaftsaufgaben wie Straßenbau und Rodungsarbeiten. Dahinter stand zunächst der Versuch, die traditionelle Wirtschaftsweise der nomadischen Viehhalter durch Regenfeldbau zu ergänzen. 1984 begannen die Frauen der Ost-Pokot, … den Boden zu bearbeiten und Saatgut einzubringen. Wegen der geringen Niederschläge ging das Saatgut allerdings nicht auf. Dieser Fehlschlag führte im folgenden Jahr zu einer intensiven Diskussion der Mitarbeiter der Welthungerhilfe und den Ost-Pokot, die 1986 in eine neue Konzeption mündete.

Inzwischen waren die Regenzeiten weitaus niederschlagsreicher, sodass der Einsatz von Nahrungsmitteln reduziert und schließlich beendet werden konnte. Trotzdem entschied sich die Welthungerhilfe, vom Regenfeldbau abzugehen. Damit wurde die Konsequenz aus der Erkenntnis gezogen, dass das Gelände keine ausreichende Ernährungssicherung über den Ackerbau erlaubt. Die Entscheidung lautete damals, die traditionellen Lebens- und Wirtschaftsformen der Ost-Pokot zu stärken. Daraus wurde ein „Tierentwicklungsprogramm". Man erkannte, dass eine Hilfe über den unmittelbaren Bedarf hinausgehen und die Wirtschaftsstruktur, die auf Eigenversorgung ausgerichtet ist, gestärkt werden muss. Zwar können Nahrungsmittel von außen kurzfristig den Bedarf decken, sie bedeuten aber keine Lösung der wirtschaftlichen Strukturprobleme. Die Schwerpunkte des Programms: 1. Förderung der Tierhaltung durch Einzucht von Tieren aus anderen Gebieten Kenias. Außerdem wurden verstärkt Kamele in das Gebiet der Ost-Pokot gebracht. Diese Tiere sind weniger abhängig von der täglichen Wasserversorgung und haben eine relativ hohe Milchproduktion. Zudem schädigen die Kamele durch ein anderes Fressverhalten die Vegetation weniger als Rinder … 2. Als weiterer Schritt wurden alte und unproduktive Tiere ausgetauscht, beispielsweise zehn Ziegen für ein Kamel. Ein Tierproduzent und ein Landwirt der deutschen Welthungerhilfe sind mit Beratungsaufgaben betraut … Inzwischen werden mehr und mehr Pokots als Landwirtschafts- und Viehhaltungsberater ausgebildet. Die Pflege der Weiden wurde verbessert. Hier geht es um die Aussaat von Gras und das Anlegen von Reserveflächen. 3. Der dritte Schwerpunkt des Programms ist die Wasserversorgung. Hierzu wurden Regenauffangdämme im Projektgebiet errichtet, hinter denen sich Regenwasser sammelt … Organisiert wurden alle Maßnahmen von den Pokot selbst…

Das Projekt hatte eine besonders heikle Phase zu bestehen, als die Nahrungsmittellieferungen (Food for work) eingestellt und die Pokot aufgefordert wurden, 50% der Baukosten für die Wasserdämme selbst zu tragen: Menschen, die vorher nur eine Leistung gegen eine Gegenleistung von Nahrungsmitteln erbrachten, sollten plötzlich selbst monetäre Vorleistugen erbringen, etwa zwei Ziegen pro Familie. Trotz mancher Bedenken hat die Umstellung funktioniert, vor allem deshalb, weil bei den Pokot Wasser für die Tiere absolute Priorität hat. Letztlich war die Umstellung möglich, weil die Pokot selbst ihren wirtschaftlichen Vorteil erkannten. In Zukunft geht es in verstärktem Maße auch um die Viehvermarktung.

Die katastrophale Ernährungslage speziell in Afrika sowie die immer lauter werdende Kritik an den europäischen Hilfeleistungen aus EG-Überschüssen macht den Zugzwang, Lösungen finden zu müssen, dringlich. Stellt euch vor, ihr seid Sachverständige eines Entscheidungsgremiums über die zukünftige Strategie zur Bekämpfung des Hungers der deutschen Entwicklungspolitik. Es ist eure Aufgabe, ein Gutachten für das Bundesministerium für wirtschaftliche Zusammenarbeit und Entwicklung (BMZ) zu erstellen.

Arbeitsphasen der Sachverständigen des Entscheidungsgremiums:

1. Phase:

Die Sachverständigen haben die Pflicht, alle Fallbeispiele, die dem Gutachten zugrunde liegen, genau zu kennen.

2. Phase:

Erstellung von Einzelgutachten: Zu jedem Fallbeispiel wird ein Einzelgutachten erstellt. Jeder Sachverständige entscheidet sich für ein Fallbeispiel, das er bearbeiten möchte. Es werden 6 Arbeitskreise gebildet. Jeder Arbeitskreis bearbeitet einen Fall. Die Sachverständigen müssen darauf achten, dass alle Fallbeispiele bearbeitet werden. Es besteht die Verpflichtung, dass am Ende dieser Arbeitsphase in jeder Gruppe ein schriftliches Gutachten vorliegt.

Gutachten:

– Kurze Vorstellung des Falles: Worum geht es?
– Welches Ziel sollte erreicht werden?
– Welche Strategie wurde angewendet?
– Vorteile der Hilfsmöglichkeit
– Nachteile der Hilfsmöglichkeit
– Beurteilung: a) im Hinblick auf diesen speziellen Einzelfall (z. B. in diesem konkreten Fall erfolgreich trotz gravierender Nachteile der Hilfsmöglichkeit), b) im Hinblick auf die grundsätzliche Eignung. (Kann auf diese Hilfsstrategie grundsätzlich verzichtet werden oder nicht? Ist die Strategie zur Verwirklichung des Zieles einer dauerhaften und menschenwürdigen Beseitigung des Hungers geeignet?)

3. Phase: Vortrag der Einzelgutachten

Jeder Arbeitskreis trägt seine Ergebnisse vor dem gesamten Entscheidungsgremium vor. Dazu bestimmt jeder Arbeitskreis einen Sachverständigen aus seiner Mitte, der den freien Vortrag halten soll. In dieser Arbeitsphase verschafft sich das Entscheidungsgremium einen Überblick über die verschiedenen Hilfsmöglichkeiten, ihre Vor- und Nacheile etc. In dieser Phase können Fragen gestellt und mögliche Ergänzungen in die Einzelgutachten aufgenommen werden. Zum Abschluss dieser Arbeitsphase werden die Einzelgutachten veröffentlicht, d. h. z. B., dass die Einzelgutachten für alle kopiert werden oder dass man ein schwarzes Brett erstellt, auf dem alle Gutachten angebracht werden.

4. Phase: Entscheidungsdiskussion

Alle Sachverständigen diskutieren jetzt im Plenum die Frage: Soll sich die BRD auf eine Strategie zur Bekämpfung des Hungers konzentrieren oder soll sie verschiedene (möglicherweise alle) Strategien kombinieren? Die Sachverständigen können natürlich auch eine alternative Strategie zur Bekämpfung des Hungers entwerfen.

In dieser Diskussion muss jeder Sachverständige auf alle Einzelgutachten zurückgreifen können. Das Entscheidungsgremium kann schließlich eine Einigung durch Abstimmung herbeiführen. Die Sachverständigen können sich jedoch auch dazu entschließen, verschiedene Meinungen gegeneinander stehen zu lassen.

5. Phase:

Das Endergebnis der Entscheidungsdiskussion wird gemeinsam in einem Gutachten schriftlich formuliert.

Die Rolle der internationalen Organisationen

Probleme wie Armut und Hunger haben nicht nur mit einem einzelnen Land allein zu tun. Bei den Beziehungen zwischen den Ländern der Welt spielen internationale Verträge und Organisationen eine wichtige Rolle. Unter dem Dach der Vereinten Nationen sind verschiedene Einrichtungen vereinigt, die u. a. auch die Beziehungen zwischen den Industrieländern und den „Entwicklungsländern" organisieren.

Zwei dieser internationalen Organisationen sind der Internationale Währungsfonds (IWF bzw. IMF: International Monetary Fund) und die Weltbank (IBRD: International Bank for Reconstruction and Development). Beide Institutionen wurden im Gefolge der Konferenz von Bretton Woods (1944) gegründet. Die Aufgabe der Weltbank war zunächst die Finanzierung des Wiederaufbaus nach dem II. Weltkrieg, später auch die der Entwicklung der so genannten Dritten Welt. Der IWF ist die zentrale Institution zur Überwachung des Weltwährungssystems, er erstrebt die Förderung stabiler Währungen und geordneter Währungsbeziehungen, hilft allen Mitgliedern, die sich zeitweilig in Zahlungsbilanzschwierigkeiten befinden, durch Gewährung kurz- bzw. mittelfristiger Kredite, er bezieht seine Finanzmittel hauptsächlich aus den Einzahlungen seiner Mitgliedsländer.

(aus: Driscoll, David, IWF und Weltbank, Washington, o. J., S. 8. Text wurde verändert.)

In einem Rollenspiel soll nun die Funktion des Internationalen Währungsfonds überprüft werden. Zwar vergibt der IWF selbst im Vergleich zu anderen Institutionen und Banken nur relativ wenige Kredite, er spielt aber eine wichtige Rolle im internationalen Bereich, wenn es um die Bewältigung von Krisen geht.

Ausgangslage: Das Land Simica liegt in Lateinamerika. In der letzten Woche erklärte es sich für zahlungsunfähig. Die beteiligten Regierungen, Banken und das Land Simica selbst rufen den IWF, in dem Simica Mitglied ist, um Vermittlung an. Der Krisenmechanismus des IWF läuft an:

Eine vier bis sechs Ökonomen und eine Sekretärin umfassende Mission besucht für zwei bis drei Wochen das Mitgliedsland … Die erste Phase des Aufenthalts dient der Datenerhebung. Durch Besuche in den Ministerien und der Zentralbank verschaffen sich die IWF-Vertreter Einblick in die aktuelle Situation … Der zweite Teil des Besuchs steht im Zeichen des Tauziehens um die Bedingungen eines Kreditabkommens. Das IWF-Team nennt die Maßnahmen, die ein Stabilisierungsprogramm nach seiner Ansicht umfassen muss, während die Regierung in aller Regel versucht, die Maßnahmen mit Hinweis auf die sozialen, politischen oder ökonomischen Konsequenzen abzuschwächen … Kommt eine Einigung zustande, so wird die Formulierung der „Absichtserklärung" in Angriff genommen. Die Form dieser Erklärung, die an den Geschäftsführenden Direktor des IWF adressiert ist …, enthält neben der Bitte, Kredite in einer bestimmten Höhe vom IWF erhalten zu können, eine detaillierte Beschreibung der Stabilisierungsmaßnahmen … Zusammen mit der Absichtserklärung wird der Bericht innerhalb von vier Wochen im Exekutivdirektorium beraten und das Kreditgesuch zur Entscheidung gestellt.

(aus: Körner, Peter, u. a., Im Teufelskreis der Verschuldung. Der internationale Währungsfonds und die Dritte Welt, Hamburg, Junius, 1984, S. 86f.)

1 Teilt eure Klasse in 2 bis 3 Gruppen auf (in einer kleinen Klasse 3 Gruppen), die jeweils die in den Rollenkästen auf S. 200 beschriebenen Rollen besetzen!

2 Lest dann in den Gruppen die Materialien zu Simica und der Verschuldungsproblematik und erarbeitet euch eine Strategie im Umgang mit dem Problem entsprechend den Rollenkarten!

3 Es kommt dann zu Verhandlungen zwischen dem Land Simica (Regierung und Opposition) und dem Gremium des IWF oder der Regierung des Landes Simica (falls die Opposition ausgeschlossen wird) und dem IWF-Gremium. Alle anderen wohnen jeweils der Verhandlung als Zuschauer bei.

Rollenkarte: Regierung Simica

Die Lage des Landes ist schwierig. Bei den Verhandlungen solltet ihr Folgendes beachten: Ihr seid auf weitere Kredite angewiesen. Nur weiterer Export kann dafür sorgen, die Verschuldung dauerhaft in den Griff zu bekommen.

Bei den Verpflichtungen, die ihr eingehen wollt, müsst ihr aber auch beachten, wie sie in Simica selbst wirken. Wenn die Maßnahmen für die Masse der Bevölkerung inakzeptabel sind, müsst ihr befürchten, dass die Opposition Erfolg hat und euch ablöst. Ist mit der Opposition allerdings keine Einigung zu erzielen, könnt ihr sie von den Verhandlungen ausschließen.

Rollenkarte: Opposition

Darauf habt ihr schon lange gewartet. Endlich könnt ihr dem Volk zeigen, dass diese Regierung nur für die Interessen des internationalen Kapitals arbeitet. Ihr seht nun gute Chancen, selbst die Regierung zu bilden. Eure Kontakte mit einer Gruppe von Guerilleros in den Bergen können dabei nützlich sein. Ihr seid bei allen Verhandlungen bestrebt, die Unfähigkeit der Regierung des Landes Simica zu entlarven.

Rollenkarte: IWV-Vertreter

Verhandlungen wie mit Simica sind für euch Routine. Die bisherige Linie des IWF war, dem Land die Auflage zu machen, die Staatsausgaben zu reduzieren und die Wirtschaft auf den Export zu orientieren. Dann sind die Banken auch bereit, über Umschuldungen mit sich reden zu lassen. Ihr könnt der Regierung einen Überbrückungskredit des IWF in Höhe von 1 Mrd. US-$ anbieten und einen weiteren Kredit der Weltbank in derselben Höhe und zu denselben Konditionen vermitteln (Zinssatz 6%, Tilgung 10 Jahre), wenn die Absichtserklärung zustande kommt.

⎯1 Wichtige Daten zum Land Simica:

Einwohner:	22 Millionen
Analphabetenquote:	25%
Bruttosozialprodukt:	30 Mrd. US-$
Arbeitslosigkeit:	30%
Inflation:	300%
Import:	4 Mrd. US-$
davon Rohstoffe (Öl usw.)	40%
Lebensmittel	30%
Investitionsgüter	30%
Export:	3,5 Mrd. US-$
davon Rohstoffe (Kupfer)	50%
Fisch	20%
andere Agrarprodukte	20%
Textilien	10%
Ausgaben der Regierung:	3 Mrd. US-$
Verteidigung	500 Mill. US-$
Erziehung und Gesundheit	1 Mrd. US-$
Wirtschaftsförderung	1 Mrd. US-$
Sonstiges	500 Mill. US-$
Einnahmen der Regierung:	
Einnahmen Kupferbergbau	500 Mill. US-$
Steuern	2,5 Mrd. US-$

⎯2

Die Kupferminen des Landes befinden sich in Staatsbesitz. Ihr Wert wird auf etwa 50 Mrd. US-$ geschätzt. Die landwirtschaftlichen Betriebe sind überwiegend kleine Bauernhöfe. Fischerei und Textilindustrie sind teilweise in Besitz ausländischer Kapitalanleger. Das Land hat mehr und mehr die Fähigkeit verloren, sich selbst zu versorgen. Import von Getreide zur Ernährung der Bevölkerung ist erforderlich.

⎯3 Verschuldung des Landes Simica:

Auslandsverschuldung ges.:	17,5 Mrd. US-$
davon bei Privatbanken:	10 Mrd. US-$
staatliche Kredite	5 Mrd. US-$
Weltbankkredite	2,5 Mrd. US-$
langfristige Kredite	12 Mrd. US-$
durchschnittl. Zinssatz	7%
durchschnittl. Tilgungsrate	10%
kurzfristige Kredite	
(nur bei Privatbanken)	3 Mrd. US-$
durchschnittl. Zinssatz	10%
durchschnittl. Tilgung	30%
Entwicklungshilfekredite	2,5 Mrd. US-$
durchschnittl. Zinssatz,	3%
Tilgung vorläufig ausgesetzt	

4 Bisherige Bedingungen des IWF bei Strukturanpassung:

– volle Informationen,
– Erhöhung der Exporte,
– Senkung der Importe,
– Senkung der Löhne,
– Steigerung der Preise für Lebensmittel,
– Senkung der Staatsausgaben,
– Reprivatisierung staatlicher Unternehmen,
– freier Markt für ausländische Unternehmungen.

(nach: Hartwig, Uwe/Jungfer, Uwe, Zum Beispiel Verschuldung, Göttingen, Lamuv, 1992, S. 51)

5 Verschuldung und Überschuldung

Die Verschuldung von Staaten ist ein normaler Vorgang. Die größten Schuldner der Welt sind die Industriestaaten. Sie sind bei Banken im In- und Ausland verschuldet. Die Verschuldung der öffentlichen Haushalte der Bundesrepublik z. B. betrug 1994 ca. 1645 Mrd. DM. Ein Problem wird die Verschuldung erst, wenn sie zur Überschuldung wird. Der sinnfälligste Ausdruck der Überschuldung ist die Unmöglichkeit, den **Schuldendienst (Zinszahlungen + Tilgungen)** leisten zu können. Eine Privatperson oder ein Unternehmen ist dann bankrott. Im Unterschied dazu aber gibt es zwischen Staaten kein Konkursverfahren. Allerdings sinkt die Kreditwürdigkeit des betroffenen Staates.

6 Möglichkeiten des IWF zur Umschuldung

Der IWF versteht sich primär als Vermittler bei Währungsschwierigkeiten. Er kann zwischen Schuldnern und Gläubigern vermitteln. Die internationalen Banken sind eher bereit, besondere Konditionen zu gewähren, wenn der IWF als Garantiemacht einsteht. Neue Möglichkeiten, das Verschuldungsproblem anzugehen, bestehen in gezieltem Schuldenabbau:

– dept-buy-back: Schuldtitel werden von einem Land gegen Bares mit einem Abschlag zurückgekauft,
– debt-for-bond-swaps: Schuldtitel werden gegen andere eingetauscht (z. B. Staatsschuldverschreibungen, die eine für das Land günstigere Verzinsung haben),
– debt-equity-swaps: Kredite werden in Beteiligungen an Unternehmen im Land umgewandelt.

7

Die Kreditwürdigkeit des Landes Simica ist aufgrund der Einstellung des Schuldendienstes von 60 auf 30 Punkte gefallen. Dementsprechend wird auf dem freien Markt für Kredite an Simica ein Risiko-Aufschlag auf den LIBOR von 8% für kurzfristige Kredite genommen (bisheriger Aufschlag 3%; LIBOR zu Beginn: 7%). Entsprechend schlechter sind auch die Konditionen für langfristige Kredite.

Der LIBOR (London Inter Bank Offer Rate) ist der Zinssatz, zu dem die Banken untereinander kurzfristige Kredite handeln. Er ist Anhaltspunkt für die Höhe der Zinssätze im internationalen Kreditgeschäft.

8 Umschuldung

Auch wenn Privatleute in Zahlungsschwierigkeiten kommen, müssen Umschuldungen durchgeführt werden. Die Gläubiger sind daran durchaus interessiert, denn sie müssen ja fürchten, ihr Geld ansonsten gar nicht zurückzubekommen. Folgende Möglichkeiten gibt es unter anderem:

– Schuldenerlass mancher Gläubiger
– Stundung der Schuld, d. h., die Frist für die Rückzahlung wird verlängert (z. B. um ein Jahr),
– Umwandlung von kurzfristigen in langfristige Kredite (Senkung der Tilgungslast),
– Aufnahme neuer Kredite zu besseren Konditionen zur Rückzahlung der alten,
– Vereinbarung tilgungsfreier Perioden,
– Vereinbarung tilgungs- und zinsfreier Perioden (nichtgeleistete Zinszahlungen werden auf die Kreditsumme aufgeschlagen).

9 Sekundärmarkt für Schuldtitel

Schuldtitel, deren Rückzahlung fraglich ist oder bei denen die Zinsleistungen nicht regelmäßig eingehen, werden international auf einem Sekundärmarkt gehandelt. Sie werden dann nur zu einem Bruchteil ihres Nennwerts gehandelt. Zinsen und Tilgung werden gegenüber dem Land natürlich mit dem vollen Nennwert geltend gemacht. Der Abschlag ergibt sich durch die Unsicherheit der Zahlungen. Im Falle des Landes Simica werden zur Zeit Schuldtitel in Höhe von 6 Mrd. US-$ zu 50% des Nennwerts gehandelt.

1 Führt nun in einer 2. Phase eine Sitzung des Exekutivkomitees des IWF durch! Diese Sitzung dient der endgültigen Beschlussfassung über die Absichtserklärung und das Strukturanpassungskonzept, das hierzu vorgestellt wird. Auf dieser Sitzung sind die Verhandlungspartner Regierung von Simica und IWF-Gruppe vertreten (ohne Stimmrecht). Das Exekutivkomitee besteht aus je einer Vertreterin/einem Vertreter
– von den USA, Japan, Deutschland, Großbritannien und Frankreich,
– von Saudi-Arabien, Russland und China,
– eines afrikanischen, südamerikanischen, weiteren europäischen und asiatischen Landes als Vertreter einer entsprechenden Gruppe von Ländern.
die restlichen Schülerinnen und Schüler stellen die Zuhörerschaft der Presse.

2 Alle 10 Minuten (Stoppuhr) werden Ereigniskarten ausgewürfelt (fällt eine Zahl wiederholt, bis zum nächsten Würfeln weitermachen!). Die Ereignisse (siehe unten) werden in die laufenden Verhandlungen einbezogen.

3 Am Ende der Verhandlungen soll eine Einigung mit der Regierung vom Simica stehen. Bei der Beschlussfassung im IWF haben die Vertreter/Innen die folgende Stimmzahl: USA 25, Deutschland 10, Japan 8, Großbritannien 5, Frankreich 5, Saudi-Arabien 4, Russland 4, China 3, europäisches Land 15, afrikanisches Land 3, asiatisches Land 10, südamerikanisches Land 8.

Ereigniskarten

1 Der „Pariser Club", ein Zusammenschluss der wichtigsten Gläubigerländer, hat einen Vorschlag erarbeitet, der von den Industrieländern mit Nachdruck betrieben wird: Lohnstopp, Reduzierung der Staatsausgaben auf die Hälfte und Tausch von 5 Mrd. $ Schuldentiteln in Anteile am Kupferbergbau, Reduzierung des Imports um 30%.

2 In Simica sind umfangreiche Rohstoffvorkommen entdeckt worden.

3 Der LIBOR steigt um 1% auf 8%.

4 Wegen Meldungen über eine sich verschärfende Wirtschaftskrise in den IL sind die Gläubigerländer zu immer weniger Zugeständnissen bereit. Ein Verzicht auch nur auf Teile der Schulden ist undenkbar.

5 Die ersten Maßnahmen der Regierung haben zu Hungerunruhen geführt. Die Opposition kooperiert mit den Guerilleros.

6 Der Weltmarktpreis für die Tonne Kupfer sinkt an den internationalen Rohstoffbörsen auf die Hälfte.

1 Fertigt nun in Gruppen eine Auswertung der Verhandlungen an:
Die Vertreterinnen und Vertreter der internationalen Presse berücksichtigen dabei besonders, wie das Verhandlungsergebnis zustande gekommen ist, und geben eine Bewertung des Ergebnisses aus „neutraler" Sicht.

2 Die Vertreterinnen und Vertreter der westlichen Industrieländer legen in ihrer Auswertung besonderen Wert auf die Ergebnisse im Hinblick auf die Sicherung der Ansprüche der Gläubiger. Die Vertreterinnen und Vertreter der übrigen Länder beleuchten in ihrer Auswertung besonders die Auswirkungen in Simica und berücksichtigen dabei auch, inwieweit das Ergebnis zu einer langfristigen Lösung der Probleme führt.
Stellt eure Auswertung auf einer Wandzeitung dar und diskutiert in der Klasse Änderungsvorschläge für den Gang der Verhandlungen.

Die Durchführung komplexer Strukturanpassungsprogramme in den verschuldeten Entwicklungsländern hat sich in der Praxis der 80er Jahre als recht schwierig erwiesen, und die erreichten Ergebnisse blieben von den Zielvorgaben teilweise weit entfernt. Entscheidende Misserfolgsfaktoren von Strukturanpassungsprogrammen à la IWF und Weltbank waren unzureichende Berücksichtigung der länderspezifischen Besonderheiten, unrealistische Zielvorgaben sowie mangelnde innenpolitische Akzeptanz …

In zahlreichen Schuldnerländern waren Anpassungsprogramme, mit hohen sozialen Kosten verbunden, die gerade die ärmsten Bevölkerungsgruppen schwer getroffen haben. Als besonders gefährdet gelten die städtischen Armen sowie die arme Bevölkerung in ländlichen Gebieten, die wegen mangelnder Möglichkeiten eigener Subsistenzproduktion* Nahrungsmittel kaufen muss.

* Produktion zur Selbstversorgung

(Sangmeister, Hartmut, Das Verschuldungsproblem, in: Nohlen, Dieter; Nuscheler, Franz [Hrg.], Handbuch der Dritten Welt. Band 1: Grundprobleme, Theorien, Strategien, Bonn, Dietz Nachf. 1993, S. 349 f.)

Das steht oft in der Zeitung: 35 Milliarden Dollar erhalten die Länder der „Dritten Welt" jährlich an Entwicklungshilfe von den Industriestaaten.

Davon hört man selten etwas: 100 Milliarden Dollar zahlen die „Entwicklungsländer" jährlich an Zinsen und Tilgung für erhaltene Kredite an die Banken und öffentlichen Geldgeber in den Industriestaaten.

(aus einem Flugblatt von terre des hommes)

Problem der Kapitalflucht

Kapital, das in einem Land angesammelt wird bzw. als Kredit dorthin vergeben wird, bleibt nicht immer vollständig dort. Einerseits haben oft Diktatoren ihr Kapital im Ausland angelegt, andererseits suchen die Kapitaleigner die profitabelsten Anlagemöglichkeiten. Sind die Bedingungen für Investitionen im Inland schlecht (z.B. wegen politischer Unruhen oder mangelnder Infrastruktur), so wird Kapital ins Ausland geschafft, selbst wenn diese Kapitalflucht von der Regierung für illegal erklärt wird. Hier einige Beispiele für die Jahre zwischen 1976 und 1985:

Land	Zunahme der Auslandsverschuldung in Mrd. $	Kapitalflucht in Mrd. $
Brasilien	80	10
Mexiko	75	54
Argentinien	42	26

(aus: Hartwig, Uwe; Jungfer, Uwe, Zum Beispiel Verschuldung, Göttingen, Lamuv, 1992, S. 47)

Langfristige Auslandsssschulden ausgewählter Staaten in Mill. US-$

Land	Langfristige Auslandsschulden		Ausstehende IWF-Kredite	
	1980	1993	1980	1993
Dominik. Rep.	1473	3813	49	186
Peru	6828	16363	474	883
Mexiko	41915	85960	0	4787
Brasilien	57466	105283	0	304

(aus: Weltbank, Weltentwicklungsbericht 1995, S. 226 f.)

1 Diskutiert unter Einbeziehung der zusätzlichen Materialien die Frage der Verschuldung und die Möglichkeiten einer Lösung dieses Problems!

2 Wie beurteilt ihr Stimmen in den Industrieländern wie auch in Schuldnerländern für ein Schulden-Moratorium (Streichung von Schulden in größerem Umfang)?

Eine persönliche Möglichkeit zu helfen!

Nach den bisherigen Arbeitsergebnissen ist offensichtlich, dass es ein Patentrezept für die Probleme der Unterentwicklung nicht gibt. Klar ist bei Betrachtung der Probleme, dass sie nur aus globaler Sicht einer Lösung zugeführt werden können.

Wie muss, wie kann eine gemeinsame Entwicklung aussehen, die das Wohlstandsgefälle mindert, den Hunger ausmerzt, Arbeitsplätze schafft, lebenswürdige Bedingungen für alle hervorbringt? In den vorangehenden Erarbeitungsteilen wurde dargestellt, wie unterschiedlich Entwicklungshilfeprojekte konzipiert werden können, welche Rolle den internationalen Organisationen zukommt.

In diesem letzten Teil geht es nun darum, mit einem kleinen „Experiment" das eigene Verhalten unter die Lupe zu nehmen. Wenn man davon ausgeht, dass in eben dieser einen Welt unser „Tun oder Lassen" indirekt über viele Wege mit den Lebensbedingungen der Menschen in den Ländern der Südhalbkugel zusammenhängt, dann kann man sich Gedanken machen, ob eine Veränderung unseres Verhaltens hier – zu Hause – nicht auch ein Stück positiver Entwicklungshilfe sein kann – so wie auch die schon erörterten Entwicklungshilfeprojekte und Aktionen der so genannten „großen" Politik. Ihr sollt dementsprechend nun versuchen herauszufinden, ob ihr euer persönliches – alltägliches – Verhalten ohne allzu schwierige Umstände so ändern könnt, dass es den Menschen in den unterentwickelten Ländern hilft. Dies ist zunächst sicherlich nur schwer zu verstehen.

Deshalb vorab ein paar Informationen, die euch mit dem Ziel des „Experiments" ein wenig vertraut machen. Die folgenden Texte und Materialien beschäftigen sich mit der Frage, wie „Entwicklungshilfe" anders, nämlich auch hier vor Ort in den Industrieländern, aussehen kann.

1 Untersucht die nachfolgenden Materialien, indem ihr herausarbeitet, welche Ursachen für die Probleme der Unterentwicklung genannt werden bzw. welche Art der Hilfe vorgeschlagen oder praktiziert wird!

2 Diskutiert anschließend darüber, welche Schwierigkeiten mit einer „Entwicklungshilfe" verbunden sind, die von einer Kooperation aller Nationen, also einer Art von Weltinnenpolitik, ausgeht!

Die entwicklungspolitische Diskussion in der Bundesrepublik ist ein Spiegelbild der Unter- und Fehlentwicklung in der Dritten Welt. Diese Diskussion ist, soweit sie offiziell in den Massenmedien überhaupt vorkommt, von den Realitäten der Dritten Welt und ihren Erfordernissen weiter entfernt, als sie es jemals war. Und sie hinkte zu allen Zeiten hinter dem drein, was nötig gewesen wäre. Was der Stammtisch gerne hört, dass nämlich Entwicklungspolitik zu Hause beginnen müsse, ist auf eine ganz andere Weise richtig, als der Stammtisch glaubt: Solange wir unsere Formen des Produzierens und Konsumierens nicht bei uns zu Hause infrage stellen, entmutigen wir alle, die in der Dritten Welt eigenständige Wege zur Entwicklung suchen …

Nur wenn wir versuchen, Sonnenenergie zu nutzen, werden die Völker des Südens den Vorteil begreifen, den sie uns gegenüber auf diesem Gebiet durch Natur und Geographie bekommen haben. Nur wenn wir die friedliche Nutzung der Kernenergie bei uns infrage stellen, bleiben manchen Entwicklungsländern die Pleiten erspart, die der Iran hinter sich hat und einige andere Länder, wie Brasilien, möglicherweise noch vor sich. Nur wenn wir anfangen, die Holzbestände des Nordens wie unseren Augapfel zu hüten, können wir helfen, der Zerstörung der Wälder des Südens Einhalt zu gebieten. Nur wenn wir eine Form der Agrarpolitik bekämpfen, deren ökonomischer Widersinn nur noch durch den ökologischen Schaden übertroffen wird, können wir verhindern, dass der öl- und devisenfressende Traktor in Südasien oder Lateinamerika immer mehr Menschen in die Slums der

Großstädte vertrieben. Nur wenn wir Alternativen zu einer chemotechnisch perfekten Reparaturmedizin finden, können wir die Dritte Welt vor einer Medizin bewahren, die sie niemals bezahlen kann. Nur wenn wir die öffentlichen Verkehrsmittel gegenüber dem Auto voll konkurrenzfähig machen, können wir dem Süden ein unbezahlbares Chaos ersparen helfen …

Die Gefahren, die uns bedrohen, und die Gefahren, an denen die Dritte Welt zugrunde zu gehen droht, sind im Kern dieselben: das Scheitern eines technokratischen Denkansatzes im Dienste ökonomischer Interessen. Die Lücke zwischen Erster und Dritter Welt – so als ob es da eine Lücke zu füllen gäbe zwischen denen, die es so herrlich weit gebracht haben, und denen, die ihnen nachstreben –, diese Lücke zwischen Erster und Dritter Welt ist … eine Fehlgeburt technokratischen Denkens …

Lassen Sie uns die schöpferische Fantasie rehabilitieren. Wir brauchen sie für unseren eigenen Lebensstil, für den eigenen Umgang mit unseren Ressourcen und den Ressourcen, die wir anderen abnehmen, wir brauchen sie, wenn wir diesen Globus in Nord und Süd, West und Ost … nicht ruinieren wollen. Es gibt keine Lücke zwischen Nord und Süd. Es gibt nur Lücken in unseren Köpfen …

Aber eben weil dies so ist, weil die Lücke in unseren Köpfen klafft, gibt es auch Hoffnung.

(aus: Eppler, Erhard, Lebensstile und natürliche Ressourcen: Bundesrepublik Deutschland und Dritte Welt, in: Vereinte Nationen, Heft 6, 1981, S. 199, Text wurde gekürzt)

GEPA
Aktion Dritte Welt Handel

Die GEPA – Gesellschaft zur Förderung der Partnerschaft mit der Dritten Welt – arbeitet mit Selbsthilfegruppen oder Genossenschaften von Kleinbauern und Handwerkern sowie mit einigen staatlichen Organisationen in Afrika, Asien und Lateinamerika zusammen, um deren wirtschaftliche oder soziale Entwicklung zu fördern.

Von ihren Partnern aus der Dritten Welt bezieht die GEPA

- Verbrauchsgüter
  wie Kaffee, Tee, Honig, Gewürze sowie
- handwerkliche Waren
  wie Jutetaschen, Wolle, Töpfereien, Flecht- und Schnitzwaren, gewobene, geknüpfte und andere Textilien.

Diese Waren und zusätzliches Informationsmaterial sind in den Dritte Welt Läden und an Verkaufsständen von Aktionsgruppen und kirchlichen Gruppen in der Bundesrepublik Deutschland erhältlich.

Neben der Förderung von Projektpartnern in der Dritten Welt durch den Verkauf ihrer Produkte verfolgt die GEPA das Ziel, die bundesrepublikanische Bevölkerung über bestimmte weltwirtschaftliche und entwicklungspolitische Zusammenhänge zu informieren und ihr mögliche Alternativen aufzuweisen. Um diese Ziele zu erreichen, haben sich entwicklungspolitische Aktionsgruppen, Dritte Welt Läden und kirchliche Hilfswerke sowie Jugendverbände als Gesellschafter der GEPA zur „Aktion Dritte Welt Handel" (A3WH) zusammengeschlossen.

(aus: Strahm, R. H., Warum sie so arm sind, Wuppertal, Peter Hammer Verlag, 1985, S. 221)

Dieser hochwertige Kaffee wurde von TRANSFAIR e. V. mit dem TRANSFAIR-Siegel für „Fairen Handel" ausgezeichnet. TRANSFAIR e. V. ist ein Zusammenschluss von Organisationen, die sich für partnerschaftliche Wirtschaftsbeziehungen mit der so genannten „Dritten Welt" einsetzen.

„Fairer Handel" sichert und verbessert die Lebensbedingungen der dortigen Kleinbauern. Er leistet keine Entwicklungshilfe, sondern fördert die Selbständigkeit und Gleichberechtigung der im Handelsgeschehen benachteiligten Erzeuger. Die konkreten Maßnahmen des „Fairen Handels" umfassen Erzeugerpreise, die deutlich über dem Weltmarktniveau liegen, angemessene Vorfinanzierung und längerfristige Liefer- und Abnahmeverträge. Mit diesem Kaffee bietet die GEPA anspruchsvollen Kaffeetrinkern eine ausgewogene Bohnenmischung von Kleinbauern-Ko-operativen in Tansania, Costa Rica und Guatemala. Deshalb haben Sie sich nicht nur für Kaffee aus einer der weltbesten Anbauregionen entschieden, sondern leisten gleichzeitig einen Beitrag zur Verbesserung der Lebenssituation der Kaffeeproduzenten.

(Rückseite einer Gepa-Kaffeepackung)

So könnt ihr bei eurem „Experiment" vorgehen!

Zunächst ist es nötig, dass ihr euch in Gruppen aufteilt. Diese sollten nicht zu groß sein, somit höchstens aus vier Schülerinnen und Schülern bestehen.

Ziel eurer Gruppenarbeit ist ein „Vertragsabschluss" über eine konkrete Verhaltensweise, Aktivität oder Maßnahme in eurem Alltag, eurem Freundeskreis, in der Familie oder eurem sonstigen Bekanntenkreis. Diese Verhaltensweise/Maßnahme sollte aufgrund der bisherigen Beschäftigung mit dem Thema bewirken, dass sie im Kampf gegen die Unterentwicklung eine neue – persönliche – Form der „Entwicklungshilfe" darstellt.

Macht es euch dabei nicht zu „leicht", denkt an die Erkenntnisse und Arbeitsergebnisse des abgelaufenen Unterrichts, diskutiert intensiv untereinander über euren „Vertrag".

Es soll ein Ergebnis dabei herauskommen, dass ihr dann wirklich praktizieren und kontrollieren könnt.

Nach Beendigung der Gruppenarbeit soll euer Ergebnis im Plenum vorgestellt und dann auch von euch durchgeführt werden.

Beachtet, bevor ihr nun beginnt, folgende Hinweise:

1. Form des Vertrages:

Die Präambel
Sie enthält das allgemeine Ziel des Vertrages, eure Absichtserklärung und die Namen der Beteiligten

Der Vertragstext
Er enthält präzise formuliert eine genaue Beschreibung eurer Maßnahmen/eures Verhaltens, Angaben über Zeitraum der Gültigkeit und spezielle Absprachen

Die Begründung
Sie zeigt Argumente und Erläuterungen zu der getroffenen Vereinbarung

Die Verfahrensmaßnahmen
Hier sind alle Regelungen der Kontrolle, der Überprüfung und für den Fall der Nichteinhaltung oder zeitlichen Ausdehnung des Vertrages platziert.

2. Inhalt des Vertrages:

Orientiert euch am vorgegebenen Raster des Vertrages und formuliert eine Vereinbarung, die eine realistische, überschaubare und die Unterentwicklung bekämpfende Verhaltensweise/Maßnahme enthält. Denkt dabei z. B. an eure Essgewohnheiten, Kleidung, Nutzung der Verkehrsmittel, Urlaubspläne, euer Freizeitverhalten, mögliche Aktionen in Form von Leserbriefen oder Lichterketten, an den Aspekt, andere Menschen im Gespräch mit dem Problem zu konfrontieren etc. Gerade die vorhergehenden Texte bzw. Materialien zeigen in die mögliche Richtung eures Vertragsgegenstandes.

3. Allgemeines zum „Vertrag":

Natürlich ist dieser Vertrag ein freiwilliger. Aber er bleibt dadurch, dass ihr ihn auch tatsächlich umsetzt, eben nicht nur Theorie. Gebt euch die Möglichkeit und nehmt euch die Zeit, nach ca. 6 Monaten (oder mit Blick auf von euch festgelegte Regelungen nach einem anderen von euch gewählten Zeitraum) erneut im Politikunterricht eine kritische Bewertung des Vereinbarten durchzuführen. Es wird sich in jedem Fall lohnen!

Thema 9:
Die Rente durch ...?
Leistungen des Sozialstaats

Die Rente – Teil des Sozialstaats

Das soziale Netz

Direkte Sozialleistungen 1994 in
Deutschland in Milliarden DM

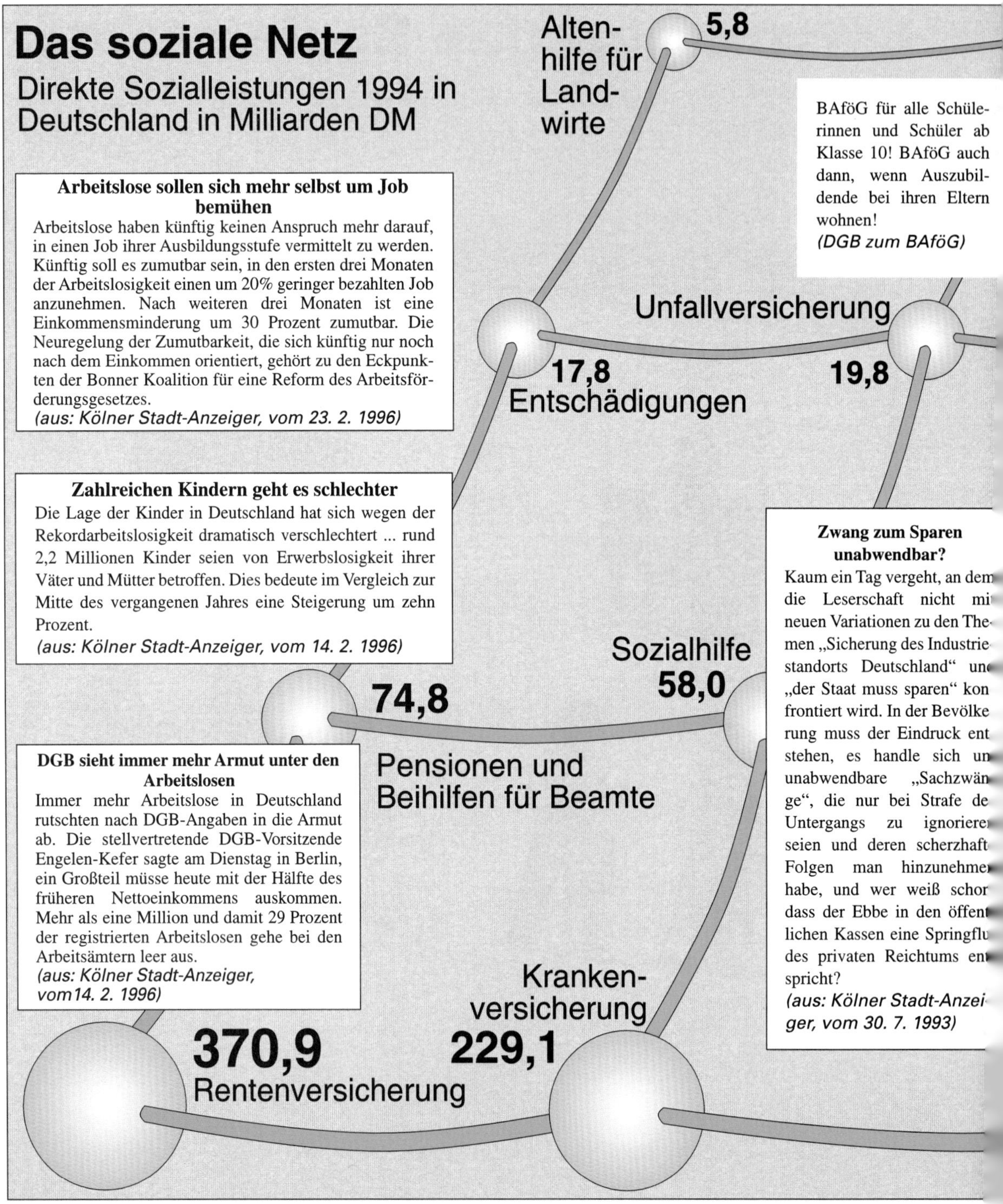

Alten-
hilfe für
Land-
wirte

5,8

BAföG für alle Schüle-
rinnen und Schüler ab
Klasse 10! BAföG auch
dann, wenn Auszubil-
dende bei ihren Eltern
wohnen!
(DGB zum BAföG)

Arbeitslose sollen sich mehr selbst um Job bemühen

Arbeitslose haben künftig keinen Anspruch mehr darauf,
in einen Job ihrer Ausbildungsstufe vermittelt zu werden.
Künftig soll es zumutbar sein, in den ersten drei Monaten
der Arbeitslosigkeit einen um 20% geringer bezahlten Job
anzunehmen. Nach weiteren drei Monaten ist eine
Einkommensminderung um 30 Prozent zumutbar. Die
Neuregelung der Zumutbarkeit, die sich künftig nur noch
nach dem Einkommen orientiert, gehört zu den Eckpunk-
ten der Bonner Koalition für eine Reform des Arbeitsför-
derungsgesetzes.
(aus: Kölner Stadt-Anzeiger, vom 23. 2. 1996)

Unfallversicherung

17,8
Entschädigungen

19,8

Zahlreichen Kindern geht es schlechter

Die Lage der Kinder in Deutschland hat sich wegen der
Rekordarbeitslosigkeit dramatisch verschlechtert ... rund
2,2 Millionen Kinder seien von Erwerbslosigkeit ihrer
Väter und Mütter betroffen. Dies bedeute im Vergleich zur
Mitte des vergangenen Jahres eine Steigerung um zehn
Prozent.
(aus: Kölner Stadt-Anzeiger, vom 14. 2. 1996)

74,8

Sozialhilfe
58,0

Zwang zum Sparen unabwendbar?

Kaum ein Tag vergeht, an dem
die Leserschaft nicht mi
neuen Variationen zu den Themen „Sicherung des Industrie
standorts Deutschland" un
„der Staat muss sparen" kon
frontiert wird. In der Bevölke
rung muss der Eindruck ent
stehen, es handle sich un
unabwendbare „Sachzwän
ge", die nur bei Strafe de
Untergangs zu ignoriere
seien und deren scherzhaft
Folgen man hinzunehme
habe, und wer weiß schor
dass der Ebbe in den öffen
lichen Kassen eine Springflu
des privaten Reichtums en
spricht?
*(aus: Kölner Stadt-Anzei-
ger, vom 30. 7. 1993)*

**Pensionen und
Beihilfen für Beamte**

DGB sieht immer mehr Armut unter den Arbeitslosen

Immer mehr Arbeitslose in Deutschland
rutschten nach DGB-Angaben in die Armut
ab. Die stellvertretende DGB-Vorsitzende
Engelen-Kefer sagte am Dienstag in Berlin,
ein Großteil müsse heute mit der Hälfte des
früheren Nettoeinkommens auskommen.
Mehr als eine Million und damit 29 Prozent
der registrierten Arbeitslosen gehe bei den
Arbeitsämtern leer aus.
*(aus: Kölner Stadt-Anzeiger,
vom14. 2. 1996)*

**Kranken-
versicherung**

370,9
Rentenversicherung

229,1

Versorgungswerk 2,8

2,3

,6

fentl.
esundheits-
enst

Ausbildungsförderung

> **Schon jeder Neunte ohne Beschäftigung**
> Die schwere Krise im Baugewerbe und die generell schwache Konjunktur haben die Arbeitslosigkeit auf einen neuen Nachkriegsrekord getrieben.
> *(aus: Kölner Stadt-Anzeiger, vom 7. 3. 1996)*

> Die Gewerkschaften fordern mehr Geld vom Bund für die Rentenkassen. Die stellvertretende DGB-Vorsitzende Ursula Engelen-Kefer erklärte zur Begründung, die Regierung trage die Verantwortung für Fremdleistungen, die dem Rentensystem aufgebürdet worden seien. Engelen-Kefer forderte im Kölner „Express", der Bund solle seinen Zuschuss von derzeit knapp 20 auf 30 Proznt erhöhen. „Dann haben wir ein schönes finanzielles Polster, und die Beiträge steigen nicht." ... Das Bundeskabinett hat gestern den Gesetzentwurf über die vor drei Wochen mit den Tarifparteien vereinbarte Erschwerung der Frühverrentung und die Einführung von Altersteilzeitarbeit beschlossen.
> *(aus: Kölner Stadt-Anzeiger, vom 7. 3. 1996)*

Vermögensbildung

11,6

Wohngeld

6,2

> Mitglieder der Kölner Bürgerentren: „In einer Zeit, in der oziale Auseinandersetzungen unehmen und Fremdenhass egen Ausländer keine Ausahmeerscheinung mehr sind, äre es umso notwendiger, den ozialen Bereich zu stärken, att durch Kürzungen und ozialabbau immense Folgeosten für die Zukunft zu proizieren. Denn betroffen von n Sparmaßnahmen wären r allem die „Sozialschwaen".
> us: Kölner Stadt-Anzeier, vom 24. 8. 1993)

> Der Staat, durch Konjunkturschwäche und Vereinigung in tiefere Verschuldung getrieben, muss den Gürtel enger schnallen; das trifft auch die Empfänger von Sozialhilfe und Arbeitslosengeld.
> *(G. Meyenburg)*

> Massenarbeitslosigkeit und Sozialabbau einerseits, die Förderung der Gewinne und der hohen Einkommen andererseits haben Tendenzen zur Ellenbogengesellschaft verfestigt, in der der Eigennutz der wirtschaftlich Stärkeren viel und die Solidarität wenig zählt.
> *(Sozialpolitisches Programm des DGB)*

27,8
Kindergeld/
Erziehungsgeld

24,9
Jugendhilfe

> **CDU will den Sozialstaat umbauen**
> Das soziale System muss nach Ansicht des CDU-Vorstandes der „dramatischen" demographischen Entwicklung und der sich verändernden sozialen Wirklichkeit angepasst werden. So müssten Kinderlose, die die künftige finanzielle Grundlage des Generationsvertrages infrage stellen, einen größeren Eigenbeitrag zur Alterssicherung leisten. „Manche Risiken, deren staatliche Absicherung früher geboten war, können heute aufgrund des gestiegenen Wohlstands vom Einzelnen getragen werden", heißt es weiter.
> *(aus: Kölner Stadt-Anzeiger, vom 16. 6. 1993)*

> Weniger Sozialstaat ringt mehr Freiheit? er Sozialstaat ist die Voraussetzung für Freieit!
> (Aussage des DGB)

127,1

Arbeitgeberleistungen

82,4

eits-
en-
sicherung,
Arbeitsförderung

Quelle: Stat. Bundesamt

Die Bundesrepublik Deutschland verfügt über ein umfangreiches soziales Netz, das seine Menschen gegen viele Risiken des Lebens absichern soll. Nun könnte man sagen, dass dies der Definition der Bundesrepublik als einem **sozialen** Rechtsstaat entspricht und sich fragen, wie es da zu unterschiedlichen politischen Stellungnahmen zum Sozialstaat kommen kann. Wo ist festgelegt, worin das Soziale des sozialen Rechtsstaates Deutschland liegt?

Die rechtlichen Grundlagen des Sozialstaates Deutschland finden sich im Grundgesetz. Artikel 20, Abs. 1 und Art. 28, Abs. 1 Satz 1 fordern ausdrücklich den sozialen Staat. Die Aussagen des Grundgesetzes zum Sozialstaat verpflichten den Staat nur, grundsätzlich zwei allgemeine Ziele zu verfolgen:

1. **sozialer Ausgleich**, d. h. Unterschiede zwischen sozial schwachen und sozial starken Personen zu verringern und

2. **soziale Sicherheit**, d. h. Daseinsvorsorge für die Menschen zu treffen, z. B. im Gesundheitswesen und im Bildungsbereich.

Wie diese Ziele in der Realität konkret umgesetzt werden sollen, legt das Grundgesetz nicht fest. So ist es möglich, unterschiedliche Vorstellungen von sozialer Gerechtigkeit zu entwickeln, konkret: Wie weit die sozialen Leistungen z. B. im Bereich der gesetzlichen Rentenversicherung gehen und wie diese finanziert werden sollen. Das ist die politische Diskussion der Sozialpolitik, deren Ergebnisse dann in der Sozialgesetzgebung festgelegt werden.

Das Grundgesetz enthält aber noch weitere Artikel, die von großer Bedeutung für die Gestaltung des Sozialstaates sind. So beinhaltet z. B. Art. 1 Abs. 1 die Verpflichtung, die Menschenwürde zu achten und zu schützen. Art. 3 GG enthält die Gleichheitssätze: u. a. die Gleichberechtigung von Mann und Frau. Dass die Grundrechte in der Verfassung verankert sind, bedeutet jedoch nicht gleichzeitig, dass sie damit für alle Staatsbürger verwirklicht sind. Das Grundrecht auf Menschenwürde bleibt z. B. für den Einzelnen nur eine formale Freiheit, solange nicht die materiellen Voraussetzungen gegeben sind, um ein menschenwürdiges Leben führen zu können. Die Umsetzung der in der Verfassung verankerten Grundrechte in die konkrete Lebenswirklichkeit ist Aufgabe der Sozialpolitik. Sozialpolitik ist eine Politik der Umverteilung von Einkommen und Vermögen. Ihr Ziel ist es, soziale Gerechtigkeit zu fördern. Die Notwendigkeit sozialer Sicherung gegen die Standardrisiken des Lebens wie z. B. Krankheit und Unfall ist offensichtlich: Die meisten Menschen sind für die Sicherung ihrer Existenz auf ihre Arbeitskraft angewiesen. Ihr vorübergehender oder dauerhafter Verlust würde ohne soziale Sicherung die unmittelbare Bedrohung ihrer Existenz bedeuten. Eine private Vorsorge würde enorm hohe Rücklagen erfordern, die von den meisten Arbeitseinkommen nicht geleistet werden können. Da die meisten in der hoch spezialisierten Gesellschaft keine Chance zur wirtschaftlichen Absicherung der Standardrisiken haben, bleibt keine andere Möglichkeit zur Sicherung der wirtschaftlichen Existenz der Menschen als die Bildung großer Risikokollektive, wie z. B. Renten- und Krankenversicherung. Das staatliche Interesse an einer Sozialpolitik entspringt jedoch keineswegs dem rein sozialen Motiv, den Armen zu helfen, wenn sie sich auch materiell zu deren Gunsten auswirkt, sondern verfolgt das Ziel, die bestehende Staats- und Gesellschaftsordnung zu stabilisieren.

Sozialpolitische Fragen betreffen uns alle. Fast jeder nimmt einen oder mehrere Bereiche der sozialen Sicherung im Laufe seines Lebens kurz- oder langfristig in Anspruch, z. B. Kindergeld, Lehrmittelfreiheit, Ausbildungsförderung. Das Einkommen eines jeden, der im Erwerbsleben steht, wird durch Sozialabgaben wie z. B. Arbeitslosenversicherung und Rentenversicherung belastet. Wie die einzelnen Bereiche jedoch ausgestaltet werden, ob sozialpolitischer Schutz ausgeweitet oder abgebaut wird, hängt von vielen Faktoren ab. Im Zentrum der Auseinandersetzung steht die Frage nach der Finanzierbarkeit der sozialen Sicherung.

Die Auswirkungen der Diskussion um Kürzungen der Sozialleistungen betreffen nicht nur die derzeit arbeitende Generation, sondern auch die heutigen Jugendlichen. Die Diskussion um das Finanzierungsproblem der Renten, die Konsequenzen, die hieraus gezogen werden, wie z. B. die Verlängerung der Lebensarbeitszeit, gehen die heutigen Jugendlichen sogar in besonderem Maße an. In diesem Kapitel werden wir uns mit den Leistungen des Sozial-staates am Beispiel des größten Bereichs der sozialen Sicherung auseinander setzen, der Rentenversicherung. Im Vertiefungsteil wenden wir uns dann dem Bereich der staatlichen Studienfinanzierung, dem BAföG, zu.

Es gibt verschiedene Klassen der Rentenversicherung (siehe Grafik unten). Wir werden uns auf die **gesetzliche Rentenversicherung der Arbeiter und Angestellten** konzentrieren, da sie den größten Kreis der Versicherten umfasst. Dabei ist dieser Bereich so umfangreich, dass wir uns auf einen Ausschnitt der Altersrenten beschränken müssen.

Finanziert wird die gesetzliche Rentenversicherung (GRV) über ein Umlageverfahren, den so genannten „Generationenvertrag". Die Beiträge der gegenwärtig arbeitenden Generation werden sofort wieder an die derzeitigen Leistungsempfänger, die Rentner, gezahlt.

Grundsätzliche Aufgabe der Rentenversicherung ist die finanzielle Sicherung im Alter sowie bei Berufs- und Erwerbsunfähigkeit. Versicherungspflicht besteht für alle Arbeiter, Angestellte und Auszubildende. Die Leistungen der Rentenversicherung betreffen insbesondere die medizinischen und berufsfördernden Leistungen zur Vorbeugung und Rehabilitation (z. B. Umschulung), Renten wegen Berufs- und Erwerbsunfähigkeit, Altersrenten, Hinterbliebenenrenten (für Witwen und

Waisen), Auskunft und Beratung (siehe Aufstellung unten).

Mit der Reform der gesetzlichen Rentenversicherung 1992 wollte der Gesetzgeber die Finanzierbarkeit der Renten langfristig sichern und den veränderten Bedingungen (rückgängige Geburtenraten, Verkürzung der Erwerbsphasen durch längere Schulzeiten, früherer Eintritt in den Ruhestand und steigende Lebenserwartung) Rechnung tragen. In diesem Kapitel ist es eure Aufgabe, das Rentenreformgesetz 1992 auf den Prüfstand zu stellen.

Arten der Renten

Renten wegen Alters (Altersrenten)

- Regelaltersrente
- Altersrente für langjährige Versicherte
- Altersrente für Schwerbehinderte, Berufsunfähige oder Erwerbsunfähige
- Altersrente wegen Arbeitslosigkeit
- Altersrente für Frauen
- Altersrente für langjährig unter Tage beschäftigte Bergleute

Renten wegen verminderter Erwerbsfähigkeit (Berufs- und Erwerbsunfähigkeitsrenten)

- Rente wegen Berufsunfähigkeit
- Rente wegen Erwerbsunfähigkeit
- Rente für Bergleute

Renten wegen Todes (Hinterbliebenenrenten)

- Witwenrente o. Witwerrente
- Erziehungsrente
- Waisenrente

(aus: Gröll, Wolfgang und Reip, Hubert, Einführung in das Arbeits- und Sozialrecht, 6. Aufl., Bad Homburg, Gehlen, 1991, S. 84)

Unser Rentensystem und seine Folgen

Die Rentenberatungsstelle informiert

Viele Menschen verlassen sich darauf, im Alter ihren Lebensunterhalt mit ihrer Rente bestreiten zu können – Aber: Wer denkt schon in jungen Jahren an die Rente?

Hinzu kommt, dass die Gesetze zur Rentenversicherung so zahlreich geworden sind, dass den Betroffenen selbst die rechtlichen Bestimmungen häufig unbekannt sind. Aber auch hier gilt: Wissen ist Geld! Veränderte Bestimmungen wie die der Rentenreform 1992 sind politische Entscheidungen und treffen gerade auf junge Leute voll zu.

Der Informationsbedarf ist hoch. Täglich erreichen die Rentenberatungsstelle Anfragen.

1 Du bist Sachbearbeiter der Rentenberatungsstelle. Es gehört zu deinem Aufgabenbereich, Anfragen auf der Grundlage der gesetzlichen Regelungen schriftlich zu beantworten.

Um die Anfragen sachgerecht beantworten zu können, musst du über die folgenden gesetzlichen Bestimmungen genau informiert sein.

(Die Rentenberatungsstelle kann nur grundsätzliche Informationen zu einzelnen Sachverhalten bieten. Um Detailinformationen zur Berechnung des individuellen Rentenbetrages zu erhalten, müssen sich die Anfragen z. B. an die Bundesversicherungsanstalt für Angestellte wenden!)

Gesetzliche Bestimmungen nach dem Rentenreformgesetz 1992
A: Höhe und Leistungen der Rentenversicherungsbeiträge

Beitragssatz:

Beiträge zur Rentenversicherung sind nur bis zu einer bestimmten Höhe des Arbeitsentgelts zu entrichten, der so genannten **Beitragsbemessungsgrenze.** Diese Beitragsbemessungsgrenze liegt in den alten Bundesländern für das Jahr 1995 bei 7 800,– DM, 1996 bei 8 000,– DM. Wessen Lohn oder Gehalt unter dieser Grenze liegt, unterliegt grundsätzlich der Versicherungspflicht. Wer mehr verdient, zahlt Beiträge für ein Gehalt von 8 000,– DM.

Der **Beitragssatz** wird in einem bestimmten Prozentsatz des Bruttoarbeitsentgeltes erhoben. Er wird für jedes Jahr neu festgesetzt. Festsetzung: Die Einnahmen und der Bundeszuschuss sollen zum einen die Ausgaben eines Jahres decken und zum anderen soll am Ende eines Kalenderjahres eine Reserve von einer Monatsausgabe vorhanden sein. Der Beitragssatz betrug 1996: 19,2 Prozent vom Bruttogehalt. Davon tragen die Arbeitnehmer und die Arbeitgeber jeweils die Hälfte, also bei 19,2 Prozent je 9,6 Prozent.

Wichtig ist, dass eine Erhöhung der Beitragssätze nicht gleichzeitig zu einer Erhöhung der zu erwartenden Rente führt. Hier besteht kein unmittelbarer Zusammenhang. Ob der Beitragssatz bei 6 Prozent oder 21 Prozent liegt, hat keinen Einfluss auf die Höhe der zu erwartenden Rente. Mit den derzeitigen Beiträgen werden die gegenwärtigen Renten bezahlt (Generationenvertrag!). Die Höhe der zu erwartenden Rente richtet sich vor allem nach der Höhe der während des Versicherungslebens durch Beiträge versicherten Arbeitsentgelte und nach der Anzahl der anrechnungsfähigen Versicherungsjahre. Mit der Zahlung der Beiträge erwirbt man sich einen Rentenanspruch. Vorteil: Der Staat kann einmal erworbene Versorgungsansprüche nicht einfach ersatzlos streichen (Beispiel: Inflation).

Eine Rente beträgt durchschnittlich ungefähr 60 bis 70% des letzten verdienten Nettoarbeitsentgeltes je nach persönlichem Versicherungsleben.

B: Wer hat Anspruch auf eine Rente?

Anspruch auf Rente wegen Alters kann nur der Versicherte selbst haben. Voraussetzung ist zunächst, dass er ein bestimmtes Lebensalter erreicht hat. Außerdem muss er eine Mindestversicherungszeit (Wartezeit) zurückgelegt haben und gegebenenfalls weitere persönliche Voraussetzungen erfüllen.

1. Regelaltersrente:
Versicherte haben Anspruch auf Regelaltersrente, wenn sie
– das 65. Lebensjahr vollendet und
– die allgemeine Wartezeit von 5 Jahren erfüllt haben.
Diese allgemeine Wartezeit kann mit Beitragszeiten (man zahlt 5 Jahre lang in die Rentenversicherung Beiträge ein) sowie z. B. mit Ersatzzeiten (Zeiten des Kriegsdienstes etc.) erfüllt werden.
Neben der Regelaltersgrenze darf unbeschränkt hinzuverdient werden.
Diese Altersgrenze wird nicht angehoben.

2. Altersrente für langjährig Versicherte
Versicherte haben Anspruch auf Altersrente für langjährig Versicherte, wenn sie
– das 63. Lebensjahr vollendet und
– die Wartezeit von 35 Jahren erfüllt haben.
Auf diese Wartezeit von 35 Jahren werden alle rentenrechtlichen Zeiten angerechnet.
Neben dieser Altersrente darf nur beschränkt hinzuverdient werden.
Anhebung der Altersgrenze:
Diese Altersgrenze von 63 Jahren wird ab dem 1. 1. 2001 jährlich um 6 Monate auf das 65. Lebensjahr angehoben.
Männer und Frauen ab dem Geburtsjahrgang 1953 erhalten diese Altersrente erst ab dem 65. Lebensjahr!

3. Altersrente für Frauen:
Versicherte Frauen haben Anspruch auf Altersrente, wenn sie
– das 60. Lebensjahr vollendet,
– nach Vollendung des 40. Lebensjahres mehr als 10 Jahre Pflichtbeitragszeit und
– die Wartezeit von 15 Jahren erfüllt haben.
Auch für diese Wartezeit werden alle Beitragszeiten sowie z. B. Ersatzzeiten angerechnet.
Neben dieser Altersrente darf nur beschränkt hinzuverdient werden.
Diese Altersgrenze wird vom Jahr 2001 an stufenweise auf das 65. Lebensjahr angehoben. (Anhebung ab 2001 jährlich um 3 Monate, ab 2005 jährlich um 6 Monate). Die Altersrente ab dem 60. Lebensjahr erhalten zuletzt Frauen des Geburtsjahrgangs 1940. Frauen ab dem Jahrgang 1953 erhalten die Altersrente erst ab dem 65. Lebensjahr.

4. Teilrente bei Teilzeitbeschäftigung:
Mit dem 1. 1. 1992 wurde die Teilrente bei Teilzeitbeschäftigung eingeführt. Die Teilrente ermöglicht einen flexiblen Übergang vom Erwerbsleben in den Ruhestand. Jeder Versicherte, der die Voraussetzungen für den Anspruch auf eine Altersrente erfüllt, kann entscheiden, ob er seine Altersrente als Vollrente oder als Teilrente erhalten will.
Man kann also wählen zwischen der Vollrente oder der Teilrente in Höhe von 1/3 oder 1/2 oder 2/3 der Vollrente. Je geringer der Anteil der Teilrente an der Vollrente ist, desto höher sind die Hinzuverdienstmöglichkeiten. Der höchste Hinzuverdienst kann also bei Inanspruchnahme der Teilrente in Höhe von 1/3 der Vollrente erzielt werden.
Es gibt allgemeine und individuelle Hinzuverdienstgrenzen, je nachdem welchen Verdienst man vorher hatte.
Allgemeine Hinzuverdienstgrenze:
Die nachstehenden Beträge dürfen 1996 in den alten Bundesländern monatlich hinzuverdient werden, unabhängig von dem zuletzt (vor Rentenbeginn) verdienten Entgelt.
Teilrente von 2/3: 809,03 DM
Teilrente von 1/2: 1 213,45 DM
Teilrente von 1/3: 1 618,05 DM
Wird die jeweilige Hinzuverdienstgrenze überschritten, fällt die Rente nicht weg, sondern führt zur jeweils niedrigeren Teilrente. Erst bei Überschreiten der höchsten Hinzuverdienstgrenze wird eine Rente nicht mehr geleistet. Von der Vollendung des 65. Lebensjahres an ist der Hinzuverdienst nicht begrenzt.
Indem der Versicherte nur einen Teil der ihm zustehenden Rente in Anspruch nimmt, steigert er die Höhe der nicht in Anspruch genommenen Rentenansprüche von Jahr zu Jahr leicht.

$\rightarrow$

Vorzeitiger Rentenbeginn mit Abschlägen:

Von dem Zeitpunkt an, ab dem die maßgebende Altersrente auf das 65. Lebensjahr angehoben ist, können z. B. Frauen und langjährig Versicherte 3 Jahre vor dieser Altersgrenze in Rente gehen, also ab dem 62. Lebensjahr. Entscheidet man sich dafür, vorzeitig in Rente zu gehen, so hat dies zur Konsequenz, dass sich die zu erwartende Rente durch Abschläge auf Dauer verringert. Vorzeitiger Ruhestand wird also teuer.

Berechnet werden die Abschläge durch einen so genannten **Zugangsfaktor:**

Beginnt die Rente bei Erreichen der jeweils maßgebenden Altersgrenze, dann beträgt der Zugangsfaktor 1 und hat keinen Einfluss auf die Rentenhöhe.

Geht man z. B. 1 Jahr vor der gültigen Altersgrenze in den Ruhestand, so mindert sich der Zugangsfaktor und damit die Rentenhöhe um 3,6%. Geht man 3 Jahre vor der jeweils gültigen Altersrente in Rente, beträgt die Rentenminderung 10,8 Prozent.

Umgekehrt erhöht sich der Zugangsfaktor um 0,5 Prozent pro Monat, wenn trotz erfüllter Wartezeit die Altersrente nach Vollendung des 65. Lebensjahres nicht in Anspruch genommen wird. Ein Hinausschieben des Rentenbeginns um 2 Jahre erhöht den Zugangsfaktor und damit die Rente um 12 Prozent.

C: Welche Zeiten sind wichtig in der Rentenversicherung?

Bei der Rentenberechnung werden nicht nur Zeiten der Erwerbstätigkeit, sondern auch Leistungen außerhalb der Erwerbstätigkeit, für die also keine Beiträge gezahlt werden, rentensteigernd berücksichtigt. (Hierzu zählen z. B. Ausbildungszeiten.)

Die Unterscheidung in bestimmte **Gruppen rentenrechtlicher Zeiten** ist wichtig, weil sie später bei der Rentenberechnung unterschiedlich bewertet werden, d. h. unmittelbaren Einfluss auf die Höhe der später zu erwartenden Rente haben.

Dabei geht die **Bewertung** von einem Durchschnittsverdienst aller Versicherten aus, der so genannten allgemeinen Bemessungsgrundlage. Die allgemeine Bemessungsgrundlage betrug z. B. 1996: 4 259,– DM = 100 Prozent.

Der Betrag ändert sich jedes Jahr. Hierdurch erfolgt die Anpassung der Renten an die allgemeine Entwicklung der Löhne und Gehälter. Diese Anpassung erfolgt jedoch nach der Steigerung der Nettolöhne und -gehälter und nicht wie im alten Recht (bis 31. 12. 1991) nach der Steigerung der Bruttolöhne.

Rentenrechtliche Zeiten nennt man alle Zeiten, die für Rentenanspruch und Höhe von Bedeutung sind: Beitragszeiten, beitragsgeminderte Zeiten, beitragsfreie Zeiten und Berücksichtigungszeiten.

1. Beitragszeiten:

Hierzu zählen: normale Beitragszeiten, Zeiten des Bezugs von Arbeitslosen- und Krankengeld, Kindererziehungszeiten, Pflichtbeitragszeiten während der Berufsausbildung.

a) Wehr- und Zivildienst:

Für Wehr- und Zivildienstleistende werden nach dem Rentenreformgesetz 1992 Pflichtbeiträge vom Staat gezahlt. Für die Beiträge werden 75 Prozent des Durchschnittsentgelts des jeweiligen Jahres zugrunde gelegt.

b) Kindererziehungszeiten:

Für Kinder, die bis zum 31. 12. 1991 geboren wurden, wird 1 Jahr Kindererziehungszeit angerechnet. Für ab dem 1. 1. 1992 geborene Kinder werden 3 Jahre pro Kind angerechnet. Diese Zeiten werden mit 75 Prozent des Durchschnittsverdienstes aller Versicherten bewertet. Dabei können Eltern, die ihr Kind gemeinsam erziehen, die anzurechnende Kindererziehungszeit untereinander aufteilen, je nachdem, bei wem die jeweilige Zeitaufteilung am meisten an Rentenverbesserung bringt.

2. Beitragsfreie Zeiten

Beitragsfreie Zeiten sind z. B. Anrechnungszeiten.

Anrechnungszeiten:

Anrechnungszeiten sind z. B. Ausbildungszeiten.

Ausbildungszeiten:

Ausbildungszeiten sind: Schulausbildung, abgeschlossene Fachschul- bzw. Hochschulausbildung.

Für alle, die nach dem Jahre 2004 in Rente gehen werden, gilt: Ausbildungszeiten werden bis zu 7 Jahren angerechnet. Der Anrechnungszeitraum beginnt mit dem 16. Lebensjahr.

Ausbildungszeiten werden höchstens mit 75 Prozent des Durchschnittsentgeltes des jeweiligen Jahres bewertet. Wird im Einzelfall nicht die volle Anzahl der Ausbildungsmonate angerechnet, kann man auf Antrag freiwillige Beiträge nachentrichten – dafür ist ein Abschluss der Ausbildung nicht nötig. Dieser Antrag kann nur bis zur Vollendung des 45. Lebensjahres gestellt werden.

(nach: Sechstes Buch der Sozialgesetzgebung, Gesetzliche Rentenversicherung)

Anfragen an die Rentenberatungsstelle

Erwin Müller
Im Rosenthal 12 · Bonn

Sehr geehrte Damen und Herren,

ich bin 61 Jahre alt und habe in knapp zwei Jahren meine Rente durch. Natürlich möchte ich nicht auf die Rente verzichten, die mir zusteht. Andererseits fühle ich mich noch nicht so alt, dass ich mit 63 nicht mehr arbeiten könnte. Jetzt hat mir mein Chef vor zwei Wochen angeboten, als Rentner halbe Tage weiterzuarbeiten. Das Angebot würde ich gerne annehmen, denn ich möchte nicht gerne ganz aufhören zu arbeiten. Außerdem könnte ich mir so meine Rente aufbessern. Ich befürchte aber, dass mir die Rente gestrichen wird, wenn das bekannt werden sollte. Können Sie mir hierzu Auskunft geben?
Mit freundlichem Gruß

E. Müller

Erwin Müller

Johanna Esser
Marienstr. 24 · Bonn

Das Bundesverfassungsgericht hat in seinem Urteil vom 28. 1. 1987 im heutigen vorgezogenen Altersruhegeld für Frauen einen Ausgleich für die vielen Nachteile gesehen, die Frauen im Erwerbsleben erlitten haben. Zu diesen Nachteilen zählen: der Zugang zu Ausbildungs- und Arbeitsplätzen, zu Aufstiegspositionen, insbesondere zu höher bezahlten Arbeitspositionen sowie hinsichtlich ihrer Entlohnung, Kindererziehung, Pflege alter Menschen sowie die Doppelbelastung durch Familie und Arbeit. Soll dieses vorgezogene Altersruhegeld für Frauen mit der neuen Rentenreform beibehalten werden – oder gibt es für die heutigen jungen Frauen diese Diskriminierungen nicht mehr?
Im Voraus herzlichen Dank.

Johanna Esser

Johanna Esser

Johannes Schmitz
Im Anger 3 · Köln

Sehr geehrte Damen und Herren,

ich bin 60 Jahre alt und würde am liebsten noch in diesem Jahr in Rente gehen. Eine Rentenminderung könnte ich jedoch nicht in Kauf nehmen. Als rentenrechtliche Zeiten werden mir nur die Jahre von meinem 42. Lebensjahr an angerechnet, in denen ich durchgehend Beiträge in die gesetzliche Rentenversicherung gezahlt habe. Teilen Sie mir bitte mit, zu welchem Zeitpunkt ich in Rente gehen kann und welche Art der Rente ich bekommen werde.
Hochachtungsvoll

Schmitz

Johannes Schmitz

Klaus Kühr
Lieschenweg 5 · Bonn

Sehr geehrte Damen und Herren,

mein Name ist Klaus Kühr, 1935 geboren. Vor einigen Tagen sah ich im Fernsehen eine Sendung über die Rentenreform. In dem Bericht hieß es, dass die Altersgrenzen für den Rentenbeginn nach der Reform angehoben werden. Mir ist jedoch nicht klar, ob sich das auch auf mich auswirken wird oder nicht. Daher möchte ich Sie um Auskunft darüber bitten, in welchem Jahr meine Rente fällig sein wird. Für Ihre Bemühungen im Voraus herzlichen Dank!
Mit herzlichen Grüßen

Klaus Kühr

Klaus Kühr

Michael Schlösser
Dürener Str. 555 · Bonn

Sehr geehrte Damen und Herren,

ich habe mehrere Fragen, um deren Beantwortung ich Sie bitten möchte.
Dieses Jahr werde ich als Angestellter sozusagen ins Berufsleben einsteigen. Dann werde ich natürlich auch Beiträge in die GRV zahlen müssen. Ich wüsste gern schon jetzt, wie hoch der Beitragssatz derzeit ist. Außerdem habe ich gehört, dass der Beitragssatz für die Rentenversicherung langfristig erheblich steigen soll. Im Grunde erscheint es mir sinnvoll, dass der Beitragssatz und damit die Rente steigen soll, weil dadurch die Rente stärker an den einmal gewonnenen Lebensstandard angepasst wird. Allerdings habe ich jetzt von Bekannten gehört, dass das nicht stimmen soll. Auch zu dieser Frage hätte ich gern Ihren fachmännischen Rat. Denn sollten meine Bekannten Recht haben, dann muss man sich doch die Frage stellen, wofür man denn sonst die Beiträge zahlt, wenn man nicht mindestens das ausbezahlt bekommt, was man einzahlt. Dann würde ich ja vielleicht besser eine private Lebensversicherung abschließen?
Im Voraus herzlichen Dank,

Michael Schlösser

Fritz Neumann
Bonner Str. 468 · Köln

Sehr geehrte Damen und Herren,

wir sind noch zu jung, um in Rente zu gehen, ja genau genommen haben wir noch nicht einmal angefangen, richtig zu arbeiten. Wir sind Studenten und würden uns gerne darüber informieren, ob unsere Ausbildungszeiten nach der neuen Rentenreform anerkannt werden, oder ob uns durch unsere lange Ausbildungszeit Nachteile entstehen.
Mein Name ist Ralf Jung, ich bin 23 Jahre alt, 1967 geboren. Mit 20 Jahren habe ich das Abitur gemacht und sofort eine Hochschulausbildung angefangen, die ich gerade nach dem 4. Semester abgebrochen habe. Werden mir die 4 Semester von der GRV als Ausbildungszeit anerkannt oder nicht?
Ich heiße Fritz Neumann. Mein Abitur habe ich mit 18 Jahren gemacht und jetzt bin ich gerade dabei, meine Hochschulausbildung im Fach Chemie im 15. Semester abzuschließen.
Außerdem möchten wir für einen Bekannten wissen, ob die Zeit des Wehrdienstes anerkannt wird oder nicht.
Mit herzlichen Grüßen

Fritz Neumann

Martin Greifswald
Meckenheimer Allee 9 · Köln

Sehr geehrte Damen und Herren,

wir sind langjährige Arbeiter in einem Berufszweig, in dem es leider viele junge Arbeitslose gibt. Aufgrund der angespannten wirtschaftlichen Situation haben wir uns überlegt, dass wir vorzeitig in Rente gehen könnten, um unsere Arbeitsplätze für junge, arbeitslose Kollegen frei zu machen. Das würde dem Betrieb, den Kollegen und uns gut tun, nicht zuletzt ja auch dem Staat, da kein Arbeitslosengeld für die Betroffenen mehr gezahlt werden müsste. Ist das rentenrechtlich möglich?
Mit freundlichem Gruß

Martin Greifswald

Wie hoch ist die Rente?

Für jeden Versicherten werden die jährlich erzielten beitragspflichtigen Arbeitsentgelte für die Dauer seines gesamten Berufslebens beim Rentenversicherungsträger gespeichert.

Die Höhe der monatlichen Rente wird nach einer bestimmten Formel berechnet, der so genannten „Rentenformel". Diese Aufgabe übernehmen Rechner des Rentenversicherungsträgers, die die individuellen Renten mithilfe von Computern berechnen. Während die Berechnung einer Rente aus Beitragszeiten relativ leicht ist, ist die Bewertung der rentenrechtlichen Zeiten, die nicht Beitragszeiten sind, außerordentlich kompliziert.

Im Prinzip bemisst sich die Höhe der ausgezahlten Rente nicht an dem zuletzt verdienten Arbeitsentgelt, sondern an dem Durchschnittsentgelt des gesamten versicherungsfähigen Zeitraums, d. h. konkret ab dem 16. Lebensjahr.

Die Rentenformel:

REP x RAF x AR = MR

Das heißt:

persönliche Entgeltpunkte (REP) x Rentenartfaktor (RAF) x aktueller Rentenwert (AR) = monatliche Bruttorente

Die persönlichen Entgeltpunkte (REP):

Die Entgeltpunkte zeigen jährlich das Verhältnis des persönlichen Arbeitsentgeltes zu dem Durchschnitt aller Versicherten an. Sie spiegeln also das individuelle Verdienstniveau.

Um die Entgeltpunkte zu berechnen, wird der individuelle Verdienst (bis zur Beitragsbemessungsgrenze) durch das Durchschnittseinkommen aller Versicherten für dasselbe Kalenderjahr dividiert. Bei einem Arbeitsentgelt in Höhe des Durchschnittsentgeltes eines Kalenderjahres ergibt sich 1 Entgeltpunkt.

Beispiel:

Verdienst des Versicherten Hinze im Jahr 1970: 10 000,– DM. Das durchschnittliche Arbeitsentgelt aller Versicherten in diesem Jahr 1970 betrug: 13 343,– DM.

Berechnung der Entgeltpunkte für das Jahr 1970: 10 000,– DM : 13 343 = 0,7495 Entgeltpunkte. Der Versicherte Hinze bekommt also für das Jahr 1970 0,7495 Entgeltpunkte angerechnet, also rund 75% des durchschnittlichen Arbeitsentgeltes aller Versicherten.

Diese Berechnung wird für jedes weitere Beitragsjahr in gleicher Weise durchgeführt. Die Entgeltpunkte werden am Ende eines Versicherungslebens zusammenaddiert und in die Rentenformel eingesetzt.

Den Spezialisten muss z. B. die Umrechnung von beitragsfreien und beitragsgeminderten Zeiten in Entgeltpunkten überlassen bleiben, weil diese besonderen Zeiten unterschiedlich bewertet werden und in besonderer Weise in die Rentenberechnung miteingehen.

Der Rentenartfaktor (RAF):

Der Rentenartfaktor drückt aus, um welche Art der Rente es sich handelt, ob es sich zum Beispiel um eine Altersrente oder um eine Witwenrente handelt. Renten wegen Alters haben den Rentenartfaktor 1,0! Erziehungsrenten haben den Rentenartfaktor 1,0.

Der aktuelle Rentenwert (AR):

Der aktuelle Rentenwert ist ein bestimmter Betrag in DM (z. B. 1995/96: DM 46,23). Er entspricht dem Monatsbetrag einer Altersrente, die ein Durchschnittsverdiener für ein Jahr Versicherungszeit erhält.

Er ändert sich zum 1. 7. eines jeden Jahres. Hierdurch soll sichergestellt werden, dass die Renten an die allgemeine Lohn- und Gehaltsentwicklung angepasst werden. Die Anpassung erfolgt jedoch nach der Steigerung der Nettolöhne und -gehälter und nicht wie im alten Recht bis 31. 12. 1991 nach der Steigerung der Bruttolöhne und -gehälter. Dadurch wird die Nettolohnorientierung der Renten bewirkt. Am Beispiel von Herrn Bertram bedeutet dies Folgendes:

Fall:

Herr Bertram, 65 Jahre alt, blickt auf eine Versicherungszeit von 40 Jahren zurück.
Er erhält 1,2 Entgeltpunkte pro Jahr.

Lösung:

a) Berechnung der Entgeltpunkte:
Entgeltpunkte pro Jahr x Versicherungszeit
1,2 x 40 = 48
b) Berechnung der Rente nach der Rentenformel:
REP x RAF x AR = MR
48 x 1,0 x 46,23 = 2 219,04 DM
Herr Bertram erhält eine Bruttorente von
2 219,04 DM im Monat.

1 Errechne für die unten stehenden Fälle den in der gesetzlichen Rentenversicherung erworbenen Rentenanspruch unter Berücksichtigung der Informationen auf Seite 211. Gehe dabei davon aus, dass alle Fälle derzeit fällig sind. Gehe von einem aktuellen Rentenwert von 42,63 DM im Monat (brutto) aus. Verwende den entsprechenden Rentenartfaktor für Renten wegen Alters (vgl. S. 211). Wenn du nach der Berechnung der Bruttorente den Nettobetrag wissen willst, musst du den von den Rentnern zu tragenden Eigenanteil zur Krankenversicherung (6,4%) abziehen.

Zusatzinformation:

Nach geltendem Recht wird für Geburten bis zum 31. 12. 1991 höchstens 1 Jahr pro Kind angerechnet. Für ab dem 1. 1. 1992 geborene Kinder werden in Zukunft 3 Jahre pro Kind angerechnet. Diese Zeiten werden mit 0,75 Entgeltpunkten pro Jahr bewertet, es werden also 75% des Durchschnittsverdienstes aller Versicherten zugrunde gelegt.

Herr Meyer ist 63 Jahre alt. Seine Versicherungszeit beträgt 15 Jahre. Er erhält 1 Entgeltpunkt pro Jahr.

Frau Schöller ist 63 Jahre alt. Ihre Versicherungszeit beträgt 35 Jahre mit Kindererziehungszeiten für vier Kinder. Sie erhält 0,75 Entgeltpunkte.

Herr Jung ist 65 Jahre alt. Seine Versicherungszeit beträgt 30 Jahre. Er erhält 0,5 Entgeltpunkte pro Jahr.

Frau Römer ist 65 Jahre alt. Ihre Versicherungszeit beträgt 15 Jahre. Darin sind Kindererziehungszeiten für 2 Kinder enthalten. Sie erhält 1,2 Entgeltpunkte pro Jahr.

Herr Kunze ist 63 Jahre alt. Seine Versicherungszeit beträgt 43 Jahre. Er erhält 0,75 Entgeltpunkte pro Jahr.

Herr Schreiner ist 63 Jahre alt. Seine Versicherungszeit beträgt 45 Jahre. Er erhält 1,4 Entgeltpunkte pro Jahr.

Herr Arens ist 63 Jahre alt. Seine Versicherungszeit beträgt 35 Jahre. Er erhält 0,98 Entgeltpunkte pro Jahr.

Frau Höppmann ist 63 Jahre alt. Sie hat keine Kinder. Ihre Versicherungszeit beträgt 35 Jahre. Sie erhält 1,2 Entgeltpunkte pro Jahr.

1 Erkläre anhand der Berechnung dieser Fälle die Grundprinzipien der gesetzlichen Rentenversicherung und deren Auswirkungen auf den Einzelnen.

1 Neben den üblichen Lebenshaltungskosten verursacht das Alter häufig die Notwendigkeit spezieller finanzieller Aufwendungen.

Erkundigt euch im Sozialamt, in Altenheimen usw. durch Befragungen von Fachleuten und Betroffenen, welche individuellen Kosten von Rentnern zu tragen sind. Fragt bzw. überlegt euch, wie Rentner in Einzelfällen mit ihren Renten auskommen. Dabei könnt ihr auch auf die Fallbeispiele zurückgreifen und diese zu individuellen Lebenssituationen ausbauen.

Auszüge aus einer Darstellung des Bundesministers für Arbeit und Sozialordnung von 1991/92:

Nach dem Ausscheiden aus dem Berufsleben ein menschenwürdiges Leben ohne finanzielle Not zu sichern – das ist das Ziel der gesetzlichen Rentenversicherung.

Dabei gelten 2 Prinzipien: Die Altersversorgung ist der Lohn für die Lebensarbeit. Die Rente soll nicht nur die Existenz sichern, sondern auch den erreichten Lebensstandard. Das bedeutet: Die Rentenversicherung ist kein gesetzlich verordneter Sparplan für das eigene Alter. Sie basiert auf dem Solidarvertrag zwischen den Generationen.

Im Klartext: Dadurch, dass die jetzt arbeitende Generation das Geld aufbringt, mit dem die Renten gezahlt werden, erwirbt sie sich den Anspruch, später einmal von der nächsten Generation ihre eigene Rente finanziert zu bekommen.

Und: Wer ein erfülltes Arbeitsleben hinter sich hat, soll auch eine Rente erhalten, die seiner Lebensleistung entspricht. Deshalb ist die Rente lohnbezogen.

Wer heute nach 45 Versicherungsjahren in Rente geht, erhält rund 70 Prozent des Nettoeinkommens eines vergleichbaren Arbeitnehmers.

Dass es auch kleine Renten gibt, liegt daran, dass – aus welchen Gründen auch immer – nur wenige oder nur sehr geringe Beiträge eingezahlt wurden. Dies wettzumachen, kann jedoch nicht Aufgabe der Rentenversicherung sein …

Ein ganz neuer Gesichtspunkt im Rentenrecht ist die Anrechnung von Zeiten der Kindererziehung. Frauen und Männern, die während des ersten Jahres der Kindererziehung auf Berufstätigkeit und damit den Aufbau eigener Rentenansprüche verzichten bzw. deren Verdienst unterhalb einer bestimmten Grenze liegt, wird für jedes Kind ein Jahr (für Geburten ab 1992 drei Jahre) gutgeschrieben. Dadurch wurde ein wichtiger Beitrag zur Verbesserung der eigenständigen sozialen Sicherung der Frauen geleistet.

(aus: Über die Sozialpolitik: Ein Heft für die Schule, herausgegeben von der Arbeitsgemeinschaft zur Förderung der wirtschaftlichen und sozialen Bildung e. V. im Auftrag des Bundesministeriums für Arbeit und Sozialordnung, Bonn 1991/92, S. 20 f.)

1 Überlegt euch auf der Grundlage des Textes und der von euch errechneten Renten der Fallbeispiele, was das Prinzip der Rentenversicherung leistet und was es nicht leistet. Nehmt eine Bewertung vor, bei der ihr klar angebt, nach welchen Kriterien ihr bewertet.

Nachdem ihr euch mit den Zielen, den gesetzlichen Regelungen und den Auswirkungen des Rentenreformgesetzes auseinander gesetzt habt, wenden wir uns jetzt der Grundsatzdiskussion um die Finanzierbarkeit der Renten zu. In den Medien wird häufig über die politische Diskussion um die Finanzierungs-problematik der Rentenversicherung berichtet. Die Meinungen sind kontrovers, ein Patentrezept ist noch nicht gefunden worden. In dem folgenden Rollenspiel könnt ihr jetzt selbst die Rollen von Vertretern unterschiedlicher politischer Positionen übernehmen und eure Kenntnisse anwenden.

Ist die gesetzliche Rentenversicherung noch bezahlbar?

Ralf Berend, Journalist, hat den Auftrag erhalten, zu diesem Artikel einen Kommentar zu schreiben. Er überlegt und notiert: Ist das Rentenreformgesetz '92 die richtige Antwort auf die Finanzierungsprobleme der gRV? Sind diese gesetzlichen Regelungen sozial vertretbar? – Oder wäre eine alternative Lösung zur gRV besser?

Welche Position soll er bloß zu diesen Fragen beziehen? Da kommt Achim mit einer Praktikantin vorbei, schaut auf Ralfs Blatt und wettert los: „Die gesetzliche Rentenversicherung ist doch ein einziger Betrug, als Erwerbstätiger wird man gemolken wie eine Kuh."

Praktikantin Lisa: „Der Generationenvertrag funktioniert einfach nicht mehr." Barbara: „Frauen werden total benachteiligt!" Ralf: „Nun mal langsam, das Ganze muss doch auch irgendwie finanziert werden." Es entbrennt eine hitzige Diskussion. Ralf will die Situation für sich nutzen und schlägt vor: „Lasst uns zusammen in die Cafeteria gehen und das Problem diskutieren. Wir sollten uns aber das Ziel setzen, uns am Ende auf eine gemeinsame Lösung zu einigen. Denn denkt bitte daran, heute Nachmittag muss ich den Kommentar fertig machen."

Die anderen sind einverstanden. Unterwegs trifft Ralf auf Herrn Schneider aus dem Bundesministerium für Arbeit und Soziales, der ein Interview des Chefredakteurs mit dem Arbeitsminister vorbesprechen will. Ralf lädt ihn zu einer Tasse Kaffee ein. Herr Schneider geht gerne mit. Ralf erzählt ihm von der Diskussion.

An der Diskussion in der Cafeteria nehmen also teil:

Ralf Berend: Journalist; Achim: Journalist; Lisa: Schülerin im Praktikum; Barbara: Journalistin; Max Schneider: Referat für Öffentlichkeitsarbeit im Bundesministerium für Arbeit u. Soziales.

Arbeitsanweisungen
Organisation:

5 Schüler übernehmen jeweils eine Rolle. Alle anderen übernehmen die wichtige Aufgabe der Beobachter. Jeder Rollenspieler bekommt mindestens einen Beobachter zugeteilt. Jetzt habt ihr 10 Minuten Zeit, euch vorzubereiten. Am Ende der Vorbereitungsphase muss noch die Spielsituation in der Klasse nachgestellt werden. Wenn ihr damit fertig seid, kann es losgehen. Die Rollenspieler nehmen ihre Plätze ein, Ralf eröffnet die Diskussionsrunde.

Rollenspieler:

Lies deine Rollenkarte genau. Versetze dich in die Lage desjenigen, dessen Rolle du übernehmen sollst. Begegne den Beiträgen deiner Gesprächspartner auf der Linie dieser Vorgaben. Versuche, die anderen von deinem Standpunkt und deinen Lösungsvorstellungen zu überzeugen. Überlege aber auch, auf welchen Kompromiss du eingehen könntest.

Rollentext Ralf:

Du hast eine zusätzliche Aufgabe. Die anderen Diskussionsteilnehmer erwarten von dir, dass du die Diskussion leitest und nach 20 Minuten beendest.

Beobachter:

Jeder Beobachter bereitet seinen Beobachtungsauftrag für den ihm zugeteilten Rollenspieler vor (Notizzettel!).

Rollenkarte Ralf

Du bist Ralf, 30 Jahre alt, Journalist, und sollst den Kommentar zur Finanzierungsproblematik der GRV schreiben. Ein schwieriges Thema, das man deiner Ansicht nach sorgfältig durchdenken muss. Du bist gespannt, welche Meinung die anderen haben, was sie kritisieren, ob sie Lösungsideen haben. Deshalb übernimmst du in der Diskussion eine vermittelnde Rolle, hörst genau zu und achtest darauf, dass jeder zu Wort kommt. Es ist dein Ziel, eine Einigung auf eine gemeinsame Lösung herbeizuführen, um Anregungen für deinen Kommentar zu bekommen. Nach 20 Minuten musst du die Diskussion beenden, die Mittagspause ist zu Ende und du musst zurück an deinen Schreibtisch.

- *Eine gesetzliche Alterssicherung ist deiner Ansicht nach aus sozialen Gründen erforderlich. Will man die Finanzierung der gRV für die Zukunft sichern, sind Sparmaßnahmen notwendig, denn jeder 5. Bewohner Deutschlands ist über 60. In etwa 30 Jahren wird ein Drittel im Ruhestand leben. Deutschland vergreist! Andererseits muss man sich natürlich fragen, **ob die einzelnen Maßnahmen unter sozialen Gesichtspunkten akzeptabel sind.***

- *Die **Anhebung der Altersgrenzen** führt über die Verlängerung der Beitragszeiten zu einer erheblichen Steigerung der Einnahmen. Gleichzeitig wird mit dieser Regelung jedoch eine wichtige soziale Errungenschaft abgebaut. Hat man erst einmal mit dem Abbau begonnen, wer garantiert dann, dass man demnächst nicht erst mit 70 in Rente geht? Außerdem müssen altersgerechte Arbeitsplätze geschaffen werden. Alte Menschen werden in Zukunft jungen Leuten Arbeitsplätze wegnehmen.*

- *Die **Erhöhung der Beiträge** findest auch du außerordentlich massiv. Aber sind Beitragserhöhungen nicht besser, als dass alle niedrige Renten erhalten? Die Beiträge zur Krankenversicherung etc. sind eben der Preis für ein umfassendes soziales Netz. Deiner Ansicht nach würden die Leute von sich aus keine Vorsorge treffen, sondern das Geld nur ausgeben.*

- *Die **Anpassung der Renten an das Nettoarbeitseinkommen** bedeutet das Gleiche, als würde man auf einem Sparbuch den Zinssatz verringern. Das belastet besonders diejenigen, die eine niedrige Rente erhalten. Andererseits können nicht die Erwerbstätigen allein die Lasten tragen. Deiner Ansicht nach wäre eine Besteuerung höherer Renten gerechter.*

- *Dass **Hausfrauen und Mütter** hinsichtlich ihrer Rentenansprüche schlecht dastehen, ist sicherlich richtig. Notwendig wären hier Änderungen. Eine Gleichstellung dieser Personengruppen würde jedoch für die gRV eine erhebliche neue finanzielle Belastung bedeuten, es sei denn, es würden gleichzeitig andere Ansprüche an die Versicherung abgebaut.*

- *Du gibst zu, dass du noch **keine für dich akzeptable Lösung gefunden** hast, bist jedoch der Ansicht, dass ein Systemwechsel bei einem derartig umfassenden Sozialversicherungssystem nur außerordentlich schwierig zu bewerkstelligen ist und enorme Übergangsprobleme aufwerfen wird. Dabei ist noch nicht einmal gesagt, ob ein Systemwechsel tatsächlich die Probleme der Alterssicherung lösen könnte.*
  Auch dem Ansatz, in der gRV mehr Freiraum zu privater Vorsorge zu lassen, stehst du kritisch gegenüber. Die meisten Menschen dürften mit der Notwendigkeit zu einer privaten Altersvorsorge überfordert sein. Eine solche Regelung würde wieder die finanziell schwächer gestellten Menschen treffen, müsste man doch Zeit seines Lebens für das Alter ansparen.

Rollenkarte Lisa

Du bist Lisa, 17 Jahre alt. Du absolvierst gerade ein vier-
wöchiges Praktikum beim Kölner Stadt-Anzeiger. In der Cafeteria vertrittst du während der Diskussion folgenden Standpunkt:

- **Der Generationenvertrag funktioniert nicht mehr!**
  *Es gibt schon jetzt zu wenig Beitragszahler und zu viele
  Rentner (2:1). Man rechnet heute schon damit, dass im Jahre 2030 auf jeden Erwerbstätigen ein Rentner kommen
  wird. Du findest, dass der Generationsvertrag aufgekündigt
  werden sollte. Du bist nicht schuld, dass das System der
  gRV nicht funktioniert und siehst nicht ein, später einmal
  dafür zu schuften, dass die alten Leute es sich auf deine
  Kosten auch noch gut gehen lassen. Erst hinterlassen sie uns Jugendlichen allen möglichen
  Dreck (z. B. Umweltschäden), und dann sollen wir ihnen auch noch die Rente bezahlen.*

- **Für dich ist die gRV ein Buch mit sieben Siegeln:** *Wer was wann bekommt, das hängt von
  undurchschaubaren Verhältnissen ab. Der Rentenbescheid am Ende des Arbeitslebens
  gleicht doch einem Urteil des Allmächtigen.*

- *Mit der* **Anpassung der Renten an die Nettolöhne** *kennst du dich nicht so genau aus. Aber
  jeder weiß doch, dass auch diese Maßnahme bedeutet, dass es weniger Rente gibt.*

- **Ausbildungszeiten** *werden immer länger. Das ist doch nicht deine Schuld. Die von der gRV
  angerechneten Ausbildungszeiten sind zu kurz und werden zu niedrig bewertet!*

- *Die* **Anhebung der Altersgrenze** *ist nicht nur ungerecht, sondern auch ein großer sozialer
  Rückschritt. Die Generation deiner Großeltern konnte noch mit 60 oder 63 Jahren in Rente
  gehen. Du aber musst bis zu deinem 65. Lebensjahr arbeiten. Wenigstens hätte man das so
  lösen müssen, dass wer will, länger arbeiten kann.*

- *Die* **Benachteiligungen von Frauen** *in der gRV hältst du auch für ungerecht.*

- *Sicherung des Lebensstandards heißt für dich, dass du länger arbeiten und höhere Beiträge
  bezahlen musst, um die Renten der Alten zu sichern. Was du mal kriegen wirst, steht in den
  Sternen. Auf jeden Fall werden die ausgezahlten Renten in Zukunft erheblich kleiner ausfallen. Dabei beziehen schon jetzt 1993 mehr als eine halbe Million Rentner Sozialhilfe.*
  Auf die gRV sollte man deiner Meinung nach aus sozialen Gründen nicht verzichten, aber **das
  Verhältnis Beitragszahler – Rentner muss unbedingt wieder ausgeglichen werden.**
  *1. Das Finanzierungsproblem kann nicht durch immer höhere Beitragssätze allein auf dem
  Rücken der jüngeren Generation abgeladen werden. Der Staat muss einspringen, indem er
  mehr zahlt. Die Beamtenversorgung wird z. B. ausschließlich aus den Steuermitteln des Bundes, der Länder und der Gemeinden finanziert.*
  2. **Das Verhältnis zwischen Beitragszahlern und Rentnern könnte durch Zuwanderer ausgeglichen werden.** *Es ist doch verrückt: Deutschland verfügt über ein sehr umfassendes und
  sinnvolles Netz sozialer Sicherung. Da die deutsche Bevölkerung dabei ist auszusterben,
  wird die gRV allmählich unbezahlbar. Ausländer, die mehr Kinder haben und in Deutschland
  arbeiten, könnten auch in Zukunft unsere Altersversorgung sichern. Stattdessen werden sie
  vom Staat rausgeschmissen und von Rechtsradikalen massakriert. Das ist doch total verrückt.*

Rollenkarte Achim

Du bist Achim, 40 Jahre alt und arbeitest seit vielen Jahren als Journalist. Als langjähriger Beitragszahler in die gRV vertrittst du in der Cafeteria folgenden Standpunkt:

- *Die Finanzierungslücke über eine ständige **Erhöhung der Beitragssätze** auszugleichen, findest du unmöglich. Die Grenzen der Belastbarkeit sind bereits erreicht. Neben der gRV muss man ja auch noch Beiträge für die Krankenversicherung usw. bezahlen.*

- *Das Gesetz der gRV enthält empfindliche Sparmaßnahmen: Z. B. die **Anpassung der Renten an die Nettoarbeitseinkommen**. Früher wurden die Renten an die Bruttoarbeitseinkommen angepasst. Da die Nettoeinkommen langsamer wachsen als die Bruttoeinkommen, bedeutet dies, dass die Renten in Zukunft langsamer wachsen, im Endeffekt also niedriger ausfallen werden. Diese Lösung hältst du bei Leuten, die relativ hohe Renten bekommen, für sozial akzeptable, unakzeptabel ist sie für Rentner mit kleinen Renten.*

- *Zur **Sicherung des Lebensstandards**, den man im Laufe seiner Berufstätigkeit erreicht hat, reicht die Rente nicht aus. Man muss schon 45 Jahre lang versicherungspflichtig gearbeitet haben, um eine Rente zu erhalten, die gerade ca. 70% des letzten Nettogehaltes entspricht. Aus diesem Grund muss man sowieso zusätzliche private Vorsorge treffen. So hast du z. B. eine Lebensversicherung abgeschlossen. In normalen Zeiten hältst du private Vorsorgemöglichkeiten sowieso für besser.*

- ***Grundsätzlich findest du die gRV zu teuer:*** *Man zahlt mehr ein, als man später einmal ausgezahlt bekommt. Die Leistungen sind im Verhältnis zu den Beiträgen schon jetzt zu gering. Beispiel:*
  Ein Versicherter mit durchschnittlichen Arbeitsentgelten erhält nach 45 Versicherungsjahren eine Rente von 1 918,35 DM. Bei einem Beitragssatz von 17,7% liegt dem eine Beitragsleistung von 365 505 DM zugrunde. Nach einer durchschnittlichen Rentenbezugszeit von 15 Jahren hat unserer Versicherter dafür 345 303 DM an Rente erhalten. Das ist nicht einmal die Beitragsleistung! In Zukunft wird alles noch schlimmer werden. Die Entwicklung läuft darauf hinaus, dass man immer größere Teile seiner Einkünfte an die Sozialkassen abführen muss und immer geringere Gegenleistungen im Alter erhalten wird.

- *Die Bewertung der **Ausbildungs- und Kindererziehungszeiten** hältst du für richtig. Schließlich werden hier Rentenansprüche gewährt, für die keine Beiträge gezahlt wurden.*

- *Du bist gegen die **Heraufsetzung der Altersgrenze** und plädierst für mehr Freiwilligkeit in Form einer flexiblen Altersgrenze. Viele Erwerbstätige werden von sich aus länger arbeiten. Wichtiger erscheint dir eine altersgerechte Gestaltung der Arbeitsbedingungen.*

- ***Dein Lösungsvorschlag:***
  *Angesichts der großen Finanzierungsprobleme sollte man mehr Raum für Eigenverantwortlichkeit, **mehr private Vorsorge**, einräumen.*
  *So könnte man die gRV auf eine **Mindestsicherung in Sozialhilfehöhe** zurückschrauben, um damit die Beiträge niedrig zu halten. Dadurch wird den Versicherten ermöglicht, eigenes Vermögen zu bilden, um daraus ihre spätere Altersversorgung zu finanzieren.*

Rollenkarte Max Schneider

Du bis Max Schneider und arbeitest im Referat für Öffentlichkeitsarbeit im Bundesministerium für Arbeit und Soziales. Du verteidigst das Rentenreformgesetz.

- *Du weist mit Nachdruck auf die **Ursachen des Finanzierungsproblems** der gRV hin: 1. Während früher in der Regel bis zum 65. Lebensjahr oder noch länger gearbeitet wurde, gehen heute nur noch rund 20% der Menschen zu diesem Zeitpunkt in Rente. Folge: Sie fallen als Beitragszahler weg und verursachen erhebliche finanzielle Belastungen. 2. Im Verlauf der letzten 100 Jahre ist die Lebenserwartung ständig gestiegen. 3. Die größte Belastung verursacht jedoch die Bevölkerungsentwicklung: weniger Kinder, alternde Bevölkerung. 4. Durch immer längere Ausbildungszeiten wird das Erwerbsleben immer kürzer. Diese Entwicklungen müssen zwangsläufig zu Änderungen bei der Rentenversicherung führen. Das Rentenreformgesetz ist deiner Ansicht nach die richtige Antwort auf die Ursachen der Finanzierungsproblematik.*

- *Die **Anhebung der Altersgrenze** ist eine notwendige Maßnahme. Durch den frühen Rentenbeginn sind viele Beitragzahler weggefallen und haben die Rente gleichzeitig länger in Anspruch genommen. Durch die Anhebung der Altersgrenze wird die gRV auf Dauer erhebliche Einsparungen haben! Sie ist eine Antwort auf die oben genannten Ursachen der Finanzierungsprobleme. Außerdem kann man ja immer noch früher in Rente gehen. Die Rente fällt dann nur – was ja auch verständlich ist – niedriger aus. Denn es werden ja nicht nur drei Jahre weniger Beiträge gezahlt, sondern auch drei Jahre länger Rente bezogen.*

- *Dass **Hausfrauen und Mütter** hinsichtlich ihrer Rentenansprüche benachteiligt sind, gibst du zu. Immerhin hat das Rentenreformgesetz die Anerkennung von Kindererziehungszeiten und Pflegezeiten verbessert. Verbesserungen können nur stufenweise vollzogen werden.*

- *Die **Anpassung der Renten an das Nettoarbeitseinkommen** ist der Beitrag der Rentner an der Verteilung der finanziellen Belastungen. Die Renten wachsen nur etwas langsamer.*

- *Die **Beitragssätze** müssen so festgesetzt werden, dass sie die Ausgaben für die laufenden Renten decken. Dieses Prinzip ist der alten Familiensolidarität nachempfunden: Die Jungen sorgen für die Alten und erwerben sich damit den Anspruch, dass auch für sie gesorgt wird, wenn sie einmal alt sind. Die Regelungen der Rentenreform (z. B. Anhebung der Altersgrenze) mindern den Anstieg der Beitragssätze.*

- ***Die Rente sichert den Lebensstandard!** Die Rente eines Durchschnittsverdieners beträgt nach 45 Versicherungsjahren rund 70% des durchschnittlichen Nettoeinkommens. Das ist viel. Alle müssen in Zukunft den Gürtel enger schnallen! Wer weniger Rente ausbezahlt bekommt, als er eingezahlt hat, muss doch sehen, dass es sich hier um ein Sozialsystem handelt, dessen Ziel eine gerechtere Verteilung von Einkommen ist. D. h. man braucht einen Etat, um ihn denjenigen zukommen zu lassen, die nicht genug in die gRV einzahlen konnten.*

- *Deiner Ansicht nach gibt **es keine sinnvolle Alternative zur gRV**. Die gRV muss nur Schritt für Schritt an die veränderten gesellschaftlichen Bedingungen angepasst werden, so wie es mit der Rentenreform geschehen ist. Man darf nicht vergessen, dass die Rente für die Mehrheit die einzige Einkommensquelle im Alter ist.*

Rollenkarte Barbara

Du bist Barbara, 38 Jahre alt, Journalistin und seit kurzer Zeit als freie Mitarbeiterin beim Kölner Stadt-Anzeiger tätig. Du fühlst dich herausgefordert, in der Cafeteria die Interessen der Frauen zu vertreten.

- Deiner Ansicht nach muss auf die soziale Ungleichbehandlung der Frauen in der gRV aufmerksam gemacht werden: **Die Alterssicherung der nicht erwerbstätigen Hausfrau und Mutter ist mehr als ungenügend.** Die anerkannten Zeiten sind zu kurz, deren Bewertung ist zu niedrig. Das liegt an der Lohn- und Beitragsbezogenheit der gesetzlichen Rente. Es wird immer nur dann eine Rentenleistung fällig, wenn sozialversicherungspflichtige Beschäftigung ausgeübt wurde. Damit stehen all diejenigen außen vor, die zwar tagtäglich ihre Arbeit leisten und damit indirekt erheblich zum Funktionieren der gesetzlichen Rentenversicherung beitragen, aber keiner rentenversicherungspflichtigen Tätigkeit nachgehen. Das betrifft in erster Linie also die Mütter und insgesamt die Frauen. Darüber hinaus erhält die Frau im Falle des Todes ihres Mannes als Witwenrente nur 60% der Vollrente des Mannes.
- Mit der **Anhebung der Altersgrenze** wird das einzige wirkliche Zugeständnis, das es an Frauen gegeben hat, abgebaut. Dabei sollte laut Bundesverfassungsgerichtsurteil vom 12. 3. 1975 in der Rentenversicherung bis 1984 der Grundsatz der Gleichbehandlung von Mann und Frau verwirklicht werden. Der Gedanke, eine gesetzliche Rentenversicherung zu gründen, entspricht doch einem sozialen Anliegen. Das geltende Prinzip, in der gRV eine bestimmte Äquivalenz zwischen Beitrags- und Rentenhöhe aufrecht zu erhalten, wird nicht nur ihrem sozialen Anliegen nicht gerecht, sondern macht sie zu einer „schichtenspezifischen Sicherungseinrichtung"! Dabei sollte doch eigentlich ein sozialer Ausgleich in der Weise erfolgen, dass die Verdiener hoher Einkommen auf einen Teil der ihnen zustehenden Renten zugunsten derjenigen verzichten, deren Einkommen zu niedrig waren.
- Außerdem ist die **gRV zu teuer** und nicht zu finanzieren. Das sieht man an den ständig steigenden Beitragssätzen. Das System der gRV kann, so wie es ist deiner Ansicht nach sowieso nicht erhalten bleiben.
- Du plädierst für den Mut zur radikalen Systemänderung und schlägst eine **Volksversicherung** vor: An die Stelle verschiedener Altersversicherungen wie Beamtenpensionen oder die Rentenversicherung der Bergleute sollte eine **Alterssicherung für alle Staatsbürger** treten! Alle Erwerbstätigen werden beitragspflichtig gemacht, allen Mitgliedern des Kollektivs wird eine **staatliche Grundversorgung** gewährleistet.

Beobachterkarte
- Welche Argumente setzen sich durch?
- Welche Argumente werden beiseite geschoben oder nicht beachtet?
- Gelangen die Diskussionsteilnehmer zu einer gemeinsamen Lösung?
- Welcher Beitrag wird zur Problemlösung aufgegriffen?

BAföG

Ein anderer Bestandteil des Netzes der sozialen Sicherung ist die staatliche Ausbildungsförderung, kurz BAföG genannt.

Jede Ausbildung bringt finanzielle Belastungen mit sich. Das Bundesausbildungsförderungsgesetz (BAföG) will im Rahmen seiner Möglichkeiten denjenigen helfen, die aufgrund ihrer finanziellen Situation nicht in der Lage sind, eine ihrer Eignung, Neigung und Leistung entsprechende Ausbildung zu erhalten.

Die Frage, wie diese Hilfe in der Lebenswirklichkeit für Schüler und Studenten konkret aussehen sollte, wurde zu verschiedenen Zeiten unterschiedlich beantwortet. Eingeführt wurde das BAföG 1971 als Zuschuss, d. h. niemand brauchte die erhaltene Hilfe zurückzuzahlen. Doch das änderte sich schon 1974. Ein erster Darlehensanteil wurde eingeführt, später ausgebaut, bis das BAföG 1983 voll auf Darlehen umgestellt war. Dann besserten sich die Zeiten langsam wieder. Wie die Lage der Schüler und Studenten heute aussieht, das werden wir uns auf den folgenden Seiten ansehen.

Dieser Vertiefungsteil kann nur einen Überblick bieten. Detaillierte Auskünfte über diese Fragen erhaltet ihr beim Amt für Ausbildungsförderung.

BAföG – das sollte jeder wissen

Die Bedarfssätze nach dem BAföG (1995)		
Ausbildungsstätte	**bei den Eltern wohnend** **alte/neue Bundesländer**	**nicht bei den Eltern wohnend** **alte/neue Bundesländer**
1. weiterführende allgemein bildende Schulen, Berufsfachschulen, Fach- und Fachoberschulen (ohne abgeschlossene Berufsausbildung)	keine Förderung	615 DM/560 DM
2. zumindest zweijährige Berufsfachschul- und Fachschulklassen (ohne abgeschlossene Berufsausbildung)	345 DM/320 DM	615 DM/560 DM
3. Abendhaupt- und Abendrealschulen, Berufsaufbauschulen, Fachoberschulen (mit abgeschlossener Berufsausbildung)	615 DM/580 DM	740 DM/635 DM
4. Fachschulen (mit abgeschlossener Berufsausbildung), Abendgymnasium, Kollegs	625 DM/580 DM	785 DM/635 DM
5. höhere Fachschulen, Akademien, Hochschulen	670 DM/625 DM	830 DM/680 DM

Zu 1): Förderung wird nur geleistet, wenn eine entsprechende zumutbare Ausbildungsstätte von der Wohnung der Eltern aus nicht erreichbar ist.

Zu 2): Förderung wird nur geleistet, wenn in einem zumindest zweijährigen Bildungsgang ein berufsqualifizierender Abschluss vermittelt wird, andernfalls gilt Fußnote 1. Ein Schüler, der eine der in Nummern 1 bis 3 genannten Schulen besucht, erhält nur dann Förderung, wenn a) von der Wohnung der Eltern aus eine entsprechende zumutbare Ausbildungsstätte – z. B. wegen der Entfernung nicht erreichbar ist, b) er einen eigenen Haushalt führt und verheiratet ist oder war c) er einen eigenen Haushalt führt und mit mindestens einem Kind zusammenlebt.

- Schüler und Studenten, die nicht bei den Eltern wohnen und besonders hohe Mietbelastungen haben, erhalten einen erhöhten Förderungsbetrag.

- Praktikanten erhalten während des Praktikums den gleichen Förderungsbetrag, der für den Schultyp gezahlt wird, für den das Praktikum Pflicht ist.
- Schüler und Studenten, die bei Beginn des Ausbildungsabschnitts bereits das 30. Lebensjahr vollendet hatten, können grundsätzlich nicht gefördert werden.
- Auskunft über Ausnahmen von der Altersgrenze
- insbesondere für Absolventen des zweiten Bildungsweges, bei Erkrankung, mindestens achtjähriger Dienstverpflichtung als Soldat oder bei späterem Ausbildungsbeginn nach Zeiten der Kindererziehung – erteilt jedes Amt für Ausbildungsförderung.

Welche Förderungsarten gibt es?

Die Förderung wird für Schüler als Zuschuss, für Studierende der höheren Fachschulen, Akademien und Hochschulen zur Hälfte als **Zuschuss** und zur Hälfte als **Darlehen** geleistet.

Wird wegen einer Behinderung, einer Schwangerschaft oder der Pflege und Erziehung eines Kindes bis zu fünf Jahren Ausbildungsförderung über die Förderungshöchstdauer hinaus geleistet, so wird der über die Förderungshöchstdauer hinaus geleistete Betrag als Zuschuss gewährt.

Wie lange wird Ausbildungsförderung gezahlt?

Im Regelfall werden **Schüler** gefördert, solange sie die Ausbildungsstätte besuchen. Dies gilt auch, wenn eine Klasse wiederholt werden muss. Eine zweite Wiederholung wird nur bei Vorliegen besonders schwerwiegender Gründe gefördert. Förderung wird auch in der unterrichtsfreien Zeit geleistet ...

Die Dauer der Förderung für **Studierende** an höheren Fachschulen, Akademien und Hochschulen richtet sich nach der gewählten Fachrichtung.

Als **Faustregel** gilt: Die Förderungshöchstdauer setzt sich zusammen aus der Mindeststudienzeit zuzüglich ggf. eines Examenssemesters und eines weiteren Semesters zur freieren Studiengestaltung. Letzteres wird beim Besuch von Fachhochschulen nicht gewährt. Bei Studiengängen mit einer festgesetzten Regelstudienzeit gilt grundsätzlich diese als Förderungshöchstdauer. In besonderen Fällen wird Ausbildungsförderung über die Förderungshöchstdauer hinaus geleistet, z. B. bei Krankheit, Schwangerschaft oder Pflege und Erziehung eines Kindes bis zu fünf Jahren.

Fachrichtungswechsel

Förderung erfolgt nur, wenn ein **wichtiger Grund** für den Wechsel besteht, z. B. bei mangelnder intellektueller, psychischer oder körperlicher Eignung ... Der Wechsel oder der Abbruch muss unverzüglich erfolgen.

Die Wahl des Studienfachs muss also gut überlegt werden. Sofern ein Wechsel beabsichtigt ist, auf jeden Fall **vorher das Amt für Ausbildungsförderung fragen.**

Wird der Auszubildende zu seinem Wunschstudium nicht zugelassen (z. B. Numerus clausus) und will er deshalb zunächst ein Alternativstudium („Parkstudium") aufnehmen, sollte er sich unbedingt **vorher beim Amt** für Ausbildungsförderung informieren ...

Allgemein ist bei einem Fachrichtungswechsel zu beachten, dass die Anforderungen an den wichtigen Grund mit zunehmender Dauer der zunächst begonnenen Ausbildung steigen. Ist diese bereits weit fortgeschritten, so wird ein wichtiger Grund für den Wechsel regelmäßig nicht mehr anerkannt.

Es gilt folgende „**Faustregel**":

Zeitlich unproblematisch ist der Wechsel im Allgemeinen dann, wenn er innerhalb der ersten zwei Semester des zunächst begonnenen Studiums vollzogen wird. Bei einem „Parkstudium" muss der Wechsel zum zulassungsbeschränkten „Wunschstudium" spätestens bis zum Ende des vierten Semesters erfolgen.

(aus: BAföG '95/96, Gesetz und Beispiele, Stand: Oktober 1995, herausgegeben vom Bundesminister für Bildung, Wissenschaft, Forschung und Technologie, Referat Öffentlichkeitsarbeit)

1 Löst bitte die folgenden Fälle auf der Grundlage der auf Seite 226 und 227 abgedruckten gesetzlichen Regelungen.

Andreas geht in die 10. Klasse eines Gymnasiums. Weil seine Eltern Schausteller sind, kann er während der Schulzeit nicht bei ihnen wohnen. Die hierdurch entstehenden Kosten belasten die Eltern sehr, da sie nicht viel verdienen. Andreas fragt sich, ob er BAföG erhalten würde und ob er dieses gegebenenfalls zurückzahlen müsste.

Inka ist 32 Jahre alt und arbeitet als ungelernte Verkäuferin. Jetzt möchte sie gerne ihre damals abgebrochene Schulausbildung fortsetzen und die Abendrealschule besuchen, um ihre beruflichen Chancen zu verbessern. Sie denkt, dass es nun höchste Zeit dafür ist. Ihre Pläne lassen sich aber nur verwirklichen, wenn sie BAföG erhalten könnte.

Mirka geht in die 11. Klasse. Sie möchte gern ihr Abitur machen, will aber unbedingt von zu Hause ausziehen, weil sie die ewigen Streitereien in der Familie nicht mehr aushält. Sie denkt, dass eine räumliche Trennung von ihren Eltern auch ihren Leistungen in der Schule zugute käme. Das ist ganz besonders deswegen wichtig, weil ihr gewünschtes Studienfach einen Numerus clausus hat. Ihre Eltern sind grundsätzlich mit ihren Plänen einverstanden, machen ihre Erlaubnis jedoch davon abhängig, ob Mirka BAföG erhält.

Sabine studiert Germanistik. Sie erhält BAföG und hat alle Scheine in der vorgeschriebenen Mindeststudienzeit gemacht. Bevor sie sich zum Examen meldet, möchte sie jetzt 2 Semester lang ihre wissenschaftlichen Kenntnisse erweitern und Seminare besuchen, zu denen sie bislang keine Zeit hatte. Sie denkt, dass ihr das BAföG weiter gezahlt werden müsste, da ihr Wunsch den Vorstellungen von einem wissenschaftlichen Studium entspricht.

Eva wohnt bei ihren Eltern und muss nun die 10. Klasse einer Abendrealschule wiederholen. Sie fragt sich, ob ihr das BAföG nun gestrichen wird.

Martina ist Sportstudentin im 2. Semester. Nach einer schweren Knieoperation rät ihr der Arzt dringend zu einem Fachwechsel. Martina überlegt, ob ihr dann nicht das BAföG gestrichen wird, auf das sie angewiesen ist.

Klaus erhält BAföG und möchte gerne Medizin studieren. Da sein Abitur jedoch schlecht ausgefallen ist, muss er wegen des Numerus clausus auf Medizin mit einer langen Wartezeit rechnen. Als Parkstudium wählt er Pharmazie. Nach 4 Jahren wird er endlich für Medizin zugelassen. Jetzt will Klaus das Studienfach wechseln, da er sich zum Arzt berufen fühlt. Wird Klaus auch für sein Medizinstudium BAföG erhalten?

Rebecca ist Studentin. Wegen der Schwangerschaft und der Erziehung eines Kindes schafft sie es nicht, ihr Studium innerhalb der Förderungshöchstdauer abzuschließen. Rebecca fragt sich nun, ob ihr das BAföG jetzt gestrichen wird und wenn nicht, ob sie das Geld für diesen verlängerten Zeitraum zurückzahlen muss.

Ralfs Eltern sind Binnenschiffer. Ralf geht in die 10. Klasse und erhält Schüler-Bafög. Demnächst wird er ein von der Schule organisiertes Praktikum absolvieren. Jetzt fragt er sich, ob ihm in dieser Zeit das BAföG gestrichen werden wird.

Max hat die für sein Fach vorgeschriebene Mindeststudienzeit überschritten. Er meint, dass ihm trotzdem BAföG weitergezahlt werden müsste, da die festgesetzte Mindeststudienzeit von kaum einem Studenten eingehalten werden könne.

1 Sind die einzelnen gesetzlichen Regelungen des BAföG gerecht? Begründet eure Meinung an den Beispielen der von euch gelösten Fälle!

Einkommensverhältnisse und BAföG
Wie werden die BAföG-Leistungen berechnet?

Die Berechnungsgrundlage für die Höhe der Leistungen ist in den meisten Fällen das Einkommen der Eltern des Antragstellers. Nach dem Gesetz ist das Einkommen des Auszubildenden, seines Ehegatten und seiner Eltern in dieser Reihenfolge anzurechnen.

Das Bundesausbildungsförderungsgesetz geht davon aus, dass die Unterhaltsverpflichteten zunächst für den Unterhalt und die Ausbildung ihrer Kinder bzw. Ehepartner aufkommen. Aber diese Belastung muss zumutbar bleiben. Bei der Einkommensanrechnung im Rahmen des BAföG geht es grundsätzlich darum, aufgrund von pauschalierten Freibeträgen für die eigene soziale Sicherung der Eltern bzw. des Ehegatten zu ermitteln, inwieweit von den Unterhaltspflichtigen ein Beitrag für die Ausbildung erwartet werden kann. Liegt das Einkommen z. B. der Eltern unter diesen Freibeträgen, wird der Bedarf des Auszubildenden voll durch die Förderung gedeckt (BAföG Höchstsatz). Übersteigt das Einkommen die Freibeträge bis zu einer bestimmten Grenze, wird die Unterhaltsleistung der Eltern durch die Förderung bis zur Höhe des gesetzlichen Bedarfs aufgestockt (Teil-Bafög).

Ein Auszubildender, dessen Eltern die von ihnen nach dem BAföG aufzubringenden Leistungen verweigern, und der noch keine Ausbildung berufsqualifizierend abgeschlossen hat, kann Ausbildungsförderung als Vorausleistung erhalten. In diesem Fall geht der Unterhaltsanspruch des Auszubildenden gegen die Eltern bis zur Höhe der vorausgeleisteten Aufwendungen auf das jeweilige Bundesland über, das dann die Eltern auf Erstattung in Anspruch nimmt. Die Auseinandersetzung wird nicht vom Auszubildenden, sondern vom Amt für Ausbildungsförderung geführt.

Welches Einkommen wird angerechnet?

Berechnungsgrundlage ist in aller Regel die Summe der positiven Einkünfte. Bei „**Einkommen im Sinne des BAföG**" handelt es sich weder um das monatliche Brutto- noch Nettoeinkommen. Vom Bruttoeinkommen werden Steuern und Aufwendungen für die soziale Sicherung abgezogen. Bei selbst genutzten Eigentumswohnungen und Einfamilienhäusern kann außerdem die erhöhte Absetzung nach dem Einkommenssteuergesetz abgezogen werden.

Der **Bewilligungszeitraum** umfasst bei Schülern in der Regel ein Schuljahr, bei Studenten zwei Semester.

Elterneinkommen wird nur ausnahmsweise nicht angerechnet, z. B. bei Besuch eines Abendgymnasiums oder Kollegs, bei Beginn des Ausbildungsabschnitts nach Vollendung des 30. Lebensjahres…

(aus: BAföG '95/96, Gesetz und Beispiele, Stand Oktober 1995, Hrsg. der Bundesminister für Bildung, Wissenschaft, Forschung und Technologie, Referat Öffentlichkeitsarbeit)

Rückzahlung von BAföG-Darlehen

Das Darlehen ist zinslos. 5 Jahre nach dem Ende der Förderungshöchstdauer beginnt die Rückzahlungsverpflichtung. Das Darlehen ist innerhalb von höchstens 20 Jahren zurückzubezahlen. Die monatliche Rückzahlungsminderungsrate beträgt zzt. 200 DM. Wer nach Beginn der Rückzahlungsfrist nicht mehr als DM 1 365 verdient und einen Antrag stellt, braucht keine Rückzahlungen zu leisten. Diese Einkommensgrenze erhöht sich noch, wenn der Ehepartner oder Kinder mitzuversorgen sind.

Darlehensteilerlass: Auf Antrag vermindert sich das Darlehen z. B. für diejenigen, die innerhalb der Förderungshöchstdauer bei ihrer Abschlussprüfung zu den 30 v. H. Leistungsbesten eines Kalenderjahres gehören, um 25%. Wer seine Ausbildung vorzeitig mit Erfolg abgeschlossen hat, erhält einen Teilerlass. Dieser beträgt z. B. 2 000 DM, wenn die Ausbildung mindestens zwei Monate vor Ende der Förderungshöchstdauer abgeschlossen wurde. Das Darlehen vermindert sich auch bei Kindererziehung und -betreuung. Wer während seiner Rückzahlungsverpflichtung ein Kind bis zu 10 Jahren erzieht oder ein behindertes Kind betreut, dem werden die jeweils fällig werdenden Rückzahlungsraten erlassen. Voraussetzung: Das Einkommen des Darlehensnehmers liegt unter dem Freibetrag und die wöchentliche Arbeitszeit übersteigt nicht mehr als zehn Stunden. Wer seine Darlehensschuld ganz oder teilweise vorzeitig ablöst, erhält auf Antrag einen prozentualen Nachlass.

(aus: Der Bundesminister für Bildung und Wissenschaft, BAföG-Darlehen, Merkblatt mit Hinweisen zur Rückzahlung von Darlehen nach dem Bundesausbildungsförderungsgesetz, Stand: Oktober 1995)

1 Löst bitte die folgenden Fälle auf der Grundlage der Informationen von Seite 229!
- **Fabians Vater** hat sich erkundigt: Sein Einkommen liegt leider knapp über den für das BAföG vorgesehenen Freibeträgen. Der Vater sieht sich gezwungen, seinem Sohn den Wunsch, Jura zu studieren, abschlagen zu müssen, weil er nicht weiß, wie er die Kosten für ein Studium alleine aufbringen soll. Fabian ist sehr enttäuscht und überlegt, ob es nicht einen Ausweg gibt.
- **Gudrun** ist Studentin. Ihr Antrag auf BAföG ist genehmigt worden. Einerseits ist sie froh, andererseits macht sie sich Sorgen, nach dem Examen vor einem „Berg" Schulden zu stehen. Wann wird die Rückzahlung des Darlehens beginnen? In welchem Zeitraum ist das Darlehen abzulösen? Wird sie teure Zinsen bezahlen müssen? Wie hoch werden die Raten sein? Wäre eine schnelle Rückzahlung günstiger?
- **Ralf** war nicht der Beste, er hat sein Examen mit ausreichend bestanden, aber er war schnell, 3 Monate vor Ende der Förderungshöchstdauer hat er sein 1. Staatsexamen in Jura gemacht. Er meint, dass ihm dafür eigentlich auch ein Bonus hinsichtlich der Rückzahlung seines BAföG-Darlehens zusteht.

2 Beantwortet und diskutiert bitte folgende Fragen auf der Grundlage aller Informationen, die ihr zur BAföG-Gesetzgebung bekommen habt:
– Welche Bedingungen sind entscheidend, um BAföG zu erhalten?
– Was fördert die BAföG-Gesetzgebung und was nicht?
– Das BAföG ist ein Teilbereich der sozialen Sicherung: Worin besteht das Soziale am BAföG?

BAföG: Lebensunterhalt für viele Studenten

Die Summe der monatlichen Ausgaben

Zur Bereitstellung des Lebensunterhalts geben Studierende in den alten Ländern im Monat durchschnittlich 1 231 DM aus, in den neuen Ländern 847 DM. Ausgehend von den monatlichen Ausgaben im Jahr 1991 (alte Länder: 1 086 DM; neue Länder: 581 DM) haben Studierende 1994 in den alten Ländern um gut 13% und in den neuen Ländern um knapp 46% höhere Ausgaben. Dagegen haben sich die Lebenshaltungskosten aller privaten Haushalte im gleichen Zeitraum um 11,6% in den alten Ländern und um 35,4% in den neuen Ländern erhöht.
Hauptsächlich ist die Steigerung der studentischen Lebenshaltungskosten auf höhere Mietausgaben zurückzuführen.

*Sonstiges umfaßt Ausgaben für eigene Krankenversicherung, Telefon und Porto, Hobby u.a.m.

Monatliche Ausgaben der Normalstudenten 1994

	alte Länder 1231 DM	neue Länder 847 DM
Sonstiges*)	253	159
Lernmittel	61	48
Fahrtkosten	118	118
Kleidung/Wäsche/Körperpflege	111	95
Ernährung	273	215
Miete	415	212

(aus: Das soziale Bild der Studentenschaft in der Bundesrepublik Deutschland, herausgegeben vom Bundesministerium für Bildung, Wissenschaft, Forschung und Technologie, Bonn 1995)

1 Stellt euch jetzt vor, ihr seid ein solcher Normalstudent des Sommersemesters 1995/96. Die Ausgabenliste (S. 230 unten) ist die eure. Ihr studiert in den alten Bundesländern und erhaltet den BAföG-Höchstsatz von 830,– DM. Darüber hinaus erhaltet ihr den maximalen Mietzuschuss von 75,– DM. Als BAföG-Student dürft ihr nebenbei maximal 320,– DM im Monat verdienen. So ein Nebenjob hat jedoch Konsequenzen …

2 Aufgrund der inzwischen in Ost und West angestiegenen Preise ist mit höheren Ausgaben zu rechnen.

Stellt jetzt selbst eine aktuelle Kostenliste für Schüler und/oder Studenten in eurer Stadt auf und informiert euch, welche Kosten realistischerweise jeweils veranschlagt werden müssen, z. B. Mietkosten im Vergleich Studentenwohnheim und freier Wohnungsmarkt. Ihr könnt euch bei den zuständigen Ämtern erkundigen, aber auch Schüler bzw. Studenten eurer Stadt über ihre Lebenssituation interviewen. Erkundigt euch auch, wie hoch der aktuelle BAföG-Satz ist. Wenn ihr die Informationen gesammelt und ausgewertet habt, könnt ihr die Grafik (S. 230 unten) aktualisieren.

3 Diskutiert in eurer Klasse, ob die gewährten BAföG-Sätze realistisch sind oder nicht!

Aus einer Broschüre des Bundesministeriums für Bildung und Wissenschaft

Das BAföG hat sich als fester Bestandteil des Netzes der sozialen Sicherung etabliert. Es hat wesentlich dazu beigetragen, dass Kindern aus einkommensschwächeren Familien der Weg zu weiterführenden Ausbildungen und zum Studium eröffnet wurde.

(aus: Presse INFO, Bundesministerium für Bildung und Wissenschaft, 20 Jahre BAföG, Bonn 1991)

Mit rund 50 Milliarden DM haben Bund (65 Prozent) und Länder (35 Prozent) in den zurückliegenden Jahren einen wesentlichen Beitrag zur Chancengleichheit im Bildungswesen geleistet. 1990 erhielten in den alten Ländern mehr als 430 000 Schüler und Studenten Förderungsleistungen. Im Jubiläumsjahr 1991, in dem erstmals mehr als 4 Milliarden DM für die Ausbildungsförderung ausgegeben werden, sind die neuen Länder in die Förderung einbezogen worden. Ortleb rechnet daher mit einer Steigerung der Gefördertenzahl im gesamten Bundesgebiet auf rund 600 000. Der Bundesbildungsminister will auch in Zukunft an den bewährten Prinzipien der Förderung festhalten:

Eine Steigerung der Bildungsentscheidung junger Menschen über das Portmonee wird es auch in Zukunft nicht geben. Der Bundesminister wandte sich gegen Stimmen, die angesichts steigender Studentenzahlen in der Vergangenheit wiederholt restriktivere Förderungsvorschriften gefordert haben. „Mit dem BAföG soll denjenigen geholfen werden, die aufgrund ihrer wirtschaftlichen Situation nicht in der Lage sind, eine ihrer Eignung, Neigung und Leistung entsprechende Ausbildung zu finanzieren", sagte der Bundesbildungsminister. Diese Zielsetzung habe Verfassungsrang. Es sei Aufgabe des sozialen Rechtsstaates, trotz erhebli-cher sozialer Unterschiede, jungen Menschen beim Start in das Berufsleben möglichst vergleichbare Chancen zu verschaffen. „Der hohe Stellenwert der Gleichheit der Bildungschancen muss erhalten bleiben."

(aus: Bundesministerium für Bildung und Wissenschaft [Hrg.], Information Bildung Wissenschaft: Zwanzig Jahre Bundesausbildungsförderungsgesetz, Bonn 1991)

---

1 Überlegt euch, ob das BAföG seiner Zielsetzung entspricht oder nicht!

2 Sollte der Staat eurer Ansicht nach an dieser Stelle Einsparungen vornehmen oder sollte er großzügigere Zahlungen gewähren?

Bedenkt bei der Beantwortung der Frage, dass die finanzielle Belastbarkeit des Staates Grenzen hat und die Interessen anderer bedürftiger Gruppen wie z. B. der Sozialhilfeempfänger, der Arbeitslosen und der kinderreichen Familien auch berücksichtigt werden müssen.

Berufsstart mit 70 000,– DM Schulden

Mit einem Schock gingen die Studenten im Juli 1995 in die Semesterferien. In Zukunft sollen BAföG-Empfänger Zinsen für die monatliche Unterstützung vom Staat berappen. Der Schuldenberg, den die BAföG-Empfänger bis zum Ende ihres Studiums ohnehin schon auftürmen, wird dadurch noch größer.

Bundesbildungsminister Jürgen Rüttgers will den Darlehensanteil durch ein verzinsliches, privatrechtliches Bankdarlehen ersetzen. Das heißt, dass nicht mehr der Staat, sondern eine beauftragte Bank – etwa die Deutsche Ausgleichsbank – den Studentinnen und Studenten die Hälfte des BAföG wie einen ganz normalen Kredit berechnet.

(aus: Unicum, 10/95)

Die neue Regelung, die nach dem Willen der Bundesregierung im Herbst 1996 in Kraft treten soll, ist auf heftige Kritik gestoßen. Nahezu alle Länder, die SPD-Bundestagsfraktion, das Deutsche Studentenwerk und die Gewerkschaft Erziehung und Wissenschaft etc. lehnen die Pläne der Bundesregierung ab.

Organisiert in eurer Klasse eine Pro und Contra Diskussion zum Thema Bankdarlehensmodell: Teilt eure Klasse in 2 Gruppen (Pro und Contra) auf. Jeder Schüler liest die seinem Standpunkt entsprechende Argumentationskarte genau und überlegt sich weitere eigene Argumente, die seine Position unterstützen könnten. Dazu habt ihr 15 Minuten Zeit. Bevor ihr anfangt, müsst ihr noch einen Diskussionsleiter bestimmen. Die Dauer eurer Diskussion sollte 15 Minuten nicht überschreiten. Ziel der Diskussion ist es, dass möglichst alle Argumente angesprochen werden. Ihr sollt versuchen, die Argumente der gegnerischen Partei zu entkräften. Vielleicht gelingt es euch sogar, einzelne Mitglieder zu überzeugen.

Argumentationskarte Pro

Die Verzinsung des Darlehensanteils wird keinen Abschreckungseffekt auf künftige Studierende haben. In der Förderungszeit und einer 4-jährigen Karenzzeit vor Beginn der Rückzahlung trägt der Staat die Zinsen des Bankdarlehens. Es wird demnach keine negativen Auswirkungen auf die wirtschaftliche Situation des Auszubildenden geben. Erst vom Beginn der Rückzahlung an wird der Auszubildende durch Zinsen an der Finanzierung der Förderungsmittel beteiligt. Er hat daher erst von einem Zeitpunkt an, in dem er regelmäßig bereits eine berufliche Existenz begründet hat, Zins und Tilgung zu tragen.

Beispiel: Vollförderung 11 Semester: Darlehensbetrag 34 497 DM. Rückzahlung bisher: 13 Jahre und 4 Monate lang 200 DM. Rückzahlung künftig: 20 Jahre lang 299 DM (Gesamtsumme: 71 850 DM)

Der einzelne Auszubildende wird durch die massive Anhebung der Bedarfssätze und Freibeträge (ungefähr 6%), die erst durch die Umstellung finanzierbar wird, eine deutlich höhere Förderung erhalten.

Es wird von einem variablen Geldmarktzins ausgegangen, der sich zzt. bei etwa 4,55% bewegt, also deutlich unter dem bisher genannten Zinssatz liegt. Es ist zudem vorgesehen, den Darlehensnehmern in der Rückzahlungsphase ein Wahlrecht zu eröffnen, sodass sie bei günstigen Marktzinsen eine langfristige Festschreibung dieser Zinsen vereinbaren können. Zu den Geldmarktzinsen müssen noch zusätzlich 1% Verwaltungskosten gezahlt werden. Eine wesentliche Steigerung des Zinssatzes kann in einer Hochzinsphase drohen. Die gesetzliche Festschreibung einer Zinsobergrenze ist nicht beabsichtigt.

Argumentationskarte Contra

BAföG reicht hinten und vorne nicht und soll jetzt noch richtig Geld kosten. Schon heute haben viele Studenten Probleme mit der Rückzahlung ihrer BAföG-Darlehen. Mit bis zu 30 000 DM stehen sie nach dem Studium beim Bund in der Kreide.

Das Bankdarlehensmodell hat einen Abschreckungseffekt! Für viele Studierende würde sich durch eine Umstellung auf Bankdarlehen die Rückzahlungsschuld verdoppeln und damit schwer erträgliche Dimensionen erreichen, die vom Studium abschrecken. Das wird vor allem junge Menschen aus Familien mit niedrigem Einkommen treffen.

Beispiel: Vollförderung, 11 Semester: Darlehensbetrag: 34 497 DM. Rückzahlung bisher: 13 Jahre und 4 Monate 200 DM monatlich. Künftig: 20 Jahre lang 299 DM monatlich (Gesamtsumme 71 850 DM).

Wenn ich nach der neuen Regelung mit einem solchen Schuldenberg ins Berufsleben starte, kann ich mir das Studium ja gleich schenken und lieber direkt arbeiten gehen. Existenzgründungen sind damit fast ausgeschlossen. Bei verheirateten BAföG-Empfängern kann eine Gesamtschuld von bis zu 140 000 DM entstehen. Das ist doch eine „Schuldenfalle".

Die Zinsen sind viel zu hoch. Das Zinsrisiko tragen die Studierenden. Derzeit geht man von einem Zinssatz von 8,5% aus. Die gesetzliche Festschreibung einer Zinsobergrenze ist nicht vorgesehen. Es fehlen konkrete Vorschläge für eine „soziale Komponente", etwa Zinserlass bei längerer Arbeitslosigkeit.

Unsere Zukunft: Wie wollen wir sie gestalten?

Jugend und ihre Zukunft

Bei einem Preisausschreiben für Jugendliche, dem Jugendpressepreis 1987 zum Thema „Wie stellst du dir die Zukunft vor", wurden u. a. folgende Beiträge eingereicht.

Du liest etwas, was eigentlich erst in 400 Jahren von mir geschrieben wird, denn ich schreibe dir aus der Zukunft, und was du jetzt lesen wirst, wird in dir den Wunsch erwecken, 400 Jahre später geboren zu sein ...

Es ist zwar nicht so, dass keiner mehr arbeiten muss, doch ich finde, einiges hat sich schon getan: Jeder braucht nur so viel zu arbeiten, wie er will – eigene Arbeitseinteilung . . .

Seit 200 Jahren sind Mars und Venus ebenfalls bewohnt, von Menschen natürlich. Beide wurden mittels Supra-Tachyonen-Mega-Digital-Triebwerken in einjähriger Arbeit auf die Umlaufbahn der Erde gebracht. Die Lebensbedingungen auf Venus & Mars sind nahezu „irdisch".

Ohne diese beiden hätten sich die Menschen auf unserem kleinen, blauen Erdball bald stapeln können. Zwar wurde auf der Erde schon Ende des 20. Jahrhunderts damit angefangen, Wasser-, Raum- und Mondstädte zu bauen, doch als die Anzahl der Menschen kurz vor 50 Milliarden war, kamen „Bruder Mars" und „Schwester Venus" gerade rechtzeitig. Aber die Menschen vermehrten sich unaufhörlich weiter und suchten nach weiteren Auswegen. Glücklicherweise wurde es möglich, ab dem 21. Jahrhundert mit Lichtgeschwindigkeit zu reisen, und tatsächlich wurden im Andromeda- und Pferdekopfnebel weitere bewohnbare Planeten mit meist exotischen Lebensbedingungen entdeckt, die nur darauf warteten, besiedelt zu werden ...

Alles, was Schadstoffe produziert, ist absolut verboten; so wurde also endgültig erreicht, dass die Umweltbelastung gleich Null ist. Die Anwendungsgebiete der Tachyonenenergie sind schier unbegrenzt und bringen höhere Leistungen zustande als die Ex-Brennstoffe, Kohle, Öl und Gas ...

(Autor: Peter Stiller [20 Jahre], abgedruckt in: So stelle ich mir die Zukunft vor. Beiträge zum Jugendpressepreis 1987, o. O., Schneckluth, o. J., S. 123 ff.)

Im Fernsehen geht gerade ein Ratequiz ins Finale. Der Gewinner hat einen Flug zum Mars gewonnen.

Unter allen Gewinnern wird wiederum einmal im Jahr der Hauptpreis verlost: Die Besichtigung eines echten Waldes.

Er setzt seine Atemmaske ab und geht zum Apothekenschrank, um seine vom Staat verordneten Psychopharmaka einzunehmen. Er wirft die Tabletten gegen Platzangst, Verfolgungswahn, Migräne, Krebs und Homosexualität in ein Glas und füllt es zur anderen Hälfte mit Wasser auf . . .

Er versucht, sich vorzustellen, wie es war, als die Menschen noch die Möglichkeit hatten, etwas zu ändern.

Es waren nur ein paar Leute, die verlacht wurden oder ins Gefängnis kamen, damit die Gesellschaft sich ungestört von solchen Irren weiterentwickeln und weiter genießen konnte.

Die Menschen hatten „Natur", was auch immer das gewesen sein mag.

Er stößt mit dem Finger gegen seine Elektrode am Kopf, zuckt jedoch sofort zurück. Dieses Gerät, das vor Jahren zur Pflicht erklärt wurde, hat die Aufgabe, die Gedankengänge zu kontrollieren, und informiert bei falschem Denken den Sicherheitsdienst.

Er muss sich zusammennehmen. So suchen sie sich immer die Terroristen für ihr Fernsehspiel. Sein Sauerstofferzeuger brummt, er muss eine Nachladung beantragen. Manchmal werden diese Anträge auch abgelehnt, wenn jemand als „nicht mehr nützlich" eingestuft wird. Ihm könnte das durchaus passieren. Krachend zerbirst seine Haustür. Grelles Licht blendet ihn.

Kurz darauf fühlt er etwas Warmes seine Stirn herunterrinnen.

Ein Mann, mit einem Mikrofon in der Hand, stellt sich neben ihn.

„Hiermit danken wir unseren Zuschauern für die zahlreiche Teilnahme an diesem Spiel ...“

Tränen laufen über seine Wangen, als er die Augen öffnet.

War es wirklich nur ein böser Traum?

(Autor: Stephan Gabriel [19 Jahre], abgedruckt in: So stelle ich mir die Zukunft vor, a. a. O., S. 127 ff.)

Gemeinsam ist allen das Gefühl der Perspektivlosigkeit in einer Gesellschaft, die ihnen keine Zukunft bieten konnte. NO FUTURE war infolgedessen der Schlachtruf des Punk und damit zugleich der totale Anspruch an das Heute. „Die Punks schauten sich um. Sie sahen die Arbeitslosigkeit. Die öde Zukunft, die ihnen in einer Industriegesellschaft offen steht, die ständig frisches Futter für ihre Fabriken und Werkhallen verlangt und als Alternative nur die nervende Routine des Schlangestehens vor dem Arbeitsamt bietet; sie sahen die Gewalttätigkeit, die von der Langeweile in der Isolation der Wohnsiedlungen/Schlafstädte, in den Hochhausblöcken genährt wird, in die ihre Familien in den sechziger Jahren gepresst wurden." (Allan Jones: Punk – die verratene Revolution.) Die Punks schufen sich nicht … ihre kleinen privaten Idyllen, sie zogen sich nicht vor der Brutalität der Umwelt zurück, sondern bekannten sich voll dazu. Grün gefärbte Haare, Sicherheitsnadeln, Plastikkleidung, Plastikschuhe … Widerspiegelung und teilweise ironische Überspitzung der Plastikwelt, in der wir leben und in der auch Menschen wie Waren gehandelt werden.

(aus: Bartnik, Norbert und Bordon, Frieda, Keep on rockin! Rockmusik zwischen Protest und Profit, Weinheim und Basel, Beitz, 1981, S. 74 f.)

keine atempause geschichte wird gemacht es geht voran. spacelabs fallen auf inseln vergessen macht sich breit es geht voran. berge explodieren schuld der präsident es geht voran. graue b-film-helden regieren bald die welt es geht voran.

(Liedtext „ein jahr [es geht voran]" der Punk-Gruppe Fehlfarben)

Einschätzung des Eintritts bestimmter Ereignisse in der Zukunft nach Geschlecht (Angaben in %)

Ereignis	Jungen	Mädchen	Jugendliche gesamt	Erwachsene gesamt
Technik und Chemie werden die Umwelt zerstören	71	77	74	55
Die Welt wird in einem Atomschlag untergehen	33	44	39	23
Wir werden einen wirtschaftlichen Aufschwung erleben	44	39	41	46
Es wird gelingen, die Umweltprobleme zu lösen	36	30	33	58
Die wirtschaftliche Krise wird sich verstärken	59	70	65	50
Es wird immer weniger Arbeitsplätze geben, noch mehr Menschen werden arbeitslos werden	72	75	74	70
Es wird für alle einen angemessenen Arbeitsplatz geben, die Arbeitslosigkeit wird verschwinden	10	9	10	13

aus: Jugendliche + Erwachsene '85. Generationen im Vergleich. Band 1: Biographien, Orientierungsmuster, Perspektiven, Opladen, Leske + Budrich, 1985, S. 118)

Mit realistischem Optimismus in die Zukunft

Obwohl die Zufriedenheit der Jugendlichen mit ihrer momentanen Situation nicht in dem Maße gestiegen ist wie in den Vorjahren, blicken sie jedoch auch 1992 zu 54% eher zuversichtlich und optimistisch in ihre persönliche Zukunft (1990: 55%). Während der Anteil der Zuversichtlichen in den alten Bundesländern von 60% auf 56% leicht gefallen ist, stieg die Zahl der Zuversichtlichen im Osten Deutschlands von 41% (1990) auf 47% an.

(aus: Institut für Empirische Psychologie [Hrg.], Die selbstbewusste Jugend. Orientierungen und Perspektiven 2 Jahre nach der Wiedervereinigung. Die IBM-Jugendstudie '92, Köln, Bund-Verlag, 1992, S. 73)

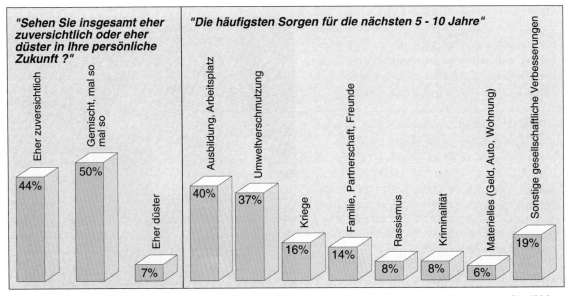

(aus: „Wir sind o. k.!" Stimmungen und Einstellungen, Orientierungen der Jugend in den 90er Jahren. Die IBM Jugendstudie, Köln, Bund-Verlag, 1995, S. 156 und 158)

Zukunftsprognosen scheinen unter bestimmten Voraussetzungen möglich zu sein. Im Jahre 1889 schrieb Jules Vernes seinen Roman „Ein Tag eines amerikanischen Journalisten im Jahr 2889", in dem er einige technische Entwicklungen vorhersagte. Hier eine Auswahl:

Ein Tag eines amerikanischen Journalisten im Jahr 2889 (verfasst 1889)

300 Meter hohe Wolkenkratzer mit Klimaanlage	um 1930 realisiert
Unterwasser-Rohrpostleitung	nicht realisiert
Stromerzeugung ohne Maschinen oder Batterien	nicht realisiert, gemeint: Elektrizität der Umwelt
Licht ohne Flamme und Verbrennung	Leuchtröhren um 1900
Geschwindigkeit der Aero-Cars 600 km/h	1934 erreicht
Mond wird umgedreht, um die Rückseite zu sehen	unmöglich, aber Satellitenaufnahmen der Rückseite
automatischer Pulsmesser	in den fünfziger Jahren realisiert
elektrische Rechenmaschine	Computer
Farbfotografie (erst zum Jahr 2000 vorhergesagt)	1900 erfunden
Bazillen, die den Menschen unsterblich machen	nicht realisiert
Wolken als Projektionsfläche für Werbung	Experimente um 1960, keine Anwendung
drei Kilometer lange Teleskope	als Radioteleskop größerer Basislänge realisiert
Häuser werden durch Röhren mit Speisen versorgt	nicht realisiert
Ersatz eines „alten" Magens durch einen neuen	Organtransplantation
„sprechende" Zeitung	ähnlich: Radionachrichten

Um zu zeigen, dass eine perfekte Vorhersagemethode unmöglich ist, nehmen wir an, wir besäßen den leistungsfähigsten Computer, den man sich vorstellen kann … Wir wollen an diesem Computer ein Lämpchen installieren und es so einrichten, dass es jedes Mal erlischt, wenn der Computer das Wörtchen „JA" auf dem Bildschirm erscheinen lässt, und immer dann aufleuchtet, wenn er ein „NEIN" schreibt. Zu Beginn leuchtet das Lämpchen. Nun fordern wir die Maschine auf, uns zu sagen, ob das Licht zu einem bestimmten Zeitpunkt in der Zukunft – sagen wir in hundert Jahren – leuchten wird. Es ist offensichtlich, dass die Maschine keine richtige Antwort geben kann. Wenn sie „JA" sagt, geht das Licht aus; sagt sie „NEIN", bleibt es an. In beiden Fällen macht die Maschine die falsche Vorhersage.

Schon bei der Wettervorhersage, die inzwischen wegen der Leistungsfähigkeit der größten Computer im Bereich weniger Tage einigermaßen verlässlich ist, stellt sich ein grundsätzliches Problem, der „Schmetterlingseffekt". Da das Wetter sich prinzipiell chaotisch verhält, kann ein Luftwirbel, der vom Flügelschlag eines Schmetterlings in China verursacht wird, Auslöser eines Hurrikans sein, der Wochen später über der Karibik tobt.

(aus: Casti, John L., Szenarien der Zukunft, Stuttgart, Klett-Cotta, 1992, S. 47 f.)

(Autorentext)

Es gibt nicht **die** Zukunft. Viele verschiedene Zukünfte sind vorstellbar, vom Glauben an technische Wunder bis zur Vorstellung der Zukunftslosigkeit reichen die Möglichkeiten. Zukunft lässt sich prinzipiell nicht vorhersagen. In diesem Kapitel geht es um Versuche, auf die möglichen Zukünfte Einfluss zu nehmen. Denn welche der möglichen Zukünfte Wirklichkeit wird, ist auch von uns abhängig.

Zunächst sollen deshalb eure Ideen, Vorstellungen, Fantasien in einer „Zukunftswerkstatt" im Mittelpunkt stehen. In einem weiteren Schritt sollen Verfahren der Voraussage von Trends erprobt werden. Schließlich werden mit der Methode des Szenarios Zukünfte in der Breite ihrer Möglichkeiten betrachtet.
In der Vertiefung werden dann verschiedene politische Implikationen von Zukunft betrachtet.

Mittel zum Umgang mit Zukünften

Zukunftswerkstätten

Man spricht in der Zukunftsforschung nicht mehr von „Zukunft" in der Einzahl, sondern von „Zukünften". Damit meint man: Es gibt niemals eine einzige, sicher voraussehbare Zukunft. Es gibt zahlreiche Zukünfte (wenn auch nicht unbegrenzt viele), zwischen denen wir wählen, die wir selber weitgehend beeinflussen, ja gestalten können.

> Die Utopie, die wir bisher kennen, ist fast ausnahmslos das gedankliche Produkt Einzelner oder weniger. Auch wenn diese Wenigen, wie das meist der Fall ist, das Glück der Vielen entwerfen, haben eben diese Vielen daran keinen unmittelbaren Anteil ... Die „Wünsche der Bürger" werden von Eliten formuliert, die die Menschen erst nachträglich für Ideen zu gewinnen versuchen, deren Verwirklichung sie angeblich selber wollen oder wollen sollen ... Es ist höchste Zeit, dass jeder gesellschaftlich engagierte, an der Gestaltung der Zukunft interessierte Mensch seine schöpferischen Vorstellungen in den politischen Prozess einbringen kann ... Die soziale Fantasie darf nicht mehr von Herrschaftsgruppen monopolisiert werden, sondern sollte, aus vielen Köpfen und Herzen kommend, in kommunalen, regionalen, gesamtgesellschaftlichen Konzepten ihren Niederschlag finden.

(aus: Jungk, Robert, Zukunft zwischen Angst und Hoffnung, München, Heyne, 1990, S. 114 f.)

Aus dieser Überlegung von Jungk heraus wurde die Idee der Zukunftswerkstatt entwickelt. Sie soll dazu dienen, eigene Zukunftsvorstellungen, Visionen, Utopien zu entwickeln. Dabei sind Fantasie und Kreativität gefragt. Damit aber die Fantasie zum Zuge kommen kann, müssen bestimmte vielfach bewährte Regeln eingehalten werden.

I. Vorbereitungsphase

Was braucht man?
– einen großen Raum, in dem man sich bewegen kann,
– große Papierbogen zum Aufschreiben von Beiträgen,
– dick schreibende Stifte in vielen Farben,
– Klebeband zum Aufhängen der Rollen,
– Scheren,
– verschieden große Papierblätter, darunter besonders DIN-A4-Blätter,
– eventuell Klebepunkte in verschiedenen Farben.

Was soll das Thema sein?
Wählt ein Thema aus, zu dem ihr eine Zukunftswerkstatt machen wollt. Dieses Thema muss einen zukünftigen Zustand zum Inhalt haben, zum Beispiel: „Wie soll unsere Schule aussehen?", „Wie soll das Verhältnis von Bürgern und Politikern beschaffen sein?", „Straße im Jahr 2020", „Personenverkehr in zwanzig Jahren", „Jugendfreundliche Stadt", „Mann und Frau im Jahr 2020", „Eltern und Kinder in Zukunft".

Zukunftswerkstatt bei der Arbeit

Nachdem das Thema gefunden ist, soll in dieser Phase der gegenwärtige Zustand kritisiert werden: **Was stört euch? Was missfällt euch? Was habt ihr zu kritisieren? Fasst euch kurz, haltet keine Monologe, bringt Stichworte!**

1. Schritt

Vielleicht kommen die Beiträge zuerst zögernd und stotternd. Lasst euch nicht beunruhigen, sondern wartet ab. Das Gesagte und Angeschriebene regt zu weiteren Beiträgen an. Duldet keine „Killer-Phrasen"! „Kenn ich nicht, mach ich auch nicht!", „Ich bin jetzt zu abgeschlafft.", „Dazu habe ich keine Lust." usw. haben in dieser Phase absolut keinen Platz. Wenn alle meinen, dass ihnen nicht mehr einfällt, sollte der erste Teil der Beschwerde- und Kritikphase beendet werden.

2. Schritt

Durch Vergabe von Punkten sollen von der Gruppe die Kritikpunkte nun bewertet werden. Dazu können von den Teilnehmerinnen und Teilnehmern zum Beispiel Klebepunkte auf die angeschriebenen Kritikpunkte nach ihrer Wichtigkeit verteilt werden (jede/jeder sollte 3–7 zur Verfügung haben). Falls man sich unter verschiedenen genannten Einzelpunkten noch wenig vorstellen kann, ist hier der Platz für eine Verständnisdiskussion. Am Ende dieses Schrittes sind die von allen oder vielen geteilten Kritikpunkte ausgewählt.

Einige Regeln müssen in der Beschwerde- und Kritikphase eingehalten werden:

– **Diskussionsverzicht:** Es kommt darauf an, möglichst viele Kritikpunkte zu sammeln. Diese sollen vorläufig noch nicht bewertet werden. Was die/der eine für kritikwürdig hält, soll von der/vom anderen zunächst so stehen gelassen werden, auch wenn sie/er anderer Meinung ist.
– **Kritik nur in Stichworten:** Möglichst knappe, einprägsame Begriffe statt langer Reden.
– **Themenbezug:** Nicht vom Thema abschweifen! Es sind nur Beiträge verwendbar, die zur Fragestellung passen!
– **Visualisierung:** Alle Beiträge sollen für alle gut sichtbar auf Papierbogen aufgeschrieben werden. Dabei können die Teilnehmerinnen und Teilnehmer am besten ihre Stichworte selbst auf die Bögen oder Tapetenrollen schreiben.

KRITIKSAMMLUNG   WOHNVIERTELBELÄSTIGUNGEN

Verkehr(sfolgen)	Lebenssituation	Bebaute Umwelt
Blechlawine, zu viele Autos	Kein Licht, keine Farben	Unproportionalität
Zerrissenheit	Zerrissenheit	Tummelplatz für Bauten
gefährdete Fußgänger	gefährdete Fußgänger	Kein Licht, keine Farbe
Vierteilung durch	Enge und Beklemmung	zu viel Reklame
Straßenkreuz	Hundeparadies	Eierkistenarchitektur
auffällige Verkehrszeichen	abends toter Ort	zu viele Zäune
Blechsalat	ungemütliche Plätze	Enge und Beklemmung
Peitschenlampen	homogene Masse	brutale Fassade
große Parkflächen	vertrocknetes Grün	Kitsch und Nostalgie
	zu wenig Kontaktmöglichkeiten	betonierter Grund und Boden
	Bürokratielandschaft	Lieblose Fassaden
		Betonkälte
		nicht angenommene Kunst
		ungepflegte Bauten

(aus: Jungk, Robert und Müllert, Norbert R., Zukunftswerkstätten. Mit Fantasie gegen Routine und Resignation, München, Heyne, S. 98)

III. Fantasie- und Utopiephase

Da wir nicht wie die Experten von angeblich feststehenden Fakten eingeengt sind, da wir wenig von Hintergründen wissen, da wir einfach gegen unser Unbehagen etwas unternehmen wollen, können wir nur das nutzen, was in uns steckt: unsere Alltagserfahrungen und unsere Fantasiefähigkeit. So erschaffen wir uns in der Vorstellung Zukünfte, in denen wir gerne leben möchten.

Dazu müssen wir bereit sein,
– das sonst Undenkbare zu denken;

– experimentierfreudig und neugierig zu sein;
– uns unangepasst und wandlungsfähig zu verhalten;
– dem Irrationalen und „Verrückten" gegenüber aufgeschlossen zu sein;
– Fehler und Scheitern zu riskieren;
– vielseitige Interessen aufzunehmen;
– Besserwisserei und Perfektionismus zu verabscheuen;
– unsere „wilden" Vorstellungen zu vertreten;
– allem um uns herum unvoreingenommen zu begegnen.

(aus: Jungk, Robert und Müllert, Norbert R., Zukunftswerkstätten. Mit Fantasie gegen Routine und Resignation, München, Heyne, 1991, S. 104)

Technik des „Brainstorming" für den ersten Schritt:

Mithilfe des Brainstorming soll ein freier Fluss von Ideen erzeugt werden. Damit das funktioniert, müssen bestimmte Regeln eingehalten werden:
– Jede/jeder darf alles sagen, was ihr/ihm einfällt. Der Fluss von Ideen darf nur unterbrochen werden, wenn er ganz eindeutig von der Themenstellung abweicht und muss dann aufs Thema zurückgeführt werden. Kritik ist ansonsten nicht erlaubt.
– Je origineller die Einfälle sind, desto besser für das

Brainstorming. Alle auch zuerst abstrus erscheinenden Ideen können weiterführend sein.
– Es sollen möglichst viele Vorschläge gemacht werden. Auswählen und verwerfen kann man später noch.
– Jede Teilnehmerin und jeder Teilnehmer ist gefragt. Alle sollen ihre Fantasie einbringen. Zunächst reichen Stichworte, an denen andere weiterdenken können.

Leitfragen für diese Phase sind die folgenden:

Was würde ich, wenn ich die Macht hätte, tun, um die Beschwerden aus der Welt zu schaffen?

Wie sehen meine positiven, utopischen, visionären Lösungen aus?

Welche Wünsche und Fantasien habe ich, was erträume ich mir?

1. Schritt: In der Gesamtgruppe werden Ideen zu den in der Kritikphase zusammengestellten Mängeln entwickelt.

2. Schritt: In kleineren Gruppen (bis zu 7) werden die Ideen zusammengefasst und zu utopischen Entwürfen zusammengefügt, die dann auch visualisiert werden.

links: Gegenwartszustand einer Straße

rechts: Visualisierter Wunschzustand der gleichen Straße nach Abschluss der Fantasie- und Utopiephase

(Beispiel aus: Jungk, Robert und Müllert, Norbert R., a. a. O., S. 119)

Die utopischen Vorstellungen, Entwürfe, Erfindungen sind nun mit den realen Bedingungen zusammenzubringen und auf Durchsetzungsmöglichkeiten hin zu untersuchen, dazu Maßnahmen situationsgerecht abzuklären und aktiv Schritte der Umsetzung einzuleiten. Jetzt wird das Sich-Kümmern um Machtverhältnisse, Gesetze und örtliche Gegebenheiten wichtig.

Welche der Entwürfe eröffnen eine Perspektive? Welche von ihnen lassen sich wie und zusammen mit wem durchsetzen? Was könnte wer unter welchen Voraussetzungen wo erproben und anfangen?

(aus: Jungk, Robert u. a., Zukünfte „erfinden" und ihre Verwirklichung in die eigene Hand nehmen, Ratingen, 1990, S. 173)

Die utopischen Entwürfe werden vorgestellt, einer Prüfung unterzogen und im Hinblick auf ihre Realisierbarkeit abgeklopft. Hier ist die Kritik wieder am Platze.

Stellt euch dabei die folgenden Fragen: Inwieweit lassen sich diese Entwürfe schon jetzt in Angriff nehmen? Gibt es Ansätze zu ihrer Verwirklichung? Welche Hindernisse und Interessen stehen ihnen entgegen? Wie beurteilen Fachleute die Erfolgschancen?

Ihr solltet je nach dem gewählten Thema Sachinformationen (Fachliteratur) und Experten (Fachleute, Politiker usw.) heranziehen.

Teile der Entwürfe können als eventuell unrealistisch zurückgezogen werden.

1 Ihr könnt eventuell weitergehen und nun eine Strategie zur Durchsetzung eurer utopischen Entwürfe erarbeiten.
Stellt euch dazu die folgenden Fragen: Woran muss unbedingt festgehalten werden? Wie kann man vorgehen, damit wenigstens Teile des Entwurfs verwirklicht werden können? Wie und wann soll in die Öffentlichkeit gegangen werden? Könnte eine Veröffentlichung der Ergebnisse zum Beispiel in der örtlichen Presse etwas bewirken?

2 Eventuell kann auch eine Aktion unternommen werden, um die realistisch erscheinenden Teile eines utopischen Entwurfs umzusetzen. Ob und wie dieser Schritt für euch möglich ist, hängt natürlich von der Themenstellung und von den Gegebenheiten ab.

3 Überdenkt euer bisheriges Vorgehen! Wart ihr kreativ? Sind euch neue Ideen gekommen? Oder konntet ihr euch nicht von gängigen Vorstellungen lösen? Könnten die Methode oder Teile von ihr (Brainstorming) auch bei anderen Gelegenheiten genutzt werden?

Trendanalyse und Prognose

Während es bei den Zukunftswerkstätten auf die Entfaltung von Kreativität ankommt, suchen Verwaltungen und Politiker sich möglichst gut auf bereits absehbare zukünftige Entwicklungen einzustellen und möglichst schon frühzeitig Maßnahmen zu ergreifen, die sich später auswirken, wenn bestimmte Zustände eintreten.

In der Planung auf örtlicher Ebene spielt die Bevölkerung, ihre Anzahl, Zusammensetzung und räumliche Verteilung eine wichtige Rolle. Wenn z. B. entschieden werden soll, wo ein Kindergarten, eine Schule, ein Freizeitheim errichtet werden soll, muss bekannt sein, wo der Bedarf besteht, wenn die Einrichtung geplant, gebaut und in Betrieb ist. Der zukünftige Bedarf nach solchen Einrichtungen ist also ein wichtiger Gesichtspunkt, unter dem z. B. Stadtplaner vorgehen müssen. Umgekehrt werden oft Forderungen nach bestimmten Maßnahmen mit dem Hinweis abgewiesen, der Bedarf sei zwar derzeit vorhanden, aber nicht auf Dauer gegeben.

Die Städte und Gemeinden erstellen alljährlich Bevölkerungsstatistiken (siehe unten), die den Ist-Zustand dokumentieren, aber auch Grundlage von Prognosen sein können. Auf dieser Grundlage planen die Verantwortlichen.

Beispiel für eine Bevölkerungsstatistik: Altersstruktur in Bottrop 1991

Wohnbevölkerung

Alter	Deutsche			Ausländer			gesamt			
	männlich	weiblich	gesamt	männlich	weiblich	gesamt	männlich	weiblich	gesamt	in %
0 – 1	557	547	1 104	82	94	176	639	641	1 280	1,1
1 – 3	1 187	1 096	2 283	182	181	363	1 369	1 277	2 646	2,2
3 – 5	1 232	1 132	2 364	160	142	302	1 392	1 274	2 666	2,2
5 – 6	585	547	1 132	65	84	149	650	631	1 281	1,1
6 – 10	2 249	2 125	4 374	257	265	522	2 506	2 390	4 896	4,1
10 – 14	2 126	1 977	4 103	355	286	641	2 481	2 263	4 744	3,9
14 – 15	530	468	998	107	94	201	637	562	1 199	1,0
15 – 18	1 498	1 413	2 911	313	322	635	1 811	1 735	3 546	2,9
18 – 21	1 800	1 687	3 487	335	356	691	2 135	2 043	4 176	3,5
21 – 25	3 164	3 024	6 188	369	355	724	3 533	3 379	6 912	5,7
25 – 30	4 693	4 536	9 229	436	388	824	5 129	4 924	10 053	8,3
30 – 40	9 003	8 917	17 920	633	572	1 205	9 636	9 489	19 125	15,9
40 – 45	3 913	3 736	7 649	403	380	783	4 316	4 116	8 432	7,0
45 – 60	10 931	11 234	22 165	870	515	1 385	11 801	11 749	23 550	19,5
60 – 65	3 803	3 950	7 753	87	64	151	3 890	4 014	7 904	6,6
65 – 70	2 649	3 959	6 608	44	60	104	2 693	4 019	6 712	5,6
70 – 75	1 541	2 667	4 208	25	37	62	1 566	2 704	4 270	3,5
ab 75	1 946	5 139	7 085	19	31	50	1 965	5 170	7 135	5,9

Altersgruppen	Gesamt	%
0 – 18	22 258	18,5
18 – 60	72 250	59,9
über 60	26 021	21,6

Im Folgenden sollt ihr auf der Basis von Trendanalysen und Prognosen selber eine politische Entscheidung vorbereiten.

1 Besorgt euch Bevölkerungsprognosen für eure Stadt oder Gemeinde! Wichtig sind auch nach Bereichen aufgeschlüsselte Prognosen.

2 Befragt Verantwortliche beim Einwohnermeldeamt und anderen Stellen eurer Stadt, von welchen Voraussetzungen sie ausgehen, wenn sie Aussagen über Bevölkerungstrends machen. Wie beurteilen sie die Vorhersagbarkeit zukünftiger Entwicklungen?

Arbeitet die von euch besorgte Bevölkerungsstatistik genau durch. Wird die Versorgung der Jugendlichen in der Zukunft dem Bedarf eurer Stadt oder Gemeinde entsprechen? Welche Einrichtungen gibt es überhaupt? Wie viel Jugendliche wird es zu einem bestimmten Zeitpunkt geben, die einen Bedarf verkörpern? Unter Zugrundelegung der von euch zusammengestellten Daten solltet ihr dann die folgenden Aufgaben bearbeiten:

1 Wählt einen Bereich aus, den ihr untersuchen wollt! Dies kann die gesamte Gemeinde sein, aber auch ein Stadt- oder Ortsteil usw. Ermittelt die Bevölkerungszahlen für diesen Bereich!

2 Erkundet in Gruppen, welche Einrichtungen für Jugendliche in diesem Bereich vorhanden sind! Dazu müsst ihr euch zunächst klarmachen, wonach ihr eigentlich sucht.

3 Welcher Bedarf wird durch Einrichtungen in der Nachbarschaft abgedeckt? Zum Beispiel kann es ja sinnvoll sein, wenn das Arbeitsamt nicht in jedem Stadtteil eine kleine Beratungsstelle hat, sondern zentral in einem Berufsinformationszentrum mit allen Mitteln der modernen Technik informiert.

4 Untersucht die von euch ermittelten Daten über die Bevölkerungszahlen in Bezug auf Jugendliche! Wie hoch ist zum Beispiel der Anteil weiblicher, wie hoch der Anteil ausländischer Jugendlicher? Wie sieht die Entwicklung aus? Wie hoch wird die Zahl der Jugendlichen in 5 oder 10 Jahren sein? Wie entwickeln sich die Anteile?

Bevölkerungsentwicklungen im Bereich von 5 oder 10 Jahren sind in Bezug auf Jugendliche noch relativ einfach, denn die Kinder, die in 10 Jahren jugendlich sein werden, sind schon heute geboren. Jedoch müssen die Zahlen trotzdem mit Vorsicht behandelt werden:

- Wie viele der heute geborenen Kinder leben noch in 10 Jahren?
- Leute ziehen um. Ist das ausgesuchte Gebiet ein Zuzugsgebiet? Wie ist der Saldo der Umzugsbewegungen?
- Steigt oder sinkt der Anteil Jugendlicher durch die Zuzugsbewegungen?

Jugendfreizeiteinrichtungen

Natürlich gehören Jugendheime dazu. Auch Kinder und Wohlfahrtsverbände betreiben Jugendfreizeiteinrichtungen.

Ist aber eine Messdienergruppe eine Freizeiteinrichtung für Jugendliche? Oder eine Pfadfinder- oder Greenpeace-Jugendgruppe?

Welche kommerziellen Einrichtungen (Diskos, Kneipen usw.) wollt ihr als Jugendfreizeiteinrichtungen betrachten?

Jugendheim

Beratungseinrichtungen

Welche Beratungsstellen befassen sich speziell mit Jugendlichen? Welche Beratungsmöglichkeiten und Hilfen bietet das Jugendamt? Gibt es z. B. ein Arbeitsamt mit Lehrstellenberatung oder eine Drogen- oder AIDS-Beratung. Welche anderen Anlaufstellen speziell für Jugendliche existieren?

Der zukünftige Bedarf ist nicht allein von den derzeitigen Verhältnissen abhängig. Bedürfnisse entwickeln sich. Jugendliche brauchen heute Einrichtungen, die die Jugendlichen vor dreißig Jahren so nicht brauchten; Einrichtungen aus früheren Zeiten veralten, sind nicht mehr nötig.

Die folgenden Bereiche solltet ihr auf jeden Fall mit abdecken:

– Bildung
– Kultur
– Beratung (z. B. Drogenberatung)
– Freizeit

– Sport
– Musikhören und Tanzen
– Unterhaltung allgemein
– Cafés
– Kneipen

1 Ermittelt durch eine stichprobenartige Befragung den Bedarf Jugendlicher an Einrichtungen! Sinnvollerweise solltet ihr dazu einen Fragebogen entwickeln, auf dem einerseits der Bedarf nach bereits bestehenden Einrichtungen wie der nach weiteren ermittelt wird. Achtet darauf, dass die Vergleichbarkeit der Ergebnisse gesichert ist! Aus der Bevölkerungsstatistik könnt ihr einige Merkmale der Unterteilung der Gruppe der Jugendlichen entnehmen. Ihr könnt euch weiterhin leicht danach erkundigen, wie hoch der Anteil der Besucher bestimmter Schulformen unter Jugendlichen ist. Strebt bei der Befragung eine gewisse Repräsentativität an, damit ihr kein schiefes Bild über die Bedürfnisse Jugendlicher erhaltet!

2 Der künftige Bedarf an Einrichtungen für Jugendliche ergibt sich erst aus der Entwicklung der jugendlichen Bevölkerung und dem jetzigen Bedarf an Einrichtungen zusammen. So ist ein Abbau von Jugendfreizeiteinrichtungen auch bei wachsendem Bedarf eventuell nicht nötig, wenn die Zahl der Jugendlichen drastisch zurückgeht. Erstellt eine Prognose, indem ihr beide Faktoren zusammen betrachtet!

Forderung Mülheimer Jugendlicher 1981

*Die alte Weberei in Gütersloh –
ein alternatives Bürger- und Jugendzentrum*

Trendanalyse als Mittel der Prognose

Um Aussagen über künftige Entwicklungen machen zu können, die auch eine Planung erlauben, bedient man sich der Mittel der Statistik. Bisherige Entwicklungen erlauben Aussagen über künftige Entwicklungen.
In Zahlen fassbare Entwicklungen werden von der Statistik als so genannte Zeitreihen erfasst, die in einer Zeitreihenanalyse oder auch Trendanalyse untersucht werden können. Den Trend richtig ermitteln zu können, dies erlaubt die Anpassung an Entwicklungen oder auch das Entgegenwirken gegen bestimmte Trends.

> Als Trend wird die vergleichsweise stetige, d. h. ohne abrupte Richtungsänderungen verlaufende Entwicklung einer Zeitreihe bezeichnet. Beispielsweise steigt das Bruttosozialprodukt der Bundesrepublik, die Summe aller wirtschaftlichen Leistungen eines Jahres, grundsätzlich von Jahr zu Jahr an. Die Ursachen dieses tendenziellen Anstiegs sind vielfältig, z. B. steigende Produktion aufgrund erhöhten Kapitaleinsatzes und technischen Fortschritts, Preissteigerungen u. ä. All dies wirkt in Richtung auf ein jährliches Wachsen des Bruttosozialprodukts. Da diese Trendeinflüsse jedoch durch andere Einflussgrößen, die kurzfristig wirken, überlagert werden, schwankt der Zuwachs von Jahr zu Jahr. Unter Umständen kommt es sogar zu einem Rückgang.

(aus: Buttler, Günter und Stroh, Reinhold, Einführung in die Statistik, Reinbek, Rowohlt, 1992, S. 200)

Als Zeitreihen dargestellte Zahlenwerke schwanken häufig sehr stark. Dabei kann es schon sehr wichtig sein zu wissen, ob es einen aufwärts oder abwärts gerichteten Trend gibt.

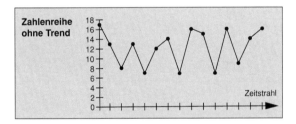

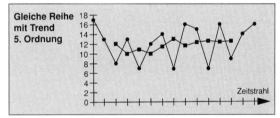

Eine Form der Ermittlung eines Trends, die auch in der Grafik oben rechts angewandt wurde, ist die so genannte **Methode der gleichen Durchschnitte**. Dazu werden die einzelnen Werte in eine Tabelle eingetragen. Anschließend werden die arithmetischen Mittel (Durchschnittswerte) dieser Werte gebildet. Berechnet man zum Beispiel die arithmetischen Mittel jeweils dreier benachbarter Werte, so erhält man gleitende Durchschnitte 3. Ordnung, berechnet man die arithmetischen Mittel aus jeweils 5 benachbarten Werten, so erhält man gleitende Durchschnitte 5. Ordnung usw. Dies gilt für eine ungeradzahlige Anzahl von Werten. Ist die Anzahl geradzahlig, so müssen Zwischenwerte gebildet werden.

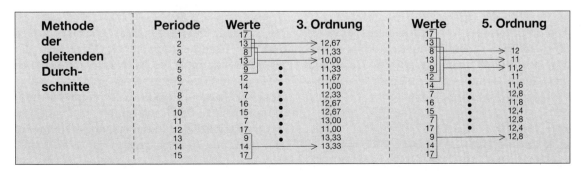

Methode	Periode	Werte	3. Ordnung	Werte	5. Ordnung
der	1	17		17	
gleitenden	2	13	12,67	13	
Durch-	3	8	11,33	8	12
schnitte	4	13	10,00	13	11
	5	9	11,33	9	11,2
	6	12	11,67	12	11
	7	14	11,00	14	11,6
	8	7	12,33	7	12,8
	9	16	12,67	16	11,8
	10	15	12,67	15	12,4
	11	7	13,00	7	12,8
	12	17	11,00	17	12,4
	13	9	13,33	9	12,8
	14	14	13,33	14	
	15	17		17	

Will man allerdings Prognosen aufstellen über den nächsten oder die nächsten Werte, die noch in der Zukunft liegen, so ist die Methode der gleitenden Durchschnitte ungeeignet, da bei ihr sogar die Eckwerte wegfallen. Zur Prognose muss die **Trendfunktion** ermittelt werden. Sie lautet in ihrer allgemeinen Form als lineare Trendfunktion **y = a + b · t**, wobei a und b zu bestimmende Variable sind und t die Zeitreihe verkörpert. Es wird nach dem Kriterium der Kleinsten Quadrate vorgegangen. Die Werte können dazu sinnvollerweise in eine Tabelle eingetragen werden, mit der leichter zu rechnen ist und aus der die für die Gleichungen erforderlichen Berechnungen leichter ablesbar sind (siehe Tabelle links).

Periode (t)	Werte (x)	t^2	$t \cdot x$
1	17	1	17
2	13	4	26
3	8	9	24
4	13	16	52
5	9	25	45
6	12	36	72
7	14	49	98
8	7	64	56
9	16	81	144
10	15	100	150
11	7	121	77
12	17	144	204
13	9	169	117
14	14	196	196
15 (= n)	17	225	255
120	188	1240	1533
$= \Sigma t$	Σx	Σt^2	Σtx

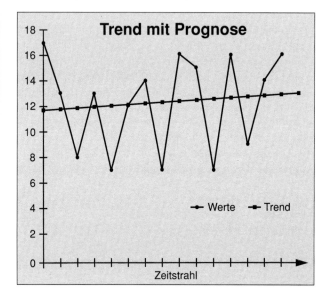

Die Formeln zur Berechnung der Variablen a und b lauten:

$$a = \frac{\Sigma x \cdot \Sigma t^2 - \Sigma t \cdot \Sigma tx}{n \cdot \Sigma t^2 - (\Sigma t)^2}$$

$$b = \frac{n \cdot \Sigma tx - \Sigma x \cdot \Sigma t}{n \cdot \Sigma t^2 - (\Sigma t)^2}$$

Aus den Werten a, b und t lassen sich durch Einsetzen in die lineare Trendfunktion nun weitere Werte berechnen, die auf der Trendgeraden liegen. Somit lässt sich also eine Prognose für die nächsten Jahre aufstellen:

$x_{16} = 11{,}7 + 0{,}1 \cdot 16 = 13{,}3$
$x_{17} = 11{,}7 + 0{,}1 \cdot 17 = 13{,}4$
$x_{18} = 11{,}7 + 0{,}1 \cdot 18 = 13{,}5$ usw.

In dem vorliegenden Beispiel (Tabelle oben links) wird also berechnet:

$$a = \frac{188 \cdot 1240 - 120 \cdot 1533}{15 \cdot 1240 - 120^2} = 11{,}7 \text{ (rund)}$$

$$b = \frac{15 \cdot 1533 - 188 \cdot 120}{15 \cdot 1240 - 120^2} = 0{,}1 \text{ (rund)}$$

Es ist leicht feststellbar, dass alle diese Werte auf der Trendgeraden liegen. Wird also die Gerade verlängert, so kann man mithilfe der Feststellung des Trends Aussagen über wahrscheinliche zukünftige Entwicklungen machen, vorausgesetzt, der Trend ändert sich nicht. Die Prognose wird also in der Annahme gemacht, der bisherige Trend setze sich genau so weiter fort.

Die Prognose mittels der Trendgeraden ist eine relativ einfache, aber nicht immer zutreffende Möglichkeit. Zwar ist der Trend der vorhergehenden Jahre relativ leicht zu berechnen, aber die früheren tatsächlichen Werte liegen nur ausnahmsweise auf dieser Geraden. Auch die künftigen Werte werden also mit größter Wahrscheinlichkeit mehr oder weniger stark von dieser Geraden abweichen. Hält der Trend jedoch an, so sind Abweichungen von der Trendgeraden über einen bestimmten Wert hinaus sehr unwahrscheinlich.

Wichtig ist es, sich über den Charakter der Entwicklung Klarheit zu verschaffen, die mit der Trendanalyse untersucht werden soll. So ist es möglich, dass der Trend im Verlaufe der Entwicklung gebrochen wird, ein Strukturbruch auftritt.

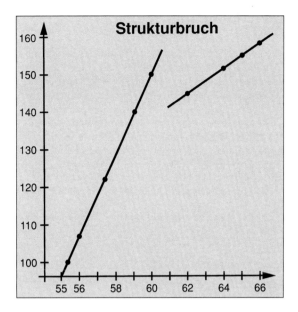

Außer dem linearen Trend sind auch noch andere Trendverläufe möglich, die ihre eigenen Berechnungsmethoden verlangen:

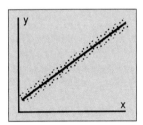 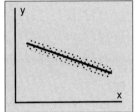 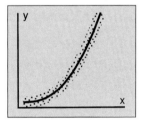 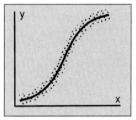

Bei den beiden linken Zeichnungen oben handelt es sich um **lineare Trends,** die mit Geraden darstellbar sind. Bei der zweiten Zeichnung von rechts wird der Trend durch den Ast einer Parabel dargestellt. Es handelt sich um **exponentielles Wachstum.** Bei der Kurve rechts oben wird deutlich, dass das Wachstum sich einen bestimmten Wert annähern wird, den es aber nie überschreitet. Es handelt sich um **logistisches Wachstum.** Für beide Arten von Wachstum gibt es besondere Möglichkeiten der Trendberechnung. Soll aber eine Prognose aus der Trendanalyse entwickelt werden, so reicht meist die lineare Trendfunktion aus, wenn die Prognose nur für die nächsten Werte gemacht werden soll.

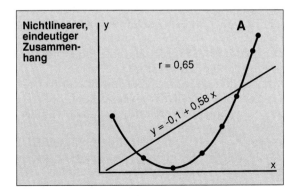

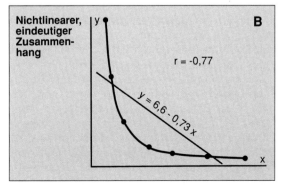

Die Bildung von Szenarien

Konventionelle Prognosen konzentrieren sich auf die Analyse des Ist-Zustandes und fragen mithilfe einer Formel, wie sich dieser Ist-Zustand in die Zukunft hinein projizieren ließe … Klassische Prognosen haben nur zu einem eingeschränkten Thema Relevanz und sollten durch weitere Ansätze wie Szenarien zusätzlich abgesichert werden.

(aus: Reibnitz, Ute von, Szenarien. Optionen für die Zukunft, Hamburg et al., McGraw-Hill, 1987, S. 16)

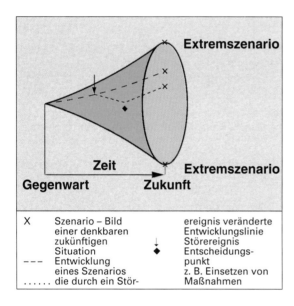

X	Szenario – Bild		ereignis veränderte
	einer denkbaren		Entwicklungslinie
	zukünftigen	↓	Störereignis
	Situation	◆	Entscheidungs-
– – –	Entwicklung		punkt
	eines Szenarios		z. B. Einsetzen von
……	die durch ein Stör-		Maßnahmen

Besondere Bedeutung kommt beim Szenariowriting der ganzheitlichen, gestalthaften Darstellung von Zukunftsbildern zu, da nicht nur eine größere Anzahl von Faktoren in die Zukunft extrapoliert wird, sondern die Annahmen zu einem geschlossenen Gesamtbild zusammengeführt werden. Die so erzielten Bilder werden noch durch die vermuteten Auswirkungen auf andere Lebens- und Wirkfelder vervollständigt. Gerade dieser kreative und intuitive Prozess von Zusammenführung, Übertragung auf andere Bereiche und vor allem anschaulicher Darstellung sowie ganzheitlicher Ausgestaltung scheint aber eine Aufgabe zu sein, die sich der theoretischen Beschreibung und Bewertung noch weitgehend entzieht.

(aus: Gaßner, Robert, Plädoyer für mehr Sciencefiction in der Zukunftsforschung, in: Burmeister, Klaus und Steinmüller, Karlheinz [Hrg.], Streifzüge ins Übermorgen. Sciencefiction und Zukunftsforschung, Weinheim und Basel, Beltz, 1992, S. 224)

Die Szenario-Gestaltung soll es ermöglichen, komplexe Zukunftssituationen ganzheitlich zu beschreiben. Ähnlich einem Drehbuch oder einer utopischen Erzählung besteht das Szenario aus der in sich stimmigen gedanklichen Vorwegnahme eines Bündels aufeinander bezogener, zukünftiger Geschehnisse und Zustände, die unter angegebenen Ausgangsbedingungen eintreten können.

(verändert nach: VDI Verein Deutscher Ingenieure [Hrg.], VDI-Richtlinie 3780, Düsseldorf 1991, S. 28)

1 Lest auf dieser und den beiden folgenden Seiten die Anleitung zur Methode des Szenarios! Besprecht dann, wie diese Methode in der Klasse umsetzbar ist!

Szenario-Technik

1. Schritt: Aufgabenanalyse

In einem ausgewählten Bereich werden zunächst Stärken und Schwächen des derzeitigen Zustands festgehalten.

Erster Schritt: Beginnt damit, mit der Technik des Brainstorming Probleme und Problemfelder des jetzigen Zustands zu benennen. Ihr könnt dazu die Probleme auf Karten schreiben.

Zweiter Schritt: Wertet diese Probleme gemeinsam aus, indem ihr sie übergeordneten Problemfeldern zuordnet. Beim Thema „Auto" wären dies z. B. Umwelt, Technik, Verkehr, Sicherheit usw. Es sollte eine überschaubare Zahl von übergeordneten Problemfeldern sein (z. B. 4 bis 6). Überlegt, ob alle wichtigen Aspekte sich diesen Feldern zuordnen lassen!

Dritter Schritt: Spätestens jetzt solltet ihr festlegen, welchen Zeitraum in die Zukunft hinein ihr das Szenario anlegen wollt. Ein Zeitraum von 10 bis 20, höchstens 30 Jahre hat sich einerseits als für eine mögliche Entwicklung lang genug, andererseits noch überschaubar gezeigt.

2. Schritt: Einflussanalyse

Ziel dieses Schrittes ist es, die äußeren Einflüsse auf den gewählten Bereich zu ermitteln. Dazu werden die Felder abgesteckt, die das Umfeld des Bereichs bilden (Grafik links): Es kann dann eine Aktivsumme gebildet werden, die für den jeweiligen Bereich ausdrückt, wie stark er alle anderen Bereiche beeinflusst, und eine Passivsumme, die aussagt, wie stark jeder Bereich von jedem anderen beeinflusst wird. Dann müssen die Einflussfaktoren bewertet werden. Dabei geht man von der Frage aus: Wie stark beeinflusst jeder Bereich alle anderen Bereiche? Die einzelnen Bereiche werden in eine Matrix eingetragen und in ihrem Einfluss aufeinander bewertet (Matrix links unten):

0 = kein Einfluss   1 = schwacher Einfluss   2 = starker Einfluss

Entsprechend der Aktivsumme kann nun eine Rangfolge der Einflussfaktoren aufgestellt werden. In dem Beispiel:

Rang 1: A   Rang 2: C   Rang 3: D usw.

Umfeld Szenario Auto

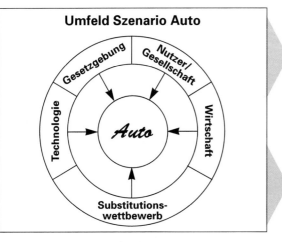

Vernetzungsmatrix

System-elemente	A	B	C	D	E	Aktiv-summe
A	X	2	2	2	2	8
B	1	X	1	1	0	3
C	0	2	X	2	2	6
D	0	2	2	X	2	6
E	1	2	1	1	X	5
Passiv-summe	2	8	6	6	6	28 : 5 = 5,6

Innerhalb der Bereiche wirkende Einflussfaktoren

A: Gesetzgebung
- Besteuerung
- Straßenverkehrsordnung
- Führerscheinbefähigung
- TÜV-Zulassung
- Registrierung

B: Wirtschaft
- frei verfügbares Einkommen
- Lebensstandard
- Betriebskosten
- Infrastruktur
- Arbeitslosenquote

C: Nutzer/Gesellschaft
- Mobilitätsbedarf
- Qualitäts- und Komfortansprüche
- Sicherheitsansprüche
- Image des Autos in der Gesellschaft

D: Technologie
- Werkstoffentwicklung
- Energietechnik (Antriebssysteme und Energieträger)
- Sicherheitstechnik
- Elektronik
- Fertigungstechnik

E: Substitutionswettbewerb
- öffentlicher Nahverkehr
- öffentlicher Fernverkehr
- Fahrrad
- Luftfahrt

3. Schritt: Projektionen

Die Leitfrage für diesen Schritt lautet: Wie entwickeln sich die einzelnen Einflussfaktoren in die Zukunft hinein? Es geht dabei darum, die Einflussfaktoren aus dem zweiten Schritt zu Kenngrößen weiterzuentwickeln, die den jetzigen und zukünftigen Zustand der jeweiligen Faktoren beschreiben. Die Kenngrößen solltet ihr wertneutral formulieren, also: nicht „Ablehnung oder Zustimmung zu neuen Technologien", sondern „Einstellung zu neuen Technologien" oder: statt „Wachstum des Verkehrs" „Entwicklung des Verkehrs". Nur so könnt ihr der Gefahr entgehen, dass die Entwicklung der Kenngröße nur in einer Richtung in die Zukunft fortgesetzt wird.

Überlegt nun in Gruppen, wie sich die Kenngrößen a) schlimmstenfalls (Negativszenario) bzw. bestenfalls (Positivszenario) entwickeln könnten. Z. B. könnte ein Negativszenario beim Thema Auto beinhalten, dass der Verkehr noch stärker als derzeit wächst. Fügt nun die einzelnen Entwicklungen der Kenngrößen zusammen und überprüft und beseitigt Widersprüche!

4. Schritt: Szenario-Schreiben

a) Wählt euch in der Gruppe nun eine entsprechende Überschrift (z. B. Schwarzland 2010 oder Grüne Wolke 2020), die zu eurem Szenario passt!

b) Beschreibt nun entsprechend der festgelegten Entwicklung, wie das unter a) bezeichnete Gebilde zu dem von euch festgelegten Zeitpunkt x nach eurer Vorstellung aussehen wird! Ihr könnt eine kleine Geschichte oder ein kleines Stück oder eine Radioreportage usw. schreiben. Alle ausgewählten Kenngrößen müssen enthalten sein.

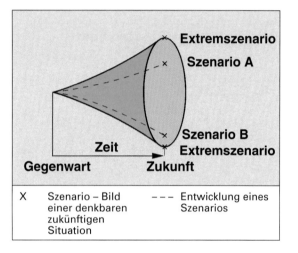

X Szenario – Bild einer denkbaren zukünftigen Situation

- - - Entwicklung eines Szenarios

5. Schritt: Konsequenzanalyse

a) Stellt euch die Extremszenarien nun gegenseitig in der Klasse vor!

b) Diskutiert: Welche Entwicklung ist wahrscheinlich? In aller Regel ist die wahrscheinliche Entwicklung nicht eines der beiden Extremszenarien, sondern liegt irgendwo dazwischen. Beschreibt dieses wahrscheinliche Szenario! Haltet seine Merkmale stichwortartig fest!

c) Diskutiert: Welche Einflussmöglichkeiten auf der Ebene der Einzelnen, von Gruppen von Menschen und von Staaten gibt es, um dieses wahrscheinliche Szenario dem positiven Extremszenario anzunähern?

1 Erstellt nun selbst ein Szenario! Wählt dazu ein Thema aus dem Bereich der gesellschaftlichen Entwicklung aus, zum Beispiel „Familie in zwanzig Jahren", „Alte und Junge in zwanzig Jahren", „Schule 2025", „Jugend 2050", „Verkehr in zwanzig Jahren", „Innenstadt 2050" oder vergleichbare Themen!

2 Die auf dieser und den beiden nächsten Seiten abgedruckten Texte geben Einblicke in die von Soziologen festgestellten Tendenzen unserer Gesellschaft. Erarbeitet die Tendenzen und bezieht sie in euer Szenario mit ein! Ihr könnt natürlich auch andere Tendenzen berücksichtigen.

3 Präsentiert euer Szenario an der Schule (etwa durch eine Ausstellung) und diskutiert über eure Ergebnisse!

Gegenwärtig (Anfang der neunziger Jahre) sind zu beobachten:

– der Trend zur Demokratisierung von Staat und Gesellschaft, einschließlich der Ausweitung von Möglichkeiten der Befreiung von überkommenen Autoritäten (und Bindungen). Zum Beispiel fühlen sich immer weniger Menschen an das Wort von Autoritäten gebunden; Nachbarschaft, das Gefühl der Zugehörigkeit zu einem gemeinsamen Ganzen wie Kirche, Gewerkschaft, Nation usw. lassen nach;

– der Trend zur Verwissenschaftlichung der Daseinsbedingungen, zum Beispiel zu erkennen an der Tatsache, dass viele alltägliche Handlungen häufig nach wissenschaftlichen Erkenntnissen geschehen (Kalorientabelle);

– der Trend zur sozialstaatlichen Absicherung;

– der Trend, den Lebensstandard und die Lebenschancen dauernd verbessern zu wollen („Revolution der steigenden Erwartungen"/Bedürfnisse);

– der Trend zu städtischen Formen der Siedlungs- und Lebensweise und zu individuellen Lebensformen;

– der Trend zu fortschreitender Entgegensetzung von Arbeitswelt und Freizeit;

– der Trend zu fortschreitender Bürokratisierung und Verrechtlichung;

– der Trend zur Loslösung von der Kirche und zu ständiger Verbesserung der Daseinsbedingungen;

– und gegenwärtig im Vordergrund stehend der Trend zur Individualisierung, der auch die Familien, die Berufs- und Lebensplanung stärker erfasst hat als je zuvor.

(verändert nach: Hettlage, Robert, Die Bundesrepublik. Eine historische Bilanz, München, C. H. Beck, 1990, S. 283)

Die Trends, die oben beschrieben werden, widersprechen einander zum Teil und besitzen auch Gegentrends, wenn diese auch (momentan) nicht so mächtig erscheinen. Zum Beispiel steht dem Trend zu immer besserer sozialstaatlicher Absicherung der Abbau von Sozialleistungen sicherlich entgegen. Einige dieser Trends sollen deshalb in ihren Auswirkungen konkreter beleuchtet und diskutiert werden.

Demokratisierung und Bürokratisierung

Der amerikanische Soziologe Daniel Bell stellt in seinem Buch „Die nachindustrielle Gesellschaft" widersprüchliche Tendenzen im Hinblick auf Bürokratisierung und Demokratisierung fest:

Diese widersprüchlichen Impulse in Richtung auf Gleichheit und Bürokratie, wie sie sich in Politik und Sozialstruktur der Industriegesellschaft herausgebildet hatten, haben in den letzten 150 Jahren die sozialen Spannungen der westlichen Gesellschaft geprägt. In den kommenden Jahrzehnten dürften wohl der Wunsch nach mehr Mitbestimmung bei den Entscheidungen jener Organisationen, die das Leben des Einzelnen wesentlich mitgestalten (wie Schulen, Krankenhäusern, Unternehmen) und die steigenden Anforderungen an die Qualifikation (Professionalisierung) die Achsen des künftigen sozialen Konfliktes bilden.

Doch ist es stets riskant, historische „Schlüssel" zu ermitteln. Heutzutage ist es Mode, vielen sozialen Tendenzen oder neu auftretenden sozialen Strömungen eine Bedeutung zu verleihen, die ihnen entweder überhaupt nicht oder nur vorübergehend zukommt. Das heißt, es gibt nur wenig zuverlässige Anhaltspunkte dafür, welche neu auftauchenden Ideen, Werte oder Prozesse tatsächlich einen Wendepunkt in der sozialen Geschichte herbeiführen könnten.

(aus: Bell, Daniel, Die nachindustrielle Gesellschaft, Frankfurt, Campus, 1989, S. 25 f.)

Individualisierung und Standardisierung

Waren Lebensläufe der Menschen noch vor nicht allzu langer Zeit weitgehend vorgegeben, so hat sich dies inzwischen stark geändert. Die Zeiten, zu denen der Sohn eines Bäckers in aller Regel fast zwangsläufig den Beruf des Bäckers anstrebte, sind vorbei. Der Einfluss der Herkunft sowie auch der Familie auf den Einzelnen oder die Einzelne sind insgesamt lange nicht mehr so stark. Viel wichtiger als die Familie werden oft Moden, Bekanntschaften und Märkte. An die Stelle traditioneller Bindungen treten neue, z. B. durch die Medien. Vielfach erfüllen Medienstars die Funktion von Vorbildern und Trendsettern. Sie bieten Orientierung in einer unübersichtlichen Welt.

Oft äußert sich die Individualisierung darin, dass jede und jeder Einzelne meint, völlig nach eigenem Gutdünken entscheiden zu können („Jeder macht doch, was er will."), jedoch nicht bemerkt, wie stark diese Entscheidung durch Werbung bzw. Medien bereits vorgeformt ist.

Die Gegentendenz zur Individualisierung besteht also darin, dass die Einzelnen sich aus dem Angebot des Massenmarktes bedienen. Auch wenn sie dabei ihren individuellen Stil zusammenzustellen glauben, hat der Massenmarkt längst die Möglichkeiten der Auswahl begrenzt. Meist aber entsprechen die Merkmale der Lebensführung von vornherein vorgegebenen Standards: Die Kleidung entspricht dieser oder jener Moderichtung, die Wohnung ist in diesem oder jenem Stil eingerichtet, wobei die Zahl der aktuell möglichen Stile meist sehr begrenzt ist. Über die Massenmedien werden Variationen bekannter oder neue Stile propagiert, wobei sicherlich das Geschäftsinteresse der Hersteller die zentrale Rolle spielt. So lässt sich häufig beobachten, dass viele, die alle glauben, sich völlig individuell zu entscheiden, am Ende fast uniformhaft gleich sich kleiden, wohnen und vielleicht auch denken. Diese Standardisierung bildet die Kehrseite der Individualisierung in Massengesellschaften.

(Autorentext)

Ein Beispiel – das Fernsehen – kann diesen Zusammenhang veranschaulichen.

Das Fernsehen vereinzelt und standardisiert. Es löst die Menschen einerseits aus traditional geprägten und gebundenen Gesprächs-, Erfahrungs- und Lebenszusammenhängen heraus. Zugleich befinden sich aber alle in einer ähnlichen Situation: Sie konsumieren institutionell fabrizierte Fernsehprogramme, und zwar von Honolulu bis Moskau und Singapur. Die Individualisierung – genauer: die Herauslösung aus traditionellen Lebenszusammenhängen – geht einher mit einer Vereinheitlichung und Standardisierung der Lebensformen. Jeder sitzt selbst innerhalb der Familie vereinzelt vor der Flimmerkiste. Auf diese Weise entsteht das soziale Strukturbild eines individualisierten Massenpublikums oder – schärfer formuliert – das standardisierte gemeinsame Dasein vereinzelter Massen-Eremiten.

Das geschieht gleichzeitig überkulturell und übernational. Man trifft sich sozusagen am Abend weltweit und schichtübergreifend am Dorfplatz des Fernsehens und konsumiert die Nachrichten.

(verändert aus: Beck, Ulrich, Risikogesellschaft. Auf dem Weg in eine andere Moderne, Frankfurt a. M., Suhrkamp, 1986, S. 212)

Veränderung der Lebensverhältnisse von Kindern und Jugendlichen als Ausdruck der Individualisierungsprozesse

Nach dem Familiensoziologen Rüdiger Peuckert ist eine Auflösung des Kindheitsstatus zu beobachten. Lebens- und Verkehrsformen von Kindern, Jugendlichen und Erwachsenen gleichen sich demnach tendenziell einander an.

Dieser Prozess hat nach Peuckert mehrere Merkmale: Erstens verändert sich die traditionelle *Autoritätsstruktur* innerhalb der Familie. Das Verhältnis von Eltern und Kindern sei zunehmend kaum noch ein Verhältnis von oben und unten. Vielmehr finde eine „Emanzipation des Kindes" statt. Es komme zunehmend zu einer Macht-balance zwischen Eltern und Kindern.

Zweitens komme es über das *Medienverhalten* von Eltern und Kindern zunehmend zu einer Angleichung der Position von Eltern und Kindern. Die Allgegenwart des Fernsehens hat den Amerikaner Postman dazu veranlasst, vom „Verschwinden der Kindheit" zu sprechen.

Der vielleicht bedeutsamste Aspekt der Angleichung von Haushaltsgrößen aber beziehe sich auf die *veränderte Zeitorganisation* im Leben von Kindern und Jugendlichen.

Da vor allem wegen des zunehmenden Kraftfahrzeugverkehrs und der veränderten Siedlungsstrukturen immer weniger gefahrlos zugängliche Räume zum Spielen zur Verfügung stünden, spiele sich – zumindest in den Groß-städten – das Leben der Kinder und Jugendlichen heute seltener in der natürlichen Wohnumwelt und häufiger in spezifischen Sonderumwelten oder Ersatzräumen ab. Diese „Verinselung" kindlicher Lebensverhältnisse bedeute, dass sich die kindlichen Aktivitäten nicht mehr spontan in der Spielgruppe der Nachbarschaft entfalten könnten, sondern Kinder je nach Aufgabenbereich mit ganz unterschiedlichen Personengruppen an unter-schiedlichen Orten zu tun hätten und somit die traditionell ganzheitliche Erfahrung der Kinder verloren gehe.

(verändert nach: Peuckert, Rüdiger, Familienformen im sozialen Wandel, Opladen, Leske + Budrich, 1991, S. 96 f.)

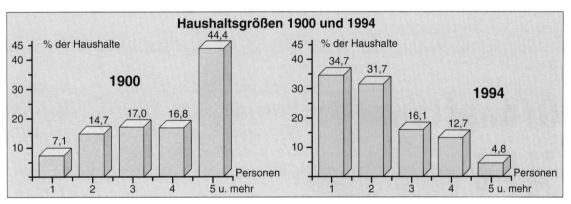

Haushaltsgrößen 1900 und 1994

(Zahlen aus: Statistische Jahrbücher)

Familien mit Kindern unter 18 Jahren seit 1980

Jahr	Familien mit allein erziehendem Elternteil (in %)	Familien insgesamt (in 1000)	davon (in %) mit 1 Kind	mit 2 Kindern	mit 3 Kindern	mit 4 und mehr Kindern
1980	10,3	10 861	46,2	35,5	12,6	5,7
1985	12,8	10 395	50,3	35,6	10,6	3,6
1990	13,8	10 600	51,5	35,8	9,6	3,0
1994	20,0	13 469	51,1	36,9	9,3	2,6

(aus: Statistische Jahrbücher, Zahlen bis 1990: altes Bundesgebiet, 1994: Deutschland)

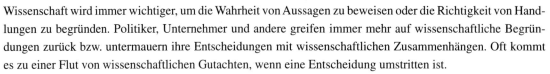

Wissenschaft wird immer wichtiger, um die Wahrheit von Aussagen zu beweisen oder die Richtigkeit von Handlungen zu begründen. Politiker, Unternehmer und andere greifen immer mehr auf wissenschaftliche Begründungen zurück bzw. untermauern ihre Entscheidungen mit wissenschaftlichen Zusammenhängen. Oft kommt es zu einer Flut von wissenschaftlichen Gutachten, wenn eine Entscheidung umstritten ist.

Die Experten können sich aber auch widersprechen, und häufig zeigt sich, dass das Ergebnis eines wissenschaftlichen Gutachtens sehr stark davon abhängen kann, wer es angefordert hat. So haben Gerichte häufig neben dem Gutachten der einen Prozesspartei ein Gegengutachten der anderen zu berücksichtigen. Der Laie kann dann häufig kaum noch entscheiden, welche der Expertenseiten denn nun Recht hat.

Dies muss nicht daran liegen, dass die Experten ihr Gewissen vergessen, sondern in der Wissenschaft selbst gibt es häufig kontroverse Meinungen und unterschiedliche Aspekte einer Sache, die für wesentlich gehalten werden. Die Wissenschaften bringen immer detailgenauere Ergebnisse, ohne dass einfach entscheidbar wäre, welche Detailerkenntnis für den Gesamtzusammenhang denn nun die wesentliche ist. Wenn man sich z. B. die Frage stellt, ob es der deutschen Bevölkerung im Durchschnitt in den letzten Jahren psychisch besser oder schlechter gegangen ist, so stößt man auf sich teilweise widersprechende Detailbeobachtungen: Die Selbstmordrate ist zurückgegangen, während die Ausgaben der Krankenkassen für psychologische und psychiatrische Behandlung angewachsen sind.

So kommt es neben der Tendenz zur Verwissenschaftlichung auch zu der der Entzauberung von Wissenschaft, denn wenn es sich widersprechende Experten gibt, so wird keiner der beiden Seiten geglaubt. Es entstehen gesunde Skepsis gegenüber Experten wie auch steigende Unsicherheit gegenüber den Begründungen von Entscheidungen durch Wissenschaft.

(Autorentext)

Grünpflanzen: älteste Air Condition für Ihr Arbeitszimmer.

Sagen Sie nicht, Pflanzen haben im Büro nichts zu suchen. Im Gegenteil: Wo welche sind, lässt es sich besser arbeiten. NASA-Versuchsreihen bestätigen, dass Pflanzen schädliche Stoffe wie z. B. Formaldehyd abbauen, die in jedem Gebäude auftreten können. Das Raumklima verbessert sich spürbar, Sie fühlen sich wohler und leben gesünder. Die natürlichen Klimaanlagen bekommen Sie beim Garten- und Blumenfachhandel in Ihrer Nähe: Grün arbeiten, besser arbeiten.

Selbst Topfpflanzen brauchen wissenschaftliche Begründungen!

Zukunft = Wachstum und Fortschritt

Zukunft als politisch besetzter Begriff

1 Auf den obigen Fotos von Parteitagen verschiedener Parteien seht ihr, wie häufig der Begriff
   Zukunft vorkommt. Untersucht: Wie wird mit der Zukunft geworben? Welche Vorstellungen
   von Zukunft werden vorausgesetzt bzw. vermittelt?

Wachstum als problematisierter Begriff

Zukunft wird von allen Parteien in Anspruch genommen. Schließlich wird von Politikern erwartet, dass sie mit ihren Vorstellungen und Entscheidungen „die Zukunft gestalten". Von welchen Vorstellungen gehen sie dabei aus? Im wirtschaftlichen Bereich waren diese Vorstellungen lange Zeit eng an die Vorstellung vom wirtschaftlichen Wachstum gekoppelt.

Unsere Besessenheit von wirtschaftlichem Wachstum und dem ihm zugrundeliegenden Wertsystem hat eine physische und psychische Umwelt geschaffen, in der das Leben äußerst ungesund geworden ist. Der vielleicht tragischste Aspekt dieses gesellschaftlichen Dilemmas ist die Tatsache, dass die vom Wirtschaftssystem geschaffenen Gesundheitsprobleme nicht nur vom Produktionsprozess verursacht werden, sondern auch vom Konsum vieler der Waren, die erzeugt und durch massive Werbung angepriesen werden, um die wirtschaftliche Expansion aufrechtzuerhalten. Um ihre Gewinne in einem gesättigten Markt zu steigern, müssen die Hersteller ihre Produkte billiger erzeugen; einer der Wege dazu ist die Verringerung der Qualität dieser Produkte. Um die Kunden trotz dieser Produkte von geringerer Qualität zufrieden zu stellen, werden Unsummen von Geld ausgegeben, um die Meinung des Verbrauchers und seinen Geschmack durch Werbung zu konditionieren. Diese zu einem integralen Bestandteil unserer Wirtschaft gewordene Praxis läuft auf eine ernsthafte Gesundheitsgefährdung hinaus, da viele der auf diese Weise produzierten und verkauften Waren sich unmittelbar schädlich auf unsere Gesundheit auswirken.

(aus: Capra, Fritjof, Wendezeit. Bausteine für ein neues Weltbild, Bern/München/Wien, Scherz, 1985, S. 273 f.)

Die große Aufgabe für unsere Wirtschaftssysteme westlicher wie östlicher Prägung findet sich daher gewiss nicht mehr in einem immer weiteren Anstieg des Bruttosozialprodukts, wie sich dies alle Beteiligten jahrzehntelang aufs Panier geschrieben hatten, sondern in einem Umschwenken vom selbstzerstörerischen quantitativen Wachstum auf qualitative Umstrukturierung oder, wie es etwas unglücklich heißt, auf qualitatives Wachstum.... Nur der völlige Fantasiemangel einiger auf ihr Wachstumsethos eingeschworener Apparatschiks unserer Wirtschaft konnte daher die wiederholten Appelle zur Abkehr vom steten Wachstum, die letztlich auch zu ihrer eigenen Rettung dient, so gründlich missverstehen. Ihnen ist entgangen, dass *Weiterentwicklung* keinesfalls gleichbedeutend mit Wachstum ist, dass Fortschritt nicht notgedrungen „mehr", „schneller", „größer" bedeuten muss, sondern auch „anders", „schöner", „besser" heißen kann . . .

(aus: Vester, Frederic, Neuland des Denkens. Vom technokratischen zum kybernetischen Zeitalter, München, dtv, 1991, S. 454 f.)

Die wichtigste Differenzierung ist aber die zwischen *Wachstum* und *Entwicklung.*
Wachsen bedeutet, dass eine Größe materiell zunimmt. Entwickeln aber bezeichnet eine qualitative Änderung. Wenn etwas wächst, wird es quantitativ größer, wenn es sich entwickelt, wird es qualitativ besser – oder zumindest andersartig. Quantitatives Wachstum und qualitative Änderung unterliegen unterschiedlichen Gesetzen. Unser Planet entwickelt sich insgesamt ohne Wachstum, seine Masse nimmt dabei nicht zu. Unsere Wirtschaft, die nur ein Untersystem der begrenzten und nicht wachsenden Erde darstellt, muss wohl über kurz oder lang eine gleichartige Entwicklungsform annehmen. **(nach Robert Goodlang, Herman Daly und Salah El Serafy)** Dies deutet darauf hin, dass es zwar materielle Grenzen des Wachstums gibt, aber nicht notwendigerweise auch Grenzen der Entwicklung.

(aus: Meadows, Dennis; Meadows, Danella; Randers, Jürgen, Die neuen Grenzen des Wachstums, Stuttgart, DVA, 1992, S. 20)

1 Was wird von den Autoren gegen den Wachstumsbegriff eingewandt? Welche Alternativen im Hinblick auf ein „qualitatives Wachstum" werden nahe gelegt? Wie kann Wachstum eurer Ansicht nach in eine qualitative Richtung erfolgen?

Fortschritt – verschieden gesehen

Die Art und Weise, wie Zukunft und Zukünfte beurteilt werden, ist nicht unabhängig von der Position des Beurteilenden in der Gegenwart.

Auch die angewandten Methoden sind abhängig von der grundsätzlichen Sichtweise auf Zukunft und Fortschritt.

1 Arbeitet aus den Texten auf dieser und der folgenden Seite heraus, was die Autoren unter Fortschritt verstehen! Diskutiert, inwiefern für euch ein solcher Fortschritt vorstellbar und wünschbar ist!

Sie wird also kommen, die Zeit, da die Sonne hienieden nur noch auf freie Menschen scheint, Menschen, die nichts über sich anerkennen als ihre Vernunft, da es Tyrannen und Sklaven, Priester und ihre stumpfsinnigen oder heuchlerischen Werkzeuge nur noch in den Geschichtsbüchern und auf dem Theater geben wird; da man sich mit ihnen nur noch befassen wird, um ihre Opfer zu beklagen und die, die sie zum Narren machten; um im Gefühl des Schreckens über ihre Untaten sich in heilsamer Wachsamkeit zu erhalten und den Blick zu schärfen für die ersten Keime des Aberglaubens und der Tyrannei, damit diese unter dem Gewicht der Vernunft erstickt werden können, sobald es ihnen gelingen sollte, wieder hervorzubrechen!…

Durch diesen Fortschritt der Industrie und der Wohlfahrt jedoch, woraus ein günstigeres Verhältnis zwischen den Fähigkeiten des Menschen und seinen Bedürfnissen sich ergibt, wird jede Generation . . ., zu reicherem Genuss und danach, infolge der physischen Konstitution des Menschengeschlechts, zu einer Vermehrung der Zahl der Individuen eingeladen.

(aus: Condorcet, Antoine, Entwurf einer historischen Darstellung der Fortschritte des menschlichen Geistes, Frankfurt, 1976, S. 198 f.)

Damit stellt sich viel grundsätzlicher die alte Frage: *Was ist Fortschritt?* Was bleibt von seinen bisherigen Konzepten und Ideen angesichts der Grenzen des Wachstums? Was wird aus dem „Prozess der Zivilisation", wenn durch die Globalisierung der Ökonomie „die bisherige Übertragung der Gewalt auf sozial sanktionierte Instanzen" wieder infrage gestellt wird?

Wie kann eine Entwicklung aussehen, die „mehr Demokratie" und „neuer Wohlstand" bedeutet, statt unbeherrschbarer Komplexität, in der „aus Risiken Gefahren werden", die letztlich in ein globales Desaster übergleiten? Welcher politisch-kulturelle Rahmen ist notwendig, damit das Wachstum von Wirtschaft und Technik mit der Gesamtentwicklung der Gesellschaft übereinstimmt? . . .

Statt weiter lineare Kategorien von Wachstum und Weltmarkt zum obersten Maßstab für Entwicklung zu machen, muss in Kreisläufen und in Begrenzungen gedacht werden. Wenn der bisherige Grundzug der Moderne die Steigerung von Komplexität und Internationalisierung, von Ungleichheit und Ressourcenverschwendung ist, so sind politische Strategien zur *Vereinfachung, Verlangsamung, Dezentralität* gefragt, vor allem *Effizienzsteigerung und Vorsorge* zur Vermeidung von Schäden.

(aus: Müller, Michael; Hennike, Peter, Wohlstand durch Vermeiden, Darmstadt, Wissenschaftliche Buchgesellschaft, 1994, S. 54 f.)

Nichts ist gefährlicher als die Fantasie der Fantasielosen, denn sie wird die Wirklichkeit. Diese Wirklichkeit kann man in New York in einer blutigen Fülle auskosten, wie sie früheren Zeiten unverständlich gewesen wäre: Martern aller Arten; etwa zehn Morde am Tag; Verbrechen, die in ihrer Buntheit sogar das im Fernsehen vorhandene Vergnügungsangebot übertreffen. Kann es noch schrecklicher werden?, fragt man sich. Es kann, es wird. Wenn das die Zukunft der Menschheit ist, möchte man in den Ruf ausbrechen, den ich als Titel über diese Zeilen gesetzt habe. Aber ich fürchte, dieser Herzensschrei wird ebenso wirkungslos verhallen wie die Bitte des Kunden im Reisebüro um einen anderen Globus. Es gibt nur eine Weltkugel, es gibt nur eine Zukunft. Aber ist das wahr? Dem missmutigen Reiselustigen konnte der Inhaber des Reisebüros versichern, ein angenehmer Globus sei undenkbar. Er konnte das tun, weil er sich von der amerikanischen Raumbehörde NASA wenig Gutes für den Touristenverkehr versprach. Hätte er das auch bezüglich der Zukunft sagen können? Vieles ist denkbar, wenig wahrscheinlich.

(aus: Chargaff, Erwin, Geben Sie mir eine andere Zukunft, in: Sloterdijk, Peter [Hrg.], Vor der Jahrtausendwende. Berichte zur Lage der Zukunft, Bd. 1, Frankfurt a. M., Suhrkamp, 1990, S. 235)

Zweifelsohne kommen wir voran, aber wir machen keine Fortschritte. *Zahlen* müssen wir für alles. Für jede Tat müssen wir büßen. Der geringste Schritt vorwärts wird eines Tages bereut, denn all unsere Errungenschaften wenden sich letztlich gegen uns. Der Augenblick wird sogar kommen, wo wir voller Ungeduld der alten, wunderbaren Seuchen harren, wo die unmittelbar bevorstehende Lepra den Kannibalismus wieder in Mode bringen wird. Endlich seltener geworden, werden uns unsere Mitmenschen erträglich erscheinen.

Da alles, was der Mensch erfindet, sich gegen ihn auflehnt, wird er sich umso schneller seinem Ende nähern, je mehr er sich abplagt. Keine Krankheit wird sich seiner Kompetenz, seiner Indiskretion entziehen, vielleicht nicht einmal mehr irgendein Geheimnis. Alles wird er erklärt, alles geheilt, alles bloßgestellt haben, da er aber nicht den Sinn von all dem gefunden hat, ist es nicht ersichtlich, wie er in einer Welt wird überleben können, die jeder Berechtigung und jedes Mysteriums beraubt ist.

(aus: Cioran, E. M., Die negative Seite des Fortschritts, in: Sloterdijk [Hrg.], Vor der Jahrtausendwende: Berichte zur Lage der Zukunft, Frankfurt a. M., Suhrkamp, 1990, S. 661)

„Fortschritt" in eine „geglückte Zukunft" ist nie das Ergebnis eines rationalen Entwurfs oder einer geplanten Konstruktion. Das Wissen, das wir als Menschen von der Wirklichkeit haben *können,* bleibt stets weiter hinter jenem Wissen zurück, das wir haben *müssten,* um die Zukunft planend und konstruierend wirklich „in den Griff" zu bekommen. Wir wissen als Handelnde notorisch zu wenig für den ganz großen „Plan". Die „Konstruktion der Katastrophe" ist damit viel wahrscheinlicher als die „Konstruktion des Fortschritts" (Müller-Reißmann). Der gesellschaftliche „Gesamtfortschritt" lässt sich nicht im direkten Zugriff konstruktiv, durch Entwurf und Plan, veranlassen und verwirklichen. Wir können ihn allenfalls umwegig fördern, indem wir die Rahmenbedingungen für eine nicht-katastrophische Entwicklung günstig gestalten.

Die Evolution, die sich Zeit lässt und sich im Wege von Versuch und Irrtum höchst gemächlich vorantastet, könnte hier Vorbild sein. „Behutsamkeit, Gemächlichkeit und Vielfalt" (P. Kafka) könnten als Leitprinzipien fungieren. Eine möglichst große Zahl verschiedener kleiner Schritte ist dem einzigen „großen Sprung nach vorn" eindeutig vorzuziehen, weil sie das ganz große Risiko vermeidet, vor allem aber, weil sie den unmenschlichen Zwang von uns nimmt, uns um den Preis des Gattungsmenetekels nicht irren zu dürfen.

(aus: Guggenberger, Bernd, Zwischen Moderne und Präapokalyptikum, in: Sloterdijk, Peter, a. a. O., S. 598)

Wir müssen von zahlreichen verfestigen Gewohnheiten und Glaubensbekenntnissen Abstand nehmen und eine Reihe neuer Verhaltensweisen erleben. Einige davon sollen hier genannt werden:

1. Anstatt in gewohnten kausalen und vorherbestimmten Bahnen zu denken, zu handeln und leben zu wollen, werden wir uns daran gewöhnen müssen, in Unbestimmtheiten zu denken und zu leben.
2. Die bisherige Eintönigkeit unseres Denkens muss durch fantasievolle, kreative und auch visionäre Zukunftsbilder ersetzt werden, wenn wir neue Zukünfte erdenken und gestalten wollen.
3. Die Welt, in der wir leben und handeln, muss mehr als Vielfalt anstatt Einfalt begriffen und gestaltet werden. Vielfalt bewahrt uns eher vor Sackgassen.
4. Fortschritt sollte sich nicht mehr durch immer riskantere wissenschaftlich-technische und ökonomische Superleistungen bestimmen, sondern der neue Fortschritt muss sich vielmehr auf Erfolge in der militärischen und ökonomischen Abrüstung beziehen.
5. Nicht alles, was wissenschaftlich-technisch machbar ist, darf gemacht werden, vor allem dann nicht, wenn wir die Folgen nicht übersehen. Die Erhaltung der natürlichen Umwelt und das Ziel eines sozialen solidarischen Zusammenlebens hat Vorrang vor wissenschaftlich-technischen Pioniertaten.
6. Es geht darum, dass sich der Mensch wieder in die ökologischen Kreisläufe integriert.
7. Die Gesellschaft sollte sich eher in dezentralen Einheiten als in zentralen Entscheidungsstrukturen organisieren.
8. Wissen über Zukunft darf nicht als reine Ansammlung von Zahlenwerten und Fakten zu Entscheidungsprozessen herangezogen werden. Vielmehr kann es durch Beteiligung der Betroffenen und Unschärfe im Detail Schärfe in den wesentlichen Funktionsbeziehungen erreichen.
9. Wissen über Zukunft muss immer vom global vernetzten Denken und Entwerfen ausgehen, weil nur so sinnvolle Handlungsalternativen für die Gestaltung lebensfähiger wünschbarer lokaler Zukünfte aufzubauen sind.

(aus: Kreibich, Rolf, Zukunft als gestaltbare Zeitdimension, in: Burmeister, Klaus; Canzler, Weert und Kreibich, Rolf [Hrg.], Netzwerke, Vernetzungen und Zukunftsgestaltung, Weinheim und Basel, Beltz, 1991, S. 34 f.)

Glossar

Anwerbestopp: Von 1955 bis 1973 sind ausländische Arbeitnehmer angeworben worden. Die Anwerbungen wurden 1973 dadurch beendet, dass allen Ausländern die Einreise zum Zwecke der Arbeitsaufnahme nicht mehr erlaubt wurde.

Aufzug: Was man umgangssprachlich unter einer (politischen) Demonstration versteht, heißt im Versammlungsgesetz: „Versammlung unter freiem Himmel". Ein „Aufzug", manchmal auch „Demonstrationszug" genannt, ist eine „Versammlung unter freiem Himmel", die sich fortbewegt. Für einen „Aufzug" gelten also auch alle gesetzlichen Regelungen, die für eine „Versammlung unter freiem Himmel" gelten.

Biotechnologie: Bezeichnung für eine anwendungsorientierte Wissenschaft, die den Stoffwechsel zumeist „einfacher biologischer Systeme" und dessen Nutzung im Rahmen technischer Verfahren und industrieller Produktion untersucht.

Bundesversicherungsanstalt für Angestellte (BfA): Die Bundesversicherungsanstalt für Angestellte in Berlin ist Träger der gesetzlichen Rentenversicherung der Angestellten in der Bundesrepublik. Ihre Organe sind der Vorstand und die Vertreterversammlung. Es gibt mehrere Träger der Rentenversicherung, die jeweils für bestimmte Gruppen von Versicherten zuständig sind. Für Arbeiter sind z. B. 23 Landesversicherungsanstalten zuständig. Die Rentenversicherungsträger sind Körperschaften öffentlichen Rechts mit Selbstverwaltung, die einer begrenzten staatlichen Aufsicht unterliegen.

Datenschutz: Die Anwendung der Informationstechnologie hat in den 80er Jahren zu einer verstärkten Diskussion darüber geführt, wie die Möglichkeiten der Informationsbeschaffung zu sichern seien. Im „Volkszählungsurteil" von 1987 hat das Bundesverfassungsgericht ein Grundrecht auf informationelle Selbstbestimmung proklamiert, das durch geeignete Maßnahmen des Datenschutzes durch den Staat zu sichern ist.

Devisen: Dies sind Zahlungsmittel in ausländischer Währung einschließlich der von Inländern bei ausländischen Banken unterhaltenen, auf ausländische Währung lautende Guthaben. Ausländische Münzen und Banknoten in Händen von Inländern sind Teil der Devisen und werden als Sorten bezeichnet.

DNA (DNS): Die genetischen Informationen aller bekannten Lebewesen sind in ihnen in Form von langen Ketten organischer Moleküle vorhanden. Das für die Menschen und alle vielzelligen Lebewesen wichtigste ist die Desoxyribonukleinsäure (DNS, engl. DNA). Da diese DNS bei allen Lebewesen auf der Erde aus den gleichen Bausteinen zusammensetzt ist, kann mithilfe gentechnischer Methoden prinzipiell ein Austausch zwischen einzelnen, auch unterschiedlichen Lebewesen stattfinden. So können zwischen Lebewesen Erbinformationen ausgetauscht werden, zwischen denen eine Kreuzung nicht möglich ist, etwa können Bakterien zur Produktion von Insulin und anderen Stoffen gebracht werden, die ihnen fremd sind.

Familiennachzug: Der Nachzug von Ehegatten und Kindern zu in der Bundesrepublik Deutschland lebenden ansässigen Arbeitnehmern ist auch nach dem Anwerbestopp möglich. Die Rechtsgrundlagen hierfür sind unter anderem Art. 6 Abs. 1 GG (Schutz von Ehe und Familie) und Art. 8 der Europäischen Konvention für Menschenrechte.

Freizeitinfrastruktur: Alle Einrichtungen und Rahmenbedingungen, die in einer Gemeinde oder Region mit den Freizeitaktivitäten direkt vor allen Dingen auch indirekt zusammenhängen, bezeichnet man als Freizeitinfrastruktur. Beispiele: Sporthallen, Theater und Schwimmbäder, aber auch Restaurants, Waldflächen, Seen und Verkehrswege.

Fundamentalismus: Der aus dem Lateinischen stammende Begriff bezeichnet die Haltung, kompromisslos an Grundsätzen festzuhalten. In der politischen Diskussion spielte dieser

Begriff bei den „Grünen" früher eine große Rolle.

Geldmenge: Das Volumen des im Umlauf befindlichen Geldes in einer Volkswirtschaft. Dazu zählen die Bargeldbestände, die Sichteinlagen der Haushalte bei den Banken, Termingelder und Spareinlagen (sog. Geldmenge M3, nach der derzeit von der Bundesbank das Geldvolumen gemessen wird).

Gen: Teil des DNS-Moleküls, des Trägers der Erbinformation, das für die Bildung eines bestimmten Proteins verantwortlich ist und damit als Träger einer spezifischen Erbinformation gilt.

Generationenvertrag: So nennt man die Tatsache, dass die aus Altersgründen aus dem Erwerbsleben ausgeschiedenen Arbeitnehmer eine Rente erhalten, die durch Beitragsleistung zur Rentenversicherung von der im Arbeitsprozess stehenden jüngeren Generation aufgebracht wird. Das Problem dieser Verfahrensweise liegt darin, dass die Bezüge der ausgeschiedenen Arbeitnehmer von der Zahl, der Arbeitsleistung und den Arbeitsmöglichkeiten der jüngeren Generation abhängig sind, was sich für die Rentenempfänger insbesondere bei einer Alterspyramide ohne breite Basis von jüngeren Jahrgängen ungünstig auswirkt.

Genom: Gesamtheit der Erbinformationen in den Chromosomen der Zelle.

Gentechnologie: Bezeichnung für eine anwendungsorientierte Wissenschaft von der Analyse und der gezielten Veränderung der Erbsubstanz von Lebewesen bzw. biologischen Systemen.

Inflation: Dauerhafter Anstieg des gesamtwirtschaftlichen Preisniveaus, d. h. des Durchschnitts aller Einzelpreise. Die Inflation wird gemessen durch den Preisindex für die Lebenshaltung aller privaten Haushalte.

Kommunikationstechnologie: Seit der Erfindung des Buchdrucks mit beweglichen Lettern im 15. Jahrhundert hat die Technik, menschliche Kommunikation mit technischen Mitteln zu führen, eine immer raschere Entwicklung erfahren. Gegenwärtig wird wegen der wirtschaftlichen und gesellschaftlichen Dominanz der Informationstechnologien in den fortgeschrittenen Industrieländern vom Übergang zur „Informationsgesellschaft" gesprochen.

Konjunktur: Schwankungen des Produktionsvolumens einer Volkswirtschaft.

Markt: Ökonomischer Ort des Austauschs. Bezüglich eines bestimmten Gutes findet auf dem Markt die Preisbildung durch Angebot und Nachfrage statt, ohne dass eine örtliche oder zeitlich feststehende Marktveranstaltung vorzuliegen braucht.

Migration: Der aus dem Lateinischen stammende Begriff bedeutet Wanderung. Er bezeichnet die Wanderbewegung der Bevölkerung als Ergebnis von Zuzug und Wegzug und umfasst sowohl die als Binnenwanderung bezeichnete Wanderung innerhalb einer gebietsmäßigen Einheit (Kommune, Kreis, Bundesland, Staat) als auch die Wanderung über die Staatsgrenzen hinaus.

Multikulturelle Gesellschaft: Dieser Begriff bezeichnet eine Gesellschaft, in der Menschen verschiedener Abstammung in einem gemeinsamen Staatsverband zusammenleben.

Neue Technologien: Die mit dem Computer und der Gentechnik zusammenhängenden neuen Techniken werden bisher unter diesem Begriff zusammengefasst, was nicht bedeutet, dass nicht auch weitere neue Technologien hinzukommen können. Von ihnen wird erwartet, dass sie größere Veränderungen in Wirtschaft und Gesellschaft bewirken werden bzw. wie die Computertechnologie jetzt schon bewirken.

Ökologie: Wörtlich übersetzt bedeutet der aus dem Griechischen stammende Begriff (oikos = Haus, logos = Lehre oder Wissenschaft) so etwas wie „Hauswirtschaftslehre". Gemeint ist die Lehre vom Haushalt der Natur, welche die Beziehungen der Lebewesen zueinander und zu ihrer Umwelt umfasst. Zu diesem Naturhaushalt gehören Mikroorganismen, Tiere, Pflanzen und Menschen.

Preisindex für die Lebenshaltung: Auf der Basis eines Warenkorbs werden Informationen über die durchschnittliche Preissteigerung gewonnen. Wegen der Unterschiedlichkeit der Haushalte werden unterschiedliche Preisindizes berechnet. Der Preisindex für die Lebenshaltung aller privaten Haushalte wird für einen vierköpfigen Durchschnittshaushalt bestimmt.

Prosumieren: Damit meint man alle Tätigkeiten, die bei wachsender Freizeit in der freien Zeit ausgeübt werden, um Güter und Dienstleistungen für den Eigenbedarf zu produzieren. Beispiele: Man schreinert die Möbel für das Kinderzimmer selbst, anstatt sie in einem Möbelgeschäft zu kaufen, die neueste Hose ist selbst geschneidert und nicht der neueste Schrei eines kommerziellen Modeschöpfers.

Rentenreform 1992: Das neue Gesetz und seine Bestimmungen traten als Sozialgesetzbuch VI zum 1. 1. 1992 in Kraft. Mit dem neuen Rentenrecht wollte der Gesetzgeber den veränderten ökonomischen und demographischen Bedingungen (rückgängige Geburtenraten, Verkürzung der Erwerbsphase durch längere Schulzeiten, füherer Eintritt in den Ruhestand und steigende Lebenserwartung) Rechnung tragen und die finanzielle Stabilität der gesetzlichen Rentenversicherung langfristig sichern. Dabei wurde z. B. vorgesehen, dass ab dem Jahr 2001 die Altersgrenzen von 60 und 63 Jahren wieder schrittweise auf die Regelarbeitsgrenze von 65 angehoben werden. Die grundsätzlichen Strukturen der gesetzlichen Rentenversicherung blieben bei der Rentenreform 1992 erhalten.

Repräsentation: Vertretung. Eine repräsentative Demokratie ist eine Demokratie, in der die einzelnen politischen Entscheidungen nicht von den Bürgern direkt, sondern von den gewählten Repräsentanten (Vertretern) der Bürger getroffen werden.

Schuldendienst: Die absolute Höhe der Zinsen und Tilgungsleistungen, die ein Schuldnerland in so genannten „Hartwährungen" an die öffentlichen und privaten Gläubiger zahlen muss.

SIMIC/SILIC (= Severly Indebted Middle-Income/Low-Income Country): Bezeichnung für die am höchsten verschuldeten Entwicklungsländer. Die Weltbank zählte 26 SILIC und 19 SIMIC. Dies sind Länder, bei denen drei von vier Schuldenkennzahlen kritische Schwellenwerte überschritten haben: Verhältnis von Schulden zum BSP (50%); Verhältnis von Schulden zu Exporterlösen (275%); Verhältnis von Schuldendienstleistungen zu Exporterlösen (30%); Verhältnis von Zinsleistungen zu Exporterlösen (20%).

Sozialpolitik: Die staatliche Sozialpolitik verfolgt das Ziel, Spannungen in der Gesellschaft abzubauen, für soziale Unterstützung und Sicherheit sowie für einen sozialen Ausgleich zu sorgen. V. a. nach dem 2. Weltkrieg wurden immer mehr Sachbereiche und Bevölkerungsteile in die Maßnahmen der Sozialpolitik einbezogen. Für die BRD formulieren die Sozialstaatsklauseln der Art. 20 und 28 GG mit dem Begriff des „sozialen Rechtsstaates" einen Verfassungsauftrag.
Sozialpolitik bedient sich zur sozialen Sicherung 1. der Fürsorgehilfe als Einzelmaßnahme zur Herbeiführung von Eigenhilfe und Wiedereingliederung (Sozialhilfe); 2. der Versicherungsrente in Form staatlichen Zwangs zur Eigenhilfe (Sozialversicherung); 3. der Versorgungsleistung als Entschädigung ohne finanzielle Vorleistung (Versorgung). Soweit der Bürger als Arbeitnehmer im Mittelpunkt der Sozialpolitik steht, lassen sich die Instrumente finanzieller Absicherung und nichtfinanzieller Sach- und Dienstleistungen gliedern in Hilfe vor dem Berufseintritt (z. B. Arbeitsvermittlung, Kündigungsschutz, Rehabilitation) und Hilfe für Menschen, die nicht mehr (voll) arbeitsfähig sind (z. B. Rente, Pension). Diese arbeits- und berufsbezogene Sozialpolitik wird seit den 1950er Jahren ergänzt durch Maßnahmen auf dem Gebiet des Wohnungsbaus (sozialer Wohnungsbau), der Vermögensbildung und Einkommensverteilung, der Gewich-

tung von Steuern und Subventionen, der Beschäftigungs- und Konjunkturpolitik. Die beständige Ausweitung der Sozialpolitik bringt jedoch auch eine Reihe Probleme mit sich (soziale Sicherheit, Sozialstaat, Wohlfahrtsstaat).

Statt Partei: Nach der Hamburger Bürgerschaftswahl von 1991 hatte der CDU-Politiker Markus Wegner wegen der undemokratischen Kandidatenaufstellung innerhalb der CDU vor Gericht die Wiederholung der Bürgerschaftswahl erzwungen. An der Wiederholung der Wahl nahm die von ihm gegründete „Statt Partei" teil. Die „Statt Partei" hatte sich vor allem zum Ziel gesetzt, politische Parteien zu innerer Demokratie und Bürgernähe zu zwingen.

statuarisch: Gemäß einer Satzung bzw. Ordnung.

Subsistenzwirtschaft: Das Wort bezeichnet eine landwirtschaftliche Wirtschaftsform, die ganz oder überwiegend für die Selbstversorgung (nicht für den Markt) produziert, bes. in den Entwicklungsländern.

Subventionen: Geldleistungen oder geldwerte Leistungen öffentlicher Körperschaften an privatwirtschaftliche Unternehmen oder an private Haushalte ohne unmittelbare marktmäßige Gegenleistung.

Szenario: Ähnlich einer utopischen Erzählung wird im Szenario versucht, mögliche Zukunftssituationen zu beschreiben. Die einzelnen Teile des Szenarios müssen in sich stimmig und gebündelt aufeinander bezogen sein. Dazu werden Ausgangsbedingungen und ein Zeithorizont angegeben.

Trend: Lässt sich eine Entwicklung in Werten in einem Koordinatensystem abbilden, so kann versucht werden, Regelmäßigkeiten in dieser Entwicklung aufzufinden. Verläuft die Entwicklung einigermaßen stetig und ohne abrupte Richtungsänderungen, so kann eine Aussage über einen Trend dieser Entwicklung, also ihre Richtung, gemacht werden. Dies erlaubt dann auch die Fortschreibung (Extrapolation) des Trends, sodass Aussagen über wahrscheinlich künftige Werte möglich sind.

Zukunftswerkstatt: Eine Methode, mit der versucht werden kann, die Kräfte der Fantasie zu mobilisieren. Nach den Vorstellungen Robert Jungks, der diese Methode als einer der Ersten praktiziert hat, sollen besonders diejenigen angesprochen werden, die normalerweise nicht zu den „Machern" gehören. Zukunftsbilder sollen von allen entworfen werden, da die Frage, welche der möglichen Zukünfte eintreten wird, die Sache aller ist.

Stichwortverzeichnis

Agrarpolitik 106
Allgemeine Dienstpflicht 182
Arbeit 6, 8, 10 f., 32, 54, 127
Arbeitgeber 89, 90
Arbeitgeberverbände 91
Arbeitnehmer 82, 89, 90
Arbeitslosengeld 126
Arbeitslosenhilfe 128
Arbeitslosenquote 123
Arbeitsförderung 126
Arbeitslosigkeit 123 ff.
Arbeitsmarktpolitik 127
Arbeitsschutz 99
Arbeitszeit 6, 8, 10, 128
Asyl 138
Asylberechtigte 138
Asylbewerber 133
Ausländer 137, 141 ff.
Aussiedler 138
Auswanderung 136
Automatisierung 91
Angebot und Nachfrage 84, 86,
 114, 119

BAFöG 208, 226 ff.
BAFöG-Bedarfssätze 226
BAFöG-Berechnungsgrund-
 lage 229
BAFöG-Darlehen 229
BAFöG-Fachrichtungs-
 wechsel 227
BAFöG-Förderungsarten 227
Beruf 113
Berufsarmee 180
Berufsausbildung 101
Berufsbildungsgesetz 101 f.
Betrieb 91, 96
Betriebsrat 91 ff.
Betriebsverfassungsgesetz 100
Betriebsversammlung 91
BIGFON 32
Biotechnologie 33, 35, 38 ff.
„Blauhelm"-Einsätze 176 f.
Bruttosozialprodukt 119, 123
Bürgerinitiative 18, 20, 69 ff.,
 77, 155
Bürokratisierung 251
Bundesbank 131
Bundesverfassungsgericht 66 f.
Bundeswehr 176 f.

Charta der Vereinten Nationen
 174
Chromosom 34 f.
Chip-Karte 50

„**D**as soziale Netz" 208, 210
Datenschutz 51 ff.
Dauerhafte Entwicklung 185
DDR 110 f.
Demokratie 54 ff., 84
Demokratisierung 251
Dienstleistungsbereich 18
Dienstpflicht 182
DNA, DNS 33, 41 f.
„Dritte Welt" 184

Einbürgerung 141, 158
Einkommen 84
Einwanderung 136, 157
Einwanderungsgesetz 157
„electronic cash" 49 ff.
Entlassung 96
Entwicklungshilfe 204 ff.
Entwicklungsländer 184 ff.
Entwicklungspolitik 204
Ersatzdienst 181
Erwerbspersonenpotenzial
 125
Europäische Kommission 78 ff.
Europäische Union 78 ff.
Europäischer Rat 78 ff.
Europäisches Parlament 78 f.
Export 92

Facharbeiter 95
Fiskus 88
Fließbandarbeit 92 ff.
Flüchtlinge 138, 153
Freizeit 6 ff.
Freizeitbudget 6
Freizeitdefinition 9 f.
Freizeitinfrastruktur 21
Freizeitmarkt 8
Freizeitpolitik 23
Freizeitwert 21, 23
Fremdenfeindlichkeit 144
Frieden 160 ff., 178 ff.
Friedensmission 173 f.
Friedenstruppen 174

Gastarbeiter 137
Geld 129 ff.
Geldmenge 131
Geldmengensteuerung 131
Geldschöpfung 132
Gen 34, 41, 44
Generationenvertrag 211
genetischer Code 34
genetischer Fingerabdruck 36
Gen-Industrie 45 ff.
Genomanalyse 95 f., 38
Gentechnologie 33 ff., 38 ff.

Gentherapie 43
GEPA 205
Gewalt 77, 161
Gewerbefreiheit 88
Gewerkschaften 91
Gewinn 88 ff., 112, 121
Gewinnbeteiligung 82
Gleichbehandlung 203
Gleichgewichtspreis 115
Gleichheit 112
Gruppe 15
Gruppenarbeit 92 ff.

Haushalt 118
Hippokratischer Eid 39
Humangenetik 43

Image 21
Import 106
Inflation 129 ff.
Informationelle Selbstbestim-
 mung 50
Interessen 72 f., 84
Internationaler Währungs-
 fonds (IWF) 199 ff.
Investitionen 97, 118
Investitionsquote 118

Jugendarbeitsschutzgesetz
 101, 103
Jugend- und Auszubildendenvertretung 91, 100

Kandidatenauswahl 59 ff.
Kartell 117
Kaufkraft 121, 130
Kernkraftwerk 31
Kolonialismus 162
Kommunikationsgesellschaft 32
Kommunikationstechnologie 32
Kompromiss 62
Konjunktur 122
Konsum 23, 82 ff.
Kosten 88, 96, 133 f.
Krieg 160 ff.

Landwirtschaft 46, 104 ff.
„lean production" 93 f.
Leihmutterschaft 37, 43
Lobby 71 f.
Lohn 89 ff.
Lohngruppen 90
Lohnfortzahlung 99

Magisches Viereck 123
Markt 84, 86, 122
Markterkundung 86

Marktwirtschaft 82 ff., 109 ff., 133 f.
Massentourismus 28
Meinungsumfragen 56
Menschenrechte 162 ff.
Migration 136 f.
Mitbestimmung 96 ff.
Monopol 116, 121
Multikulturelle Gesellschaft 139 f.

Nahrungsmittelproduktion 46
NATO 170
„Neue Technologien" 29 ff.
Nukleartechnologie 30 f.
Nutzenmaximierung 83

Öffentlichkeit 75
Ökologie 104
Ökonomie 104
Ökotourismus 28
Oligopol 116

Partei 54 ff., 58 ff.
Parteiendemokratie 54
Parteiengesetz 58 f., 63, 66
Parteiensystem 62
Personalinformationssystem 52
Petitionsrecht 69
Politbarometer 56
Politikverdrossenheit 46 f., 54
Polypol 116
Preisbildung 84, 114 ff.
Privateigentum 84
Produkt 84 f.
Produktionsmittel 82, 84, 112
Produktivität 6, 92
Prognose 237, 242, 245 f.

Rationalisierung 91
Regeln 13 ff.
Rente 207 ff.
Rentenartfaktor 217
Rentenabrechnung 217
Rentenformel 217
Rentenreformgesetz 212 ff.
Rentenversicherung 210 ff.
Rentenwert 217
Rüstung 171

Selbstständigkeit 87 f.
Selbstverwirklichung 94
Sicherheitsrat 173
Sondermüllproblem 108
Soziale Marktwirtschaft 110 ff.
Sozialismus 111 f.
Sozialleistungen 120
Sozialstaat 207 ff.
Sparquote 118
Sportverein 12
Staatsangehörigkeit 158
Staatsbürger 84
Staatsbürgerrecht 158
Staatsbürgerschaft 158
Staatsquote 119
Stabilisierungspolitik 127
Stabilitätsgesetz 123, 126
Steuern 119, 148
Steuerquote 119
Strukturwandel 18
Subventionen 120
Szenario 248 ff.

Tarifautonomie 91, 126
Tarifvertrag 126
Telekommunikation 32
Trendanalyse 242
Trinkwasser 104, 108
TRANSFAIR 205

Übersiedler 138
Umverteilung 120
Umweltschutz 104 ff.
UNO 172 ff.
Unternehmen 81 ff.
Urlaub 24 ff., 91, 126

Verbände 69 ff.
Verbraucher 84, 85 ff.
Verbraucherberatungsstelle 86 f.
Verbrauchermarkt 86 ff.
Verbraucherverhalten 86
Vereinsarbeit 15, 16
Versammlungsrecht 69, 76
Verschuldung 201
Vertragsfreiheit 83
Vertriebene 137
Vorurteil 142 ff., 154

Wachstum 256
Wahlenthaltung 54, 57
Wahlkreis 59
Wahlpflicht 57
Warenangebot 85 ff.
Wasserwirtschaft 104 ff.
Wehrdienst 179 ff.
Weltbank 199
Weltinnenpolitik 204
Weltrüstungsausgaben 162
Wettbewerb 83, 112
Wirtschaftsbürger, rationaler 85
Wirtschaftskreislauf 118
Wirtschaftsordnung 83
Wochenarbeitszeit 6

Zivildienst 181
Zukunftswerkstatt 232 ff.
Zuwanderung 156
Zwangsmaßnahmen der Vereinten Nationen 174 ff.

Bildquellenverzeichnis

S. 12, 14: Helmut Schorlemmer, Witten; **S. 29:** BAVARIA; Gauting; **S. 30 f.:** dpa, Frankfurt/Main; **S. 33:** BAYER AG, Leverkusen; **S. 34:** Wissenschaftsbild Aribert Jung, Hilchenbach; **S. 40:** Fonds der Chemischen Industrie, Frankfurt/Main; **S. 41:** BAYER AG, Leverkusen; **S. 46:** OKAPIA, Frankfurt/Main (Hannefort); **S. 47:** OKAPIA, Frankfurt/Main (Büttner/Naturbild); **S. 49:** Schroedel-Archiv, Hannover; **S. 50:** Bundesverband der Spar- und Darlehnskassen; **S. 77:** dpa, Frankfurt/Main; **S. 79:** Europäisches Parlament, Informationsbüro Bonn; **S. 82 f., 86:** Jörg-Axel Fischer, Hannover; **S. 104:** Gelsenwasser AG, Gelsenkirchen; **S. 110:** Associated Press, Frankfurt/Main; **S. 113:** Zenit, Berlin (Paszensky); **S. 114:** Jörg-Axel Fischer, Hannover; **S. 150 f.:** Keystone Pressedienst, Hamburg; **S. 160 o.:** Süddeutscher Verlag, München; **S. 160 u.:** Archiv Gerstenberg, Wietze; **S. 160 M.l., M.r.:** dpa, Frankfurt/Main; **S. 187, 218:** Jörg-Axel Fischer, Hannover; **S. 235:** Uli Weiss, Wuppertal; **S. 243:** Jörg-Axel Fischer, Hannover; **S. 255 o.l.:** CDU, Bonn; **S. 255 o.r., u.l.:** SPD, Bonn; **S. 255 u.r.:** F.D.P., Bonn

S. = Seite   o. = oben   u. = unten   r. = rechts   l. = links   M. = Mitte